2019年12月，文化和旅游部党组书记、部长雒树刚出席圆明园马首铜像捐赠仪式

2019年6月，国家文物局党组书记、局长刘玉珠出席"保护革命文物 传承红色基因"
全国革命文物保护利用论坛

2019年12月，全国文物局长会议在京召开

国新办就革命文物保护利用片区分县名单有关情况举行发布会

国家文物局调研陕西西安碑林博物馆改扩建考古工地

国家文物局在广西桂林调研文物保护专项资金绩效情况

全国博物馆高质量发展论坛在太原召开

2019年10月，"莫高精神"宣讲报告会在中国国家博物馆举行

公安部、国家文物局部署开展打击文物犯罪专项行动

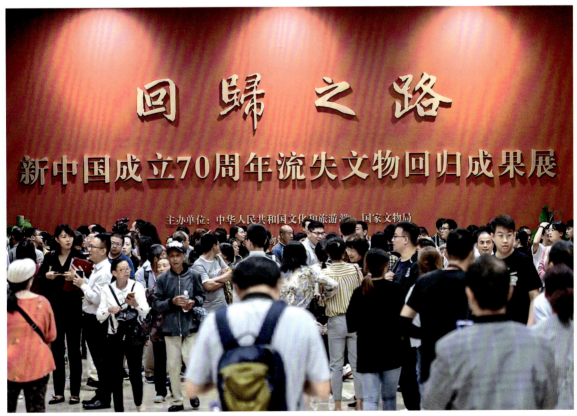

文化和旅游部、国家文物局主办"回归之路——新中国成立70周年流失文物回归成果展"

2019年文化和自然遗产日主场城市活动在陕西延安举行

2019年"5·18国际博物馆日"中国主会场活动在湖南省博物馆举行

"大美亚细亚——亚洲文明展"在中国国家博物馆展出

第二届中国—中东欧国家文化遗产论坛在河南洛阳举行

中国文物年鉴

CHINA CULTURAL HERITAGE YEARBOOK

2020

国家文物局　编

文物出版社

编辑委员会

编辑说明

　　《中国文物年鉴》由国家文物局主编，综合记述我国文物事业年度发展情况。

　　《中国文物年鉴·2020》反映我国文物事业2019年的发展情况，分为图片、特辑、综述篇、分述篇、纪事篇和附录等部分，主要根据国家文物局机关各司室、各直属单位和省级文物行政部门以及国内相关文博机构2019年文物资料进行摘编，不包含香港、澳门特别行政区和台湾省的资料。由于编辑水平所限，《中国文物年鉴·2020》编校工作难免存在不足，希望广大读者提出宝贵意见和建议。

编者

2021年11月

特辑

重要文章、讲话

重要文件

重要公文

综述篇

分述篇

其他

纪事篇

附录

特辑

文化和旅游部部长雒树刚
在全国文物局长会议上的讲话

（2019年12月30日）

在全党全国深入学习贯彻习近平新时代中国特色社会主义思想、贯彻落实党的十九届四中全会精神之际，国家文物局召开全国文物局长会议，总结工作、分析形势、谋划思路、部署任务，很必要、很及时。下面，我代表文化和旅游部党组讲三方面意见。

一、关于2019年工作

即将过去的2019年，是文物事业实现大发展、取得新突破的一年，文物工作可圈可点、亮点纷呈。以习近平同志为核心的党中央高度重视文化文物工作，习近平总书记发表一系列关于文化遗产保护利用重要论述，作出一系列关于文化遗产工作重要指示批示，出席或见证一系列文化遗产领域重大活动：在敦煌研究院就文物保护和研究发表重要讲话，在文化和自然遗产日前夕重刊《〈福州古厝〉序》，在内蒙古调研时对文化遗产保护作出重要指示，在黄河流域生态保护和高质量发展座谈会上就保护传承弘扬黄河文化发表重要讲话，在河南新县考察时对保护革命文物、发展红色旅游作出重要指示，致信祝贺甲骨文发现和研究120周年，参观亚洲文物精品展、意大利返还中国流失文物。总书记还多次就文化遗产保护、流失海外文物追索返还、文物对外交流合作等作出重要批示，在关于文化和旅游工作重要批示中数量最多。这充分体现了以习近平同志为核心的党中央对文化文物工作的高度重视和关心支持，令我们倍感振奋、备受鼓舞，也为我们做好工作指明了方向、提供了遵循。

在习近平新时代中国特色社会主义思想指导下，在党中央、国务院正确领导下，文物系统深入贯彻落实党的十九大和十九届二中、三中、四中全会精神，增强"四个意识"、坚定"四个自信"、做到"两个维护"，把握机遇、改革创新、攻坚克难，积极探索符合我国国情的文物保护利用之路，各方面工作取得显著进展。以下几点感受深刻：

一是习近平新时代中国特色社会主义思想学习贯彻扎实深入。文物系统坚持把学习贯彻习近平新时代中国特色社会主义思想作为首要政治任务，结合"不忘初心、牢记使命"主题教育，发挥自身优势、采取多种形式，组织党员干部认真学习领会习近平总书记重要论述特别是关于文物工作重要论述和指示批示精神。通过学习，广大党员干部对习近平新时代中国特色社会主义思想的理解进一步深化，学习贯彻的积极性主动性进一步强化。

二是习近平总书记重要指示批示精神贯彻落实坚决有力。落实总书记关于保护革命文物、传承红色基因、增强文物机构队伍力量重要指示精神，推动设立革命文物司，筹备召开全国革命文物工作会议，公布第一批革命文物保护利用片区分县名单，推动革命文物保护取得突破性进展。落实总书记关于黄河文化保护传承弘扬重要指示精神，配合文化和旅游部会同沿黄九省区共同研究务实举措，推动专项规划编制，加大文物保护利用力度。落实总书记关于世界遗产申报重要批示精神，推动良渚古城遗址申遗成功，中国世界遗产总数达到55项，与意大利并列世界第一。落实总书记关于流失海外文物追索返还重要批示精神，促成圆明园马首捐赠，美国、意大利等国返还中国文物艺术品1167件。这充分体现了广大文物工作者同以习近平同志为核心的党中央保持高度一致的思想自觉和行动自觉。

三是文物保护利用取得积极成效。文物保护利用改革各项任务逐步落地，21个省（区、市）出台实施意见。文物督察体系不断完善，文物安全形势持续向好。国务院核定公布第八批762处全国重点文物保护单位。长城保护总体规划公布。文物资源逐步活起来。探索解决博物馆馆藏资源授权制度瓶颈。越来越多的文物保护单位、博物馆纳入旅游线路，文化旅游、红色旅游渐成国内旅游主旋律，博物馆里过大年、庆节日渐成新年俗新时尚，博物馆成为重要的青少年研学基地。全国1660多项主题展览闪亮新中国成立70周年大庆，《如果国宝会说话》《上新了·故宫》等节目持续受到广泛关注。文物对外交流合作深入推进。49国精品文物齐聚"亚洲文明展"。牵头启动12国"世界丝绸互动地图"国际科技合作。中外文化遗产合作、援外文物保护工程项目等都取得了明显进展。这充分体现了广大文物工作者尽职尽责、改革创新的责任担当。

四是文物系统干部职工精神面貌焕然一新。习近平总书记对"莫高精神"给予高度肯定。敦煌研究院名誉院长樊锦诗继2018年荣获"改革先锋"称号之后，再获"文物保护杰出贡献者国家荣誉"称号，这是对她个人的最大肯定和激励，也是对所有文物工作者的最大肯定和激励，极大提振了文物工作者的精气神，同志们见贤思齐、争做先锋的意愿更强了，干事创业、奋斗拼搏的劲头更足了。2019年，我到甘肃、内蒙古、河南、江西等17个省份调研文物工作，深切地感受到这一点。与此同时，文物系统还有许多默默奉献、坚守一线的普通文物工作者，他们的事迹同样可歌可泣、难能可贵，同样值得我们点赞、竖大拇指。

总的来看，2019年文物系统打赢了不少大仗硬仗、解决了不少重点难点问题，工作扎实、推进有力，实现了预期目标。这些成绩的取得，根本在于习近平新时代中国特色社会主义思想的科学指导，在于党中央、国务院的坚强领导，离不开各部门和社会各界的关心支持，离不开广大文物工作者的辛勤付出。在此，我代表文化和旅游部党组，向在座各位并通过你们向文物系统全体干部职工表示诚挚敬意和衷心感谢！

二、关于当前形势任务

2019年以来，习近平总书记在多个场合就当前我国经济社会发展形势作出全面深入的分析。总书记指出，当今世界正面临百年未有之大变局，我国发展仍处于重要战略机遇期。总书记强调，变局中危和机并存，来自各方面的风险挑战明显增多。总书记要求，我们要准确把握国际形势发展变化的规律，既认清中国和世界发展大势，又看到前进道路上面临的风险挑战，未雨绸缪、妥善应对，切实做好工作。具体到文物工作，同样既面临着大好机遇，也面临着困难挑战，同样需要我们认清形势，把握机遇、顺势而为，推动文物工作再上新台阶。

一是中央对文物保护利用工作重视程度不断提高，文物工作使命更光荣、责任更重大。我国是文物资源大国，数以亿计的文物瑰宝展现了中华民族生生不息、绵延不断的悠久历史和灿烂文明，是坚定文化自信的重要力量源泉和物质载体。党的十八大以来，以习近平同志为核心的党中央高度重视文物工作，习近平总书记站在坚定文化自信、传承中华文明的战略高度，就保护弘扬中华优秀传统文化发表一系列重要讲话，对文物工作作出重要批示80次，出席或见证文物领域重大活动20多次，足以见得文物工作在党和国家事业发展中的独特作用和重要地位。中央对文物工作也是厚爱有加。继2018年以中办、国办名义印发两份重磅文件之后，批准国家文物局设立革命文物司、增加行政编制15名，这种支持力度相当之大。总书记的亲切关怀、中央的关心支持，赋予了文物工作新使命新任务，文物事业发展迎来了前所未有的历史性机遇。文物系统必须深刻认识肩负的重任，牢牢把握难得的机遇，深入推进文物保护利用改革，走出一条符合我国国情的文物保护利用之路，切实担负起为中华民族续文脉、为世界文明传薪火的历史使命，为实现中华民族伟大复兴中国梦提供坚实文化根基。

二是党的十九届四中全会作出推进国家治理体系和治理能力现代化新部署，文物事业改革发展任重道远。党的十九届四中全会提出坚持和完善中国特色社会主义制度、推进国家治理体系和治理能力现代化的目标。全会《决定》还用专章对坚持和完善繁荣发展中国特色社会主义先进文化的制度进行了深刻阐述、对重大任务作出了部署安排，为我们做好文化文物工作指明了路径。贯彻落实四中全会精神，最突出的要求就是加强制度建设，努力把制度优势转化为治理效能。总体上看，文物系统在制度建设方面是有一定优势的，目前文物领域有《文物保护法》，有现行行政法规、部门规章、规范性文件300余项，国家标准、行业标准130余项，初步构建起较为完善的法律法规体系。但与治理体系和治理能力现代化的要求相比，文物工作制度建设还有不小的差距。比如，《文物保护法》已经多年没有修订，其中一些条款与文物保护新形势、其他领域政策法规新规定已经不兼容；文物安全主体责任不断得到强化，文物督察制度也在不断健全，但仍然不能适应文物安全形势需要；社会力量参与文物保护利用的呼声日渐高涨，但相关制度建设却比较滞后，等等。要以贯彻落实党的十九届四中全会精神为契机，妥善解决这些问题，不断完善和发展文物工作制度体系，推动文物治理能力得到切实提升。

三是人民美好生活新期待为文物保护利用创造了有利条件，也对推动文物资源活起来提出更高要求。文物是反映我国历史传统、传承中华文化精神的重要物证，是发展文化产业、旅游产业的资源宝库，这些特征已经被广泛认可、成为共识。如今，越来越多的人们关心关注、参与支持文物保护，保护文物正在成为社会自觉；越来越多的人们喜爱文物、欣赏文物，愿意走进各类博物馆、文化遗址参观游览；也有越来越多的人们深入挖掘文物资源、融入创新创意元素，打造了许多文化IP、旅游景点景区。可以说，文物正在逐渐成为百姓生活的热门话题，基于文物资源打造的各类文化产品正在进入寻常百姓家。2019年文物系统成功举办的几项大活动舆论关注度极高，国际博物馆日中国主会场活动报道阅读量7.38亿人次，良渚申遗、圆明园马首捐赠阅读量更是突破14亿人次。这些都为文物保护利用创造了良好社会环境。但是，我们也要清醒认识到，与文物资源蕴含的深厚内涵相比、与群众不断升级的消费需求相比，文物资源活起来还有很大差距。比如，我们对文物资源内在价值的挖掘阐发还不够，一些文博单位的展陈水平有待进一步提高，文创产品的质量有待提升、种类有待丰富，以文物为核心资源的旅游景点景区发展模式比较单一，等等。这就要求广大文物工作者解放思想、拓展思路，用好国家支持文化消费政策红利、用好文化和旅游融合发展有利契机，进一步盘活文物资源、释放文物活力，推动文物资源活起来、文物利用火起来。

三、关于2020年重点任务

2020年是全面建成小康社会和"十三五"规划收官之年。文物系统要坚持以习近平新时代中国特色社会主义思想为指导，全面贯彻党的十九大和十九届二中、三中、四中全会精神，贯彻落实全国宣传部长会议精神、全国文化和旅游厅局长会议精神，紧紧抓住文物保护利用改革这条主线，牢牢守住文物安全这条底线，坚持新发展理念，坚持高质量发展，坚持改革创新，统筹推进文物保护和合理利用，推动文物工作开创新局面。重点做好以下几个方面工作：

第一，坚持以习近平新时代中国特色社会主义思想武装头脑指导工作。把深入学习贯彻习近平新时代中国特色社会主义思想作为首要政治任务，把习近平总书记关于文化和旅游工作、关于文化遗产保护重要论述精神作为指导实践、推动工作的思想武器，加强梳理、研究、阐释，切实转化为具体行动。建立健全落实习近平总书记重要指示批示精神长效机制，完善"一把手亲自抓、分管领导负责抓、业务部门具体抓"的工作体系，确保及时深入、落实落细。

第二，积极推动改革创新。深入贯彻中央关于推动文物保护利用改革决策部署，坚决落实中办、国办《关于加强文物保护利用改革的若干意见》，以改革促发展、以创新求突破。要坚持问题导向、目标导向，对标国家文物局梳理的71项改革任务，围绕重点领域、聚焦难点问题，找准关键点、突破口逐一推动落实。特别是要抓好国家文物保护利用示范区创建、全国不可移动文物资源保护利用专项规划纲要编制、文物流通领域登记交易制度试点等重点领域重要任务。对于各地文物保护责任落实不到位的情况，文物部门要敢于发声，勇于碰硬，善于协调。改革任务落实有没有力、到不到位，关键还要看基层，各地文物部门还要继续细化改革举措、落实任务分工，努力打通政策落实"最后一公里"、充分释放改革红利。没有制定实施意见、实施方案的还要抓紧推进。

第三，牢牢守住安全底线。深入贯彻习近平总书记关于文物安全工作重要论述和指示批示精神，时刻紧绷文物安全这根弦，牢固树立"隐患即事故"的安全理念，切实增强"一失万无"的危机意识，把文物安全工作放在各项工作的首要位置，做到思想上高度重视、行动上落实有力、机制上持续完善。要深入落实文物安全责任，推进文物平安工程，强化文物火灾隐患排查整治，健全博物馆、各级文保单位安全防控体系，完善联合开展打击文物犯罪长效机制，确保文物安全"万无一失"。还要严格落实意识形态工作责任制，管好各类阵地，建立健全重大活动审查机制、舆情处置机制，确保意识形态安全。

第四，切实抓好文物保护。深入贯彻习近平总书记关于文物保护重要论述和指示批示精神，尊重文物保护规律，抓好重大工程项目，不断提升整体保护水平。要对表建党100周年，加快推进革命文物保护利用工程，以革命文物保护利用片区为重点，改善革命文物保护展示状况。以第八批全国重点文物保护单位为重点，加强各级文物保护单位管理，推进文物预防性保护、科学保护。加强长城、大运河、长征、黄河文化保护传承，力争古泉州（刺桐）史迹申遗成功。加快《文物保护法》修订进程。加强科技引领和支撑，编制文物领域中长期科技发展战略规划，提升文物保护精准化、智慧化水平。

第五，推进合理适度利用。深入贯彻习近平总书记关于推动文物资源活起来的重要论述精神，在加强保护基础上推进文物资源合理适度利用，实现创造性转化创新性发展，使文物保护成果更多更好惠及人民群众。持续推动文博单位高质量发展，加强展览设计与策划，推动出台关于推进博物馆改革发展的实施意见，为部分不合时宜的制度"松绑"、为海量深藏库房的文物"赋能"。扩大文化文物单位文化创意产品开发试点，用好用足已有政策，提升文创产品开发水平。促进文物、旅游融合发展，统筹推进革命文物保护和红色旅游开发，推动更多文物资源转化为旅游产品，更好满足人民美好生活新期待。

第六，努力讲好中国故事。深入贯彻习近平总书记关于加强文明交流互鉴、推动中华文化走出去的重要论述精神，发挥好对外文物交流合作的独特优势，以文物为载体讲述好中华文明传统、中国精彩故事，不断增强国家文化软实力和中华文化影响力。探索构建中华文明标识体系，推介一批国家文化地标和中华民族精神标识，研究起草让文物活起来、扩大中华文化国际影响力政策文件。会同有关部门办好第44届世界遗产大会。实施亚洲文化遗产保护行动。健全丝绸之路和海上丝绸之路文化遗产保护与申遗跨国合作机制，加强中外联合考古。

以上是2020年重点任务。总的来看，2020年文物工作任务很饱满、完成难度不小。要完成这些任务，确保各项工作扎实到位，还要注意把握好以下几点要求：

一是要讲政治。坚定不移坚持党对文物工作的全面领导，增强"四个意识"、坚定"四个自信"、做到"两个维护"，自觉在思想上政治上行动上同以习近平同志为核心的党中央保持高度一致。

二是要抓党建。牢固树立把抓好党建作为最大政绩的思想，以党的政治建设为统领，全面履行管党治党主体责任和监督责任，扎实推进全系统各级党组织建设，更好发挥战斗堡垒作用。建立不忘初心、牢记使命制度，推进增强"四力"教育实践常态化。深入落实中央八项规定精神，进一步纠治"四风"，特别要坚决整治形式主义、官僚主义。

三是要抓规划。2020年是规划编制年。要深刻认识"十四五"规划的重大意义，做好充分调研和前期研究，为规划编制做足准备。对标对表国家重大战略，积极融入党和国家全局工作。精心设计一批重大工程项目、重大政策、重大举措。加强统筹协调，确保各领域、各地方专项规划与总体规划相衔接、成体系。

四是要强队伍。机构改革以来，部分地方文物工作机构、队伍有所削弱，我到地方调研时大家有一些反映。文物工作要加强，队伍是重要基础。国家文物局要继续与中编办加强沟通对接，争取更多支持。各地文物部门也要主动推进，在当地党委政府领导下，研究加强机构队伍建设的有效举措。要在全系统弘扬践行"莫高精神"，打造高素质专业化文物人才队伍。

同志们，在全面开启社会主义现代化新征程、实现中华民族伟大复兴中国梦的重要历史节点，文物工作迈上新的发展征程，文物事业迎来重大发展机遇。让我们紧密团结在以习近平同志为核心的党中央周围，坚定信心、锐意进取，扎实工作、担当有为，奋力谱写新时代文物事业发展辉煌篇章，为建设社会主义文化强国、实现中华民族伟大复兴中国梦作出新的更大贡献！

国家文物局局长刘玉珠在2019年全国标准化工作会议上的讲话

（2019年1月10日）

非常荣幸受邀参加2019年全国标准化工作会议。在此，我谨代表国家文物局，向长期以来关心、支持文物工作的国家市场监督管理总局、国家标准化管理委员会和各兄弟部门的同志们，表示衷心的感谢，并致以新年的问候和诚挚的祝愿！

近年来，在国家市场监督管理总局、国家标准化管理委员会的大力指导下，国家文物局高度重视标准化建设，把标准化作为战略性基础工作常抓不懈。一是强化顶层设计。组织开展文物保护标准体系框架研究，印发《2017—2020年文物保护行业标准制修订项目计划》，勾画工作蓝图，变孤立、零星、分散的标准制修订工作为体系性的标准制修订计划。二是夯实工作基础。加强经费保障，国家文物局每年安排300万元用于标准制修订工作；加强人才队伍建设，过去五年对近3000人次进行了标准化培训；加强机构建设，在成立文物保护标准化委员会基础上设立文物保护专用设施分技术委员会，支持部分省市组建地方标准化委员会。三是坚持标准化与科技工作融合发展。把标准制修订工作作为科研项目的重要研究内容，将形成技术标准作为科技项目立项和验收的重要考核指标，及时将先进适用的科技成果转化成行业标准。四是注重协同创新。加强跨部门、多学科合作，国家文物局分别与工业和信息化部、公安部、应急管理部就文物保护装备、文物博物馆单位安全管理等联合出台了系列标准。

通过以上工作，近年来我们初步构建了文物保护标准体系，共编制国标、行标341项，已发布实施122项，其中国家标准37项、行业标准85项；积极开展团体标准试点工作，指导发布团体标准31项。在工作实践中，我们进一步提高了对标准化建设重要性的认识，形成了以下四个方面的体会：

通过标准化建设，助推文物保护利用精准管理。文物保护利用工作的各个环节都应当"有标可依"，都应当通过制定规范可行的规程、科学适度的标准来规范文物保护利用的管理工作，提高科学管理的水平。文物安全领域的系列标准有效降低了文物博物馆单位安全案件的"发案率"，可移动文物登录、展陈管理等系列标准有效促进了博物馆管理的规范化、科学化。敦煌研究院以标准化为引领的"基于价值完整性的平衡发展质量管理模式"树立了文化遗产领域有效管理的典范，于2018年分别荣获"中国质量奖""亚洲质量创新奖"。

通过标准化建设，助推文物保护能力提升。文物资源的不可再生性，决定了文物保护修复必须坚持高标准、严要求。近年来，我们出台的文物病害图例、文物保护方案编制规范、文物保护修复技术规程等系列标准已成为全行业遵循的规范要求，有效促进了文物保护水平的提升。如馆藏文物保护修复方案编写规范系列标准的制定及应用，将馆藏文物修复方案通过率由原来的20%提高到了70%。

通过标准化建设，助推文物资源有效利用。文化遗产开放服务、文物数字化、博物馆展陈利用等系列标准，为促进文物有效利用发挥了积极作用。如"文物数字化保护标准体系及关键标准研究与示范"项目，研究制定了文物数字化保护标准体系框架，核心元数据，文物信息采集、服务、交换等系列标准，促进文物信息资源的共建共享与广泛传播。

通过标准化建设，助推科技成果转化应用。近年来，文物科技工作进入快速发展期，科技成果集中涌现。成果推广应用是创新活动的最后一个环节，也是一个最为关键的环节。文物行业的实践表明，形成技术标准是成果推广应用的较好途径。如《馆藏文物保存环境质量检测技术规范》，以科技支撑提升了可移动文物预防性保护水平；《古代壁画脱盐技术规范》，在石窟寺与古代壁画保护中广泛应用，取得了良好的保护效果与社会效益。

"规矩准绳，品有所成。"我们将认真贯彻落实党中央、国务院《关于加强文物保护利用改革的若干意见》，以标准化法的修订颁行为契机，推动文物标准化工作向以下几个方向发展：

一是向着全面标准化方向发展。既立足文物保护利用的刚性需求，出台系列"急需、特需"标准，又聚焦文物活起来的新趋势、新业态，推出一批引领性、推荐性标准；既注重文物标准的宏观顶层设计，又促进管理标准、服务标准、技术标准的协同推进；既持续加强文物领域国家标准、行业标准制修订，又不断培育团体标准、企业标准的发展，构建起全方位、广领域、高层次的文物标准化体系。

二是向着高质量方向前行。发挥标准对质量提升的倒逼作用，用高标准引领文物事业的高质量发展。用最严谨的标准筑牢文物安全底线，用最适用的标准推进文物科技水平提升，用最有效的标准满足文物事业融入社会发展的需求，用最科学的标准实现文物保护与利用的平衡发展。通过标准化划定"底线"、标出"高线"，以标准促发展，用标准提质量。

三是向着国际化方向迈进。标准是世界迈向同一方向的"通用语言"，代表着国际规则话语权和竞争制高点。国家文物局一方面要提升文物标准体系与国际标准体系的兼容水平，另一方面要在文物保护国际标准领域发出中国声音，以文物标准的国际化发展带动文明交流互鉴，增强民心相通相融。

各位领导，同志们，新时代新征程新使命。国家文物局将继续做好文物标准化改革发展各项工作，希望市场监管总局、国家标准委一如既往地支持文物标准化工作。同时，国家文物局愿意和各相关部委加强沟通协调，共同推动我国标准化工作的快速发展。

国家文物局局长刘玉珠
在"《长城保护总体规划》印发"
新闻发布会上的主发布词

（2019年1月24日）

2015年，习近平总书记作出重要指示、批示，指出长城是中华民族的精神象征，具有特殊的历史文化价值。要本着对历史负责、对人民负责的态度，切实完善政策措施，加大工作力度，依法严格保护，更好发挥长城在传承和弘扬中华优秀传统文化中的独特作用。国务院总理李克强同志提出明确要求，加强保护和管理刻不容缓，需要统筹施策。国务院领导同志召开专题会议，研究长城保护工作，要求落实《长城保护条例》第十条关于"长城保护总体规划制度"的有关规定，全面编制出台《长城保护总体规划》。

国家文物局于2006年启动《长城保护总体规划》前期准备工作，组织长城沿线各地和相关专业机构，陆续于2010年完成长城资源调查，2012年完成长城认定并发布相关成果，2015年完成长城资源保护管理信息系统建设。2016年，国家文物局指导15个省（区、市）编制完成省级保护规划初稿。在前述工作基础上，国家文物局按照"价值优先，整体保护；预防为主，原状保护；因地制宜，分类保护；属地管理，加强协调；适度开放，合理利用"的原则，主持编制了《长城保护总体规划》。规划初稿于2017年年底完成。在多次征求各地、各部门意见，并进行了反复修改完善后，于2018年年底正式报请国务院批准。

2019年1月7日，习近平总书记、李克强总理签署文件，正式批准同意《长城保护总体规划》。按照国务院要求，文化和旅游部、国家文物局于1月22日将该规划全文印发。该规划的公布实施，是贯彻落实习近平总书记重要指示批示精神的重要举措，是实施《长城保护条例》有关规定的重要进展，是国家统一部署、多方鼎力协作的重要成果，为推动建立长城保护传承利用长效工作机制，督促长城沿线各地将长城保护作为一项长期任务持之以恒地抓下去，提供了重要遵循。

《长城保护总体规划》共12章75条，具有以下几个方面的突出特点：

第一，《规划》阐释了长城价值和长城精神，强调了长城文化景观的特性，提出了以长城价值保护展示为核心，以长城精神以及长城所承载的伟大爱国主义精神、伟大抗战精神、伟大长征精神的传承与弘扬为目标的总体规划策略，明确了长城保护传承利用各项工作的工作原则、工作目标、工作内容以及相关宏观工作要求。

第二，《规划》明确了长城保护的重点是分布范围最广、规模体量最大、建造水平最高的秦汉长城和明长城。其中，明长城主线是"长城抗战"等重要历史事件发生地，与许多重要历史人物存在直接关联，是中华民族精神象征的最重要的物质载体。同时，规划提出了长城重要点段遴选标准，制定了长城保护管理与展示利用相关规划要求。

第三，《规划》就协调处理好四种关系提出了一系列规划举措。

一是全面保存与重点保护的关系。《规划》提出，长城整体采取原址保护、原状保护、强化标识展示的总体策略。对于绝大多数以稳定的遗址形态存在的长城遗存，工作重点是做好日常养护、局部抢险和标识说明，尽可能避免直接工程干预。对于价值特别突出、保存现状较好、具备开放潜力的长城点段，按照国际先进保护理念，实施研究型保护项目，在深入开展考古研究基础上，采取有效措施缓解、消除安全隐患，展现历史原貌。

二是分级管理与分类保护的关系。《规划》规定，国务院文物行政部门抓好长城保护顶层设计，制定长城保护相关标准规范，研究提出国家级长城重要点段名单，全力推进"放管服"改革，加强"事中事后"监管，为各地提供业务指导。地方政府切实履行属地管理责任，结合各地实际情况，制定有针对性的政策、措施，组织实施长城日常管理、保护维修、展示开放工作，向全社会全面展示长城价值，传承弘扬长城精神。

三是政府主导与社会参与的关系。《规划》强调落实政府主导、加强属地管理，在此基础上，不断完善社会力量参与长城保护相关政策和措施，鼓励地处偏远、没有利用单位的长城段落探索设立公益性岗位，聘请长城保护员承担日常巡查保护任务；鼓励关心、爱好长城的个人以志愿者身份或通过参加相关社会团体提供长城相关公益服务。鼓励地方与专业机构、企业合作，拓宽保护经费渠道，宣传普及保护知识，营造全社会共同参与的良好氛围。

四是遗产保护与传承弘扬的关系。《规划》将保护与传承弘扬长城精神作为最终目标，鼓励地方政府、专业机构、专家学者深入开展文物、考古研究，深入挖掘长城的文化内涵、历史价值、历史事件、历史人物和精神特征；强化国家级长城重要点段现场展示阐释，推动长城研学游，提升服务能力和品质，实现文旅融合发展；同时充分利用互联网等现代技术手段，发动社会力量，宣传展示长城文化、长城精神，使长城成为增强文化自信、推动可持续发展的新动力。

中国
文物年鉴
2020

国家文物局局长刘玉珠在文化遗产与文明交流互鉴纪念宣传活动上的致辞

（2019年3月27日）

今天是中国国家主席习近平在联合国教科文组织总部发表关于文明交流互鉴的演讲五周年。在春花竞放、万象更新的美好时节，我们齐聚一堂，共享文化遗产促进文明交流互鉴的丰硕成果，共襄文物保护利好国际交流合作的长远盛事，适逢其时，很有意义。

首先，我谨代表中国国家文物局，对各位嘉宾的到来表示诚挚的问候和热烈的欢迎！对长期以来致力于文物保护国际交流合作的各界人士表示崇高的敬意和衷心的感谢！

"文明因交流而多彩，文明因互鉴而丰富。"习近平主席的精辟论断强调文明交流互鉴是推动人类文明进步和世界和平发展的重要动力，指明了文明交流互鉴所应秉持的态度和原则，系统阐释了中国着眼全人类前途命运的文明观。

"一花独放不是春，百花齐放春满园。"延绵不断、多元一体、兼收并蓄的中华文明是在神州大地上产生的文明，也是同其他文明不断交流互鉴形成的文明。从两千多年前的古老丝绸之路，到当今生机蓬勃的"一带一路"；从汉朝使者甘英寻找"大秦"，到14世纪马可·波罗游历华夏，再到近日中意两国世界文化遗产地首次结对……在人类历史长河中，中华文明与希腊、罗马等不同文明之间的交流互鉴源远流长，交相辉映，相得益彰，为推动人类文明进步和世界繁荣发展留下无数佳话。

76.7万处不可移动文物、1.08亿件/套国有可移动文物、数量可观的民间收藏文物，中国大地上这些灿若星辰、丰富多彩的文化遗产，不仅记载了中华文明一脉相承、生生不息，也见证了千百年来中外文明交流互鉴薪火相传、绵延不绝。从陕西法门寺地宫出土的"东罗马琉璃器"到宁夏固原李贤夫妇墓记载希腊神话的"鎏金银壶"，从中国陕西历史博物馆珍藏的"鎏金铜蚕"到斯里兰卡国家博物馆收藏的"布施锡兰山佛寺碑"……穿越国度、跨越时空，这些历经千百年岁月磨洗、"吹尽黄沙始到金"的文化遗产，既是实证文明交流互鉴的"活化石"，更是传承各国人民友谊的"催化剂"，积淀了历久弥新的"和而不同、美美与共"精神，搭建起了解彼此、走进彼此的文化通道。现如今，中国文物已然成为最重要的中华文化符号，连接着古代中国的文明积淀与当代中国的发展繁荣，连接着博大精深的中华文明与瑰丽多姿的世界多元文明，搭建起中华文明与不同文明形态对话、与不同社会制度交融的重要桥梁。

五年来，在以习近平总书记为核心的党中央坚强领导下，各级党委政府高度重视，各部门合力推动，各类主体踊跃参与，社会各界广泛响应，中外文明交流互鉴再发新枝、再吐芳馨。在文化遗产领域，文物进出境展览、文博场馆成为元首外交、双边外交、多边外交、民间外交的"重头戏"和"必选项"，跨国联合申报世界文化遗产、中外文物保护工程、中外联合考古成为"一带一路"建设的"金名片""新亮点"，参与合作建立国际濒危文物"避难所",与各国和相关国际组织深入开展交流合作,都为增进各国人民友谊、推动人类社会进步、维护世界和平发展做出了重要而独特的贡献。在联合国教科文组织的大力支持下,中国、哈萨克斯坦和吉尔吉斯斯坦三国"丝绸之路:长安—天山廊道的路网"跨国申遗成功,中国参与援助尼泊尔加德满都杜巴广场九层神庙震后保护修复,开展柬埔寨吴哥和柏威夏"两地四处"文化遗产合作保护工程,中沙塞林港遗址考古取得重要进展。文物进出境展览累计约400个,"华夏瑰宝展"走进"一带一路"沿线多个国家,"一带一路"沿线国家水下考古培训初见成效。文化遗产促进文明交流互鉴结出累累硕果。中美再次签署限制进口中国文物政府间谅解备忘录,美方向中国返还361件/套中国文物艺术品。目前,我们正在积极推进与希腊水下考古的合作事宜,近期国家文物局水下文化遗产保护中心有关负责人将出访希腊。上周日我刚从意大利回来,在习近平主席和朱塞佩·孔特总理的见证下,中国国家文物局与意大利文化遗产和活动部签署了《关于防止文物盗窃、盗掘、非法进出境、过境和走私以及促进文物返还的谅解备忘录》《关于中意两国在联合国教科文组织世界遗产地之间开展缔结友好关系项目旨在推广、保护、了解、开发和利用世界遗产地的谅解备忘录》,见证了796件中国流失文物艺术品返还仪式。今年5月,亚洲文明对话大会将在北京举行,届时由中国国家文物局主办的"亚洲文明联展"将在中国国家博物馆举办。

"国之交在于民相亲,民相亲在于心相通。"中外交流需要政策沟通、设施联通、贸易畅通、资金融通,更需要民心相通。"文明如水,润物无声。"在全面推动对外开放、共同推进"一带一路"建设、构筑人类命运共同体的新时代,中国国家文物局将立足文物资源和文化交融优势,以更开放的胸襟、更包容的心态、更宽广的视角,加强多部门、多领域协作,凝聚各方共识,促进双边和多边文化交流合作,不断推进中国文物精品走出去,积极引进各国文物展览,主动承担文化遗产保护的国际责任和义务,深度参与文化遗产领域全球治理。在新的历史起点上,我们将做好更有效的战略对接,搭建更广泛的对话平台,促进更务实的国际合作,让文物成为文明交流互鉴的"形象大使"和"生力军",让文化遗产在构建人类命运共同体的时代进程中绽放异彩。

期待各位来宾畅所欲言、分享真知灼见,衷心盼望各界人士积极参与文物保护利用。我们愿与大家一道,以脚踏实地、相互尊重、彼此信任、合作共赢的精神,通过共同的努力,把跨越时空、超越国度、富有永恒魅力、具有当代价值的文化精神弘扬起来,为保护传承文化遗产、增进文明交流互鉴、维护世界文明多样性而不懈努力,为维护世界和平、稳定、发展发挥重要作用。

国家文物局局长刘玉珠
在2019年"5·18国际博物馆日"
中国主会场活动开幕式上的致辞

（2019年5月18日）

今天，我们在湖南省博物馆共同庆祝第43个国际博物馆日。在此，我谨代表国家文物局，向各位领导和嘉宾的到来表示热烈的欢迎！向辛勤工作在博物馆一线的同志们致以节日的问候！向热爱和支持博物馆事业的朋友们，特别是对本次活动给予大力支持的湖南省人民政府、长沙市人民政府，以及为承办本次活动付出辛勤努力的有关单位、新闻媒体表示诚挚的感谢！

今年国际博物馆日的主题是"作为文化中枢的博物馆：传统的未来"。该主题聚焦博物馆作为"文化中枢"的角色定位，倡导以高质量的文化供给增进公众的文化认同感和归属感，增强公众的幸福感和获得感，同时致力于搭建不同文明交流对话的平台，推动不同文化包容互鉴。

博物馆是保护和传承人类文明的重要殿堂，是连接过去、现在、未来的桥梁。党和国家高度重视博物馆事业的发展。改革开放40年来，中国博物馆事业发生了历史性变革，成为世界博物馆发展的中心与热点，呈现出良好发展态势。

一是"博物馆热"成为中国社会文化的新时尚。截至2018年年底，全国登记备案的博物馆达5354家，比2017年增加218家；免费开放博物馆数量4743家，占博物馆总数的88.6%。2018年全国博物馆举办展览约2.6万个，教育活动近26万次，参观人数达11.26亿人次，比2017年增加1亿多人次。博物馆在数量快速增长的同时，服务能力与社会教育水平显著提升，博物馆进学校、进社区、进军营、进厂矿、进高考中考试卷，日益成为公众欢度传统节日的新选择，成为人民向往的美好生活的重要组成部分。

二是"博物馆+"跨界融合创新成为推进高质量发展的新引擎。通过把握时代发展与科技进步规律，实施"互联网+中华文明"行动计划和智慧博物馆建设，促进博物馆与旅游、教育、文创、影视等深度融合，打造博物馆"超级IP""个性IP"，拓展文物展示利用空间，消除传统与现代之间的壁垒，让文物活起来，为博物馆事业创新发展提供了新的动能。

三是博物馆为文明交流互鉴提供新空间。随着国际间人文领域交流合作空间不断拓展，中华文明"走出去"世界文明"引进来"持续推进，中国国际"朋友圈"新朋友不断增加，博物馆成为展示中国国家形象、促进世界文明交流互鉴、增进相互理解认同的"国家客厅"。

党的十八大以来，习近平总书记站在实现中华民族伟大复兴中国梦的高度，对传承中华优秀传统文化、培育社会主义核心价值观、增强国家文化软实力等作出一系列重要论述，对文物和博物馆事业多次作出重要指示批示，多次赴现场调研、指导，就博物馆事业发展提出一系列新理念、新思想、新要求。这些重要论述充分体现了以习近平同志为核心的党中央对博物馆事业的关怀与期望，也是习近平新时代中国特色社会主义思想在博物馆领域的具体体现，为新时代中国博物馆事业的发展指明了前进方向，提供了根本遵循。

2019年是五四运动100周年、新中国成立70周年，也是落实中办、国办《关于加强文物保护利用改革的若干意见》"激发博物馆创新活力"，"提升博物馆保护展示利用水平"的新要求，推进博物馆事业改革发展的关键之年。"周虽旧邦，其命维新。"为适应新时期社会公众多样化、个性化的文化需求，满足人民对于美好生活的新期待，解决博物馆事业发展中的困难和问题，2018年以来，我们研究起草了《关于推进博物馆改革发展的实施意见》，提出了一些新举措。接下来还将进一步听取意见，争取支持，形成共识，争取这一政策性文件早日出台。

抚今追昔，鉴往知来，不忘初心，砥砺前行。下一步，我们将深入学习贯彻习近平总书记的重要指示批示精神，以改革创新为主线，以高质量发展为目标，推进博物馆事业改革的各项任务，重点做好"四个坚持"：一是坚持党的领导，坚定不移走中国特色社会主义文化发展道路，把握正确发展方向，不断强化博物馆公益属性，围绕重大主题和外交大局，深入挖掘文物价值和时代精神，加强文明交流互鉴，让博物馆成为文化资源丰富、文化平台活跃、文化价值突出的"文化中枢"，成为保护传统、引领未来、推动当代社会发展进步的"核心力量"；二是坚持以人民为中心的工作导向，以人为本，树立"策展能力是核心竞争力"的理念，向社会提供更多健康时尚、走心暖心、形式新颖、"有高度、有深度、有温度"的公共文化产品，强化"互联网+""博物馆+"，促进文旅深度融合，提升教育服务水平，努力满足人民群众需求；三是坚持问题导向，积极推进政事分开，加大简政放权力度，推进博物馆法人治理结构建设，破除体制机制障碍，健全完善激励约束机制，充分激发内生动力，提升博物馆现代治理能力；四是坚持分类施策，统筹推进，试点先行，鼓励社会参与，推进博物馆特色化、差异化、高质量发展，加快构建主体多元、结构优化、特色鲜明、富有活力的中国现代博物馆体系，为促进中华优秀传统文化创造性转化、创新性发展，建设文化强国，实现中华民族伟大复兴的中国梦作出更大贡献。

湖南是全国重要的文物资源大省和革命文物工作强省，历史悠久，人杰地灵。在湖南省委、省政府的高度重视下，湖南博物馆事业发展迅速，具有湖湘特色的现代博物馆体系逐步完善。特别是以湖南省博物馆为代表的中央与地方共建的国家级博物馆，以韶山毛泽东同志纪念馆、刘少奇同志纪念馆为代表的革命类博物馆，在社会教育和公共服务等方面居全国领先水平，取得了令人瞩目的成绩。在此，再次向湖南省委、省政府和社会各界致以崇高的敬意和衷心的感谢！

最后，祝"国际博物馆日"中国主会场活动取得圆满成功！

作为文化中枢的中国博物馆

——国家文物局局长刘玉珠
在"博物馆·文化中枢"论坛上的发言

（2019年5月18日）

何谓"文化中枢"？

国际博物馆协会为2019年国际博物馆日确定的主题是"作为文化中枢的博物馆：传统的未来"，深入探讨和审视新时代下博物馆的定位、宗旨、使命及其实践。

所谓"中枢"，在现代汉语中的释义为"在一事物系统中起总的主导作用的部分"。所谓"中枢"，旨在强调两个关键概念：一是"中心、核心"的概念，强调地位的关键性和重要性；二是"枢纽"的概念，强调连接、连通的纽带作用。

"文化中枢"，顾名思义应理解为文化的"中心"和"枢纽"。将博物馆比作"文化中枢"：一方面，"中心"强调了博物馆在文化传承、传播和创新中的核心地位和关键性作用。博物馆作为人类文明发展变迁历史见证物的收藏机构，具有其他文化机构无法比拟的资源优势，理所当然应承担起更多的文化责任。另一方面，"枢纽"明确了新时代博物馆的新特征、新使命，即博物馆并非"文化孤岛"，而是搭建"物"与"人"、"人"与"人"、"人"与"社会"超时空连接的桥梁和纽带。

博物馆如何成为"文化中枢"？

博物馆作为"文化中枢"，实则跨越了时间和空间两个维度。作为时间轴上的"文化中枢"，博物馆应肩负起连接过去、现在与未来的使命；作为空间轴上的"文化中枢"，博物馆应致力于搭建不同文明、不同地域、不同民族之间的沟通桥梁。

一、博物馆是连接过去、现在和未来的纽带

作为时间的中枢，博物馆忠实记录和见证了人类文明产生、发展和演进的全过程。习近平总书记曾说过，"中国各类博物馆不仅是中国历史的保存者和记录者，也是当代中国人民为实现中华民族伟大复兴的中国梦而奋斗的见证者与参与者"，这句话高度概括了博物馆与过去、现在和未来的关系。

（一）以物证史、理解过去

博物馆通过对记录和反映时代记忆的物证资料的研究，还原和再现人类文明的发展历程，将普通观众认知水平以外的各类专业信息经过"博物馆化"的加工，最终输出成为社会公众能够接受、乐于接受的信息、情感与价值观念，帮助当代人加深对过去的理解和认识。同时这种对过去的理解和认知不是一成不变的，而是基于博物馆藏品研究和理论研究的逐步深入而不断丰富与完善。

我们去博物馆能获得什么？除了学习历史文化知识以外，我想还有更深层次的意义，那便是观众在寻找文化认同的同时可以提高对不同文化的理解能力。当今博物馆在内容的选择上已经更加全球化，除了展示本国、本地区的优秀传统文化以外，还解读全球各地的文化与历史。由此，公众得以跳出地域限制，用更宏大的视角看待我们今天所处的世界。

（二）以古鉴今、反思当下

博物馆应树立以古鉴今、古为今用的理念，加强对博物馆科研成果的应用转化，通过从文化传统中汲取营养，将研究成果应用于解决当今社会发展面临的问题，积极回应社会关切。同时博物馆还承担着"为明天收藏今天"的历史使命，其收藏、保护、研究和展示的领域不应囿于历史范畴，还应包括反映当代经济社会发展变迁的物证资料。

（三）创新源泉、启迪未来

就像习近平总书记所讲，"不忘本来才能开辟未来，善于继承才能更好创新"。博物馆应加强对文物背后所蕴含的历史、艺术、科学价值的研究和凝炼，依托人类文明的丰硕成果，为创新、创造提供不竭的动力和源泉，为推动传统文化的创造性转化和创新性发展服务。同时，博物馆应着力实现从展示文明成果向推动文明发展的转变，通过这些"记忆"的呈现，让社会公众得到新启迪，迸发出新的创造力，进而达到推动社会发展进步的目的。

二、博物馆是联通不同国家、不同地域的桥梁

作为空间的中枢，博物馆通过建立"人"与"物"之间的平等对话来实现不同国家、不同地域"人"与"人"之间的沟通交往。对外，博物馆是世界各国人民民心相通的重要媒介；对内，博物馆是以文化人、以文育人、以文培元的重要阵地。

（一）维护文化多样性、促进文明交流互鉴

博物馆是了解和感知世界的窗口，可以增进不同国家之间的沟通交往，推动不同文明的交流互鉴。博物馆可以通过展览展示特定地域文化成就，为不同文化的交流提供对话的平台，增进人们对其他文化的了解、理解、尊重和认同，使不同文化群体之间能够以宽容、平等的心态看待相互之间的差异，从而更积极、更有效地吸纳对方文化中合理的因素，为各自文化的发展提供源源不断的新鲜血液。

（二）凝聚文化认同、维护社会和谐

习近平总书记指出，"一个国家、一个民族不能没有灵魂"。博物馆作为重要的教育机构，是国民教育重要的基础设施，应当在乡土情结维系、文化身份认同、和谐社区构建等方面承担更多的社会责任。博物馆应依托物化的载体，充分发挥启迪思想、陶冶情操、温润心灵的作用，使博物馆成为本国人民认识和了解本国、本民族历史文化的重要途径，进而增强文化自信，提升文化软实力，为维护社会和谐服务。

（三）增强人民幸福感、满足美好生活需要

幸福感是人们对生活满意程度的一种主观感受。幸福指数是衡量民众幸福感程度的主观指标。幸福指数与GDP一样重要，是社会运行状况和民众生活状态的"晴雨表"，也是社会发展和民心向背的"风向标"。有学者认为，幸福指数可分为三类：一是涉及认知范畴的生活满意程度，包括生存状况满意度（如就业、收入、社会保障等），生活质量满意度（如居住状况、医疗状况、教育状况等）；二是涉及情感范畴的心态和情绪愉悦程度，包括精神紧张程度、心态、自我充实和自我发展程度等；三是涉及个体与个体之间以及个体与社会的和谐程度，包括对人际交往的满意程度、身份认同，以及个人幸福与社会和城市发展之间的关系。简言之，人民群众日益增长的美好生活需要涵盖了物质需求、精神需求和社会需求等不同层面。博物馆作为重要的公共文化服务机构，应根据服务对象多元化、多层次的需求，积极调整完善自身职能，不断优化服务供给，从而成为民众终身学习、休闲娱乐、社会交往、文化消费的综合性文化空间。

传统的未来——作为文化中枢的中国博物馆

文物连接过去，赋能未来。中国是拥有5000多年悠久历史的文明古国，中华大地上灿若星辰的文物资源，不仅是承载灿烂文明、传承历史文化、维系民族精神的重要载体，也是构筑时代创新动能，促进社会高质量发展，满足人民美好生活的"超级IP"。而这些重要的文物资源，大多数正是通过中国博物馆才得以收藏、保护、传承与传播的，也正是通过博物馆，才得以激活文物的持久生命力。

一、中国博物馆的社会贡献力分析

（一）规模优势

机构数量：中国博物馆总数达到5354家，其中4743家博物馆向社会免费开放，平均26万人拥有1座博物馆。北京、甘肃、陕西等一些省份已达到12万—13万人拥有1座博物馆。

体系布局：博物馆类型、举办主体日益多元化，除综合、历史、自然等类型博物馆外，遗址类、专题类博物馆快速发展，生态博物馆、社区博物馆等新兴博物馆建设方兴未艾。全社会共同参与，国有行业博物馆以及非国有博物馆为我国博物馆发展注入新活力。

资金投入：中国是世界上为数不多全面实施博物馆免费开放政策的国家。每年中央财政补助博物馆免费开放资金约30亿元。

硬件设施：据统计，目前全国博物馆场馆建筑总面积超过2600万平方米，馆均约5500平方米；展厅总面积超过1200万平方米，馆均超过2500平方米。各省级博物馆已基本完成了新建或改扩建，博物馆场馆的现代化水平、参观环境舒适度等显著提升。一些市县级博物馆馆舍建设也达到很高水平。

（二）资源优势

藏品资源：全国博物馆藏品总量4000余万件。第一次全国可移动文物普查已基本完成国有博物馆馆藏文物的数字化建档。

展览资源：年举办展览2.6万多个。国家文物局通过开展年度全国博物馆十大陈列展览精品评选活动、社会主义核心价值观主题展览推介等活动，遴选、推介一批高水平陈列展览，引领全国博物馆不断提升陈列展览水平。

教育资源：年举办教育活动近26万次。国家文物局与教育部联合印发《关于加强文教结合、完善博物馆青少年教育功能的指导意见》，中小学生利用博物馆学习的长效机制正在逐步建立。

文创资源：2016年国务院办公厅转发文化部、国家文物局等部门《关于推动文化文物单位文化创意产品开发若干意见的通知》，鼓励博物馆依托馆藏资源，采取合作、授权、独立开发等方式大力开发文化创意产品，92家博物馆被纳入文创试点单位。据不完全统计，2017年度全国博物馆的文化创意产品开发收入约35.2亿元，开发文创产品种类超过4万种。

（三）需求优势

观众数量的增长：2008年博物馆免费开放后，博物馆的年观众数量曾出现"井喷式"增长，至2018年已达11.3亿人次，越来越多的人走进博物馆。

文化需求的增长：所谓"仓廪实而知礼节"，随着经济社会发展，物质生活水平日益改善提高，人民群众对自我增值、情感寄托、文化休闲等多元化的文化需求日益迫切。

（四）技术优势

"互联网+"战略的实施：2016年，国家文物局、国家发改委、科技部、工信部、财政部五部门联合启动"互联网+中华文明"行动计划。以此为抓手，引导示范基地建设，推广示范项目，积极推进文物信息资源的开放共享，使互联网的创新成果与中华优秀传统文化的传承、创新与发展深度融合。

智慧博物馆建设的探索：2013年，国家文物局启动了智慧博物馆建设试点工作，山西博物院、广东省博物馆等7家博物馆参与试点，为博物馆智慧管理、智慧展示、智慧服务积累了丰富经验。

（五）协同优势

社会参与：社会力量参与博物馆建设的热情日益高涨，尤其体现在非国有博物馆的快速发展。2008年，全国非国有博物馆数量仅319家，2018年已超过1600家，十年间数量增长了5倍多，并且还在以每年200家左右的速度增长。

市场合作：各类市场主体与博物馆合作的深度与广度日益扩展，由最初的展陈设计施工逐步扩展至博物馆规划、运营、教育活动、文化传播、文创开发、营销推广等各个领域，为满足公众多元化、高品质文化需求奠定了基础。

二、当代中国博物馆发展的新特征

一是博物馆在服务国家大局中的作用日益凸显。习近平总书记多次在博物馆会见外国领导人，博物馆已成为国家会客厅和文化软实力象征。近五年来，全国博物馆举办出入境展览近500个，"汉风""秦汉文明""华夏瑰宝"等出境展览引发国际社会热议，成为我国文化外交的"金色名片"。我国与20多个国家签订文化遗产领域合作协定，中国博物馆在国际博物馆领域的地位不断提高，在信息交流、人员培训、文物返还等方面取得了大量实质性成果，先后举办国际博物馆协会第22届大会、国际博物馆高级别论坛、国际博物馆青年论坛等一系列重要活动，并将于2020年承办国际博物馆协会藏品保护委员会（ICOM-CC）第19届大会。国际博协主席特别代表卡瑞娜·亚蒂宁在参加2018年国际博物馆日中国主会场活动时，评价中国博物馆已经成为世界博物馆发展的中心与热点。此外，博物馆在推动文明城市创建、乡村振兴、文化扶贫、文旅融合、产业转型升级等方面的重要作用也得到进一步发挥。

二是"博物馆热"持续升温，博物馆已经成为人民向往的美好生活的一部分。博物馆高质量的文化供给使人民群众的获得感和幸福感不断增强。当前，全国免费开放博物馆超过4700家，博物馆观众结构日益多元，未成年人、低收入群体、农民工、村镇居民参观博物馆热情日益高涨。众多博物馆创新策展机制，社会公众参与选择决定博物馆展览，博物馆展览更加贴近生活、贴近群众、贴近实际。大量满足人民需求、符合时代特色的博物馆文化产品、服务和体验活动不断呈现，吸引了大批"博物馆粉丝"，博物馆已逐渐成为引领时代风尚、构筑时代美学、满足美好生活的新动能。今年春节长假，在各级文物部门精心组织部署下，全国数千家博物馆推出上万场精彩活动。据中国旅游研究院统计，游客在春节期间参观博物馆的比例高达40.5%，"博物馆里过大年"已成为老百姓欢度新春佳节的重要选择。

三是"让文物活起来"已成为新时期我国博物馆事业的鲜明特征。文物部门与中国移动、腾讯、百度、网易等知名企业签订战略合作协议，推动文物资源、品牌资源授权使用，促进文物与旅游、教育、文创、影视等行业的深度融合。鼓励社会力量特别是科技企业参与博物馆建设，推进智慧博物馆发展。各地博物馆积极运用人工智能、沉浸式展览、VR、AR、虚拟漫游、智慧导览等新技术，建立与公众的"超级链接"，通过门户网站、手机App、微信等多种渠道，促进"人+物+应用+管理"的多端融合，构筑线上线下相融通的传播体系，相继推出《国家宝藏》《如果国宝会说话》《赢在博物馆》《博物馆之夜》等人民群众喜闻乐见的优秀节目，以及"文物带你看中国""故宫社区""数字敦煌"等网上展示项目，不断创新博物馆传播方式，多渠道传播文物蕴含的人文精神和时代价值。

三、中国博物馆未来发展展望

面向未来，中国博物馆要更好地发挥"文化中枢"作用，就要从更高的站位和更广阔的视角，积极主动回应时代要求，以深化体制机制创新、增强发展活力为着眼点，进一步深化博物馆发展定位，持续推动博物馆高质量发展，从而使博物馆真正成为理解过去、反思当下、启迪未来的前沿阵地，真正成为维护文化多样性、凝聚文化认同、增强人民幸福感的重要平台。

——首先，从国家需求层面上，要进一步发挥中国博物馆在增强中华文化国际影响力、构建国家良好形象，促进世界文明交流互鉴、构建人类命运共同体等方面的作用。

（一）国家的会客厅

积极推动"世界一流博物馆"创建。依托国家一级博物馆，尤其是11家中央地方共建国家级博物馆，加强代表国家形象的重点博物馆建设和功能提升，打造一批具有全球影响力和知名度的中国博物馆，成为世界了解中国、展示中国形象的重要阵地。

（二）文化的金名片

积极推动中华文化"走出去"，实施品牌发展战略，加强国际策展人培养与合作，积极探索"中国故事、国际表达"的新方法、新手段。加强博物馆出境展览的资源统筹和策划实施，切实提升出境展览的数量和质量，打造一批博物馆出境展览精品项目，系统展示中华优秀传统文化，切实增强中华文化的传播力和影响力。

（三）世界文明的展示窗口

积极推动世界文明"引进来"，加强域外文明在我国的展示传播，共享人类文明发展成果。强化"以我为主"意识，积极探索"世界故事、中国表达"的有效方式。通过多地巡展、联合办展等方式，加强对优秀域外文明展览项目的统筹推介，扩大展览在国内的传播范围，更好地满足我国人民日益增长的美好生活需要。

（四）国际交往的对话平台

深化与"一带一路"国家政府间合作，共同提升博物馆领域合作水平，建立完善相关机制，加强与相关国家博物馆在展览展示、学术研究、公众传播等方面的交流合作，实施援外文物保护工程项目，加强联合研究，增进与相关国家人民的相互理解、相互认同。加强与联合国教科文组织、国际博物馆协会等国际组织的合作，努力办好国际博物馆协会藏品保护委员会第19届大会，深度参与博物馆国际治理，提升中国话语权，向世界贡献中国智慧和中国力量。

——其次，从社会需求层面上，要进一步发挥博物馆在服务城市发展、乡村振兴和产业转型升级方面的作用。

（一）城市发展的度量衡

博物馆是一个国家或城市文化发达程度的标志，是城市文化的符号。在国际上，一些知名的城市往往也是博物馆比较集中的城市，如伦敦、纽约、巴黎等。我国也有一些成功的案例，如北京、上海、南京、西安、敦煌等城市的重要省级、市级博物馆，植根于城市文化、与城市发展密切相连，已经成为城市文化最靓丽的风景和名片。

面向未来，要进一步彰显中国博物馆在提升城市文化含金量中的作用，将博物馆建设与重大城市规划、区域改造、景区建设、产业新区建设等进行对接，促进城市、环境、历史和人文遗迹的有机结合，使博物馆真正成为城市文化底蕴的"度量衡"。鼓励博物馆资源富集地区，探索建设"博物馆之城""博物馆小镇"等集群聚落，依托旧有厂房、街巷、传统民居等建设博物馆，有效盘活现有资源，促进旧城改造与城市更新协调发展。

（二）乡村振兴的赋能器

乡村博物馆建设是解决城镇化进程中农村发展问题的有益探索。国际上普遍认为，乡村博物馆是将乡村看作一个没有围墙的博物馆，将乡村中的田园景观、生产工具、生活民俗等看作博物馆的"藏品"，通过室内展示与露天展示等多元化展示方式，将乡村历史文化记忆进行"博物馆化"传承与分享。比如英国、美国的乡村博物馆，不仅有效保护和传承了在工业化背景下日渐消失的乡村景观、生产和生活方式，增强了当地居民的归属感和自豪感，还极大推动了当地经济的发展，实现了经济、社会和文化的多重效益。我国一些地方也进行了实践探索。如山东省实施的"乡村记忆工程"，通过因地制宜建设民俗生态博物馆、社区博物馆、乡村博物馆等，收集和展览富有地域特色、活态文化特色和群体记忆的文化遗产，让记住乡愁有载体、传承民俗有去处，为城镇化进程中历史文化遗产保护利用打造重要平台。

面向未来，要进一步发挥中国博物馆在"望得见山，看得见水，记得住乡愁"中的作用，探索通过乡村博物馆建设等方式保护、开放、传承文化遗产，与旅游紧密结合，用文化和生态的途径来实现可持续发展，有效解决边远地区贫困问题。在发展中应坚持因地制宜，走特色化、专题化发展之路，充分发挥当地居民的主观能动性，鼓励社会力量参与，从政府主导向当地居民主导转变，实现自我管理、自主运营，探索形成一条符合中国特色的乡村博物馆可持续发展之路。

（三）产业转型升级的新动能

2017年1月，国务院办公厅《关于创新管理、优化服务、培育壮大经济发展新动能、加快新旧动能接续转换的意见》指出，"以技术创新为引领，以新技术、新产业、新业态、新模式为核心，以知识、技术、信息、数据等新生产要素为支撑的经济发展新动能正在形成"。博物馆作为我国文化产业的孵化器、助推器和重要引擎，也必将参与到新旧动能转换的浪潮中来。

面向未来，中国博物馆应强化文物藏品蕴含的历史、艺术、科学价值的深入挖掘和凝炼，为开展创新创造提供不竭的动力与源泉。

一是鼓励大型企业利用自身优势建设独具特色的专题类博物馆，推动现有行业博物馆质量提升，使行业博物馆成为行业扩大展示、促进交流的窗口和推动设计制造、文化创新深度融合的孵化器。在国外，一些大型企业都将博物馆作为企业文化建设的重要部分。如在汽车制造业发达的德国，大众、奔驰、宝马等企业均建立了本企业的博物馆，除了作为企业宣传展示的窗口，推动当地旅游经济发展外，博物馆的研究人员还会参与企业新技术、新产品的研发工作，推动产品品质提升。近年来，国内也涌现出一批运转良好的行业博物馆，如山西中国煤炭博物馆、青岛啤酒博物馆、上海玻璃博物馆等。

二是要加强博物馆现有资源的梳理和凝炼，形成一批独具特色、价值突出的博物馆文化IP，完善博物馆知识产权制度，充分发挥博物馆在内容创作生产、创意设计服务、文化传播渠道、文化投资运营、文化娱乐休闲服务等文化产业核心领域中的作用，成为助推文化产业发展的新动能。同时，应探索博物馆与5G、互联网、大数据、云计算等新一代信息技术领域的融合发展，催生出更多的新产业、新业态、新模式。

——最后，从公众需求层面上，博物馆要进一步增强在凝聚文化认同、提升公民道德素养、维护社会和谐等方面的作用，以及满足人民群众多层次、多元化美好生活需要方面的能力，使博物馆切实成为引领高质量生活的新助力。

（一）满足精神需求，实现全面发展

以文育人，使博物馆成为寻求智慧、汲取营养的宝库。博物馆作为国民教育的基础设施，应进一步强化作为知识生产和传播机构的功能属性。面向未来，我国博物馆应进一步发挥博物馆在知识传播、艺术审美、道德养成、促进人的全面发展方面的作用，逐步建立馆校合作长效机制，完善以展览和教育活动为核心的博物馆教育产品，强调分龄设计、分众设计原则，进一步增强博物馆教育活动的针对性和覆盖面，全面提升全民科学文化素养，增强国家文化软实力。

以文化人，使博物馆成为获取精神支撑、心灵慰藉的源泉。博物馆是颐养性情、陶冶情操、升华精神的重要场所，应致力于不断满足人民群众在追求身心健康、精神充实、自我完善等方面更高层次的精神需要。比如，博物馆应探索将琴、棋、书、画、诗、酒、花、香、茶等中华优秀传统文化，通过展览、教育活动等表达方式融入当今生活，提升人民生活品质。此外，有实践显示博物馆、美术馆能够在心理干预、心理疏导、心理疾病治疗等方面发挥潜移默化的神奇功效，应尝试与相关机构合作，探索博物馆在自闭症儿童视觉认知、艺术表现与症状缓解等方面的实践应用。

以文培元，使博物馆成为提升公民道德素养、维护社会和谐的阵地。习近平总书记在看望参加全国政协十三届二次会议的文化艺术界、社会科学界代表时强调"要坚持与时代同步伐"，希望文化艺术、社会科学机构及其从业人员能"承担记录新时代、书写新时代、讴歌新时代的使命，勇于回答时代课题，从当代中国的伟大创造中发现创作的主题、捕捉创新的灵感，深刻反映我们这个时代的历史巨变，描绘我们这个时代的精神图谱，为时代画像、为时代立传、为时代明德"。这为我们博物馆工作提出了新要求、指明了新方向。我国博物馆应在弘扬优秀传统文化的同时，加强对革命文化、社会主义先进文化的收藏、展示、研究和传播，充分发挥博物馆作为意识形态主阵地的作用，坚定文化自信、把握时代脉搏、聆听时代声音，以人民为中心、以精品奉献人民、用明德引领风尚。

（二）满足社会需求，增进沟通交往

面向未来，我国博物馆应探索搭建"博物馆社交圈"，尝试将博物馆服务对象从个体扩展到社会群体，为家庭活动、朋友聚会、商务会谈等提供更为多元化的社交平台，使"去博物馆"成为一种时尚的生活方式。未来的中国博物馆应根据服务对象及其需求的不断扩展，一方面，进一步完善馆内功能空间设计，除了传统的展示空间外，应进一步扩展第二课堂、学术报告厅等教育空间，手工制作、非遗展示等体验空间，音乐厅、剧场、书店等休闲空间，文创商店、茶吧、咖啡厅、餐厅等消费空间，从而更好地满足不同人群对博物馆的差异化需求；另一方面，进一步丰富馆内的文化集会活动，如音乐会、鉴赏会、学术讲座、文化演出等，为志趣相投的人群提供相遇相知、沟通交往的平台，让大家可以在博物馆围绕共同感兴趣的话题进行交流与讨论。比如，今天晚上即将在湖南省博物馆举行的"博物馆之夜"活动，将为大家带来"鼓"动湘江、沉浸式现代舞、阿卡贝拉、实景解密游戏、5G互动体验、汉服秀等多种文化活动，相信大家一定能从中寻找到自己喜欢的艺术形式，并与志同道合者来一场美丽的邂逅。

（三）满足物质需求，提升生活品质

面向未来，博物馆应以构建"博物馆一刻钟生活圈"为目标，进一步增强博物馆的普惠化、便捷化和可及性，更好地丰富居民文化生活，进而提升生活品质。一方面，要尝试将博物馆服务从馆内延伸至馆外。如通过博物馆展览和教育活动进入城市综合体、交通枢纽等方式，积极探索博物馆融入城市居民"十五分钟生活圈"的有效途径；加强博物馆与所在社区的联系，利用基层社区服务站或乡村文化站等基层文化服务设施的活动空间，为社区输送展览和教育服务。另一方面，要探索实现博物馆服务从实体空间向虚拟空间的延伸。如实施"博物馆+"战略，依托互联网、移动互联，加强博物馆数字化传播，打造永不落幕的博物馆；加强与设计、制造、旅游、动漫、新媒体等行业的跨界合作，不断丰富博物馆文化产品供给内容和质量，设计推出涵盖衣、食、住、行全方位需求的产品和服务，实现公众"把博物馆带回家"的愿望。

新时代开启新征程，新使命呼唤新作为，中国博物馆已走过百年的发展历程，又将迎来下一个百年的跋山涉水。时光轮替中，始终不变的是奋进者的英姿；历史坐标上，始终清晰的是改革者的步伐。让我们再接再厉，锐意创新，以习近平新时代中国特色社会主义思想为指引，共同推动博物馆事业高质量发展，努力满足人民日益增长的美好生活需要，为实现"两个一百年"奋斗目标和中华民族伟大复兴的中国梦作出更大贡献！

保护革命文物　弘扬革命精神

——国家文物局局长刘玉珠
在全国革命文物保护论坛上的主旨发言

（2019年6月8日）

　　为做好2019年文化和自然遗产日宣传，今天《人民日报》头版重刊了习近平总书记17年前所作的《〈福州古厝〉序》，新华社将播发习近平总书记关心文化和自然遗产保护工作纪实，面向全党全社会学习倡导习近平总书记热爱文化、珍惜文化的深沉情怀和传承文明、弘扬文明的高度自觉，掀起学习宣传贯彻习近平总书记关心文化和自然遗产保护重要论述的新高潮。

　　6月6日，根据习近平总书记重要指示，推进文化和自然遗产保护工作座谈会在中国国家博物馆召开，中共中央政治局委员、中央书记处书记、中宣部部长黄坤明出席会议并作重要讲话，强调要深入学习贯彻习近平总书记重要论述，增强自觉自信、强化责任担当，像保护眼睛一样保护生态环境，像爱惜自己的生命一样保护好文化遗产，守护自然珍宝、擦亮文化瑰宝，让文化和自然遗产在新时代绽放新光彩。要深刻认识加强文化和自然遗产保护的特殊重要性，树立正确的政绩观、文化观、生态观，切实增强做好文化和自然遗产保护工作的责任感紧迫感。要在强化保护意识、制度保障、专业能力、安全管理、工作创新、交流合作上下功夫，狠抓政策落地落实，加大人才培养力度，积极运用现代科技手段，切实提高保护水平，推动遗产资源融入社会生活，展现好文化中国、大美中国的独特魅力，把珍贵的文化和自然遗产完整地留给子孙后代，创造无愧于人民、无愧于历史、无愧于子孙后代的新业绩。

　　上述两件大事，为今年文化和自然遗产日主题活动奠定了大场面，这是文化遗产日设立14年来首次由中央部署宣传的大声势。

　　今年是中华人民共和国成立70周年、我们党全国执政第70个年头的重要节点。在"不忘初心、牢记使命"主题教育活动启动之际，在文化和自然遗产日到来之时，我们相聚革命圣地延安，围绕"保护革命文物、传承红色基因"这一主题，共商革命文物保护利用，共襄红色基因传承发展，正当其时，很有意义。首先，我谨代表国家文物局，对各位嘉宾的到来表示诚挚的欢迎！对长期以来致力于革命文物工作的各界人士表示崇高的敬意！对精心筹办论坛的延安市委、市政府及相关部门表示衷心的感谢！

　　一寸山河一寸血，历史不容忘却。我国是拥有光辉革命历史和优良革命传统的国家，在近代以来中国人民和中国共产党用鲜血、汗水、泪水写就的壮丽篇章中，革命先辈的足迹遍布广袤大地，革命历史就在我们身边。从三元里平英团遗址到黄花岗七十二烈士墓，从血火铸就的泸定桥到风雨洗礼的杨家岭，从陈望道首译《共产党宣言》到方志敏遗著《可爱的中国》，从开国大典升起的五星红旗到小岗村民立下的"生死契约"，或正气凛

中国
文物年鉴
2020

然，或慷慨悲壮，或扬帆起航，或敢为人先，令人思索，深受教育。一处处旧址，一件件实物，一座座纪念馆，蕴含着坚定不移的信仰信念，彰显着历久弥新的使命担当，是中国人民近代以来170多年斗争史、中国共产党90多年奋斗史、中华人民共和国70年发展史、改革开放40多年探索史的"见证碑"，是激扬爱国情怀、振奋民族精神、汲取奋进力量的"集结号"，是促进老区振兴、助力脱贫攻坚、实现融合发展的"动力源"。

红色基因，血脉相传。习近平总书记无论是在地方还是在中央工作，一以贯之地重视和关心革命文物保护，发表了系列重要论述，提出了系列重要观点。

习近平总书记的重要论述，立意高远，鞭辟入里，深刻阐明了革命文物保护利用的历史意义与现实价值，深刻揭示了保护和传承、保护和发展的辩证关系，深刻回答了为什么保、怎么样保的时代课题，为我们做好新时代革命文物工作指明了方向、提供了遵循。

习近平总书记对革命文物工作不仅思考深邃、反复强调，而且带头实践、身体力行。在福建，抢救修缮林觉民故居并辟为福州市辛亥革命纪念馆、开馆当天亲自担任讲解员，抢救保护林则徐故居及开放墓地；在浙江，确立红船精神并大力弘扬，审定南湖革命纪念馆建设方案并参加奠基；在上海，三次瞻仰中共一大会址，大力推动四大会址纪念馆建设。党的十八大以来，习近平总书记带领十八届、十九届中共中央政治局常委首次集体出行都在革命文物场所，指导出台革命文物保护利用工程中央文件，对革命文物保护作出重要指示批示20多次，考察革命旧址、革命纪念馆30多次，每年必去革命老区、瞻仰革命旧址，从赣州到延安再到西柏坡，从古田会议旧址到遵义会议旧址，从江西于都红军长征出发地到宁夏固原红军长征会师地，从金寨县革命博物馆到八路军太行纪念馆，从参观"复兴之路"展览到"沂蒙精神展"，从武汉中共中央机关旧址保护到抗战文物保护，总书记的"红色足迹"走遍大江南北，总书记的重要指示引领方方面面。总之，习近平总书记对革命文物保护投入了真情关爱、倾注了大量心血，坚持知行合一、以上率下，为我们保护好革命文物、弘扬好革命精神、传承好红色基因，树立了光辉典范、提供了科学指引。

党的十八大以来，以习近平同志为核心的党中央大力继承弘扬革命文化，高度重视革命文物工作，切实加强战略谋划、统筹推进。各部门加强协作、见诸行动，各地方积极跟进、积极作为，广大革命文物工作者坚守奉献、砥砺奋进，共同推动革命文物工作呈现向上向好的态势。

一是革命文物基础工作有了新提升。革命文物资源家底基本摸清，全国不可移动革命文物近3.5万处，可移动革命文物100万余件/套。发布《革命旧址保护利用导则》，编制《长征文化线路保护总体规划》。革命文物宣传普及有声有色，举办文化和自然遗产日延安主场城市活动，纪录片《国家记忆》《长征》触摸有温度的革命历史，中央电视台《开讲啦》栏目录制青年电视公开课"到延安去"。

二是革命文物保护利用有了新进步。结合抗战暨世界反法西斯战争胜利70周年、长征胜利80周年、建军90周年、改革开放40周年，开展相关保护行动，举办"伟大胜利 历史贡献""英雄史诗 不朽丰碑""铭记光辉历史 开创强军伟业""伟大的变革"主题展览。赣南等原中央苏区革命遗址保护利用工程三年累计安排资金10.5亿元，助力54个县脱贫攻坚。实施延安革命旧址群保护工程，积累了革命文物集中连片保护经验。革命文物纪念馆渐成体系，全国革命纪念馆近900个。全国红色旅游人数超过13亿人次，红色旅游收入超过4000亿元，年轻人日益成为红色旅游热的主力军。

三是地方革命文物工作有了新进展。12个省份印发革命文物保护利用工程实施意见，

6个省级文物部门增设革命文物处，8部革命文物地方性法规施行。广东计划安排五年15亿元、安徽安排2亿元支持革命文物工作，为全国提供了很好示范。重庆实施红岩联线品质提升工程，上海开展党的诞生地发掘宣传工程。湖南赴俄罗斯举办"中国出了个毛泽东"展览。

四是革命文物政策保障有了新突破。中办、国办出台《关于实施革命文物保护利用工程（2018—2022年）的意见》，全面部署新时代革命文物工作。财政部、国家文物局印发《国家文物保护专项资金管理办法》，明确提出中央财政文物保护专项资金适当向革命老区倾斜，向党中央、国务院确定的重点支持方向革命文物保护倾斜，将省级以下革命文物类文保单位纳入支持范围，支持革命文物保护利用片区整体陈列展示。四部门公布第一批革命文物保护利用片区分县名单，15个片区涉及20个省份的110个市、645个县。

总的看来，革命文物工作呈现很好的态势。随着我国全面建成小康社会的即将实现，我们有较为雄厚的物质基础，加上这些年形成的良好工作格局、积累的丰富保护经验，越来越有能力、有条件来做好革命文物工作。同时，随着各级党委和政府对革命文物保护重视程度的不断提升，人民美好生活需要日益广泛，感知人文、触摸历史、体验红旅的精神文化需求普遍高涨，保护好革命文物、传承好红色基因日益成为社会共识，越来越多的革命老区把革命文物资源作为经济增长的动能、作为地方发展的名片，保护革命文物的社会基础更加坚实。中国特色社会主义进入新时代，加强革命文物保护利用面临着历史机遇、大有可为。

党的十九大报告强调继承革命文化，革命文物保护利用工程的中央文件进行了顶层设计，标志着新时代革命文物工作进入了新的发展阶段。我们要深入贯彻落实党中央决策部署和习近平总书记重要论述，增进文化自觉，强化政治担当，保护革命文物，传承红色基因，擦亮红色名片，汲取奋进力量，让革命文物绽放新光彩、作出新贡献。这里，我谈几点看法，与大家交流：

一要提高政治站位，强化思想自觉。革命文物保护是坚守初心、培根铸魂的政治工程，是饮水思源、不忘老区的民生工程。要牢记习近平总书记的"四个不能忘"的殷殷嘱托，带着使命、带着感情、带着责任，一定要把老区的事办得更好，推动革命文物工作再上一个大台阶。这既是我们的一份神圣职责，更是一种政治担当。要以扎实开展"不忘初心、牢记使命"主题教育活动为契机，充分发挥革命文物资源在党性教育中的重要作用，为做好革命文物工作巩固壮大社会支持度。

二要把握实施重点，增强统筹协调。要以实施革命文物集中连片保护工程为重点，以革命文物保护利用片区为主战场，示范引领革命文物保护利用工程。首批公布的15个片区，有的范围很大，涉及多个省，包括数十个甚至上百个县。支持编制分省、分市片区革命文物保护行动计划，突出重点、有序推进。同属一个片区的多省之间要加强统筹协调、协同推进。

地方机构改革"三定方案"都已公布，省级文物部门的处室职责和人员调整尚未完全到位，市县级文物部门总体削弱，"小马拉大车"现象呈加剧趋势。国家文物局要切实加强宏观指导、制度设计和精准管理，坚持上下联动、密切协作，多为基层一线排忧解难、主动服务。省级文物部门要担负起省域牵头抓总的主体责任，抓好项目的统筹规划和组织实施，加强对市县文物部门的政策指导和项目组织。要积极发挥市、县的主动性和创造性，支持有意愿有条件有力量的革命文物资源大市、大县先行先试、示范引领，共同打造革命文物保护利用示范区。要解放思想、转变观念，以海纳百川的胸怀和智慧，广泛动员社会力量参与革命文物保护利用。

三要狠抓政策落实，增强项目储备。革命文物工作的政策和制度框架已经搭建，现在的关键是抓好落实，积极推动各项政策落地见效，让我们的好政策、好制度早日发挥出应有作用。现在距离建党100周年还有两年时间。项目组织是加快推进革命文物保护利用工程的重要抓手。国家文物局要对革命文物类重点项目和革命文物保护利用片区整体陈列展示项目的申报和实施创新思路、加强规划。省级文物部门要统筹指导项目的策划、组织和实施，做到实施一批、完工一批、储备一批革命文物保护项目。申报项目要量力而行，实施项目要尽力而为。一般项目应当优先安排用于党中央、国务院确定的重点支持方向，各省要将革命文物保护项目纳入一般项目预算安排建议方案。

四要强化工作创新，增强融合发展。推进革命文物保护利用与红色旅游、脱贫攻坚、乡村振兴相结合，与生产生活、相关产业深度融合，有效促进革命老区振兴发展，这方面要注重总结推广、因地制宜、大胆探索。做好共和国史、改革开放史重要标识地的开发展示，推动有条件的重大建设工程、科学工程面向公众开放，引导人们切身感受巨大变化、辉煌成就。研究构建中国共产党人的革命精神谱系，将革命精神融入贯通到红色旅游的线路设计、展陈展示、讲解体验之中。红色旅游具有很强的政治性，要加强规范管理，景区建设要保持原有历史氛围、不能贪大求洋，展陈内容要对接中央精神、不能自行其是，讲解介绍要尊重历史、不能戏说演绎。新建改扩建革命纪念设施应以追求简洁朴素大方为主调，体现艰苦奋斗、艰苦朴素的精神。

五是强化价值挖掘，讲好革命故事。要深入挖掘革命文物的价值内涵和文化元素，鲜活讲述革命文物背后的故事，做到见人见物见精神，让革命精神传播开来。昨晚，我们观看了红秀《延安 延安》，领略了不一样的红色延安，这是创新表达革命故事的好案例。要打破壁垒、整合资源，结合重大历史事件和重要历史人物纪念活动、重要节庆活动，策划举办高质量高水平的重大革命文物主题展览，增强革命文物展览的生动性、参与性和体验性。我们正在编制革命文物宣传传播工程"三个百集"拍摄实施方案，即百集革命文物故事微视频、百集革命旧址短片、百集革命人物纪录片，希望各地多关注多参与。

加强研究、交流、协作是实施革命文物保护利用工程的实质举措。期待论坛搭建各方交流对话的大平台，共襄工作推进之道，欢迎更多地方领导特别是市县一线的同志、文物部门、专家学者围绕相关主题加强交流、共享经验，研究问题、协同推进，为保护革命文物、传承红色基因贡献更多的热情、智慧和力量。期待与会嘉宾畅所欲言、多提建议。

预祝全国革命文物保护利用论坛圆满成功！

守初心　担使命
持续推进文物保护利用改革

——国家文物局局长刘玉珠
在2019年全国文物局长座谈会上的讲话

（2019年7月25日）

在"不忘初心、牢记使命"主题教育深入开展之际，我们在新疆乌鲁木齐召开全国文物局长座谈会，深入学习贯彻习近平新时代中国特色社会主义思想，深入学习领会习近平总书记关于文化遗产保护重要论述，更好落实中央部署要求，守住初心、担当使命，知重负重、攻坚克难，以文物保护利用改革的优异成绩庆祝中华人民共和国成立70周年。

下面，我讲几点意见。

一、深入学习领会习近平总书记关于文化遗产保护重要论述

6月6日，推进文化和自然遗产保护工作座谈会在京召开，黄坤明同志出席会议并作重要讲话；6月8日，《人民日报》重刊习近平总书记17年前所作《〈福州古厝〉序》；6月9日，新华社播发《文明之光照亮复兴之路——以习近平同志为核心的党中央关心文化和自然遗产保护工作纪实》，掀起学习宣传贯彻习近平总书记关于文化遗产保护重要论述的新高潮。

以习近平同志为核心的党中央高度重视文化遗产保护，摆在突出位置，进行战略谋划、全面部署、统筹推进。无论是在中央还是在地方工作，习近平总书记一以贯之地重视和关心文化遗产保护，发表了系列重要论述，提出了系列重要观点。

习近平总书记十分重视文物安全工作，强调要把确保文物安全放在首要位置，强化主体责任，加强协同配合，加大隐患排查和整改力度，完善安全防控体系，对失职渎职行为严肃问责，不断提升文物安全管理水平。

7月24日，习近平总书记主持召开中央全面深化改革委员会第九次会议并发表重要讲话，强调改革越到深处，越要担当作为、蹄疾步稳、奋勇前进，越要迎难而上、攻坚克难。会议审议通过《长城、大运河、长征国家文化公园建设方案》。会议要求结合国土空间规划，坚持保护第一、传承优先，对各类文物本体及环境实施严格保护和管控，合理保存传统文化生态，适度发展文化旅游、特色生态产业。

习近平总书记关于文化遗产保护重要论述，深刻阐明了文化遗产保护的历史意义与现实价值，深刻揭示了保护、传承、利用的辩证关系，深刻回答了谁来保护、为谁保护、怎样保护的时代课题，为我们守护宝贵遗产、传承中华文化、增强文明自信树立了光辉典范、提供了科学指引。

深入学习贯彻习近平新时代中国特色社会主义思想，增强贯彻落实党的创新理论的自觉性和坚定性，是开展"不忘初心、牢记使命"主题教育的根本任务。我们要紧密结合贯彻落实习近平总书记关于文化遗产保护重要论述，紧密结合贯彻落实中央部署的文物保护利用改革任务，推动学习贯彻习近平新时代中国特色社会主义思想往深里走、往心里走、往实里走，在学深悟透、入脑入心和学以致用、务求实效上下功夫，学习倡导习近平总书记的历史观、文化观、政绩观，切实增强做好新时代文物工作的责任感和使命感；学习倡导习近平总书记热爱文化、珍惜文化的深沉情怀和传承文明、弘扬文明的高度自觉，切实增强做好新时代文物工作的思想自觉和行动自觉；学习倡导习近平总书记观大势、谋全局的思想方法和工作方法，切实增强做好新时代文物工作的本领和能力，坚定文化自信，擦亮文化瑰宝，让文化遗产绽放新光彩。

二、上半年工作情况

今年以来，习近平总书记多次对文物工作作出重要批示，在第二届"一带一路"国际合作高峰论坛和亚洲文明对话大会上发出倡议："深入开展考古领域人文合作"，"中国愿同各国开展亚洲文化遗产保护行动"；陪同外国元首参观亚洲文物精品展；考察江西于都中央红军长征出发旧址、纪念馆和内蒙古赤峰博物馆；见证签署中意关于796件中国文物艺术品返还证书，关于防止文物盗窃、盗掘、非法进出境、过境和走私以及促进文物返还谅解备忘录，关于世界遗产地之间缔结友好关系谅解备忘录，以及中法关于在防止和打击非法贩卖文化财产领域加强交流和培训联合声明。中国和尼泊尔、中国和罗马尼亚关于防止盗窃、盗掘和非法进出境文化财产的协定纳入第二届"一带一路"国际合作高峰论坛成果清单。总的看来，上半年文物领域各项工作延续稳中有进、稳中有为的良好态势，文物安全形势总体可控，推动改革的积极因素不断增多。

一是贯彻落实中央重大部署取得新进展。围绕中办、国办《关于加强文物保护利用改革的若干意见》落实落地，明确地方文物行政执法责任、职责分工和协同机制；推动文物保护国土空间专项规划纳入国土空间规划体系并由文物主管部门组织编制，加强考古管理；实施国家重点研发计划重点专项"文化遗产保护利用关键技术研究与应用示范"，发布博物馆馆藏资源著作权、商标权和品牌授权操作指引；试行军事法院涉案文物移交办法；优化综合保税区文物进出境管理、口岸文物风险联合防控合作措施。5个省份出台关于加强文物保护利用改革实施意见，更多省份将文物工作纳入地方党政领导班子和领导干部政绩考核综合评价体系；21个省份印发关于革命文物保护利用工程实施方案。

扎实推进革命文物保护利用工程，中宣部、财政部、文化和旅游部、国家文物局公布第一批革命文物保护利用片区分县名单，涉及15个片区、20个省、110个市、645个县。印发革命旧址保护利用导则，编制红军长征湘江战役烈士纪念设施保护总体规划，开展原中共中央北京香山革命纪念地和闽西、金寨、阿坝革命文物保护工程，延安鲁艺旧址全面开放。举办全国革命文物保护利用论坛和研修班，推进革命文物宣传教育工作，文化遗产公开课"到延安去"在央视《开讲啦》播出，"踏寻红色足迹"微信程序上线。甘肃公布全省革命文物名录，福建推出闽西红色文化系列微视频，广东打造红色文化步径路线，湖南开展"不忘初心、牢记使命"主题教育革命文物集中宣讲活动。

二是文物工作亮点频现、社会关注。良渚古城遗址成功申遗，实证5000多年中华文明史；中国世界遗产总数达到55项，与意大利并列世界第一。黄坤明同志专门作出批示，良渚古城遗址成功申遗可喜可贺，意义重大。要以此为契机，深入贯彻落实习近平总书记的重要指示批示精神，继续抓好文化遗产的保护、传承、利用工作，坚定文化自信、讲好中国故事，向世界展现中华文化的独特魅力，不断提升中华文化的影响力、凝聚力、感召力。长城保护总体规划公布，西藏布达拉宫古籍文献保护利用工程启动。全国博物馆和文物建筑消防安全大检查圆满完成；针对国务院安委办挂牌督办33家博物馆和文物建筑重大火灾隐患单位，加大督查整改力度；国家文物局作为成员单位参加国务院安委会对省级政府的安全生产与消防工作考核巡查，16个省份将文物安全纳入地方政府绩效考核评价体系；国家文物局督察司安全监管处荣获第九届全国"人民满意的公务员集体"称号。

博物馆热持续升温，博物馆里过大年、过节日成为新年俗、新时尚，春节、清明、端午假期参观博物馆的游客占比都在四成以上。全国博物馆5354家，其中国有博物馆3748家、非国有博物馆1606家，2018年观众11.3亿人次。完成1400多家非国有博物馆410万件/套藏品信息备案，建设全国博物馆备案信息平台。

流失海外中国文物追索返还取得新成果。美国、意大利向我返还1157件中国文物艺术品，举办"归来——意大利返还中国流失文物展"。"大美亚细亚——亚洲文明展"首次汇集亚洲47个国家和希腊、埃及的文物精品，成为亚洲文明对话大会的亮点。湖南省博物馆国际博物馆日中国主会场活动、延安文化和自然遗产日主场城市活动主题鲜明、内容丰富、形式多样，社会影响力和文化活动品牌日益彰显。

三是地方文物改革活力迸发、成效渐显。加强中央和地方协同保护，国家文物局与山西省、湖南省签署关于加强文物保护利用改革的战略合作协议，国家文物局、中国社会科学院、青海省签订共建热水墓群考古和文物保护研究基地框架协议。地方政策创新力度加大，广东计划五年统筹15亿元、安徽安排2亿元支持红色遗址保护利用；四川对建成国家文物保护利用示范区、国家考古遗址公园的给予最高3000万元一次性奖补，对文博单位引进高级人才实行特设岗位和协议工资；山西出台支持社会力量参与文物建筑认养、非国有博物馆发展、文博文化创意产品开发政策"组合拳"，"文明守望工程"全面铺开。地方进京文物展览精品"好戏连台"，甘肃、新疆、山东淄博文物菁华展在国家博物馆亮相，良渚玉器、龙泉青瓷大展在故宫博物院现身，青海、江西吉安文物精品展在首都博物馆展出。

三、下半年重点工作

一要持续推动文物保护利用政策落地落细，部署开展贯彻落实《关于加强文物保护利用改革的若干意见》全国督查。推动出台关于推进博物馆改革发展的实施意见，开展新一轮国家一级博物馆定级评估。召开社会文物管理工作会议，总结文物流通领域登记交易制度试点经验。启动编制全国文物保护国土空间专项规划，加强顶层设计、整体布局。省级层面准备出台的关于加强文物保护利用改革实施意见和关于革命文物保护利用工程实施方案，针对性要强、跟进措施要实、时效性要抓紧。按照中央和国家机关督查检查考核年度计划，10月至11月要对《关于加强文物保护利用改革的若干意见》贯彻落实工作进行一次全国性、综合性大督查，以中央相关部门和地方党委政府为督查对象，检查组织实施情况，了解各地经验做法，注重工作实绩，力戒官僚主义、形式主义，切实为基层减负、为基层服务，并及时向中央报告有关情况。

二要加快推进革命文物保护利用工程。经与中宣部沟通，时隔22年计划再次召开全国革命文物工作会议，中央领导同志出席会议并作重要讲话。四部门适时公布第二批革命文物保护利用片区分县名单。确定革命文物宣传传播工程百集革命文物故事微视频、百集革命旧址短片、百集革命人物纪录片"三个百集"拍摄名单，并组织制作传播。现在，距离建党100周年还有两年时间，实施革命文物保护利用工程时间紧、任务重，项目组织是加快工程实施的重要抓手。要以实施革命文物集中连片保护利用工程为引领，以革命文物保护利用片区为重点，编制分省、分市革命文物保护利用行动计划，抓主抓重、有序推进。对于革命文物重点项目和革命文物保护利用片区整体陈列展示项目的申报和实施，国家文物局要创新思路、加强引导。省级文物部门要统筹指导革命文物项目策划、组织、实施，切实做到储备一批、实施一批、完工一批。省级文物、财政部门要将革命文物项目纳入中央财政一般项目和省级财政专项资金预算安排，并作为重点支持方向。

三要精心做好庆祝新中国成立70周年有关工作。抓紧报请国务院核定公布第八批全国重点文物保护单位。开展庆祝新中国成立70周年主题宣传活动，推介一批精品展览，举办流失文物回归展览和革命文物图片展。召开全国文物安全工作部际联席会议专题会议，协调有关成员单位开展文物安全专项检查，与公安部部署开展年度打击文物犯罪专项行动，与应急管理部开展年度文物消防安全专项整治，继续开展文物法人违法案件整治，努力营造安全稳定的社会环境。

四要全面规划文物交流合作。深入开展文物国际合作情况调研，尽早起草《让文物活起来、扩大中华文化国际影响力的实施意见》，力争2020年上半年提交中央审议。制定亚洲文化遗产保护行动中长期规划，组织庆祝澳门回归祖国20周年文化遗产主题系列活动，举办粤港澳大湾区文化遗产合作研讨会。加强中外合作考古管理和宣传推介工作。

五要切实加强文物部门队伍建设。地方机构改革基本完成，"小马拉大车"现象加剧；省级文物部门职责调整、人员变动大，一批新局长、新处长到任履职，一批工作人员轮岗交流；市县级文物机构队伍大大削弱，专业人员转岗流失。近两年国家文物局新进公务员占比20%，文物系统新面孔增多，新生力量加强。因此规矩建立、流程熟悉、团队协作、能力建设的任务尤为紧迫。干事创业，关键在人。整合队伍、加强培训，练好内功、提升水平是当务之急。要围绕建设高素质专业化干部队伍，强化能力培训和实践锻炼，增强政治担当、历史担当、责任担当。

六要不断夯实文物事业中长期发展基础。《文物保护法》修改要以十三届全国人大常委会任期内提请审议为总目标，相关工作要尽可能往前赶，抓紧起草完成修改草案，留出充足时间打磨、完善和征求意见、达成共识，各地要积极参与、大力支持。开展文物事业"十四五"规划前期研究，做好2021—2035年的文物领域中长期科技发展战略和规划研究。

四、加快推进文物保护利用改革

中国特色社会主义进入新时代，文物事业改革发展迎来历史最好时期。党中央、国务院高度重视文物工作，文物保护利用改革政策框架基本形成，加之已形成的良好工作格局、已积累的丰富保护经验，我们越来越有能力、有条件乘势而上、做好工作。我国社会生产力、综合国力、人民生活水平实现历史性跨越，人民对美好生活向往更加强烈，感知人文、触摸历史的精神文化需求普遍高涨；全党全国全社会坚定文化自信、增强文化自觉、落实文物保护责任的自觉性和主动性明显增强，越来越多的地方把文物资源作为经济社会发展的新动能、作为地方发展的金名片，让文物活起来的资源红利不断释放，为文物事业高质量发展增添强大动力。可以说，做好新时代文物工作具有坚实的理论基础、实践基础、物质基础、民心基础。

我们要抓住历史机遇，努力在文物保护利用改革上取得新突破。要有新突破，就必须进一步解放思想、转变观念。当前，文物保护利用改革势头是好的，中央层面有突破，地方层面有跟进，社会层面有好评，但我们不能自满，决不能有停一停、歇一歇的懈怠。要清醒认识到，我们的改革刚刚起步，文物保护利用改革任重道远，随着改革进入攻坚期，情况越复杂，难度越增加。对于文物保护利用改革来说，全面把握世情、国情、民情，准确把握文物事业的变与不变，打破思想上的束缚比破除现实的障碍更不容易。如果思想认识障碍不破除，就难以开拓进取、难以形成合力。近年来，文物保护和利用、保护文物和发展经济同等重要的理念逐步树立，文物珍宝大胆"触网"，文创产品创新创意，社会参与破题破冰，都是解放思想、提高认识的结果。文物保护利用改革系列举措的落地实施、渐见成效，我们看到了正视问题的信心、统一思想的力量，感受到了刀刃向内的勇气。只要思想不滑坡、改革不松劲，办法总比困难多。正如习近平总书记强调的，严重的问题不是存在问题，而是不愿不敢直面问题、不想不去解决问题。面对新形势、新任务，一定要有自我革新的勇气和胸怀，跳出条条框框限制，克服部门利益掣肘，以积极主动精神研究和提出改革举措。只有顺应历史潮流，积极应变，主动求变，才能与时代同行。

解决思想认识问题，是加快推进文物保护利用改革的前提。要聚焦重点、精准渗灌，破解改革难题，文物部门的自身定位和能力建设至关重要。以国家文物局为例，首先是政治机关，也是领导机关、行政机关。我们要全面提升政治能力、领导能力和行政能力，使自身的能力与担任的职责相匹配，履行好党和人民赋予的职责使命。政治能力就是观大势、谋全局、把方向的能力，就是辨别政治是非、保持政治定力、驾驭政治局面、防范政治风险的能力。领导能力就是管政策、管规划、管制度、管宏观的能力，要把加强制度建设、弥补政策短板、立标建规摆在突出位置。行政能力就是要把有限力量和更多精力放在调查研究、依法行政、政策落实、执法督察、服务基层上，切实提高抓大事、促改革的能力定力。在此，重温毛主席一段发人深省的话。1955年毛主席主持召开华东、中南省委书记会议时提醒："我不担心你们饱食终日，无所用心，不干事。你们不会犯这样的缺点，我担心的是什么呢？你们忙忙碌碌，陷入事务主义、官僚主义，事无巨细，都自己亲自去处理，没有时间调查研究，没有时间想问题，没有时间想大问题。"

纵深推进文物保护利用改革，深入贯彻两个中央文件精神，是当前文物工作的重中之重。我们要以开展"不忘初心、牢记使命"主题教育为契机，认真贯彻"守初心、担使命，找差距、抓落实"的总要求，坚定改革之心，增强改革之能，付诸改革之行，推动形成更多改革成果。

——保持改革定力。紧紧围绕《关于加强文物保护利用改革的若干意见》《关于实施革命文物保护利用工程（2018—2022年）的意见》部署的重要任务、重点工作、重点项目，坚持问题导向，加强部门研商，找准重点、难点和堵点，一个问题一个问题地破解，一个环节一个环节地推进，打通政策落实的"最后一公里"，让好政策好制度早日发挥应有作用。要激活基层经验，加强政策评估。对地方率先突破、取得经验的，要研究论证、及时推广。

——提升改革能力。文物保护利用改革的方向是清晰的。各级文物部门要提高大局意识、强化使命意识，加强落实能力、创新能力，守土有责、主动出击，争做改革奋进者、搏击者。国家文物局要加强调查研究和宏观指导，加强制度设计和精准管理，坚持上下联动、密切协作，多为基层一线主动服务、排忧解难。最近，我和财政部余蔚平副部长赴甘肃调研文物保护利用工作，我们一致认为，亟须加大对文物科技保护的支持力度。省级文物部门要担负起省域牵头抓总的主体责任，发挥好中枢作用，统筹组织改革试点，着力消除"中梗阻"，切实帮助市县文物部门提升履职尽责能力。我们都要多下基层、沉到一线，听实话、摸实情、办实事、解实困，及时明确回应基层请示事项，为基层"带好头、铺好路、配好枪、撑好腰"，让基层文物工作者有尊严、有干头、有劲头、有奔头。

——强化工作创新。积极发挥市县的主动性和创造性，支持有意愿有条件有力量的文物资源大市、大县先行先试、示范引领，共同创建国家文物保护利用示范区。推进文物保护利用与脱贫攻坚、乡村振兴相结合，与文化建设、旅游发展相结合，与生产生活、相关产业相结合，鼓励因地制宜、积极探索，让更多文物故事鲜活起来、焕发生机，让更多传统元素可触摸、可感知。中央和地方的文物保护利用支持政策和配套措施相继出台，关键是要搞懂弄透各类政策，用好用足政策红利，并创造性地开展工作，为革命老区、民族地区、边疆地区、贫困地区储备更多文物保护项目，引导更多文物保护资金，建立对口支援文博人才培养长效机制。要以海纳百川的胸怀智慧，广泛动员社会力量参与文物保护利用，推动形成人人支持、人人参与的良好局面。

衷心希望大家多做文物保护利用改革的行动派和实干家，多为深入贯彻落实中央重大决策部署落地见效建言献策。

国家文物局局长刘玉珠在"2019博物馆馆藏资源授权峰会"上的讲话

（2019年9月19日）

在全国上下喜迎新中国成立70周年之际，我们齐聚北京，围绕"新时代、新文创，赋能美好生活"这一主题，共商文博事业创新发展大计，具有非常重要的意义。首先，我谨代表国家文物局，向本次峰会的召开，表示热烈的祝贺！向远道而来的各位嘉宾，以及参加全国文物保护管理专题培训班、全国博物馆创意设计培训班的150余位学员，表示诚挚的欢迎！向中宣部版权管理局等长期支持文物事业改革发展的有关部门和社会各界，表示衷心的感谢！

博物馆是保护和传承人类文明的重要殿堂，是连接过去、现在、未来的桥梁。用好博物馆馆藏资源，对弘扬中华优秀传统文化、传承中华文明、满足人民美好生活需求具有重要意义。2013年12月30日，习近平总书记在主持十八届中共中央政治局第十二次集体学习时强调，要系统梳理传统文化资源，让收藏在禁宫里的文物、陈列在广阔大地上的遗产、书写在古籍里的文字都活起来。2017年10月18日，总书记在党的第十九次全国代表大会上作报告时指出，要坚持创造性转化、创新性发展，不断铸就中华文化新辉煌。今年8月19日至22日，总书记在甘肃调研，深入敦煌研究院、嘉峪关长城、中国工农红军西路军纪念馆等文博单位考察时强调，要把凝结着中华民族传统文化的文物保护好、管理好，同时加强研究和利用，让历史说话，让文物说话。

习近平总书记有关让文物"活起来"的系列重要论述，高屋建瓴、思想深邃、内涵丰富。要更加全面、深刻领会总书记讲话的思想精髓和精神实质，必须立足于文物资源物质符号体系、精神价值体系、行为制度体系等多维的文化和文明体系，从法律、行政、道德等不同层面来探索行之有效的制度设计，使之从物质层面的活化扩展到行为、精神层面的活化，全面融入群众生活、社会进步、国家发展。让文物"活起来"，从中国文化的角度来看，首先要解决文化传承和文化认同的问题，要对传统文化有敬畏之心，在充分研究和理解的基础上，才能做好中华优秀传统文化的传承和弘扬。从世界文明的角度来看，要从文化传承和文化认同，拓展到中华文化在世界上的位置问题，进而增强中华文化的国际影响力。

近年来，各级党委政府、文博单位积极努力，在文化创意产品开发方面进行了大量行之有效的探索和实践，文物"活起来"的共识逐步形成和增强。2014年2月，国务院印发《关于推进文化创意和设计服务与相关产业融合发展的若干意见》，要求依托丰厚文物资源，丰富创意和设计内涵，促进文物资源实现传承和可持续发展。2016年5月，国务院办公厅转发原文化部等部门《关于推动文化文物单位文化创意产品开发的若干意见》，对文创产品开发工作作出全面部署。2018年10月，中办、国办印发《关于加强文物保护利用改革的若干意见》，鼓励文物博物馆单位开发文化创意产品，激发博物馆创新活力。

国家文物局认真落实党中央、国务院决策部署，完善出台系列鼓励政策，开展文化文物单位文创工作试点，主动与社会企业开展战略合作，促进文物行业与不同行业的跨界融合，积极推动开发适应群众需求的高品质文创产品，取得了显著进展，在社会上形成了"文创热"。今年5月，在中宣部版权管理局等部委大力支持下，国家文物局印发了《博物馆馆藏资源著作权、商标权和品牌授权操作指引（试行）》。稍后，我们将举行《授权操作指引》新书发布仪式。开展博物馆馆藏资源授权，对进一步盘活文物资源，丰富文化消费供给，满足人民群众美好生活需求，具有重要意义。

一是可以更好激活我国丰富的文物资源。中华民族历史悠久，中华文明源远流长，中华文化博大精深。我国拥有博物馆超过5300余家，不可移动文物近76.7万处，国有可移动文物总数超过1亿件/套，还有巨量民间收藏文物。灿若星辰的文物资源，不仅是承载灿烂文明、传承历史文化、维系民族精神的重要载体，也是构筑时代动能、促进质量发展、赋能美好生活的"超级IP"。博物馆馆藏资源授权有利于促进文物资源有序向社会开放，进一步唤醒沉睡在博物馆里的万千文物，成为新时代文博事业创新发展和文创产品开发的"营养源泉"。

二是可以更好调动各方文创开发主体力量。过去，文创产品开发更多依托于文博单位，社会力量进入存在一定的制度局限。博物馆馆藏资源授权实现为政策"松绑"，推动海量文物资源实现开放与共享，有利于文博单位和市场主体等各方力量发挥各自在资源、人才、市场、设计等方面的优势，打通资源、创意、市场全链条，共同开发高质量产品。如以腾讯、百度为代表的企业，积极把优秀文物资源的创新创意开发融入自身发展战略，博物馆文创开发不再是"单打独斗"。

三是可以更好发挥市场资源配置作用。文创产品既有天然的文化基因，也有后天的市场属性。文创产品的生命力在于是否能够真正走进社会大众、群众生活，是否能够真正服务于人们的精神生活与物质生活需要，是否真正让人们生活更有满足感和幸福感。博物馆馆藏资源授权搭建起文物资源和设计主体、市场需求等多方对接的有效平台，激发市场在资源配置中的决定性作用，从供给侧着力优化供求关系，可以面向社会推出更多思想性艺术性实用性有机统一、适应社会需要群众需求的文创产品，使走近文物越来越成为人民的生活方式，使文物"活起来"成为引领时代风尚、构筑时代美学的新动能。

博物馆馆藏资源授权激发了文创开发的生机和活力，但我们也要清醒认识到，在授权开发文创产品过程中还面临着一些困难和问题，需要我们重点研究并加以解决。一是文博单位文创产品开发体制机制的问题。由于机制体制原因，文物资源有序向社会释放存在客观困难，一定程度会影响部分博物馆开发文创的积极性和创造性，不想干、不敢干、不会干的问题仍然存在。二是文创开发能力的问题。文创产品低质化、雷同化现象普遍存在，能够体现中华优秀传统文化精髓的文创产品较少，产品质量仍需提升，文创品牌引领不足；文物资源开发利用不够、应用空间有限，与巨大的文化消费市场结合也不够紧密。三是创意设计人才缺乏的问题。特别是技术和创意兼备、原创能力和动手能力强的专业人才尤其匮乏，且人才培养与实践需求错位明显，"人才找不到市场"与"市场找不到人才"现象并存。加之人才流失普遍，也严重制约文博事业创新发展和文创产品开发。

各位嘉宾、朋友们，今年是新中国成立70周年，是深入贯彻习近平总书记关于文物工作系列重要论述、全面落实党中央国务院关于文物保护利用改革文件的关键之年。文物资源向社会开放是一项综合性很强的工作，是事关文物工作全局的重要事项。下面，我讲以下几点意见：

一要转变发展理念。理念是行动的旗帜。博物馆馆藏资源授权是推动文物"活起来"的重要举措，将会拓宽文创产品开发领域的认知和实践。各文博单位思想要再解放、改革要再突破，在坚持保护优先、内容为王、以人为本的原则下，打破不想干、不敢干、不能干的思想藩篱，以更加开放的视野、开阔的胸襟、扎实的行动，利用馆藏资源授权契机，更加主动让社会共享文物资源，加快构建适应时代发展要求的文创产品标准体系，推出更多更好的文化产品、文化服务，普及教育、启迪心智、传承知识。

二要坚持正确导向。无论时代如何发展，我们都应充分认识文物工作的历史使命，正确处理继承和创造性发展关系，坚持正确政治方向、价值取向、文化导向。我们欢迎社会各界按照文物保护法律法规要求，在严守文物安全底线前提下，盘活用好文物资源。要发扬"工匠精神"和"时代精神"，通过文创产品开发设计，推动文物价值向现代价值的深层次转变，把文物跨越时空、超越国度、富有永恒魅力、具有当代价值的人文品质和文化精神弘扬起来。要坚持社会主义核心价值观引领，去除浮躁和单纯的逐利心理，讲好文物故事，推动文创产品走入社会、服务大众、改变生活，使人民群众在持续的文化滋养中，在持久的格物致知中，在充分的美学熏陶中，更好的认识中华文明的价值，共同守护文物瑰宝，提升人文素养，增强民族自信。

三要创新体制机制。博物馆馆藏资源授权范围广、力度大，涉及大量的体制机制创新问题。要进一步贯彻落实《关于推动文化文物单位文化创意产品开发的若干意见》，加快出台《关于推进博物馆改革发展的实施意见》。经过各方共同努力，目前《实施意见》已基本成形，有望尽快公布。该《实施意见》将从制度上破解博物馆创新发展的瓶颈。要用好用活《博物馆馆藏资源著作权、商标权和品牌授权操作指引（试行）》，扩大文物资源开发空间，创新文创开发交流合作机制，采用文化传播新形式、新途径，共建共享文物事业发展成果。要探索文物与新技术、新应用的跨界融合、全面融合、深度融合的实现路径。要切实加大知识产权保护力度，促进知识产权运用，严厉打击侵权者和侵权行为，为文创产品开发营造良性空间。

四要强化队伍建设。打造文创品牌，文创人才是关键。要始终将原创人才和原创内容作为核心竞争力，面向创意设计从业者、工艺美术从业者、高校教师和学生等人群，以招募、竞赛、交流等方式，遴选和巩固创新创意人才队伍，大力提升文化内容原创能力，提高文创产品精神高度、文化内涵和艺术价值。国家文物局也将培育一批研究能力强、实践基础好、示范作用明显的文博单位、高校科研机构、创意设计企业，发挥其在文创产品开发工作中的主体作用。

新时代文物事业改革发展关键在人，关键在高素质、专业化的文博人才队伍。今年8月19日，习近平总书记在敦煌研究院座谈时强调："要关心爱护我们的科研工作者，完善人才激励机制，支持和鼓励更多优秀专业人才从事这项工作。地方机构改革完成后，要继续加强基层文物保护和研究队伍建设，保持队伍稳定。"今天参加峰会的部分同志来自地市级文物行政管理部门，希望同志们担当作为、守土尽责，努力克服人手少、任务重的困难，增强工作的积极性、主动性、创造性，切实履行好所承担的文物保护管理职责，国家文物局也会持续与有关部门密切沟通协调，推动落实保持基层文博机构队伍稳定的政策举措，为文物事业改革发展提供有力保障。

各位嘉宾、朋友们，博物馆是公共文化、教育和服务的机构，是高尚社会风气展示和引导的场所。文物资源与创新创意的融合拥有着广阔的空间。"同舟共济扬帆起，乘风破浪万里航。"国家文物局将进一步开放资源、搭建平台、优化服务，大力支持有关各方广泛参与文物资源开发利用。期待我们携起手来，一起做好"文物活起来"这篇大文章，为人民美好生活赋能添彩。

开放合作　共生共赢

——国家文物局局长刘玉珠
在粤港澳大湾区文化遗产合作研讨会上的主旨发言

（2019年12月6日）

　　今年是习近平主席提出"让文物活起来"倡议6周年，也是贯彻落实粤港澳大湾区发展规划纲要、支持深圳建设中国特色社会主义先行示范区的开局之年。今天，我们相聚深圳大鹏新区，围绕"共享、共荣、共生、共赢"的主题，搭建让文物活起来的资源、资本、市场和政府、企业、学界各方融聚平台，共襄合作，共话发展。深化湾区人文交流，服务湾区繁荣发展，适逢其时，很有意义。首先，我谨代表国家文物局，对各位嘉宾的到来表示诚挚欢迎！对研讨会的召开表示热烈祝贺！对长期以来致力于内地与港澳文物交流合作的各界人士表示崇高敬意！对精心筹办本次研讨会的广东省人民政府、深圳市人民政府及相关部门表示衷心感谢！

　　中华文化多元一体的格局是独一无二的，中华文明绵延不断的生命力是独一无二的，开放、融合、转化是其薪火相传、生生不息的鲜明标识。文物是5000多年中华文明的亲历者、见证者、幸存者，每一件文物无不经历了风霜雪雨而倍显珍贵，每一件国宝无不自带了创造创新创意基因而倍增价值，都期待世人打开尘封秘密、重现璀璨光彩，而不应成为埋在山洞里的宝藏。正如习近平主席所指出的，"要让收藏在禁宫里的文物、陈列在广阔大地上的遗产、书写在古籍里的文字都活起来"。对于一个国家来讲，让文物活起来可以唤醒国民触摸历史温度，增进文化认同，坚定文化自信，凝聚发展力量。对于一个城市来讲，让文物活起来可以找回市民的老城记忆，体现城市精神，展现城市特色，提升城市魅力。对于一个乡村来讲，让文物活起来可以感受地域风情，让居民望得见山、看得见水、记得住乡愁。

　　这些年，作为历史文化的承载者，作为国家形象的"金名片"，作为推动发展的"助推器"，让文物活起来，日益成为国家元首持续关注的文化重策，日益成为文物工作对标提质的中心任务，日益成为普通百姓常挂嘴边的热门话题：一是打造国家客厅，二十国集团领导人杭州峰会聚首世界遗产西湖之畔，亚洲文明展闪亮亚洲文明对话大会，习近平主席上海豫园会见法国总统马克龙，每一帧都是高光时刻。二是赋能高质量发展，从哈尼梯田到水乡乌镇，从红色遵义到圣地延安，从大运河文化带到粤港澳大湾区，文物工作都有"文明如水"的最美画面，都有"润物无声"的能量输送。三是点亮美好生活，实施"文物+"战略，与教育互动，与科技联姻，与创意嫁接，与旅游相融，与消费结合，博物馆热了，"萌萌哒"文创产品火了，"科技+文物"沉浸式体验红了（例如腾讯"诗意长安"广受好评），传统村落人气旺了，红都瑞金脱贫了。四是讲好文物故事，前有《我在故宫修文物》"复活"技术、《国家宝藏》明星演绎，后有《假如国宝会说话》"快速充电"、抖音创意视频"文物戏精大会"翩翩起舞，娓娓道来文物传奇的前世今生，文物"粉丝"暴增。五是拓展社会参与，百度"用科技传承文明：AI博物馆计划"起航，"保护长城 加我一个"公募活动探路，山西文明守望工程全面铺开，深圳大湾区文化遗产联合实验室成立。六是推出政策组合拳，从推动文创产品开发到"互联网+中华文明"，从发布文物建筑开放导则到博物馆馆藏资源著作权、商标权和品牌授权操作指引，从激发博物馆创新活力到健全社会参与机制，文物活化利用政策创新不断破题，推动改革的积极因素不断增多。综上所述，文明使者所赢得的国家元首之高度赞誉，国之瑰宝所激发的人民群众之文化热情，无不折射出文物资源所蕴含的恒久魅力和时代价值。

文物的活力在于融入生活、回归社会、服务人民。让文物活起来大有可为，文物领域活化利用+社会参与的广阔蓝海正在开启。这里，列举三组数据足以说明：推进76.7万处不可移动文物和1.08亿件/套可移动文物数字化展示全覆盖，让海量文物不被"锁起来"而是"展出来"，可见发展潜力巨大；2018年全国11.3亿人走进博物馆，红色旅游人数超过13亿人次，红色旅游收入超过4000亿元，可见消费需求巨大；抖音创意视频"文物戏精大会"三天播放量高达1.2亿次，国家文物局官方微博"约会博物馆"话题累计阅读量16.5亿人次，可见市场价值巨大。我们乐意张开双臂，为文物领域活化利用+社会参与提供更多市场机遇、投资机遇、增长机遇，实现共赢发展。

美人之美，美美与共。站在新的历史起点，文物领域活化利用+社会参与的大门只会越开越大。社会资本是推动发展的活跃元素。我们愿意乘势而上、顺势而为，加强制度性、结构性安排，当好架构师和服务员，更好推动让文物活起来行稳致远、进而有为。

一是更大力度解放思想。让文物活起来，政策是导向，社会是主体，市场是关键。坚持保用并重、以用促保、分类施策、分区施策的总体思路，增强文物领域制度安排和政策供给的主动性、针对性、有效性，提升社会参与的荣誉感、安全感、获得感。厘清政府和市场、政府和社会关系，更好履行文物部门的宏观指导和监管督察职责，更加彰显文博单位的保护研究和公共服务功能，充分发挥社会参与、市场机制在文物领域资源配置和活化利用中的重要作用，实现社会主体、市场主体的角色由辅助到支撑的重大转变，提供多样化的文化产品，成就高品质的文化体验，促进高质量的文化消费。要以海纳百川的胸怀和智慧，广泛动员社会参与，多措并举搭建平台、释放利好，鼓励地方探索，尊重基层首创，最大程度释放文物活力。

二是更高水平开放共享。坚持统一标准、打破壁垒、整合资源，构建国家文物资源数据信息统一开放平台，面向社会全面、平等、有序开放文物资源数据信息，建立国家文物资源数据信息名录公布和开放清单制度，让社会力量清楚我们有什么。改善文物领域活化利用+社会参与的营商环境，营造各种所有制主体依法平等使用资源要素、公开公平公正参与竞争、同等受到法律保护的市场环境，促进要素有序自由流动、资源高效配置、市场深度融合，形成保护和发展良性循环，实现文化魅力和综合效益共融共生。

三是更好推进融合发展。支持文物领域活化利用+社会参与创新机制、重构链接、扩展平台、丰富要素，突出价值挖掘、内容创意、科技应用和传播再造、业态孵化、增殖开发，不断深化合作、增进融通。推介文物领域研学旅行、体验旅游、休闲旅游精品线路，做强文旅融合发展品牌。以大数据、信息共享、跨界创意与融媒传播为重点，支持各方力量运用市场机制发展文物+信息化领域的共享经济、场景服务和新兴消费，最大限度释放文化消费活力。促进文物市场活跃有序发展，推进文物流通领域登记交易制度试点。建设国家文物保护利用示范区，探索社会力量参与国有不可移动文物使用和运营管理，鼓励依法流转取得属于文物建筑的农民房屋及其宅基地使用权。

四是全面提升社会参与便利化。全面实行政府文物权责清单制度，推行文物行政许可标准化，做到审批更简、监管更强、服务更优。保持文物法律政策的连续性和稳定性，明晰社会参与的法律规制、优惠政策和各方权益，健全文物用途管制制度，实行社会参与文物保护利用准入前国民待遇加负面清单管理制度，划定文物保护利用的红线和底线，让社会力量进得来、留得住、能发展。整合科技、人才、资本优势，打通资源、创意、市场全链条，策划文化遗产金融扶持计划和文化遗产创业创意人才扶持计划，撬动社会资本和金融资本更多投入，推进文物活化利用的协同创新、成果转移和社会共享。

五是切实支持大湾区打造文物活化利用先行示范区。粤港澳大湾区是中国开放程度最高、经济活力最强、创新氛围最浓的先行区域之一，事关中国经济未来图景的想象和期望。文化创新是建设国际一流湾区和世界级城市群的核心要素。大湾区山水相连、文化相通、人缘相亲、民俗相近，文物资源丰富、历史联系紧密、合作基础扎实。内地与港澳"CEPA"协议、文化关系和文化遗产领域交流合作更紧密安排协议书积累了政策储备。今年广东推介到4条大湾区文化遗产游径，串联湾区遗产，打通文化经脉。我们支持大湾区同步建设让文化遗产活起来、深化内地与港澳文化遗产合作的先行示范区，提升开放能级，放大集聚效应，重在差别化探索，加大压力测试，鼓励在海上丝绸之路保护与申遗、明清海防遗址保护和文物建筑活化利用、青年文化之旅、文化遗产旅游五个方面优先突破，以文化遗产传承发展作为融汇大湾区各类要素、业态的燃爆点，激发文化创新创造活力，使湾区空间布满创意元素、社会充满人文关怀。

国家文物局、广东省人民政府联合召开本次研讨会的初衷旨在着眼于文物资源更好服务粤港澳大湾区国家战略，着眼于文物资源更好支持深圳建设中国特色社会主义先行示范区，利用大湾区和深圳的区位优势、政策优势、科技优势、市场优势、资本优势，以此切入点，广泛动员和依靠社会力量，共同推动将文化遗产活化利用这篇文章做大做活。真诚期待与会嘉宾畅所欲言，分享真知灼见。2020年，国家文物局将牵头制定让文物活起来、扩大中华文化国际影响力的实施意见，提交中央深改委审议。我们持续欢迎行业内外更多伙伴、专家，围绕让文物活起来的政策突破和实操做法，坚持建言资政和凝聚共识双向发力，为文物保护利用贡献更多的智慧和力量，让文化遗产更具"颜值"，让文化遗产倍增美好！

守正创新 统筹谋划
奋力推进文物事业改革发展

——国家文物局局长刘玉珠
在全国文物局长会议上的工作报告

（2019年12月30日）

辞旧迎新之际，我们在京召开全国文物局长会议。这次会议的主要任务是以习近平新时代中国特色社会主义思想为指导，深入贯彻落实党的十九大和十九届二中、三中、四中全会精神，深入贯彻落实习近平总书记关于文物工作重要论述精神，坚决落实党中央、国务院重大决策部署，持续推进文物保护利用改革，总结2019年文物工作，谋划2020年主要思路，部署2020年工作重点。

刚才，雒树刚部长作了重要讲话，我们要认真学习领会、抓好贯彻落实。下面，我代表国家文物局讲三方面意见。

一、2019年工作回顾

2019年，全国文物系统全面落实文物保护利用改革重大决策部署，攻坚克难、砥砺前行，主动担当、乘势而上，巩固发展了文物事业改革发展良好态势，有力服务了党和国家工作大局。

（一）工作特点

纵观2019年文物工作，概括起来，有三个特点：

一是中央高度重视前所未有。习近平总书记多次作出重要批示、发表重要论述，多次出席或见证文物领域重大活动，考察参观多处文物保护单位、博物馆，充分体现了以习近平同志为核心的党中央对新时代文物工作的高度重视和殷切厚望，为我们加强文物工作、守护文化遗产树立了光辉典范、提供了科学指引。

——关于文物保护。习近平总书记在敦煌研究院就文物保护和研究发表重要讲话，所作《〈福州古厝〉序》在《人民日报》重刊；主持召开中央深改委会议并审议通过《长城、大运河、长征国家文化公园建设方案》；致信祝贺甲骨文发现和研究120周年、中国历史研究院成立；考察敦煌莫高窟、嘉峪关关城和天津、北京、上海历史文化街区，参观内蒙古赤峰博物馆、郑州黄河博物馆。

——关于革命文物。习近平总书记在全国两会期间多次强调传承红色基因，在十九届中央政治局第十四次集体学习和纪念五四运动100周年大会上对五四文物保护、五四精神弘扬作出重要指示；考察江西于都红军长征集结出发地、中共中央北京香山革命纪念地，参观中央红军长征出发纪念馆、甘肃高台中国工农红军西路军纪念馆、香山革命纪念馆、河南新县鄂豫皖苏区首府革命博物馆。

——关于文物国际合作。习近平总书记在第二届"一带一路"国际合作高峰论坛和亚洲文明对话大会上倡议深入开展考古领域人文合作、开展亚洲文化遗产保护行动，参观希腊雅典卫城博物馆并对流失文物返还合作作出重要指示，在意大利、塔吉克斯坦、吉尔吉斯斯坦媒体发表的署名文章中对互办文物展、文物保护合作、联合考古作出重要指示，参观亚洲文物精品展、意大利返还中国流失文物，见证签署中国—意大利、中国—法国、中国—尼泊尔文物领域双边协定和谅解备忘录。中办转达习近平总书记对中亚联合考古队的亲切问候。

李克强总理主持召开国务院常务会议，核定第八批全国重点文物保护单位，强调文物保护要坚持价值优先、质量第一，保持真实性、完整性，健全法规制度，吸引社会力量参与；见证签署中国—巴基斯坦文化遗产交流合作协议；对长城保护、夏文化研究等多次作出重要批示。其他中央领导同志也对文物工作作出系列重要批示。

二是多方密切协作、群策群力。围绕中办、国办《关于加强文物保护利用改革的若干意见》落实落地，各部门加强协作、见诸行动，出台配套政策，明晰实施路径。中宣部专题调研博物馆改革发展情况。中央编办批复同意国家文物局设立革命文物司，核增行政编制15名；赴6省调研地方文物机构队伍建设，研究加强基层文物行政力量配套举措。中央网信办将革命文物故事纳入网上重大主题宣传内容。发展改革委支持完善全国重点文物保护单位保护性基础设施。教育部将文物保护法、中华文明探源工程内容纳入义务教育和普通高中统编教材。工业和信息化部加大支持文物保护装备产业化建设。公安部加大打击文物犯罪力度，应急管理部加强对文物消防安全指导；全国文物安全工作部际联席会议各成员单位积极参与安全检查和执法行动。民政部加强非国有博物馆登记管理。司法部有力推进《水下文物保护管理条例》修订工作。自然资源部支持将文物保护纳入国土空间规划编制和实施。财政部、海关总署、税务总局公布第三批国有公益性收藏单位名单，新增27家博物馆享受进口免税优惠政策。文化和旅游部、国家文物局发文明确地方文物行政执法职责分工和协同机制。海关总署、国家文物局联合签署口岸文物风险联合防控合作备忘录。中国人民解放军军事法院出台涉案文物移交办法。加强央地协同，国家文物局与湖南、山西、山东、四川签署合作协议，与中国社会科学院、青海省人民政府签订《共建热水墓群考古和文物保护研究基地框架协议》。

三是文物工作者振奋精神、勇于开拓。习近平总书记高度评价"莫高精神"，这既是对几代敦煌人的充分肯定，也是对全国文物工作者的充分肯定。敦煌研究院名誉院长樊锦诗荣获"文物保护杰出贡献者"国家荣誉称号和新中国"最美奋斗者"称号，展现了广大文物工作者坚守奉献开拓的品格。国家文物局督察司安全监管处荣获第九届全国"人民满意的公务员集体"称号，展现了当代文物工作者忠诚干净担当的本色。在筹备亚洲文明联展和流失文物回归成果展、申报遴选第八批全国重点文物保护单位的诸多大仗硬仗中，我们周密组织、聚力创新，展现了全国文物系统担当作为、昂扬奋进的新气象，受到了中央领导和社会各方的广泛认可。

（二）工作成绩

70年来，新中国文物事业与祖国同行、与时代并进；立足新时代，坚持新发展理念，推进高质量发展。"十三五"规划实施情况总体良好，任务完成符合预期。2019年，文物工作延续向上向好的发展态势，党的领导全面加强，贯彻党中央、国务院部署自觉主动，服务国家大局扎实有效，革命文物工作深入人心，文物安全总体可控，文物保护不断改善，博物馆热再创新高，让文物活起来勇探新路，流失文物返还高潮迭起，文物国际合作

2

拓宽领域，文物科技支撑不断增强，机构队伍建设有所突破，文物治理水平稳步提升，文物工作社会影响力不断彰显，文物资源赋能经济社会发展取得新成果，文物事业改革发展取得新进步。

《国家文物局2019年工作总结》对2019年工作进行了系统梳理，已经印发给大家，不再赘述。在此，我对全年工作做简要回顾。总的看来，2019年文物工作饱满、成绩喜人，突出体现在以下十个方面：

一是贯彻落实习近平总书记重要指示批示精神和中央重大决策部署有力有效。坚持把学习贯彻习近平新时代中国特色社会主义思想作为首要政治任务，扎实开展"不忘初心、牢记使命"主题教育，举办学习贯彻党的十九届四中全会精神培训班，在全国文物系统掀起学习贯彻党的十九届四中全会精神热潮，提振精气神、激发新作为。进一步健全督查督办机制，狠抓贯彻落实习近平总书记重要指示批示和中央领导同志重要批示；对于重大事项，局党组专题部署，开展调研督导，敦促整改落实；印发《关于深入学习贯彻落实习近平总书记在敦煌研究院座谈时重要讲话的通知》。进一步落实全面从严治党的主体责任和意识形态工作责任制，制定加强党的建设系列制度，提升党建工作规范化水平，提升基层党组织的组织力。

二是文物保护利用改革初见成效。在中央与地方财政事权和支出责任划分改革中，纳入国家物质文化遗产保护总体规划、由地方组织实施的文物保护单位保护、国有文物收藏单位馆藏珍贵文物保护、考古等，确认为中央与地方共同财政事权，由中央和地方共同承担支出责任。21个省份出台关于加强文物保护利用改革实施意见（其中15个由省级党委政府层面印发），25个省份印发关于革命文物保护利用工程实施方案，改革举措相继推出，政策红利不断释放。推动文物保护专项规划纳入国土空间规划体系并由文物主管部门组织编制，持续加强考古管理。实施国家重点研发计划"文化遗产保护利用关键技术研究与应用示范"专项，首批启动19个重点项目。发布公共文化领域重点改革工作落实任务清单，基本完成203家博物馆法人治理结构改革任务。文物流通领域登记交易制度试点渐显成效。发布博物馆馆藏资源著作权、商标权和品牌授权操作指引，举办博物馆馆藏资源授权峰会。与人力资源社会保障部共同印发《关于进一步加强文博事业单位人事管理工作的指导意见》《关于深化文物博物专业人员职称制度改革的指导意见》，创新文博事业单位用人制度，优化文博专业人才培养、使用、评价和激励机制。

三是服务大局创新出彩。围绕庆祝新中国成立70周年开展系列工作，完成天安门城楼城台和中共中央北京香山革命纪念地文物保护展示工程，指导各地推出1660个主题展览，上线"红色中国"数字展厅，举办新中国成立70周年流失文物回归成果展，开展"防风险、保平安、迎大庆"文物安全大检查行动。依托革命文物场所，发挥红色资源优势，结合"不忘初心、牢记使命"主题教育，开展革命传统教育。49国参与的亚洲文明联展闪亮亚洲文明对话大会，中法元首豫园夜话见证高光时刻。

四是革命文物工作实现突破。革命文物行政机构从无到有，国家文物局组建革命文物司，安徽、江西、福建、重庆、陕西省级文物行政部门增设革命文物处。公布第一批革命文物保护利用片区分县名单。印发革命旧址保护利用导则。实施红军长征湘江战役纪念设施建设保护总体规划，推进闽西、金寨、阿坝革命文物保护工程。北京新文化运动纪念馆（北大红楼）全年接待观众突破35万，红军长征湘江战役纪念设施开放两个月观众突破百万。甘肃、吉林公布全省或首批革命文物名录。

五是文物安全长效机制不断健全。推动国家文物局成为国务院安委会成员单位，国务院安委办对33家存在重大火灾隐患文博单位挂牌督办。公安部、国家文物局部署开展打击文物犯罪专项行动，侦破各类文物犯罪案件385起，追缴涉案文物9000多件。推动重大文物犯罪在逃人员A级通缉令制度化，公安部第四批A级通缉令10名在逃人员已到案6名。与应急管理部印发《关于进一步加强文物消防安全工作的指导意见》，联合开展全国博物馆和文物建筑消防安全大检查、文物火灾隐患整治专项行动。出台文物违法案件督察办法，督办并查处一批重大文物法人违法案件和火灾事故；发布第三批全国文物行政执法指导性案例。指导陕西、福建开展社会力量参与文物安全巡查和认养守护试点。

六是文物保护工作稳扎稳打。国务院核定公布第八批全国重点文物保护单位762处，全国重点文物保护单位共计5058处。中办、国办《长城、大运河、长征国家文化公园建设方案》《大运河文化保护传承利用规划纲要》印发，长城保护总体规划公布。良渚古城遗址成功申遗，中国世界遗产总数达到55项，并列世界第一。"考古中国"成果丰硕，不断加深对中华文明的认知；重要考古发现定期发布，"南海Ⅰ号"发掘与保护取得重要成果。第七次全国文物保护工程会召开；第七批文物保护工程勘察设计甲级、施工一级资质单位名单公布；西藏布达拉宫文物（古籍文献）保护利用工程启动。与住房城乡建设部对部分保护不力国家历史文化名城通报批评并督查整改。"考古现场脆弱性文物临时固型提取及其保护技术"荣获国家科技进步二等奖；首个文物保护模拟研究平台多场耦合实验室运行；文物保护装备产业基地建设取得重要进展，三峡文物科技保护基地开工建设；第七批国家文物局重点科研基地名单公布。公布一批文物领域国家和行业标准，推动筹建国际标准化组织文化遗产保护技术委员会。

七是让文物活起来蔚然成势。让文物活起来已经成为文博人的共识。博物馆热持续升温，全国博物馆5354家，全年举办展览2.6万个、教育活动近26万次，参观人次11.3亿。博物馆里过年节成为新时尚，春节、清明、端午、国庆假期参观博物馆的游客占比均在四成以上。召开全国省级博物馆馆长座谈会；开展博物馆进校园示范项目，203家博物馆入选教育部研学实践支持名单。500余万件馆藏文物基础信息上网开放，建设全国博物馆网上展览平台、备案信息平台。稳步推进博物馆节假日延时开放、夜场活动，深入实施"互联网+中华文明"行动计划。首次发布《文物建筑开放利用案例指南》。举办粤港澳大湾区文化遗产合作研讨会，推动让文物活起来理论研究和实践创新。国际博物馆日湖南省博物馆主会场活动、文化和自然遗产日延安主场城市活动形式多样、创新传播，社会影响力和文化品牌日益彰显。《如果国宝会说话》荣获精神文明建设"五个一工程"特别奖并走进法国。

八是流失文物返还亮点纷呈。国家文物局内设文物返还办公室。美国、意大利、日本、土耳其向我返还1167件中国文物艺术品，举办"归来——意大利返还中国流失文物展"；成功追索流失日本曾伯克父青铜组器8件，促成马首铜像捐赠归藏圆明园，推动捐赠郑振铎等抢救流散香港文物往来信札。流失文物追索返还工作进入多方合作、多措并举、收获颇丰的新阶段，70年累计15万余件流失海外中国文物艺术品回归。

九是对外和对港澳台文物交流合作稳中有进。配合元首外交、主场外交，主动设计文化遗产领域国事活动成果，中国—尼泊尔、中国—罗马尼亚文物双边协定纳入第二届"一带一路"国际合作高峰论坛成果清单。中美就文化遗产合作《行动计划》达成共识，守住国家外交底线。配合中国与中东欧、非洲、金砖国家多边外交，主动发出中国文化遗产声音；延续"双墙对话"；举办中国—阿富汗—巴基斯坦文化遗产论坛。继续推进援助柬埔寨、尼泊尔、缅甸、乌兹别克斯坦文物保护工程和沙特阿拉伯联合考古项目。全年开展中外联合考古项目46个，举办文物进出境展览88个。当选联合国教科文组织1970年公约附属委员会委员国、国际文化财产保护与修复研究中心财务审计委员会委员国。对港澳台文物交流合作持续开展。

十是文物依法行政能力不断提升。深入推进"放管服"改革，90%以上的文物保护项目设计方案委托省级文物部门审批，文物保护工程资质管理实行"一网通办"。优化馆藏一级文物行政许可审批流程，开展5个省份馆藏一级文物保护管理、陈列展览"双随机、一公开"检查。推进文物领域自贸区"证照分离"改革全覆盖试点，研究探索自贸区文物拍卖准入和国有文物商店机构改制问题。改建升级国家文物局政务服务平台，与全国政务服务总平台实现对接联通和信息共享，提升政府信息与政务公开工作质量。加强国家文物局政府网站和政务新媒体建设，做好文物政策解读，加强舆情监测，回应社会关切，唱响主旋律、弘扬正能量。国家文物保护专项资金分配方式持续优化，一般性转移支付预算数提前下达比例大幅提高，专项资金绩效管理全面加强。实施新时代文物人才建设工程，全年培训在职人员3800人次。

（三）地方亮点

在加强文物保护利用改革的时代进程中，各地文物工作坚持理念创新、管理创新、协同创新，不断涌现出可借鉴、可复制、可推广的经验做法，呈现出主动作为、积极探索、勇创佳绩的良好态势。可以归纳为四个突出亮点：

一是地方党委政府重视程度加大。加强党对文物工作的领导，已经成为各级党委政府的共识。北京推动成立市委书记蔡奇牵头的首都文化遗产保护工作委员会；新疆维吾尔自治区党委书记陈全国对文物保护作出系列批示，党委常委会专题听取全区文物工作汇报，成立自治区党委副书记牵头的文管委；福建省委书记于伟国出席全省加强新时代文化和自然遗产保护利用工作会议并讲话；陕西省委书记胡和平出席全省文物保护大会并讲话；甘肃省长唐仁健调研省文物考古研究所工作；湖南省长许达哲推进湘赣边区红色资源保护利用。落实主体责任，重庆将文物工作纳入区县党委政府经济社会发展考核，18个省份将文物安全工作纳入政府年度考核评价体系，陕西省纪委监委通报要求加强历史文化遗产保护领域监督执纪问责工作。加强机构队伍建设，省级文物行政力量总体加强，内蒙古、福建、四川、青海新设副厅级文物局，云南加强16市州、129县文物机构建设，西安市文物局恢复设立；新疆成立自治区政府直属文博院。

二是各地改革创新力度加大。激发改革活力，四川对引进文博单位高级人才实行特设岗位和协议工资；广东开展首批5个广东省文物保护利用示范区创建试点；贵州实行全国重点文物保护单位、省级文物保护单位文物安全包保责任制；北京、上海出台文创产品开发实施意见；上海开创民间收藏文物鉴定咨询服务制度，成立首个文物保护工程行业协会；河南、浙江、辽宁、陕西部分城市推行土地储备考古前置制度；多省开展国有文物保护检察公益诉讼。吸引社会参与，山西探索涉旅文物保护单位"两权分离"改革；广西、福建、山西出台政策文件，引导社会力量参与文物认养、非国有博物馆建设、文创产品开发。加强区域联动，成立京津冀、大运河、长三角、黄河流域博物馆联盟和东北革命文物保护利用联盟，建立川陕、陕甘、鄂豫皖片区革命文物保护利用合作机制，西北五省联办丝绸之路文化遗产保护工匠技能竞赛。

三是让文物活起来探索力度加大。推进文旅融合，在确保文物安全的前提下，北京、上海、广东、海南试行博物馆夜间开放，助力发展夜间经济；广东依托粤港澳大湾区建设，推介4条文化遗产游径。提升公共服务，孔子博物馆、二里头夏都遗址博物馆、山西青铜博物馆、浙江大学艺术与考古博物馆建成开放，吉林建成乡村博物馆52个，河北、云南推出数字博物馆平台，天津、湖北、湖南探索博物馆5G场景服务。打造展览精品，100项入选"弘扬优秀传统文化、培育社会主义核心价值观"主题展览推介；湖南"根·魂——中华文明物语"、辽宁"又见大唐"注重价值挖掘、讲好文物故事；甘肃、新疆、山东、浙江、青海、江西、安徽文物精品进京展出，湖北、陕西、四川、内蒙古文物特展走出国门，宁夏"西夏文物特展"赴澳门举办。加强宣传传播，福建红色文化微视频上线学习强国，江西推出"百件革命文物说江西"；山西《国宝归来》荣获全国普法办微视频征集活动优秀奖；各地文博机构多措并举推进全媒体宣传。

四是文物保护制度建设力度加大。《山西省红色文化遗址保护利用条例》、黑龙江《七台河市东北抗联文化遗存保护利用条例》施行；福建《南平市革命旧址保护利用条例》，四川《峨眉山世界文化和自然遗产保护条例》《乐山大佛世界文化和自然遗产保护条例》公布。《上海市民间收藏文物经营管理办法》出台，《郑州市博物馆事业发展扶持办法》实施。北京长城文化带和西山永定河文化带保护发展规划印发，四川安岳石窟保护利用总体规划获省政府批准。江西试行红色标语保护利用工作规范，福建出台乡村建设历史文化保护线划定导则，新疆兵团规范军垦文物征集展示。多省公布一批省级文物保护单位。

上述工作成绩的取得，是以习近平同志为核心的党中央高度重视、坚强领导的结果，是中央相关部门和地方党委政府协同推进、大力支持的结果，是全国文物系统同舟共济、拼搏奋斗的结果。我谨代表国家文物局向中央相关部门、社会各界和文物战线全体干部职工的辛勤付出表示衷心感谢！

在总结成绩的同时，必须清醒认识到，文物保护利用不平衡不充分的问题仍然存在：不同地区文物工作水平不平衡，不同级别文物保护条件不平衡，文物保护利用改革落实情况不平衡；对文物价值的挖掘、阐释、传播不充分；对文物资源推动经济社会发展的动能释放不充分；文物安全责任意识和防范水平亟待提升；让文物活起来政策举措亟待创新；市县级文物机构队伍建设亟待加强；文物治理体系和治理能力现代化亟待提高；改革创新、担当作为的责任意识和使命意识亟待提高；国家文物局机关在党的建设、能力建设、作风建设还有很多不足和短板。这些问题需要我们高度重视起来，认真加以解决。

二、2020年主要思路

目前，我们正处于第一个百年奋斗目标胜利在望并向第二个百年奋斗目标阔步迈进、踏上社会主义现代化国家建设新征程的重要历史节点。2020年，是全面建成小康社会和"十三五"规划收官之年，是新时代文物事业改革发展承前启后的关键之年。善谋而后动，成道也。做好2020年工作十分重要，我们要坚持统筹谋划，突出制度建设，抓大事谋全局，抓改革促发展，为文物事业铸牢基石。

（一）2020年是落实之年，要聚焦和突出深化改革这个法宝，高标准推动文物保护利用改革落到实处

文物保护利用改革走到今天，抓改革、抓落实的利好条件越来越多，改革的思想基础、政策基础、实践基础、民心基础更加坚实。推动各项改革制度更加成熟更加定型，需要投入更多精力、下更大气力放在抓落实、抓巩固、见成效上。

持续推动《关于加强文物保护利用改革的若干意见》落实落地，要坚持整体推进、分

类施策，排查梳理各项改革任务的落实进展和完成情况，理清工作思路，做到有的放矢。对达成共识、正在探索的改革任务，要奋力攻坚、形成制度安排；对已有明确思路、各方期待的改革任务，要盯紧不放、加快实践；对牵涉面广、难度较大的改革任务，要开展试点、尽早推出解决方案。持续推进中央部署的"放管服"改革、自贸区开放、法治政府建设等重大政策举措落地实施。对已经出台的文物领域改革措施，要不折不扣、铆足劲头，狠抓落实、推动工作。对率先突破、取得经验的，要及时总结推广。

加强文物保护利用改革是长期任务。行至半山不停步，船到中流当奋楫。我们抓改革、促工作，既要有马上就办、压茬推进的态度，也要有久久为功、行稳致远的韧劲；既要注重政策的有效性，更要注重执行的持续性，以绣花般的细心、耐心和恒心接力推进文物保护利用改革，努力抓出实效、抓出经验。

（二）2020年是修法之年，要聚焦和突出制度建设这个根本，高质量修改好《文物保护法》

党的十九届四中全会从党和国家事业发展的全局和长远出发，全面部署了坚持和完善中国特色社会主义制度、推进国家治理体系和治理能力现代化的重大任务举措，也为推动文物领域各方面制度更加成熟更加定型提供了总方向总遵循。《文物保护法》是文物保护利用重要制度成果的集大成者，是依法开展文物工作的压舱石和定盘星，需要与时俱进、不断完善。完成《文物保护法》修改，是十三届全国人大立法规划部署的"硬任务"。以《文物保护法》修改为契机，加快推进文物领域制度建设取得明显成效，把制度优势更好转化为治理效能，是我们今后几年的工作重点。

推进《文物保护法》修改，既要保持被实践证明行得通、真管用的文物保护利用重要制度的稳定性和延续性，又要不断增强发展性和创新性，尽快把实践成果中好的经验做法提炼出来，上升为制度、转化为法律。坚持补短板、强弱项，健全完善文物治理能力现代化急需的重要制度、满足人民美好生活新期待必备的重要制度，为新时代文物工作提供一整套更完备、更稳定、更管用的重要制度体系，以良法促进发展、保障善治。

加强文物保护利用，靠法律、靠制度。聚全国之力、举全局之力，起草完成《文物保护法》修改草案，是2020年文物工作的重要任务。这是文物行业管全局、管根本、管长远的大事要事，我们必须做到上下一条心、全局一盘棋，切实做到一鼓作气、务必完成，不能搞成"半拉子工程"。围绕修法和修改、制定、完善与之配套的政策法规，既要坐而论道，更要起而行之，希望大家多做参与者、贡献者。坚持开门修法，欢迎行业内外、社会各界，紧紧围绕文物保护的制度建设和实操做法，推动建言资政和凝聚共识双向发力，为修法贡献更多智慧和力量。

（三）2020年是规划之年，要聚焦和突出顶层设计这个关键，高水平编制"十四五"规划

"十四五"规划是我国实现全面建成小康社会之后的第一个五年规划，是我国全面开启现代化建设新征程、推动高质量发展的第一个五年规划，引领意义十分重大。文物领域"十四五"规划要科学研判当今世界正经历百年未有之大变局、我国正处于实现中华民族伟大复兴之关键期、新时代文物事业改革发展正处于历史最好时期的发展趋势和阶段性特征，紧扣贯彻落实党的十九届四中全会精神和《关于加强文物保护利用改革的若干意见》《关于实施革命文物保护利用工程（2018—2022年）的意见》，认真谋划"十四五"时期文物事业改革发展的重要支撑，更好发挥规划的导向作用。

坚持问题导向和目标导向相统一，坚持全面规划和突出重点相协调，坚持战略性和操作性相结合，扎实做好需求论证、规划衔接、任务对接，以改革促发展、增动力、激活力，确保文物安全，加强文物保护，突出制度建设，突出让文物活起来，这将是文物领域"十四五"规划的显著特征和重要路径。要研究推出一批文物领域重大工程和重大项目，着力加强文物安全保障，着力加强文物基础工作，着力加强资源共享，着力加强信息化数字化。要研究推出一批文物领域重大政策，更加注重发挥社会力量作用，更加注重发挥市场机制作用，推进融合发展，实现区域繁荣，满足人民美好生活需要。加强规划内容多角度论证、多方案比选，认真研究文物领域"十四五"规划的目标指标和主要任务，充分论证重大政策和改革举措的前瞻性、必要性、可行性和有效性。

坚持开门编制规划，深入调查研究，加强"四力"建设，汇众智聚众力，精心组织、起草形成文物领域"十四五"规划基本思路、纲要框架和规划文本，广泛征求意见建议。加强规划协调，注重与国家规划衔接，注重对地方规划示范，推动规划信息数据互联互通和归集共享。与此同时，做好"十三五"规划后续收官和评估工作。

做好2020年文物工作，总的要求是以习近平新时代中国特色社会主义思想为指导，全面贯彻党的十九大和十九届二中、三中、四中全会精神，深入贯彻落实习近平总书记关于文物工作重要论述精神，增强"四个意识"、坚定"四个自信"、做到"两个维护"，坚持稳中求进工作总基调，坚持新发展理念，坚持以改革开放为动力，坚持推动高质量发展，持续推进文物保护利用改革，守正创新、统筹谋划、锐意进取、真抓实干，激发制度活力，激活基层经验，加强队伍建设，激励干部作为，服务国家大局，增进人民福祉，让文物资源绽放新光彩、作出新贡献，为"十四五"文物事业改革发展打下坚实基础。

三、2020年重点工作

2020年工作，《国家文物局2020年工作要点（征求意见稿）》已作部署，我再强调几项重点任务。

一要坚决贯彻落实党中央、国务院决策部署。深入学习贯彻习近平新时代中国特色社会主义思想，深入贯彻落实党的十九届四中全会精神和习近平总书记关于文物工作重要论述精神，进一步做好中央领导同志重要指示批示和中央重大决策部署督办落实工作。坚持以政治建设为统领，把加强党的建设和全面从严治党贯彻始终，巩固扩大"不忘初心、牢记使命"主题教育成果，深入开展"让党中央放心、让人民群众满意的模范机关"创建工作。

按照中央部署要求，积极参与长城、大运河、长征国家文化公园建设和黄河文化保护传承弘扬工作。继续推进文物领域"放管服"改革，探索自贸区有关文物事项改革试点，优化营商环境、激发市场活力。加强政府信息与政务公开工作，推进政务信息资源和系统整合共享，推动文物领域"证照分离"改革全覆盖、资质许可电子证照化和重点业务信用监管模型化。

二要精准推进文物保护利用改革任务落地见效。坚持积极稳妥、分类指导，以市级、县级人民政府为建设主体，加快推进国家文物保护利用示范区创建工作。编制全国不可移动文物资源保护利用专项规划纲要，对接国土空间规划和国土空间保护开发"一张图"。制定国有文物资产管理暂行办法，向全国人大报送2020年文物资产专项报告。尽快出台关于推进博物馆改革发展的实施意见、关于鼓励和规范民间文物收藏活动的指导意见，激发博物馆创新活力，回应社会重大关切。

要集成政策利好，提升改革实效，推广博物馆馆藏资源著作权、商标权和品牌授权操作指引，创新跨界合作机制，拓展资源开发空间。推进文博事业单位人事管理、职称制度改革政策举措落实到位，确保文物工作者享受到改革红利。开展流失文物追索返还工作，加强部门协作，完善工作机制，争取更多工作成果。强化对改革措施落实情况的督导检查，狠抓中央文件部署要求落实到位。

三要抓紧抓实事关全局的三件事。力争2020年12月起草完成《文物保护法》修改草案报审稿并报国务院；及早完成关于让文物活起来、扩大中华文化国际影响力政策文件送审稿，争取以中办、国办名义印发文件；编制国家文物事业"十四五"发展规划征求意见稿。上述三项工作关系全局、事关长远，政策性强、工作环节多、协调任务重，要早布置早动手，紧盯时间节点，提高起草质量，加快工作进度，确保如期完成。

四要更加务实做好革命文物工作。2020年是国家文物局革命文物司起步之年，坚持打基础、抓管理、树形象，要厘清思路、分步推进，一件事接一件事干成干好，稳扎稳打、务求实效。开好全国革命文物工作会议，举办革命文物保护利用宣传活动周。加强革命文物基础工作，推动各地公布革命文物名录，建设革命文物资源目录和大数据库平台。以革命文物保护利用片区为重点，推进革命文物保护利用工程，储备、实施和完工一批革命文物保护展示项目。推介一批革命文物主题展览和流动展览，拍摄一批革命文物故事微视频、革命旧址短片、革命人物纪录片，组织革命文物主题讲解大赛。推动革命文物大省（区、市）文物局成立革命文物处。

五要更加扎实筑牢文物安全底线。始终把文物安全放在首位，深刻汲取国内外重大文物火灾事故教训，督察落实主体责任。实行文物安全直接责任人公示公告制度和网格化管理，编制文物平安工程实施规划，增强文物安全防护能力。加强协同配合，完善防控体系，加强执法督察，严打文物犯罪。强化隐患整治，强化技术支撑，引导社会参与，用好12359热线，规范举报流程，打赢文物安全防范攻坚战。元旦、春节两节期间，要全面加强文物安全管理和隐患排查整治，严防各类文物安全事故和文物违法犯罪案件发生，营造平安祥和的社会环境。

六要更高效能加强文物保护。实施一批文物保护重点工程。继续推进"考古中国"重大项目，加强考古资源调查和政策需求调研，加强对考古工作的规划和实施。修订《文物保护工程管理办法》，完善文物保护项目全流程监管体系。加强文物保护单位基础工作，核实全国重点文物保护单位本体构成，推进文物保护单位基础信息整理和保护区划划定工作。全力办好联合国教科文组织第44届世界遗产委员会会议（福州），力争古泉州（刺桐）史迹列入《世界遗产名录》。

七要更高质量推进博物馆发展。提升博物馆公共文化服务能力，开展第四批全国博物馆定级评估工作，健全博物馆理事会制度，建立博物馆青少年教育标准规范和实践指南。出台博物馆藏品征集规程，加强可移动文物预防性保护和数字化保护利用。推进博物馆科研成果转化收益分配试点。开展非国有博物馆登记备案检查，印发非国有博物馆章程示范文本。举办第九届博物馆及相关产品与技术博览会。办好国际博物馆协会藏品委员会2020年藏品专委会大会（北京）。

八要更高水平拓展中外人文交流和对港澳台合作。开展亚洲文化遗产保护行动，举办亚洲文化遗产保护对话会，发起成立亚洲文化遗产保护联盟。推动签署中日文化遗产合作协议、中缅妙乌古城保护和申遗合作协议。开工启动援柬吴哥古迹王宫遗址修复项目，继续做好我在亚洲多国的文物保护修复项目，积极为亚欧多国文物保护事宜提供专业支持。

实施文物外展精品工程。探索粤港澳大湾区文化遗产协同保护和融合发展机制，推动与港澳建立打击文物犯罪和走私工作机制。加强两岸文物交流合作，推动两岸文物联展。

九要更大力度发挥文物科技和人才支撑作用。推动将文物科技列为国家中长期科技规划纲要和地方相关规划的优先主题、重点项目，并给予倾斜支持。加强部际协作，策划组织一批重大文物科技保护项目。加强科研基地管理，编制文物标准制修订计划（2021—2023）。修订国家文物局"三定规定"，加强国家文物局考古研究中心建设，推动加强基层文博机构队伍建设。不断健全文博人才培养格局，制定文物保护工程从业资格制度。推动成立文物保护修复职业教育联盟，大力培养文物行业急需技能人才。开展民间文物保护传统工艺人才调查。

十要更好统筹文物保护与经济社会发展。坚持保护优先、保用结合、以用促保、分类施策，增强让文物活起来制度安排和政策供给的针对性、有效性。在确保文物安全的前提下，创新拓展不同类型文物合理利用途径，促进文物旅游有机融合，适度发展特色产业。推介一批国家文化地标和中华民族精神标识。实施文物建筑开放利用导则，发布大遗址利用导则。总结江苏文物流通领域登记交易制度试点经验，出台相应制度措施，引导文物市场活跃有序发展，制定文物鉴定职业资格管理文件。举办2020年文化和自然遗产日主场城市活动、国际博物馆日中国主会场活动，创新文物全媒体传播工作。

习近平总书记强调，干部就要有担当，有多大担当才能干多大事业。推动2020年文物工作上台阶上水平，关键在于抓好落实。要以牢固的"四个意识"抓落实，切实把文物保护利用改革各项任务充分体现到制定政策、推进工作各个方面、各个环节，确保以习近平同志为核心的党中央重大决策部署得到不折不扣的贯彻落实。要以鲜明的问题导向抓落实，增强发现问题的敏锐、正视问题的清醒、解决问题的自觉，紧盯问题找短板找差距，以破解问题的实效推动新时代文物事业高质量发展。要以自觉的担当作为抓落实，把使命记在心里、把责任扛在肩上，真抓实干、埋头苦干，面对困难毫不退缩、面对矛盾迎难而上，敢于啃硬骨头、善于打攻坚战。要以果敢的改革创新抓落实，摆脱思维定势和路径依赖，善于总结推广经验特别是基层创造的新鲜经验，以思想的解放和理念的变革不断推进实践创新。要以过硬的效果导向抓落实，坚持效果第一、效果优先，着眼效果谋划工作，围绕效果推进工作，根据效果检验工作，以破解难点痛点堵点问题带动引领文物工作全面改进、不断突破。

2019年的文物工作受到了上级党组织的高度肯定和社会各界的广泛认可，2020年的文物工作依然任重道远。大道至简，实干为要。让我们紧密团结在以习近平同志为核心的党中央周围，以饱满的精神状态、扎实的工作成效，创造出无愧于事业、无愧于时代、无愧于历史的新业绩。

重要文件 >>>

中共中央 国务院
关于印发《新时代爱国主义教育
实施纲要》的通知

中发〔2019〕45号

各省、自治区、直辖市党委和人民政府，中央和国家机关各部委，解放军各大单位、中央军委机关各部门，各人民团体：

现将《新时代爱国主义教育实施纲要》印发给你们，请结合实际认真贯彻落实。

中共中央
国务院
2019年10月31日

新时代爱国主义教育实施纲要

爱国主义是中华民族的民族心、民族魂，是中华民族最重要的精神财富，是中国人民和中华民族维护民族独立和民族尊严的强大精神动力。爱国主义精神深深植根于中华民族心中，维系着中华大地上各个民族的团结统一，激励着一代又一代中华儿女为祖国发展繁荣而自强不息、不懈奋斗。中国共产党是爱国主义精神最坚定的弘扬者和实践者，90多年来，中国共产党团结带领全国各族人民进行的革命、建设、改革实践是爱国主义的伟大实践，写下了中华民族爱国主义精神的辉煌篇章。党的十八大以来，以习近平同志为核心的党中央高度重视爱国主义教育，固本培元、凝心铸魂，作出一系列重要部署，推动爱国主义教育取得显著成效。当前，中国特色社会主义进入新时代，中华民族伟大复兴正处于关键时期。新时代加强爱国主义教育，对于振奋民族精神、凝聚全民族力量，决胜全面建成小康社会，夺取新时代中国特色社会主义伟大胜利，实现中华民族伟大复兴的中国梦，具有重大而深远的意义。

一、总体要求

1. 指导思想。坚持以马克思列宁主义、毛泽东思想、邓小平理论、"三个代表"重要思想、科学发展观、习近平新时代中国特色社会主义思想为指导，增强"四个意识"，坚定"四个自信"，做到"两个维护"，着眼培养担当民族复兴大任的时代新人，始终高扬爱国主义旗帜，着力培养爱国之情、砥砺强国之志、实践报国之行，使爱国主义成为全体中国人民的坚定信念、精神力量和自觉行动。

2. 坚持把实现中华民族伟大复兴的中国梦作为鲜明主题。伟大事业需要伟大精神，伟大精神铸就伟大梦想。要把国家富强、民族振兴、人民幸福作为不懈追求，着力扎紧全国各族人民团结奋斗的精神纽带，厚植家国情怀，培育精神家园，引导人们坚持中国道路、弘扬中国精神、凝聚中国力量，为实现中华民族伟大复兴的中国梦提供强大精神动力。

3. 坚持爱党爱国爱社会主义相统一。新中国是中国共产党领导的社会主义国家，祖国的命运与党的命运、社会主义的命运密不可分。当代中国，爱国主义的本质就是坚持爱国和爱党、爱社会主义高度统一。要区分层次、区别对象，引导人们深刻认识党的领导是中国特色社会主义最本质特征和最大制度优势，坚持党的领导、坚持走中国特色社会主义道路是实现国家富强的根本保障和必由之路，以坚定的信念、真挚的情感把新时代中国特色社会主义一以贯之进行下去。

4. 坚持以维护祖国统一和民族团结为着力点。国家统一和民族团结是中华民族根本利益所在。要始终不渝坚持民族团结是各族人民的生命线，巩固和发展平等团结互助和谐的社会主义民族关系，引导全国各族人民像爱护自己的眼睛一样珍惜民族团结，维护全国各族人民大团结的政治局面，巩固和发展最广泛的爱国统一战线，不断增强对伟大祖国、中华民族、中华文化、中国共产党、中国特色社会主义的认同，坚决维护国家主权、安全、发展利益，旗帜鲜明反对分裂国家图谋、破坏民族团结的言行，筑牢国家统一、民族团结、社会稳定的铜墙铁壁。

5. 坚持以立为本、重在建设。爱国主义是中华儿女最自然、最朴素的情感。要坚持从娃娃抓起，着眼固本培元、凝心铸魂，突出思想内涵，强化思想引领，做到润物无声，把基本要求和具体实际结合起来，把全面覆盖和突出重点结合起来，遵循规律、创新发展，注重落细落小落实、日常经常平常，强化教育引导、实践养成、制度保障，推动爱国主义教育融入贯穿国民教育和精神文明建设全过程。

6. 坚持立足中国又面向世界。一个国家、一个民族，只有开放兼容，才能富强兴盛。要把弘扬爱国主义精神与扩大对外开放结合起来，尊重各国历史特点、文化传统，尊重各国人民选择的发展道路，善于从不同文明中寻求智慧、汲取营养，促进人类和平与发展的崇高事业，共同推动人类文明发展进步。

二、基本内容

7. 坚持用习近平新时代中国特色社会主义思想武装全党、教育人民。习近平新时代中国特色社会主义思想是马克思主义中国化最新成果，是党和人民实践经验和集体智慧的结晶，是中国特色社会主义理论体系的重要组成部分，是全党全国人民为实现中华民族伟大复兴而奋斗的行动指南，必须长期坚持并不断发展。要深刻理解习近平新时代中国特色社会主义思想的核心要义、精神实质、丰富内涵、实践要求，不断增强干部群众的政治意识、大局意识、核心意识、看齐意识，坚决维护习近平总书记党中央的核心、全党的核心地位，坚决维护党中央权威和集中统一领导。要紧密结合人们生产生活实际，推动习近平新时代中国特色社会主义思想进企业、进农村、进机关、进校园、进社区、进军营、进网络，真正使党的创新理论落地生根、开花结果。要在知行合一、学以致用上下功夫，引导干部群众坚持以习近平新时代中国特色社会主义思想为指导，展现新气象、激发新作为，把学习教育成果转化为爱国报国的实际行动。

8．深入开展中国特色社会主义和中国梦教育。中国特色社会主义集中体现着国家、民族、人民根本利益。要高举中国特色社会主义伟大旗帜，广泛开展理想信念教育，用党领导人民进行伟大社会革命的成果说话，用改革开放以来社会主义现代化建设的伟大成就说话，用新时代坚持和发展中国特色社会主义的生动实践说话，用中国特色社会主义制度的优势说话，在历史与现实、国际与国内的对比中，引导人们深刻认识中国共产党为什么"能"、马克思主义为什么"行"、中国特色社会主义为什么"好"，牢记红色政权是从哪里来的、新中国是怎么建立起来的，倍加珍惜我们党开创的中国特色社会主义，不断增强道路自信、理论自信、制度自信、文化自信。要深入开展中国梦教育，引导人们深刻认识中国梦是国家的梦、民族的梦，也是每个中国人的梦，深刻认识中华民族伟大复兴绝不是轻轻松松、敲锣打鼓就能实现的，要付出更为艰巨、更为艰苦的努力，争做新时代的奋斗者、追梦人。

9．深入开展国情教育和形势政策教育。要深入开展国情教育，帮助人们了解我国发展新的历史方位、社会主要矛盾的变化，引导人们深刻认识到，我国仍处于并将长期处于社会主义初级阶段的基本国情没有变，我国是世界上最大发展中国家的国际地位没有变，始终准确把握基本国情，既不落后于时代，也不脱离实际、超越阶段。要深入开展形势政策教育，帮助人们树立正确的历史观、大局观、角色观，了解世界正经历百年未有之大变局，我国仍处于发展的重要战略机遇期，引导人们清醒认识国际国内形势发展变化，做好我们自己的事情。要发扬斗争精神，增强斗争本领，引导人们充分认识伟大斗争的长期性、复杂性、艰巨性，敢于直面风险挑战，以坚忍不拔的意志和无私无畏的勇气战胜前进道路上的一切艰难险阻，在进行伟大斗争中更好弘扬爱国主义精神。

10．大力弘扬民族精神和时代精神。以爱国主义为核心的民族精神和以改革创新为核心的时代精神，是凝心聚力的兴国之魂、强国之魂。要聚焦培养担当民族复兴大任的时代新人，培育和践行社会主义核心价值观，广泛开展爱国主义、集体主义、社会主义教育，提高人们的思想觉悟、道德水准和文明素养。要唱响人民赞歌、展现人民风貌，大力弘扬中国人民在长期奋斗中形成的伟大创造精神、伟大奋斗精神、伟大团结精神、伟大梦想精神，生动展示人民群众在新时代的新实践、新业绩、新作为。

11．广泛开展党史、国史、改革开放史教育。历史是最好的教科书，也是最好的清醒剂。要结合中华民族从站起来、富起来到强起来的伟大飞跃，引导人们深刻认识历史和人民选择中国共产党、选择马克思主义、选择社会主义道路、选择改革开放的历史必然性，深刻认识我们国家和民族从哪里来、到哪里去，坚决反对历史虚无主义。要继承革命传统，弘扬革命精神，传承红色基因，结合新的时代特点赋予新的内涵，使之转化为激励人民群众进行伟大斗争的强大动力。要加强改革开放教育，引导人们深刻认识改革开放是党和人民大踏步赶上时代的重要法宝，是坚持和发展中国特色社会主义的必由之路，是决定当代中国命运的关键一招，也是决定实现"两个一百年"奋斗目标、实现中华民族伟大复兴的关键一招，凝聚起将改革开放进行到底的强大力量。

12．传承和弘扬中华优秀传统文化。对祖国悠久历史、深厚文化的理解和接受，是爱国主义情感培育和发展的重要条件。要引导人们了解中华民族的悠久历史和灿烂文化，从历史中汲取营养和智慧，自觉延续文化基因，增强民族自尊心、自信心和自豪感。要坚持古为今用、推陈出新，不忘本来、辩证取舍，深入实施中华优秀传统文化传承发展工程，推动中华文化创造性转化、创新性发展。要坚守正道、弘扬大道，反对文化虚无主义，引导人们树立和坚持正确的历史观、民族观、国家观、文化观，不断增强中华民族的归属感、认同感、尊严感、荣誉感。

13．强化祖国统一和民族团结进步教育。实现祖国统一、维护民族团结，是中华民族的不懈追求。要加强祖国统一教育，深刻揭示维护国家主权和领土完整、实现祖国完全统一是大势所趋、大义所在、民心所向，增进广大同胞心灵契合、互信认同，与分裂祖国的言行开展坚决斗争，引导全体中华儿女为实现民族伟大复兴、推进祖国和平统一而共同奋斗。深化民族团结进步教育，铸牢中华民族共同体意识，加强各民族交往交流交融，引导各族群众牢固树立"三个离不开"思想，不断增强"五个认同"，使各民族同呼吸、共命运、心连心的光荣传统代代相传。

14．加强国家安全教育和国防教育。国家安全是安邦定国的重要基石。要加强国家安全教育，深入学习宣传总体国家安全观，增强全党全国人民国家安全意识，自觉维护政治安全、国土安全、经济安全、社会安全、网络安全和外部安全。要加强国防教育，增强全民国防观念，使关心国防、热爱国防、建设国防、保卫国防成为全社会的思想共识和自觉行动。要深入开展增强忧患意识、防范化解重大风险的宣传教育，引导广大干部群众强化风险意识，科学辨识风险、有效应对风险，做到居安思危、防患未然。

三、新时代爱国主义教育要面向全体人民、聚焦青少年

15．充分发挥课堂教学的主渠道作用。培养社会主义建设者和接班人，首先要培养学生的爱国情怀。要把青少年作为爱国主义教育的重中之重，将爱国主义精神贯穿于学校教育全过程，推动爱国主义教育进课堂、进教材、进头脑。在普通中小学、中职学校，将爱国主义教育内容融入语文、道德与法治、历史等学科教材编写和教育教学中，在普通高校将爱国主义教育与哲学社会科学相关专业课程有机结合，加大爱国主义教育内容的比重。创新爱国主义教育的形式，丰富和优化课程资源，支持和鼓励多种形式开发微课、微视频等教育资源和在线课程，开发体现爱国主义教育要求的音乐、美术、书法、舞蹈、戏剧作品等，进一步增强吸引力感染力。

16．办好学校思想政治理论课。思想政治理论课是爱国主义教育的主阵地。要紧紧抓住青少年阶段的"拔节孕穗期"，理直气壮开好思想政治理论课，引导学生把爱国情、强国志、报国行自觉融入坚持和发展中国特色社会主义事业、建设社会主义现代化强国、实现中华民族伟大复兴的奋斗之中。按照政治强、情怀深、思维新、视野广、自律严、人格正的要求，加强思想政治理论课教师队伍建设，让有信仰的人讲信仰，让有爱国情怀的人讲爱国。推动思想政治理论课改革创新，发挥学生主体作用，采取互动式、启发式、交流式教学，增强思想性理论性和亲和力针对性，在教育灌输和潜移默化中，引导学生树立国家意识、增进爱国情感。

17．组织推出爱国主义精品出版物。针对不同年龄、不同成长阶段，坚持精品标准，加大创作力度，推出反映爱国主义内容的高质量儿童读物、教辅读物，让广大青少年自觉接受爱国主义熏陶。积极推荐爱国主义主题出版物，大力开展爱国主义教育读书活动。结合青少年兴趣点和接受习惯，大力开发并积极推介体现中华文化精髓、富有爱国主义气息的网络文学、动漫、有声读物、网络游戏、手机游戏、短视频等。

18．广泛组织开展实践活动。大中小学的党组织、共青团、少先队、学生会、学生社团等，要把爱国主义内容融入党日团日、主题班会、班队会以及各类主题教育活动之中。广泛开展文明校园创建，强化校训校歌校史的爱国主义教育功能，组织开展丰富多彩的校

园文化活动。组织大中小学生参观纪念馆、展览馆、博物馆、烈士纪念设施，参加军事训练、冬令营夏令营、文化科技卫生"三下乡"、学雷锋志愿服务、创新创业、公益活动等，更好地了解国情民情，强化责任担当。密切与城市社区、农村、企业、部队、社会机构等的联系，丰富拓展爱国主义教育校外实践领域。

19．在广大知识分子中弘扬爱国奋斗精神。我国知识分子历来有浓厚的家国情怀和强烈的社会责任感。深入开展"弘扬爱国奋斗精神、建功立业新时代"活动，弘扬"两弹一星"精神、载人航天精神等，大力组织优秀知识分子学习宣传，引导新时代知识分子把自己的理想同祖国的前途、把自己的人生同民族的命运紧密联系在一起，立足本职、拼搏奋斗、创新创造，在新时代作出应有的贡献。广泛动员和组织知识分子深入改革开放前沿、经济发展一线和革命老区、民族地区、边疆地区、贫困地区，开展调研考察和咨询服务，深入了解国情，坚定爱国追求。

20．激发社会各界人士的爱国热情。社会各界的代表性人士具有较强示范效应。要坚持信任尊重团结引导，增进和凝聚政治共识，夯实共同思想政治基础，不断扩大团结面，充分调动社会各界人士的爱国热情和社会担当。通过开展职业精神职业道德教育、建立健全相关制度规范、发挥行业和舆论监督作用等，引导社会各界人士增强道德自律、履行社会责任。坚持我国宗教的中国化方向，加强宗教界人士和信教群众的爱国主义教育，引导他们热爱祖国、拥护社会主义制度、拥护中国共产党的领导，遵守国家法律法规和方针政策。加强"一国两制"实践教育，引导人们包括香港特别行政区同胞、澳门特别行政区同胞、台湾同胞和海外侨胞增强对国家的认同，自觉维护国家统一和民族团结。

四、丰富新时代爱国主义教育的实践载体

21．建好用好爱国主义教育基地和国防教育基地。各级各类爱国主义教育基地，是激发爱国热情、凝聚人民力量、培育民族精神的重要场所。要加强内容建设，改进展陈方式，着力打造主题突出、导向鲜明、内涵丰富的精品陈列，强化爱国主义教育和红色教育功能，为社会各界群众参观学习提供更好服务。健全全国爱国主义教育示范基地动态管理机制，进一步完善落实免费开放政策和保障机制，根据实际情况，对爱国主义教育基地免费开放财政补助进行重新核定。依托军地资源，优化结构布局，提升质量水平，建设一批国防特色鲜明、功能设施配套、作用发挥明显的国防教育基地。

22．注重运用仪式礼仪。认真贯彻执行国旗法、国徽法、国歌法，学习宣传基本知识和国旗升挂、国徽使用、国歌奏唱礼仪。在全社会广泛开展"同升国旗、同唱国歌"活动，让人们充分表达爱国情感。各级广播电台、电视台每天定时在主频率、主频道播放国歌。国庆期间，各级党政机关、人民团体、大型企事业单位、全国城乡社区和爱国主义教育基地等，要组织升国旗仪式并悬挂国旗。鼓励居民家庭在家门前适当位置悬挂国旗。认真组织宪法宣誓仪式、入党入团入队仪式等，通过公开宣誓、重温誓词等形式，强化国家意识和集体观念。

23．组织重大纪念活动。充分挖掘重大纪念日、重大历史事件蕴含的爱国主义教育资源，组织开展系列庆祝或纪念活动和群众性主题教育。抓住国庆节这一重要时间节点，广泛开展"我和我的祖国"系列主题活动，通过主题宣讲、大合唱、共和国故事汇、快闪、灯光秀、游园活动等形式，引导人们歌唱祖国、致敬祖国、祝福祖国，使国庆黄金周成为爱国活动周。充分运用"七一"党的生日、"八一"建军节等时间节点，广泛深入组织各种纪念活动，唱响共产党好、人民军队好的主旋律。在中国人民抗日战争胜利纪念日、烈士纪念日、南京大屠杀死难者国家公祭日期间，精心组织公祭、瞻仰纪念碑、祭扫烈士墓等，引导人们牢记历史、不忘过去、缅怀先烈、面向未来，激发爱国热情、凝聚奋进力量。

24．发挥传统和现代节日的涵育功能。大力实施中国传统节日振兴工程，深化"我们的节日"主题活动，利用春节、元宵、清明、端午、七夕、中秋、重阳等重要传统节日，开展丰富多彩、积极健康、富有价值内涵的民俗文化活动，引导人们感悟中华文化、增进家国情怀。结合元旦、"三八"国际妇女节、"五一"国际劳动节、"五四"青年节、"六一"国际儿童节和中国农民丰收节等，开展各具特色的庆祝活动，激发人们的爱国主义和集体主义精神。

25．依托自然人文景观和重大工程开展教育。寓爱国主义教育于游览观光之中，通过宣传展示、体验感受等多种方式，引导人们领略壮美河山，投身美丽中国建设。系统梳理传统文化资源，加强考古发掘和整理研究，保护好文物古迹、传统村落、民族村寨、传统建筑、农业遗迹、灌溉工程遗产、工业遗迹，推动遗产资源合理利用，健全非物质文化遗产保护制度，推进国家文化公园建设。推动文化和旅游融合发展，提升旅游质量水平和文化内涵，深入挖掘旅游资源中蕴含的爱国主义内容，防止过度商业行为和破坏性开发。推动红色旅游内涵式发展，完善全国红色旅游经典景区体系，凸显教育功能，加强对讲解员、导游等从业人员的管理培训，加强对解说词、旅游项目等的规范，坚持正确的历史观和历史标准。依托国家重大建设工程、科学工程等，建设一批展现新时代风采的主题教育基地。

五、营造新时代爱国主义教育的浓厚氛围

26．用好报刊广播影视等大众传媒。各级各类媒体要聚焦爱国主义主题，创新方法手段，适应分众化、差异化传播趋势，使爱国主义宣传报道接地气、有生气、聚人气，有情感、有深度、有温度。把爱国主义主题融入贯穿媒体融合发展，打通网上网下、版面页面，推出系列专题专栏、新闻报道、言论评论以及融媒体产品，加强县级融媒体中心建设，生动讲好爱国故事、大力传播主流价值观。制作刊播爱国主义优秀公益广告作品，在街头户外张贴悬挂展示标语口号、宣传挂图，生动形象做好宣传。坚持正确舆论导向，对虚无历史、消解主流价值的错误思想言论，及时进行批驳和辨析引导。

27．发挥先进典型的引领作用。大力宣传为中华民族和中国人民作出贡献的英雄，宣传革命、建设、改革时期涌现出的英雄烈士和模范人物，宣传时代楷模、道德模范、最美人物和身边好人，宣传具有爱国情怀的地方先贤、知名人物，以榜样的力量激励人、鼓舞人。广泛开展向先进典型学习活动，引导人们把敬仰和感动转化为干事创业、精忠报国的实际行动。做好先进模范人物的关心帮扶工作，落实相关待遇和礼遇，在全社会大力营造崇尚英雄、学习英雄、捍卫英雄、关爱英雄的浓厚氛围。

28．创作生产优秀文艺作品。把爱国主义作为常写常新的主题，加大现实题材创作力度，为时代画像、为时代立传、为时代明德，不断推出讴歌党、讴歌祖国、讴歌人民、讴歌劳动、讴歌英雄的精品力作。深入实施中国当代文学艺术创作工程、重大历史题材创作工程等，加大对爱国主义题材文学创作、影视创作、词曲创作等的支持力度，加强对经典爱国歌曲、爱国影片的深入挖掘和创新传播，唱响爱国主义正气歌。文艺创作和评论评奖要具有鲜明爱国主义导向，倡导讲品位、讲格调、讲责任，抵制低俗、庸俗、媚俗，坚决反对亵渎祖先、亵渎经典、亵渎英雄，始终保持社会主义文艺的爱国底色。

29．唱响互联网爱国主义主旋律。加强爱国主义网络内容建设，广泛开展网上主题教育活动，制作推介体现爱国主义内容、适合网络传播的音频、短视频、网络文章、纪录片、微电影等，让爱国主义充盈网络空间。实施爱国主义数字建设工程，推动爱国主义教育基地、红色旅游与网络传播有机结合。创新传播载体手段，积极运用微博微信、社交媒体、视频网站、手机客户端等传播平台，运用虚拟现实、增强现实、混合现实等新技术新产品，生动活泼开展网上爱国主义教育。充分发挥"学习强国"学习平台在爱国主义宣传教育中的作用。加强网上舆论引导，依法依规进行综合治理，引导网民自觉抵制损害国家荣誉、否定中华优秀传统文化的错误言行，汇聚网上正能量。

30．涵养积极进取开放包容理性平和的国民心态。加强宣传教育，引导人们正确把握中国与世界的发展大势，正确认识中国与世界的关系，既不妄自尊大也不妄自菲薄，做到自尊自信、理性平和。爱国主义是世界各国人民共有的情感，实现世界和平与发展是各国人民共同的愿望。一方面要弘扬爱国主义精神，另一方面要培养海纳百川、开放包容的胸襟，大力宣传坚持和平发展合作共赢、构建人类命运共同体、共建"一带一路"等重要理念和倡议，激励广大人民同各国人民一道共同创造美好未来。对每一个中国人来说，爱国是本分，也是职责，是心之所系、情之所归。倡导知行合一，推动爱国之情转化为实际行动，使人们理性表达爱国情感，反对极端行为。

31．强化制度和法治保障。把爱国主义精神融入相关法律法规和政策制度，体现到市民公约、村规民约、学生守则、行业规范、团体章程等的制定完善中，发挥指引、约束和规范作用。在全社会深入学习宣传宪法、英雄烈士保护法、文物保护法等，广泛开展法治文化活动，使普法过程成为爱国主义教育过程。严格执法司法、推进依法治理，综合运用行政、法律等手段，对不尊重国歌国旗国徽等国家象征与标志，对侵害英雄烈士姓名、肖像、名誉、荣誉等行为，对破坏污损爱国主义教育场所设施，对宣扬、美化侵略战争和侵略行为等，依法依规进行严肃处理。依法严惩暴力恐怖、民族分裂等危害国家安全和社会稳定的犯罪行为。

六、加强对新时代爱国主义教育的组织领导

32．各级党委和政府要承担起主体责任。各级党委和政府要负起政治责任和领导责任，把爱国主义教育摆上重要日程，纳入意识形态工作责任制，加强阵地建设和管理，抓好各项任务落实。进一步健全党委统一领导、党政齐抓共管、宣传部门统筹协调、有关部门各负其责的工作格局，建立爱国主义教育联席会议制度，加强工作指导和沟通协调，及时研究解决工作中的重要事项和存在问题。广大党员干部要以身作则，牢记初心使命，勇于担当作为，发挥模范带头作用，做爱国主义的坚定弘扬者和实践者，同违背爱国主义的言行作坚决斗争。

33．调动广大人民群众的积极性主动性。爱国主义教育是全民教育，必须突出教育的群众性。各级工会、共青团、妇联和文联、作协、科协、侨联、残联以及关工委等人民团体和群众组织，要发挥各自优势，面向所联系的领域和群体广泛开展爱国主义教育。组织动员老干部、老战士、老专家、老教师、老模范等到广大群众特别是青少年中讲述亲身经历，弘扬爱国传统。坚持热在基层、热在群众，结合人们生产生活，把爱国主义教育融入到新时代文明实践中心建设、学雷锋志愿服务、精神文明创建之中，体现到百姓宣讲、广场舞、文艺演出、邻居节等群众性活动之中，引导人们自我宣传、自我教育、自我提高。

34．求真务实注重实效。爱国主义教育是思想的洗礼、精神的熏陶。要坚持目标导向、问题导向、效果导向，坚持虚功实做、久久为功，在深化、转化上下功夫，在具象化、细微处下功夫，更好地体现时代性、把握规律性、富于创造性。坚持从实际出发，务实节俭开展教育、组织活动，杜绝铺张浪费，不给基层和群众增加负担，坚决反对形式主义、官僚主义。

各地区各部门要根据本纲要制定贯彻落实的具体措施，确保爱国主义教育各项任务要求落到实处。

中国人民解放军和中国人民武装警察部队按照本纲要总的要求，结合部队实际制定具体规划、作出安排部署。

国务院关于核定并公布
第八批全国重点文物保护单位的通知

国发〔2019〕22号

各省、自治区、直辖市人民政府，国务院各部委、各直属机构：

国务院核定文化和旅游部、国家文物局确定的第八批全国重点文物保护单位（共计762处）以及与现有全国重点文物保护单位合并的项目（共计50处），现予公布。

各地区、各部门要依照《中华人民共和国文物保护法》等法律法规和《国务院关于进一步加强文物工作的指导意见》（国发〔2016〕17号）的要求，进一步贯彻"保护为主、抢救第一、合理利用、加强管理"的工作方针，既要注重有效保护、夯实基础，又要注意合理利用、发挥效益，在保护利用中实现传承发展，认真做好全国重点文物保护单位的保护、管理和利用工作，确保文物安全特别是文物消防安全，努力开创文物工作新局面，走出一条符合国情的文物保护利用之路，为坚定文化自信、实现"两个一百年"奋斗目标和中华民族伟大复兴的中国梦作出更大贡献。

国务院

2019年10月7日

第八批全国重点文物保护单位名单
（共计762处，另有50处与现有全国重点文物保护单位合并）

一、古遗址（共计167处）

序号	编号	名称	时代	地址
1	8-0001-1-001	上宅遗址	新石器时代	北京市平谷区

续表

序号	编号	名称	时代	地址
2	8-0002-1-002	郛堤城遗址	战国、秦汉	河北省黄骅市
3	8-0003-1-003	贝州故城遗址	宋	河北省清河县
4	8-0004-1-004	太子城遗址	金	河北省张家口市崇礼区
5	8-0005-1-005	西土城遗址	金	河北省康保县
6	8-0006-1-006	峙峪遗址	旧石器时代	山西省朔州市朔城区
7	8-0007-1-007	碧村遗址	新石器时代	山西省兴县
8	8-0008-1-008	大河口遗址	西周至春秋	山西省翼城县
9	8-0009-1-009	南梁古城遗址	周	山西省翼城县
10	8-0010-1-010	苇沟—北寿城遗址	周	山西省翼城县
11	8-0011-1-011	解梁故城遗址	东周	山西省永济市
12	8-0012-1-012	童子寺遗址	北齐至唐	山西省太原市晋源区
13	8-0013-1-013	蒙山开化寺遗址	北齐	山西省太原市晋源区
14	8-0014-1-014	汾阳宫遗址	隋	山西省宁武县
15	8-0015-1-015	岔河口遗址	新石器时代	内蒙古自治区清水河县
16	8-0016-1-016	哈民遗址	新石器时代	内蒙古自治区科尔沁左翼中旗
17	8-0017-1-017	丰州故城遗址	辽金元	内蒙古自治区呼和浩特市赛罕区
18	8-0018-1-018	鸽子洞遗址	旧石器时代	辽宁省喀喇沁左翼蒙古族自治县
19	8-0019-1-019	张店古城遗址	汉	辽宁省大连市普兰店区
20	8-0020-1-020	三燕龙城遗址	十六国	辽宁省朝阳市双塔区
21	8-0021-1-021	卧龙山山城遗址	隋唐	辽宁省岫岩满族自治县
22	8-0022-1-022	萨尔浒城遗址	明清	辽宁省抚顺县
23	8-0023-1-023	和龙大洞遗址	旧石器时代	吉林省和龙市
24	8-0024-1-024	后套木嘎遗址	新石器时代、周	吉林省大安市
25	8-0025-1-025	农安五台山遗址	新石器时代、周	吉林省农安县
26	8-0026-1-026	大海猛遗址	周至唐	吉林省吉林市龙潭区
27	8-0027-1-027	东团山遗址	汉	吉林省吉林市丰满区
28	8-0028-1-028	霸王朝山城遗址	汉至唐	吉林省集安市
29	8-0029-1-029	长白山神庙遗址	金	吉林省安图县
30	8-0030-1-030	小南山遗址	新石器时代	黑龙江省饶河县

序号	编号	名称	时代	地址
31	8-0031-1-031	新开流遗址	新石器时代	黑龙江省密山市
32	8-0032-1-032	洪河遗址	新石器时代	黑龙江省齐齐哈尔市富拉尔基区
33	8-0033-1-033	锅盔山山城遗址	唐	黑龙江省鸡东县
34	8-0034-1-034	青龙镇遗址	唐宋	上海市青浦区
35	8-0035-1-035	顺山集遗址	新石器时代	江苏省泗洪县
36	8-0036-1-036	韩井遗址	新石器时代	江苏省泗洪县
37	8-0037-1-037	蒋庄遗址	新石器时代	江苏省兴化市
38	8-0038-1-038	寺墩遗址	新石器时代	江苏省常州市天宁区
39	8-0039-1-039	下邳故城遗址	汉晋	江苏省睢宁县
40	8-0040-1-040	鲤鱼山—老虎岭水坝遗址	新石器时代	浙江省杭州市余杭区
41	8-0041-1-041	嘉兴子城遗址	唐至清	浙江省嘉兴市南湖区
42	8-0042-1-042	坦头窑遗址	唐	浙江省永嘉县
43	8-0043-1-043	沙埠窑遗址	唐宋	浙江省台州市黄岩区
44	8-0044-1-044	华龙洞遗址	旧石器时代	安徽省东至县
45	8-0045-1-045	金寨遗址	新石器时代	安徽省萧县
46	8-0046-1-046	台家寺遗址	商	安徽省阜南县
47	8-0047-1-047	汤家墩遗址	商周	安徽省枞阳县
48	8-0048-1-048	合肥曹魏新城遗址	三国	安徽省合肥市庐阳区
49	8-0049-1-049	壳丘头遗址群	新石器时代至商	福建省平潭县
50	8-0050-1-050	岩仔洞遗址	新石器时代	福建省将乐县
51	8-0051-1-051	苦寨坑窑遗址	夏商	福建省永春县
52	8-0052-1-052	武夷山闽赣古驿道	唐至清	福建省武夷山市
53	8-0053-1-053	宝丰银矿遗址	宋至明	福建省周宁县
54	8-0054-1-054	白鹤岭福温古道	南宋至清	福建省宁德市蕉城区
55	8-0055-1-055	东溪窑遗址	明清	福建省华安县、南靖县
56	8-0056-1-056	老虎墩遗址	新石器时代	江西省靖安县
57	8-0057-1-057	山背遗址	新石器时代、商周	江西省修水县
58	8-0058-1-058	锅底山遗址	新石器时代至商周	江西省宜黄县
59	8-0059-1-059	南窑遗址	唐	江西省乐平市

中国
文物年鉴
2020

序号	编号	名称	时代	地址
60	8-0060-1-060	五府山银铅矿遗址	唐宋	江西省上饶市广信区
61	8-0061-1-061	邱家庄遗址	新石器时代	山东省烟台市福山区
62	8-0062-1-062	焦家遗址	新石器时代	山东省济南市章丘区
63	8-0063-1-063	汶阳遗址	新石器时代	山东省济南市莱芜区
64	8-0064-1-064	岗上遗址	新石器时代	山东省滕州市
65	8-0065-1-065	十里铺北堌堆遗址	新石器时代至商	山东省菏泽市定陶区
66	8-0066-1-066	呙宋台遗址	新石器时代、商周至汉	山东省寿光市
67	8-0067-1-067	梁堌堆遗址	新石器时代至商周	山东省曹县
68	8-0068-1-068	刘台子遗址	西周	山东省济南市济阳区
69	8-0069-1-069	曲城故城遗址	西周至北齐	山东省招远市
70	8-0070-1-070	高密故城遗址	东周至东汉	山东省高密市
71	8-0071-1-071	卞国故城遗址	春秋	山东省泗水县
72	8-0072-1-072	少昊陵及景灵宫遗址	宋至清	山东省曲阜市
73	8-0073-1-073	凫山羲皇庙遗址	宋至清	山东省邹城市
74	8-0074-1-074	东镇庙大殿遗址	宋至民国	山东省临朐县
75	8-0075-1-075	孙家洞遗址	旧石器时代	河南省栾川县
76	8-0076-1-076	老奶奶庙遗址	旧石器时代	河南省郑州市二七区
77	8-0077-1-077	后高老家遗址	新石器时代	河南省项城市
78	8-0078-1-078	苏羊遗址	新石器时代	河南省宜阳县
79	8-0079-1-079	老坟岗遗址	新石器时代	河南省西峡县
80	8-0080-1-080	阎村遗址	新石器时代	河南省汝州市
81	8-0081-1-081	史官遗址	新石器时代、商周	河南省南乐县
82	8-0082-1-082	鹤壁刘庄遗址	新石器时代至夏	河南省鹤壁市淇滨区
83	8-0083-1-083	淮阳双冢遗址	新石器时代至商	河南省周口市淮阳区
84	8-0084-1-084	西史村遗址	夏商	河南省荥阳市
85	8-0085-1-085	闰楼遗址	商	河南省正阳县
86	8-0086-1-086	浚县辛村遗址	商周	河南省鹤壁市淇滨区
87	8-0087-1-087	官庄遗址	周	河南省荥阳市
88	8-0088-1-088	阳城故城遗址	战国	河南省商水县

续表

序号	编号	名称	时代	地址
89	8-0089-1-089	保安古城遗址	战国	河南省叶县
90	8-0090-1-090	新安故城遗址	秦汉	河南省义马市
91	8-0091-1-091	黎阳故城遗址	西汉至北宋	河南省浚县
92	8-0092-1-092	崤函古道石壕段	唐宋	河南省三门峡市陕州区
93	8-0093-1-093	窑沟遗址	宋金	河南省新密市
94	8-0094-1-094	东沟窑遗址	金元	河南省汝州市
95	8-0095-1-095	白龙洞遗址	旧石器时代	湖北省郧西县
96	8-0096-1-096	凤凰咀遗址	新石器时代	湖北省襄阳市襄州区
97	8-0097-1-097	庙台子遗址	周	湖北省随州市曾都区
98	8-0098-1-098	青山遗址	东周	湖北省江陵县
99	8-0099-1-099	襄樊码头遗址	清	湖北省襄阳市襄城区、樊城区
100	8-0100-1-100	杉龙岗遗址	新石器时代	湖南省临澧县
101	8-0101-1-101	车辘山遗址	新石器时代	湖南省华容县
102	8-0102-1-102	磨山遗址	新石器时代	湖南省株洲市渌口区
103	8-0103-1-103	优周岗遗址	新石器时代	湖南省澧县
104	8-0104-1-104	马栏嘴遗址	新石器时代、商周	湖南省汉寿县
105	8-0105-1-105	益阳故城遗址	东周至宋	湖南省益阳市赫山区
106	8-0106-1-106	窑头古城遗址	战国至汉	湖南省沅陵县
107	8-0107-1-107	渡头古城遗址	汉至六朝	湖南省临武县
108	8-0108-1-108	岳州窑遗址	汉至唐	湖南省湘阴县
109	8-0109-1-109	衡山窑遗址	宋元	湖南省衡山县、衡东县
110	8-0110-1-110	桐木岭矿冶遗址	清	湖南省桂阳县
111	8-0111-1-111	磨刀山遗址	旧石器时代	广东省郁南县
112	8-0112-1-112	青塘遗址	旧石器时代	广东省英德市
113	8-0113-1-113	东莞村头遗址	夏商	广东省东莞市
114	8-0114-1-114	狮雄山遗址	秦汉	广东省五华县
115	8-0115-1-115	石望铸钱遗址	五代南汉	广东省阳春市
116	8-0116-1-116	乳源西京古道	唐至清	广东省乳源瑶族自治县
117	8-0117-1-117	西樵山采石场遗址	明清	广东省佛山市南海区

中国
文物年鉴
2020

序号	编号	名称	时代	地址
118	8-0118-1-118	娅怀洞遗址	旧石器时代	广西壮族自治区隆安县
119	8-0119-1-119	大岩遗址	旧石器时代至新石器时代	广西壮族自治区桂林市临桂区
120	8-0120-1-120	父子岩遗址	新石器时代至商周	广西壮族自治区桂林市雁山区
121	8-0121-1-121	桥山遗址	新石器时代	海南省陵水黎族自治县
122	8-0122-1-122	金银岛沉船遗址	南宋、明清	海南省三沙市
123	8-0123-1-123	定安故城遗址	明	海南省定安县
124	8-0124-1-124	珊瑚岛沉船遗址	清	海南省三沙市
125	8-0125-1-125	玉米洞遗址	旧石器时代、新石器时代	重庆市巫山县
126	8-0126-1-126	白帝城遗址	南宋	重庆市奉节县
127	8-0127-1-127	大宁盐场遗址	宋至民国	重庆市巫溪县
128	8-0128-1-128	中子铺遗址	新石器时代	四川省广元市朝天区
129	8-0129-1-129	高山古城遗址	新石器时代至商周	四川省大邑县
130	8-0130-1-130	绵竹故城遗址	汉晋	四川省德阳市旌阳区
131	8-0131-1-131	甘棠箐遗址	旧石器时代	云南省玉溪市江川区
132	8-0132-1-132	河泊所遗址	战国至汉	云南省昆明市晋宁区
133	8-0133-1-133	大甸山遗址	春秋至汉	云南省昌宁县
134	8-0134-1-134	大波那遗址	春秋至汉	云南省祥云县
135	8-0135-1-135	牡宜遗址	汉	云南省广南县
136	8-0136-1-136	朱提故城遗址	汉晋	云南省昭通市昭阳区
137	8-0137-1-137	德源古城遗址	唐	云南省洱源县
138	8-0138-1-138	尼阿底遗址	旧石器时代	西藏自治区申扎县
139	8-0139-1-139	杰顿珠宗遗址	元明	西藏自治区洛扎县
140	8-0140-1-140	芦山峁遗址	新石器时代	陕西省延安市宝塔区
141	8-0141-1-141	刘家洼遗址	东周	陕西省澄城县
142	8-0142-1-142	东马坊遗址	战国至西汉	陕西省西安市长安区
143	8-0143-1-143	中渭桥遗址	秦至唐	陕西省西安市未央区
144	8-0144-1-144	血池遗址	秦汉	陕西省凤翔县
145	8-0145-1-145	孙家南头仓储遗址	西汉	陕西省凤翔县
146	8-0146-1-146	柳巷城遗址	汉魏	陕西省眉县

序号	编号	名称	时代	地址
147	8-0147-1-147	西灰山遗址	夏商	甘肃省民乐县
148	8-0148-1-148	石家及遇村遗址	周	甘肃省宁县
149	8-0149-1-149	毛家坪遗址	周	甘肃省甘谷县
150	8-0150-1-150	马鬃山玉矿遗址	战国至汉	甘肃省肃北蒙古族自治县
151	8-0151-1-151	小川瓷窑遗址	宋至民国	甘肃省白银市平川区
152	8-0152-1-152	尕海古城遗址	汉	青海省海晏县
153	8-0153-1-153	伏俟城遗址	北朝至隋唐	青海省共和县
154	8-0154-1-154	考肖图古城遗址	唐	青海省都兰县
155	8-0155-1-155	姚塬遗址	西周	宁夏回族自治区彭阳县
156	8-0156-1-156	通天洞遗址	旧石器时代至商	新疆维吾尔自治区吉木乃县
157	8-0157-1-157	吉仁台沟口遗址	商周	新疆维吾尔自治区尼勒克县
158	8-0158-1-158	卓尔库特古城遗址	汉	新疆维吾尔自治区轮台县
159	8-0159-1-159	博格达沁古城遗址	汉至唐	新疆维吾尔自治区焉耆回族自治县
160	8-0160-1-160	阔纳协海尔古城遗址	魏晋至唐	新疆维吾尔自治区轮台县
161	8-0161-1-161	乌什吐尔和夏合吐尔遗址	晋至宋	新疆维吾尔自治区库车县、新和县
162	8-0162-1-162	公主堡古城遗址	唐	新疆维吾尔自治区塔什库尔干塔吉克自治县
163	8-0163-1-163	霍拉山佛寺遗址	唐	新疆维吾尔自治区焉耆回族自治县
164	8-0164-1-164	拉甫却克古城遗址	唐	新疆维吾尔自治区哈密市伊州区
165	8-0165-1-165	小央达克协海尔古城遗址	唐	新疆维吾尔自治区沙雅县
166	8-0166-1-166	玛纳斯古城遗址	唐至元	新疆维吾尔自治区玛纳斯县
167	8-0167-1-167	巴里坤故城遗址	清	新疆维吾尔自治区巴里坤哈萨克自治县

二、古墓葬（共计30处）

序号	编号	名称	时代	地址
168	8-0168-2-001	醇亲王墓	清	北京市海淀区
169	8-0169-2-002	北张庄墓群	汉	河北省邯郸市邯山区
170	8-0170-2-003	陶寺北墓地	东周	山西省襄汾县
171	8-0171-2-004	沙岭墓群	北魏	山西省大同市平城区
172	8-0172-2-005	马鬃山墓群	商周至汉	内蒙古自治区乌拉特中旗

序号	编号	名称	时代	地址
173	8-0173-2-006	医巫闾山辽陵	辽	辽宁省北镇市
174	8-0174-2-007	喀喇沁右翼旗蒙古王陵	清	辽宁省建平县
175	8-0175-2-008	良茂墓群	汉唐	吉林省集安市
176	8-0176-2-009	隋炀帝墓	唐	江苏省扬州市邗江区
177	8-0177-2-010	洞阳东吴墓	三国	安徽省当涂县
178	8-0178-2-011	吴复墓	明	安徽省肥东县
179	8-0179-2-012	百崎郭氏墓群	明	福建省惠安县
180	8-0180-2-013	纪王崮墓群	东周	山东省沂水县
181	8-0181-2-014	金山汉墓群	西汉	山东省巨野县
182	8-0182-2-015	天湖墓地	商周	河南省罗山县
183	8-0183-2-016	徐阳墓地	东周	河南省伊川县
184	8-0184-2-017	西朱村曹魏墓	三国	河南省洛阳市洛龙区
185	8-0185-2-018	义地岗墓群	东周	湖北省随州市曾都区
186	8-0186-2-019	毕昇墓	北宋	湖北省英山县
187	8-0187-2-020	汨罗山墓群	战国	湖南省汨罗市
188	8-0188-2-021	蒋家山墓葬	汉	湖南省衡阳市珠晖区
189	8-0189-2-022	赛典赤·赡思丁墓	元、清至民国	云南省昆明市盘龙区、官渡区
190	8-0190-2-023	故如甲木墓地	汉晋	西藏自治区噶尔县
191	8-0191-2-024	石鼓山墓地	西周	陕西省宝鸡市渭滨区
192	8-0192-2-025	太公庙秦公墓	春秋	陕西省宝鸡市陈仓区
193	8-0193-2-026	咸阳秦王陵	战国	陕西省咸阳市渭城区
194	8-0194-2-027	弘农杨氏家族墓地	汉至北魏	陕西省华阴市
195	8-0195-2-028	杨震家族墓地	东汉	陕西省潼关县
196	8-0196-2-029	吴挺墓	南宋	甘肃省成县
197	8-0197-2-030	吉尔赞喀勒墓地	东周	新疆维吾尔自治区塔什库尔干塔吉克自治县

三、古建筑（共计280处）

序号	编号	名称	时代	地址
198	8-0198-3-001	长椿寺	清	北京市西城区

序号	编号	名称	时代	地址
199	8-0199-3-002	智珠寺	清	北京市东城区
200	8-0200-3-003	北京湖广会馆	清至民国	北京市西城区
201	8-0201-3-004	武安舍利塔	北宋	河北省武安市
202	8-0202-3-005	涞水龙严寺塔	辽	河北省涞水县
203	8-0203-3-006	邢台清风楼	明	河北省邢台市桥东区
204	8-0204-3-007	正定梁氏宗祠	明	河北省正定县
205	8-0205-3-008	涉县清泉寺	明清	河北省涉县
206	8-0206-3-009	上党西岩寺塔	唐	山西省长治市上党区
207	8-0207-3-010	栖岩寺塔林	唐至清	山西省永济市
208	8-0208-3-011	泽州崇寿寺	北宋至清	山西省泽州县
209	8-0209-3-012	上党长春玉皇庙	北宋至清	山西省长治市上党区
210	8-0210-3-013	昔阳离相寺	宋至清	山西省昔阳县
211	8-0211-3-014	原平普济桥	金	山西省原平市
212	8-0212-3-015	平定马齿岩寺	金至清	山西省平定县
213	8-0213-3-016	新绛寿圣寺大殿	元	山西省新绛县
214	8-0214-3-017	长子文庙大成殿	元	山西省长子县
215	8-0215-3-018	峪口圣母庙	元至清	山西省汾阳市
216	8-0216-3-019	盂北泰山庙	元至清	山西省盂县
217	8-0217-3-020	潦河头关帝庙	元至清	山西省长治市潞城区
218	8-0218-3-021	西社卫公庙	元至清	山西省平顺县
219	8-0219-3-022	西下庄昭泽王庙	元至清	山西省黎城县
220	8-0220-3-023	武乡福源院	元至清	山西省武乡县
221	8-0221-3-024	田庄全神庙	元至清	山西省陵川县
222	8-0222-3-025	团东清化寺	元至清	山西省高平市
223	8-0223-3-026	梁村洪福寺	元至清	山西省祁县
224	8-0224-3-027	霍州祝圣寺	元至清	山西省霍州市
225	8-0225-3-028	北辛舍利塔	明	山西省万荣县
226	8-0226-3-029	祁县镇河楼	明	山西省祁县
227	8-0227-3-030	大武鼓楼	明	山西省方山县

中国
文物年鉴
2020

序号	编号	名称	时代	地址
228	8-0228-3-031	右玉宝宁寺	明	山西省右玉县
229	8-0229-3-032	汾阳关帝庙	明	山西省汾阳市
230	8-0230-3-033	胡家沟砖塔	明	山西省兴县
231	8-0231-3-034	普救寺塔	明	山西省永济市
232	8-0232-3-035	永济万固寺	明	山西省永济市
233	8-0233-3-036	繁峙琉璃塔	明	山西省繁峙县
234	8-0234-3-037	平城兴国寺	明	山西省大同市平城区
235	8-0235-3-038	大同鼓楼	明	山西省大同市平城区
236	8-0236-3-039	西关三圣寺大殿	明	山西省盂县
237	8-0237-3-040	永济扁鹊庙	明	山西省永济市
238	8-0238-3-041	董村戏台	明	山西省永济市
239	8-0239-3-042	崞阳文庙	明清	山西省原平市
240	8-0240-3-043	阳城文庙	明清	山西省阳城县
241	8-0241-3-044	长则普明寺	明清	山西省平遥县
242	8-0242-3-045	热留关帝庙	明清	山西省古县
243	8-0243-3-046	阳曲轩辕庙	明清	山西省阳曲县
244	8-0244-3-047	霍州鼓楼	明清	山西省霍州市
245	8-0245-3-048	东姚温牌坊	明清	山西省永济市
246	8-0246-3-049	阳城寿圣寺及琉璃塔	明清	山西省阳城县
247	8-0247-3-050	高平铁佛寺	明清	山西省高平市
248	8-0248-3-051	墙下关帝庙	明清	山西省夏县
249	8-0249-3-052	留晖洪福寺	明清	山西省定襄县
250	8-0250-3-053	五台山南山寺	明至民国	山西省五台县
251	8-0251-3-054	静乐文庙	明至民国	山西省静乐县
252	8-0252-3-055	汾阳后土圣母庙	明至民国	山西省汾阳市
253	8-0253-3-056	于成龙故居	清	山西省方山县
254	8-0254-3-057	阳武朱氏牌楼	清	山西省原平市
255	8-0255-3-058	阮氏双碑楼	清	山西省河津市
256	8-0256-3-059	解州同善义仓	清	山西省运城市盐湖区

序号	编号	名称	时代	地址
257	8-0257-3-060	曲沃薛家大院	清	山西省曲沃县
258	8-0258-3-061	怀覃会馆	清	山西省晋城市城区
259	8-0259-3-062	五台山尊胜寺	民国	山西省五台县
260	8-0260-3-063	昆都仑召	清	内蒙古自治区包头市昆都仑区
261	8-0261-3-064	朝阳南塔	辽	辽宁省朝阳市双塔区
262	8-0262-3-065	开原崇寿寺塔	辽金	辽宁省开原市
263	8-0263-3-066	永安石桥	清	辽宁省沈阳市于洪区
264	8-0264-3-067	垂虹断桥	元明	江苏省苏州市吴江区
265	8-0265-3-068	西方寺大殿	明	江苏省扬州市广陵区
266	8-0266-3-069	常熟言子祠	明	江苏省常熟市
267	8-0267-3-070	洑溪徐氏宗祠	明	江苏省宜兴市
268	8-0268-3-071	南京鼓楼	明清	江苏省南京市鼓楼区
269	8-0269-3-072	仙鹤寺	明清	江苏省扬州市广陵区
270	8-0270-3-073	常州唐氏民宅	明至民国	江苏省常州市天宁区
271	8-0271-3-074	荡口华氏老义庄	清	江苏省无锡市锡山区
272	8-0272-3-075	安吉永安寺塔	五代至南宋	浙江省安吉县
273	8-0273-3-076	义乌大安寺塔	北宋	浙江省义乌市
274	8-0274-3-077	杭州忠义桥	南宋	浙江省杭州市西湖区
275	8-0275-3-078	灵鹫寺石塔	南宋	浙江省丽水市莲都区
276	8-0276-3-079	绍兴大善寺塔	南宋	浙江省绍兴市越城区
277	8-0277-3-080	南渡广济桥	元、清	浙江省宁波市奉化区
278	8-0278-3-081	詹宝兄弟牌坊	明	浙江省松阳县
279	8-0279-3-082	梅城南峰塔和北峰塔	明	浙江省建德市
280	8-0280-3-083	独山石牌坊	明	浙江省遂昌县
281	8-0281-3-084	湖州潮音桥	明	浙江省湖州市吴兴区
282	8-0282-3-085	林应麒功德牌坊	明	浙江省仙居县
283	8-0283-3-086	紫薇山民居	明清	浙江省东阳市
284	8-0284-3-087	石楠塘徐氏宗祠	明清	浙江省金华市婺城区
285	8-0285-3-088	赤岸朱宅建筑群	明至民国	浙江省义乌市

中国
文物年鉴
2020

序号	编号	名称	时代	地址
286	8-0286-3-089	厚吴村古建筑群	明至民国	浙江省永康市
287	8-0287-3-090	吴文简祠	清	浙江省庆元县
288	8-0288-3-091	下柏石陈大宗祠	清	浙江省永康市
289	8-0289-3-092	余姚通济桥	清	浙江省余姚市
290	8-0290-3-093	金清大桥	清	浙江省温岭市
291	8-0291-3-094	江山文昌宫	清	浙江省江山市
292	8-0292-3-095	兰溪通洲桥	清	浙江省兰溪市
293	8-0293-3-096	雅端村古建筑群	清	浙江省义乌市
294	8-0294-3-097	塘下方大宗祠	清	浙江省义乌市
295	8-0295-3-098	椒江戚继光祠	清	浙江省台州市椒江区
296	8-0296-3-099	东阳白坦民宅	清	浙江省东阳市
297	8-0297-3-100	芜湖广济寺塔	北宋	安徽省芜湖市镜湖区
298	8-0298-3-101	贵池百牙山塔	明	安徽省池州市贵池区
299	8-0299-3-102	贵池清溪塔	明	安徽省池州市贵池区
300	8-0300-3-103	滁州无梁殿	明	安徽省滁州市琅琊区
301	8-0301-3-104	池河太平桥	明清	安徽省定远县
302	8-0302-3-105	洪坑牌坊群及洪氏家庙	明清	安徽省黄山市徽州区
303	8-0303-3-106	三阳洪氏宗祠	明清	安徽省歙县
304	8-0304-3-107	屯溪镇海桥	明清	安徽省黄山市屯溪区
305	8-0305-3-108	石潭吴氏宗祠	明清	安徽省歙县
306	8-0306-3-109	蜀源牌坊群	明清	安徽省黄山市徽州区
307	8-0307-3-110	屏山舒氏祠堂	明清	安徽省黟县
308	8-0308-3-111	稠墅牌坊群	明清	安徽省歙县
309	8-0309-3-112	姥山塔	明清	安徽省巢湖市
310	8-0310-3-113	歙县太平桥	明清	安徽省歙县
311	8-0311-3-114	巴慰祖宅	明清	安徽省歙县
312	8-0312-3-115	歙县许氏宗祠	明至民国	安徽省歙县
313	8-0313-3-116	唐模檀干园	清	安徽省黄山市徽州区
314	8-0314-3-117	亳州薛阁塔	清	安徽省亳州市谯城区

序号	编号	名称	时代	地址
315	8-0315-3-118	歙县鲍氏宗祠	清	安徽省歙县
316	8-0316-3-119	休宁登封桥	清	安徽省休宁县
317	8-0317-3-120	休宁同安堂	清	安徽省休宁县
318	8-0318-3-121	大阜潘氏宗祠	清	安徽省歙县
319	8-0319-3-122	泾县张氏宗祠	清	安徽省泾县
320	8-0320-3-123	昌溪太湖祠	清	安徽省歙县
321	8-0321-3-124	绩溪文庙	清	安徽省绩溪县
322	8-0322-3-125	荔城报恩寺塔	北宋	福建省莆田市荔城区
323	8-0323-3-126	崇福寺应庚塔	北宋	福建省泉州市鲤城区
324	8-0324-3-127	建瓯值庆桥	明	福建省建瓯市
325	8-0325-3-128	安溪土楼	明清	福建省安溪县
326	8-0326-3-129	黄道周讲学处	明清	福建省漳浦县
327	8-0327-3-130	芷溪宗祠建筑	清	福建省连城县
328	8-0328-3-131	福安黄氏祠堂	清	福建省福安市
329	8-0329-3-132	泉港土坑村古建筑群	清	福建省泉州市泉港区
330	8-0330-3-133	坂埔古厝	清	福建省南安市
331	8-0331-3-134	永春文庙	清	福建省永春县
332	8-0332-3-135	永泰庄寨建筑群	清	福建省永泰县
333	8-0333-3-136	采陔公祠	清	福建省连城县
334	8-0334-3-137	水美土堡群	清	福建省沙县
335	8-0335-3-138	浮梁双峰塔	北宋	江西省浮梁县
336	8-0336-3-139	福寿沟	北宋	江西省赣州市章贡区
337	8-0337-3-140	浮梁红塔	北宋、明	江西省浮梁县
338	8-0338-3-141	大司马牌坊	明	江西省宜黄县
339	8-0339-3-142	龙南乌石围	明	江西省龙南县
340	8-0340-3-143	济美石坊	明	江西省奉新县
341	8-0341-3-144	棠阴古建筑群	明清	江西省宜黄县
342	8-0342-3-145	官溪胡氏宗祠	明清	江西省玉山县
343	8-0343-3-146	十都王家大屋	清	江西省上饶市广丰区

中国
文物年鉴
2020

序号	编号	名称	时代	地址
344	8-0344-3-147	奎壁联辉民宅	清	江西省广昌县
345	8-0345-3-148	浮梁县衙	清	江西省浮梁县
346	8-0346-3-149	玉山考棚	清	江西省玉山县
347	8-0347-3-150	浒湾书坊建筑群	清至民国	江西省金溪县
348	8-0348-3-151	卧化塔	唐	山东省成武县
349	8-0349-3-152	郓城观音寺塔	五代	山东省郓城县
350	8-0350-3-153	泂村古楼	明	山东省淄博市淄川区
351	8-0351-3-154	王渔洋故居	明至民国	山东省桓台县
352	8-0352-3-155	安阳永和桥	北宋	河南省安阳县
353	8-0353-3-156	三祖庵塔	金	河南省登封市
354	8-0354-3-157	轵城关帝庙	金、清	河南省济源市
355	8-0355-3-158	丹霞寺塔林	元至清	河南省南召县
356	8-0356-3-159	禹州天宁万寿寺	元至清	河南省禹州市
357	8-0357-3-160	舞阳彼岸寺大殿	元至清	河南省舞阳县
358	8-0358-3-161	阳安寺大殿	明	河南省镇平县
359	8-0359-3-162	汝宁石桥	明	河南省汝南县
360	8-0360-3-163	延津大觉寺万寿塔	明	河南省延津县
361	8-0361-3-164	杞县大云寺塔	明	河南省杞县
362	8-0362-3-165	龙泉澧河石桥	明	河南省叶县
363	8-0363-3-166	原武城隍庙	明清	河南省原阳县
364	8-0364-3-167	许昌文庙	明清	河南省许昌市魏都区
365	8-0365-3-168	弦歌台	明清	河南省周口市淮阳区
366	8-0366-3-169	济源二仙庙	明清	河南省济源市
367	8-0367-3-170	登封玉溪宫	明清	河南省登封市
368	8-0368-3-171	侯湾泰山庙	明清	河南省汝州市
369	8-0369-3-172	温县遇仙观	明清	河南省温县
370	8-0370-3-173	大程书院	清	河南省扶沟县
371	8-0371-3-174	龙亭大殿	清	河南省开封市龙亭区
372	8-0372-3-175	偃师九龙庙	清	河南省偃师市

续表

序号	编号	名称	时代	地址
373	8-0373-3-176	怀邦会馆	清	河南省禹州市
374	8-0374-3-177	登封崇福宫	清	河南省登封市
375	8-0375-3-178	新安洞真观	清	河南省新安县
376	8-0376-3-179	宜阳福昌阁	清	河南省宜阳县
377	8-0377-3-180	偃师兴福寺大殿	清	河南省偃师市
378	8-0378-3-181	花洲书院	清	河南省邓州市
379	8-0379-3-182	黄梅高塔寺塔	北宋	湖北省黄梅县
380	8-0380-3-183	宜昌天然塔	清	湖北省宜昌市伍家岗区
381	8-0381-3-184	高家花屋	清	湖北省竹山县
382	8-0382-3-185	南边民居	清	湖北省宜昌市夷陵区
383	8-0383-3-186	丹江口饶氏庄园	清至民国	湖北省丹江口市
384	8-0384-3-187	麻城雷氏祠	清至民国	湖北省麻城市
385	8-0385-3-188	中田村古建筑群	明至民国	湖南省常宁市
386	8-0386-3-189	许家桥将军府	明	湖南省永州市零陵区
387	8-0387-3-190	板梁村古建筑群	明清	湖南省永兴县
388	8-0388-3-191	勾蓝瑶寨	明至民国	湖南省江永县
389	8-0389-3-192	湘昆古戏台	清	湖南省桂阳县
390	8-0390-3-193	杉木桥胡家大院	清	湖南省永州市零陵区
391	8-0391-3-194	石门文庙	清	湖南省石门县
392	8-0392-3-195	芷江文庙	清	湖南省芷江侗族自治县
393	8-0393-3-196	神下李氏宗祠	清	湖南省宁远县
394	8-0394-3-197	澧县多安桥	清	湖南省澧县
395	8-0395-3-198	虎溪黄氏宗祠	清	湖南省蓝山县
396	8-0396-3-199	溆浦崇实书院	清	湖南省溆浦县
397	8-0397-3-200	桃树湾刘氏大屋	清	湖南省浏阳市
398	8-0398-3-201	浦市镇古建筑群	清	湖南省泸溪县
399	8-0399-3-202	宝镜何家大院	清至民国	湖南省江华瑶族自治县
400	8-0400-3-203	梅城文武庙古建筑群	清至民国	湖南省安化县
401	8-0401-3-204	东安头翰林祠	清至民国	湖南省宁远县

中国
文物年鉴
2020

序号	编号	名称	时代	地址
402	8-0402-3-205	大颠祖师塔	唐	广东省汕头市潮阳区
403	8-0403-3-206	高州宝光塔	明	广东省高州市
404	8-0404-3-207	联丰花萼楼	明	广东省大埔县
405	8-0405-3-208	揭阳城隍庙	明清	广东省揭阳市榕城区
406	8-0406-3-209	陈白沙祠	明清	广东省江门市蓬江区
407	8-0407-3-210	国恩寺	明至民国	广东省新兴县
408	8-0408-3-211	沙湾留耕堂	清	广东省广州市番禺区
409	8-0409-3-212	大埔泰安楼	清	广东省大埔县
410	8-0410-3-213	冲虚古观	清	广东省博罗县
411	8-0411-3-214	龙门鹤湖围	清	广东省龙门县
412	8-0412-3-215	大埔光禄第	清	广东省大埔县
413	8-0413-3-216	桂林静江府城墙	南宋至明	广西壮族自治区桂林市叠彩区、秀峰区
414	8-0414-3-217	来宾文辉塔	明	广西壮族自治区来宾市兴宾区
415	8-0415-3-218	左江归龙斜塔	明清	广西壮族自治区崇左市江州区
416	8-0416-3-219	贺州江氏客家围屋	清	广西壮族自治区贺州市八步区
417	8-0417-3-220	乐湾村古建筑群	清至民国	广西壮族自治区恭城瑶族自治县
418	8-0418-3-221	石矍村冯氏祠堂	明清	海南省澄迈县
419	8-0419-3-222	琼山侯家大院	清	海南省海口市琼山区
420	8-0420-3-223	溪北书院	清	海南省文昌市
421	8-0421-3-224	湾底谭氏民居	清	重庆市石柱土家族自治县
422	8-0422-3-225	花林寺大殿	元	四川省盐亭县
423	8-0423-3-226	蓬溪金仙寺大殿	元	四川省蓬溪县
424	8-0424-3-227	南部永安庙大殿	元至清	四川省南部县
425	8-0425-3-228	盐亭文星庙	明	四川省盐亭县
426	8-0426-3-229	泸县圆通寺	明	四川省泸县
427	8-0427-3-230	龙藏寺	明清	四川省成都市新都区
428	8-0428-3-231	蓝池庙	明清	四川省三台县
429	8-0429-3-232	七宝寺	明清	四川省南充市嘉陵区
430	8-0430-3-233	福宝古建筑群	明清	四川省合江县

序号	编号	名称	时代	地址
431	8-0431-3-234	南部观音庵大殿	明清	四川省南部县
432	8-0432-3-235	井研雷氏民居	清	四川省井研县
433	8-0433-3-236	屏山龙氏山庄	清	四川省屏山县
434	8-0434-3-237	自贡玉川公祠	清	四川省自贡市自流井区
435	8-0435-3-238	甘孜惠远寺	清	四川省道孚县
436	8-0436-3-239	正安尹道真务本堂	明清	贵州省正安县
437	8-0437-3-240	镇远天后宫	清	贵州省镇远县
438	8-0438-3-241	泸西万寿寺三佛殿	明	云南省泸西县
439	8-0439-3-242	建水土主庙	明清	云南省建水县
440	8-0440-3-243	蒙自玉皇阁	明清	云南省蒙自市
441	8-0441-3-244	建水玉皇阁及崇文塔	明清	云南省建水县
442	8-0442-3-245	新安所古建筑群	明清	云南省蒙自市
443	8-0443-3-246	期纳古建筑群	明清	云南省永胜县
444	8-0444-3-247	天峰山古建筑群	明至民国	云南省祥云县
445	8-0445-3-248	弥渡五台大寺	明至民国	云南省弥渡县
446	8-0446-3-249	云南提督府旧址	清	云南省大理市
447	8-0447-3-250	叶枝土司衙署	清	云南省维西傈僳族自治县
448	8-0448-3-251	洄澜桥阁	清	云南省石屏县
449	8-0449-3-252	江川文庙	清	云南省玉溪市江川区
450	8-0450-3-253	流浪河磨房群	清	云南省凤庆县
451	8-0451-3-254	墨江文庙	清	云南省墨江哈尼族自治县
452	8-0452-3-255	海口川字闸	清	云南省昆明市西山区
453	8-0453-3-256	建水学政考棚	清	云南省建水县
454	8-0454-3-257	同乐傈僳族民居建筑群	清至民国	云南省维西傈僳族自治县
455	8-0455-3-258	保山光尊寺	清至民国	云南省保山市隆阳区
456	8-0456-3-259	曲西碉楼群	北宋至明	西藏自治区洛扎县
457	8-0457-3-260	乃宁曲德寺	北宋至清	西藏自治区康马县
458	8-0458-3-261	艾旺寺	北宋至清	西藏自治区康马县
459	8-0459-3-262	达律王府	元	西藏自治区贡觉县

中国
文物年鉴
2020

序号	编号	名称	时代	地址
460	8-0460-3-263	西安二龙塔	唐	陕西省西安市长安区
461	8-0461-3-264	富平万斛寺塔	唐	陕西省富平县
462	8-0462-3-265	蒲城海源寺塔	金	陕西省蒲城县
463	8-0463-3-266	户县化羊庙东岳献殿	元至清	陕西省西安市鄠邑区
464	8-0464-3-267	合阳千金塔	明	陕西省合阳县
465	8-0465-3-268	柳枝关帝庙	明清	陕西省韩城市
466	8-0466-3-269	马庄华严寺	明至民国	陕西省韩城市
467	8-0467-3-270	蒲城考院	清	陕西省蒲城县
468	8-0468-3-271	米脂常氏庄园	清至民国	陕西省米脂县
469	8-0469-3-272	福津广严院	南宋、清	甘肃省陇南市武都区
470	8-0470-3-273	武山圣寿寺	元至民国	甘肃省武山县
471	8-0471-3-274	正宁文庙大成殿	明	甘肃省正宁县
472	8-0472-3-275	张掖东仓	明清	甘肃省张掖市甘州区
473	8-0473-3-276	静宁文庙	明清	甘肃省静宁县
474	8-0474-3-277	永昌北海子塔	明清	甘肃省永昌县
475	8-0475-3-278	天水纪信祠	明至民国	甘肃省天水市秦州区
476	8-0476-3-279	张掖高总兵宅院	清	甘肃省张掖市甘州区
477	8-0477-3-280	天祝东大寺	清	甘肃省天祝藏族自治县

四、石窟寺及石刻（共计39处）

序号	编号	名称	时代	地址
478	8-0478-4-001	狄仁杰祠堂碑	唐	河北省大名县
479	8-0479-4-002	曲里千佛洞石窟	明	河北省涉县
480	8-0480-4-003	山神峪千佛洞石窟	元、清	山西省交口县
481	8-0481-4-004	挂甲山摩崖造像	北朝至明	山西省吉县
482	8-0482-4-005	营里千佛洞石窟	北齐至唐	山西省乡宁县
483	8-0483-4-006	竖石佛摩崖造像	北齐至唐	山西省交城县
484	8-0484-4-007	静居寺石窟	唐	山西省静乐县
485	8-0485-4-008	汉建初元年买地刻石	东汉	浙江省绍兴市越城区
486	8-0486-4-009	雁荡山龙鼻洞摩崖题记	唐至民国	浙江省乐清市

序号	编号	名称	时代	地址
487	8-0487-4-010	杭州孔庙碑林	唐至民国	浙江省杭州市上城区
488	8-0488-4-011	仙岩洞摩崖题记	宋、清	浙江省衢州市衢江区
489	8-0489-4-012	道场山祈年题记	元	浙江省湖州市吴兴区
490	8-0490-4-013	阮鹗墓石刻	明	安徽省枞阳县
491	8-0491-4-014	汪由敦墓石刻	清	安徽省休宁县
492	8-0492-4-015	南安桃源宫陀罗尼经幢	北宋	福建省南安市
493	8-0493-4-016	魁星岩摩崖造像	南宋	福建省永春县
494	8-0494-4-017	老庄大佛寺石刻造像	隋唐	山东省济南市历城区
495	8-0495-4-018	陶山朝阳洞石刻造像	宋至民国	山东省肥城市
496	8-0496-4-019	尹宙碑	东汉	河南省鄢陵县
497	8-0497-4-020	回銮碑	北宋	河南省濮阳县
498	8-0498-4-021	佛顶尊胜陀罗尼经幢	金	河南省荥阳市
499	8-0499-4-022	丹口苗文石刻群	明清	湖南省城步苗族自治县
500	8-0500-4-023	石门寺摩崖造像	唐	四川省巴中市巴州区
501	8-0501-4-024	重龙山摩崖造像	唐至民国	四川省资中县
502	8-0502-4-025	宜宾流杯池石刻	宋至民国	四川省宜宾市翠屏区
503	8-0503-4-026	温泉摩崖石刻群	明至民国	云南省安宁市
504	8-0504-4-027	查拉路甫石窟	唐宋	西藏自治区拉萨市城关区
505	8-0505-4-028	仁达摩崖造像	唐	西藏自治区察雅县
506	8-0506-4-029	囊巴朗则石雕	唐	西藏自治区芒康县
507	8-0507-4-030	乃甲切木石窟	宋	西藏自治区岗巴县
508	8-0508-4-031	林恩摩崖石刻	明	西藏自治区昂仁县
509	8-0509-4-032	金川湾石窟	唐	陕西省淳化县
510	8-0510-4-033	城台石窟	宋金	陕西省志丹县
511	8-0511-4-034	河峪摩崖石刻	东汉	甘肃省张家川回族自治县
512	8-0512-4-035	昌马石窟	北魏至清	甘肃省玉门市
513	8-0513-4-036	童子寺石窟	北魏至清	甘肃省民乐县
514	8-0514-4-037	大麦地岩画	新石器时代至西夏	宁夏回族自治区中卫市沙坡头区

中国
文物年鉴
2020

序号	编号	名称	时代	地址
515	8-0515-4-038	焕彩沟石刻	东汉、唐	新疆维吾尔自治区哈密市伊州区
516	8-0516-4-039	刘平国刻石	东汉	新疆维吾尔自治区拜城县

五、近现代重要史迹及代表性建筑（共计234处）

序号	编号	名称	时代	地址
517	8-0517-5-001	双清别墅	1949年	北京市海淀区
518	8-0518-5-002	原子能"一堆一器"旧址	1958年	北京市房山区
519	8-0519-5-003	北京站车站大楼	1959年	北京市东城区
520	8-0520-5-004	宋庆龄儿童科学技术馆	1986年	北京市海淀区
521	8-0521-5-005	新开河火车站旧址	1903年	天津市河北区
522	8-0522-5-006	觉悟社旧址	1919年	天津市河北区
523	8-0523-5-007	北疆博物院旧址	1922—1929年	天津市河西区
524	8-0524-5-008	南开大学思源堂	1925年	天津市南开区
525	8-0525-5-009	平津战役前线司令部旧址	1948年	天津市蓟州区
526	8-0526-5-010	天津市军事管制委员会和中共天津市委旧址	1949—1953年	天津市和平区
527	8-0527-5-011	左权将军墓	1950年	河北省邯郸市邯山区
528	8-0528-5-012	高君宇故居	1896—1912年	山西省娄烦县
529	8-0529-5-013	山西督军府旧址	1916—1937年	山西省太原市杏花岭区
530	8-0530-5-014	忻口战役遗址	1937年	山西省忻州市忻府区
531	8-0531-5-015	金岗库村晋察冀军区司令部旧址	1938年	山西省五台县
532	8-0532-5-016	晋绥日报社旧址	1940—1949年	山西省兴县
533	8-0533-5-017	小李村太岳行署旧址	1942—1944年	山西省安泽县
534	8-0534-5-018	北坡中共中央晋绥分局旧址	1942—1949年	山西省兴县
535	8-0535-5-019	临县陕甘宁晋绥联防军指挥部旧址	1947年	山西省临县
536	8-0536-5-020	临县中央后委机关旧址	1947—1948年	山西省临县
537	8-0537-5-021	白塔火车站旧址	1921年	内蒙古自治区呼和浩特市赛罕区
538	8-0538-5-022	侵华日军木石匣工事旧址	1941—1943年	内蒙古自治区克什克腾旗
539	8-0539-5-023	集宁战役旧址	1946年	内蒙古自治区乌兰察布市集宁区

序号	编号	名称	时代	地址
540	8-0540-5-024	旅顺沙俄陆防副司令官邸建筑	1900年	辽宁省大连市旅顺口区
541	8-0541-5-025	鞍山钢铁厂早期建筑	1920—1977年	辽宁省鞍山市铁东区、铁西区
542	8-0542-5-026	中共满洲省委旧址	1927—1929年	辽宁省沈阳市和平区
543	8-0543-5-027	北大营营房旧址	1931年	辽宁省沈阳市大东区
544	8-0544-5-028	侵华日本关东军护路守备队盘山分队旧址	1932年	辽宁省盘锦市双台子区
545	8-0545-5-029	台吉万人坑遗址	1943年	辽宁省北票市
546	8-0546-5-030	审判日本战犯特别军事法庭旧址	1956年	辽宁省沈阳市皇姑区
547	8-0547-5-031	吉林机器局旧址	1881年	吉林省吉林市昌邑区
548	8-0548-5-032	中俄边界清勘界碑（土字牌）	1886年	吉林省珲春市
549	8-0549-5-033	红石砬子抗日根据地遗址	1932—1933年	吉林省磐石市
550	8-0550-5-034	老黑沟惨案遗址	1935年	吉林省舒兰市
551	8-0551-5-035	侵华日军第100部队遗址	1936—1945年	吉林省长春市绿园区
552	8-0552-5-036	丰满万人坑遗址	1937—1943年	吉林省吉林市丰满区
553	8-0553-5-037	石人血泪山死难矿工纪念地	1938—1945年	吉林省白山市江源区
554	8-0554-5-038	七道沟死难同胞纪念地	1938—1945年	吉林省通化县
555	8-0555-5-039	伪满建国忠灵庙旧址	1940—1945年	吉林省长春市朝阳区
556	8-0556-5-040	辽源二战盟军战俘营旧址	1944—1945年	吉林省辽源市西安区
557	8-0557-5-041	中共中央东北局梅河口会议会址	1946年	吉林省梅河口市
558	8-0558-5-042	鸡西万人坑遗址	1934—1945年	黑龙江省鸡西市滴道区
559	8-0559-5-043	朝阳山东北抗联第三路军密营遗址	1939—1941年	黑龙江省五大连池市
560	8-0560-5-044	侵华日军第516部队遗址	1938—1945年	黑龙江省齐齐哈尔市铁锋区
561	8-0561-5-045	中共黑龙江省工作委员会和省政府旧址	1945—1949年	黑龙江省北安市
562	8-0562-5-046	人民空军东北老航校旧址	1946—1955年	黑龙江省牡丹江市西安区
563	8-0563-5-047	圣三一基督教堂	1869年	上海市黄浦区
564	8-0564-5-048	圣约翰大学近代建筑	1879—1948年	上海市长宁区、普陀区

序号	编号	名称	时代	地址
565	8-0565-5-049	上海交通大学早期建筑	1896年	上海市徐汇区
566	8-0566-5-050	沪江大学近代建筑	1906—1948年	上海市杨浦区
567	8-0567-5-051	上海工部局宰牲场旧址	1933年	上海市虹口区
568	8-0568-5-052	四行仓库抗战旧址	1937年	上海市静安区
569	8-0569-5-053	中国共产党代表团驻沪办事处旧址	1946—1947年	上海市黄浦区
570	8-0570-5-054	中国福利会少年宫	1953年	上海市静安区
571	8-0571-5-055	上海科学会堂	1958年	上海市黄浦区
572	8-0572-5-056	马林医院旧址	1892—1914年	江苏省南京市鼓楼区
573	8-0573-5-057	日本驻南京大使馆旧址	1935—1945年	江苏省南京市鼓楼区
574	8-0574-5-058	国立美术陈列馆旧址	1936—1937年	江苏省南京市玄武区
575	8-0575-5-059	侵华日军南京利济巷慰安所旧址	1937—1945年	江苏省南京市秦淮区
576	8-0576-5-060	八路军驻南京办事处旧址	1937年	江苏省南京市鼓楼区
577	8-0577-5-061	新四军盐阜区抗日阵亡将士纪念塔	1943年	江苏省阜宁县
578	8-0578-5-062	黄花塘新四军军部旧址	1943—1945年	江苏省盱眙县
579	8-0579-5-063	淮安中共中央华中分局旧址	1945—1946年	江苏省淮安市淮安区
580	8-0580-5-064	沈钧儒故居	1921年	浙江省嘉兴市南湖区
581	8-0581-5-065	英国驻温州领事馆旧址	1894—1924年	浙江省温州市鹿城区
582	8-0582-5-066	求是书院旧址	1897—1914年	浙江省杭州市上城区
583	8-0583-5-067	恩泽医局旧址	1901—1951年	浙江省临海市
584	8-0584-5-068	浙江图书馆旧址	1909—1936年	浙江省杭州市上城区、西湖区
585	8-0585-5-069	陈望道故居	1891年	浙江省义乌市
586	8-0586-5-070	史家庄花厅	1915年	浙江省东阳市
587	8-0587-5-071	仁爱医院旧址	1922年	浙江省杭州市下城区
588	8-0588-5-072	第一届西湖博览会工业馆旧址	1928年	浙江省杭州市西湖区
589	8-0589-5-073	五四宪法起草地旧址	1953—1954年	浙江省杭州市西湖区
590	8-0590-5-074	一江山岛战役遗址	1955年	浙江省台州市椒江区

序号	编号	名称	时代	地址
591	8-0591-5-075	王店粮仓群	20世纪50年代	浙江省嘉兴市秀洲区
592	8-0592-5-076	江厦潮汐试验电站	1979年	浙江省温岭市
593	8-0593-5-077	戴安澜故居	1904年	安徽省无为县
594	8-0594-5-078	津浦铁路淮河大铁桥	1911年	安徽省蚌埠市蚌山区
595	8-0595-5-079	老芜湖海关旧址	1919年	安徽省芜湖市镜湖区
596	8-0596-5-080	张治中故居	1890年	安徽省巢湖市
597	8-0597-5-081	红28军重建会议旧址	1933年	安徽省金寨县
598	8-0598-5-082	芜湖内思高级工业职业学校旧址	1934年	安徽省芜湖市镜湖区
599	8-0599-5-083	中共皖浙赣省委驻地旧址	1936—1937年	安徽省休宁县
600	8-0600-5-084	野寨抗日阵亡将士公墓	1943年	安徽省潜山市
601	8-0601-5-085	佛子岭水库连拱坝	1954年	安徽省霍山县
602	8-0602-5-086	涡河一桥	1964年	安徽省怀远县
603	8-0603-5-087	小岗村旧址	1978年	安徽省凤阳县
604	8-0604-5-088	观山李氏民居	1890—1936年	福建省南安市
605	8-0605-5-089	东美曾氏番仔楼	1910年	福建省龙海市
606	8-0606-5-090	安礼逊图书楼	1927年	福建省泉州市鲤城区
607	8-0607-5-091	张山头红军墓群	1928—1935年	福建省武夷山市
608	8-0608-5-092	歪嘴寨闽粤边区乌山游击队指挥部旧址	1929—1937年	福建省诏安县
609	8-0609-5-093	中央红色交通线旧址	1930—1934年	福建省龙岩市永定区、长汀县，广东省汕头市金平区
610	8-0610-5-094	永春福兴堂	1947年	福建省永春县
611	8-0611-5-095	景胜别墅	1948年	福建省石狮市
612	8-0612-5-096	九江姑塘海关旧址	1902—1931年	江西省九江市濂溪区
613	8-0613-5-097	安源路矿工人补习夜校旧址	1922年	江西省萍乡市安源区
614	8-0614-5-098	工农革命军第一军第一师第一团团部旧址	1927年	江西省修水县
615	8-0615-5-099	中共赣西南第一次党代会旧址	1930年	江西省吉安市青原区
616	8-0616-5-100	峡江会议旧址	1930年	江西省峡江县

序号	编号	名称	时代	地址
617	8-0617-5-101	水西红三军团指挥部旧址	1930年	江西省新余市渝水区
618	8-0618-5-102	黄陂中共苏区中央局第一次扩大会议旧址	1931年	江西省宁都县
619	8-0619-5-103	宁都会议旧址	1932年	江西省宁都县
620	8-0620-5-104	中央苏区第四次反"围剿"战役遗址	1933年	江西省乐安县、金溪县
621	8-0621-5-105	叶坪马克思共产主义学校旧址	1933—1934年	江西省瑞金市
622	8-0622-5-106	湖坊中共闽赣省委、省革委、省军区旧址	1933—1935年	江西省黎川县
623	8-0623-5-107	井塘中共中央分局、中央政府办事处旧址	1934—1935年	江西省于都县
624	8-0624-5-108	中共中央东南分局旧址	1938—1939年	江西省南昌市西湖区
625	8-0625-5-109	马家洲集中营旧址	1940—1945年	江西省泰和县
626	8-0626-5-110	武霖基督教圣会堂	1872年	山东省蓬莱市
627	8-0627-5-111	中兴煤矿公司旧址	1899年	山东省枣庄市市中区
628	8-0628-5-112	潍县西方侨民集中营旧址	1942—1945年	山东省潍坊市奎文区
629	8-0629-5-113	青岛朝连岛灯塔	1903年	山东省青岛市崂山区
630	8-0630-5-114	曲阜师范学校旧址	1905—1931年	山东省曲阜市
631	8-0631-5-115	济南万竹园	1917年	山东省济南市市中区
632	8-0632-5-116	五三惨案遗址	1928年	山东省济南市槐荫区
633	8-0633-5-117	牟平恤养院旧址	1933年	山东省烟台市牟平区
634	8-0634-5-118	临沂大青山突围战遗址	1941年	山东省沂南县
635	8-0635-5-119	赵疃地雷战遗址	1942—1945年	山东省海阳市
636	8-0636-5-120	昌邑县抗日殉国烈士祠	1945年	山东省昌邑市
637	8-0637-5-121	羊山战斗纪念地	1952年	山东省金乡县
638	8-0638-5-122	兴隆庄火车站站舍旧址	1915年	河南省开封市祥符区
639	8-0639-5-123	河南省博物馆旧址	1927年	河南省开封市龙亭区
640	8-0640-5-124	中国工农红军第一军司令部旧址	1930年	河南省新县
641	8-0641-5-125	鄂豫皖边特区苏维埃政府旧址	1930年	河南省新县

序号	编号	名称	时代	地址
642	8-0642-5-126	晋冀鲁豫野战军指挥部旧址	1947—1948年	河南省范县
643	8-0643-5-127	豫陕鄂军政大学旧址	1948年	河南省鲁山县
644	8-0644-5-128	开封伞塔	1955年	河南省开封市禹王台区
645	8-0645-5-129	滑县县委县政府早期建筑	1959年	河南省滑县
646	8-0646-5-130	郑州第二砂轮厂旧址	1964年	河南省郑州市中原区
647	8-0647-5-131	贺胜桥北伐阵亡将士陵园	1929年	湖北省武汉市江夏区
648	8-0648-5-132	汉口中华全国文艺界抗敌协会旧址	1938年	湖北省武汉市江汉区
649	8-0649-5-133	新四军第五师司令部旧址	1939—1945年	湖北省随州市曾都区
650	8-0650-5-134	国民政府第六战区受降堂旧址	1945年	湖北省武汉市江汉区
651	8-0651-5-135	苏联空军志愿队烈士墓	1956年	湖北省武汉市江岸区
652	8-0652-5-136	三线航天066导弹基地旧址	1970年	湖北省远安县
653	8-0653-5-137	三线火箭炮总装厂旧址	1970年	湖北省老河口市
654	8-0654-5-138	辰州教案发生地	1902年	湖南省沅陵县
655	8-0655-5-139	湘雅医院及医学院早期建筑	1914—1947年	湖南省长沙市开福区
656	8-0656-5-140	毛泽东水口连队建党旧址	1927年	湖南省炎陵县
657	8-0657-5-141	湘赣革命根据地旧址	1930—1933年	湖南省茶陵县、攸县
658	8-0658-5-142	红四军前委扩大会议旧址	1928年	湖南省桂东县
659	8-0659-5-143	浏阳红一方面军活动旧址	1930年	湖南省浏阳市
660	8-0660-5-144	中央红军长征突破第三道封锁线指挥部旧址	1934年	湖南省宜章县
661	8-0661-5-145	平江惨案遗址	1939年	湖南省平江县
662	8-0662-5-146	湘西雪峰山抗战旧址	1945年	湖南省溆浦县、辰溪县、洞口县
663	8-0663-5-147	程潜公馆	1948年	湖南省长沙市芙蓉区
664	8-0664-5-148	湘西剿匪旧址	1949—1952年	湖南省沅陵县、辰溪县
665	8-0665-5-149	醴陵群力瓷厂旧址	1958年	湖南省醴陵市
666	8-0666-5-150	核工业711功勋铀矿旧址	1960—1994年	湖南省郴州市苏仙区

序号	编号	名称	时代	地址
667	8-0667-5-151	司徒美堂故居	1868年	广东省开平市
668	8-0668-5-152	万木草堂	1891年	广东省广州市越秀区
669	8-0669-5-153	潮海关旧址	1898—1922年	广东省汕头市金平区、濠江区
670	8-0670-5-154	中英街界碑	1905年	广东省深圳市盐田区
671	8-0671-5-155	开平风采堂	1914年	广东省开平市
672	8-0672-5-156	大埔肇庆堂	1917年	广东省大埔县
673	8-0673-5-157	中国共产党广东区执行委员会旧址	1922—1927年	广东省广州市越秀区
674	8-0674-5-158	叶挺独立团团部旧址	1925年	广东省肇庆市端州区
675	8-0675-5-159	广东省农民协会旧址	1925—1927年	广东省广州市越秀区
676	8-0676-5-160	三河中山纪念堂	1929年	广东省大埔县
677	8-0677-5-161	蒋光鼐故居	1930年	广东省东莞市
678	8-0678-5-162	香港文化名人大营救指挥部旧址	1942年	广东省龙川县
679	8-0679-5-163	土洋村东江纵队司令部旧址	1943—1945年	广东省深圳市龙岗区
680	8-0680-5-164	长岗坡渡槽	1981年	广东省罗定市
681	8-0681-5-165	西林教案发生地	1856年	广西壮族自治区田林县
682	8-0682-5-166	法国驻龙州领事馆旧址	1898—1949年	广西壮族自治区龙州县
683	8-0683-5-167	武宣刘氏庄园	1911年	广西壮族自治区武宣县
684	8-0684-5-168	武宣郭氏庄园	1924年	广西壮族自治区武宣县
685	8-0685-5-169	梧州市中共广西早期革命活动旧址	1926—1928年	广西壮族自治区梧州市万秀区
686	8-0686-5-170	中共广西省第一次代表大会旧址	1928年	广西壮族自治区贵港市港北区
687	8-0687-5-171	广西省立艺术馆旧址	1944年	广西壮族自治区桂林市秀峰区
688	8-0688-5-172	文昌符家宅	1917年	海南省文昌市
689	8-0689-5-173	琼崖工农红军云龙改编旧址	1938年	海南省海口市琼山区
690	8-0690-5-174	侵华日军侵琼八所死难劳工纪念地	1939—1942年	海南省东方市
691	8-0691-5-175	西山钟楼	1931年	重庆市万州区
692	8-0692-5-176	重庆大学早期建筑	1933—1935年	重庆市沙坪坝区
693	8-0693-5-177	瀼渡电厂	1944年	重庆市万州区

序号	编号	名称	时代	地址
694	8-0694-5-178	张自忠将军墓	1940年	重庆市北碚区
695	8-0695-5-179	罗斯福图书馆旧址	1947年	重庆市渝中区
696	8-0696-5-180	荣县军政府旧址	1911年	四川省荣县
697	8-0697-5-181	雅安明德中学旧址	1922年	四川省雅安市雨城区
698	8-0698-5-182	洞窝水电站	1925年	四川省泸州市龙马潭区
699	8-0699-5-183	木门会议旧址	1933年	四川省旺苍县
700	8-0700-5-184	通江红四方面军总医院旧址	1934—1935年	四川省通江县
701	8-0701-5-185	红军长征过石厢子旧址	1935年	四川省叙永县
702	8-0702-5-186	川藏公路大渡河悬索桥	1951年	四川省泸定县
703	8-0703-5-187	蓬基井	1958年	四川省大英县
704	8-0704-5-188	三线核武器研制基地旧址	1969年	四川省梓潼县
705	8-0705-5-189	首座受控核聚变实验装置旧址	1971年	四川省乐山市市中区
706	8-0706-5-190	奇峰渡槽	1975—1978年	四川省泸县
707	8-0707-5-191	玛瑙山营盘遗址	1857年	贵州省凤冈县
708	8-0708-5-192	贵阳达德学校旧址	1901—1950年	贵州省贵阳市南明区
709	8-0709-5-193	猴场会议旧址	1934年	贵州省瓮安县
710	8-0710-5-194	苟坝会议旧址	1935年	贵州省遵义市播州区
711	8-0711-5-195	天门河水电厂旧址	1943年	贵州省桐梓县
712	8-0712-5-196	邓萍墓	1958年	贵州省遵义市红花岗区
713	8-0713-5-197	三线贵州航空发动机厂旧址	1965年	贵州省安顺市平坝区
714	8-0714-5-198	三线贵州歼击机总装厂旧址	1966年	贵州省安顺市西秀区
715	8-0715-5-199	云南大学会泽院	1924年	云南省昆明市五华区
716	8-0716-5-200	大理天主教堂	1931年	云南省大理市
717	8-0717-5-201	昆明卢氏公馆	1933年	云南省昆明市五华区
718	8-0718-5-202	滇缅公路惠通桥	1935年	云南省龙陵县
719	8-0719-5-203	凤凰山天文台近代建筑	1939年	云南省昆明市官渡区
720	8-0720-5-204	畹町桥	1938年	云南省瑞丽市

中国
文物年鉴
2020

序号	编号	名称	时代	地址
721	8-0721-5-205	中央电工器材厂一厂旧址	1939年	云南省昆明市西山区
722	8-0722-5-206	滇缅铁路禄丰炼象关桥隧群	1942年	云南省禄丰县
723	8-0723-5-207	凤庆茶厂老厂区旧址	1950年	云南省凤庆县
724	8-0724-5-208	开远发电厂旧址	1956年	云南省开远市
725	8-0725-5-209	开远长虹桥	1961年	云南省开远市
726	8-0726-5-210	亚东海关遗址	1894—1903年	西藏自治区亚东县
727	8-0727-5-211	昌都地区人民解放委员会办公旧址	1955—1959年	西藏自治区昌都市卡若区
728	8-0728-5-212	川藏、青藏公路纪念碑	1984年	西藏自治区拉萨市城关区
729	8-0729-5-213	革命公园	1927年	陕西省西安市新城区
730	8-0730-5-214	葛牌镇红25军军部旧址	1935年	陕西省蓝田县
731	8-0731-5-215	国立西北联合大学旧址	1938—1946年	陕西省城固县
732	8-0732-5-216	马栏革命旧址	1939—1949年	陕西省旬邑县
733	8-0733-5-217	宝鸡申新纱厂旧址	1941—1943年	陕西省宝鸡市金台区
734	8-0734-5-218	金盆湾八路军三五九旅旅部旧址	1941—1944年	陕西省延安市宝塔区
735	8-0735-5-219	陕甘宁边区高等法院旧址	1941—1949年	陕西省延安市宝塔区
736	8-0736-5-220	延安陕甘宁晋绥联防军司令部旧址	1942—1947年	陕西省延安市宝塔区
737	8-0737-5-221	美军驻延安观察组驻地旧址	1944—1947年	陕西省延安市宝塔区
738	8-0738-5-222	张思德牺牲纪念地	1944年	陕西省延安市安塞区
739	8-0739-5-223	小河会议旧址	1947年	陕西省靖边县
740	8-0740-5-224	山城堡战役旧址	1936年	甘肃省环县
741	8-0741-5-225	河连湾陕甘宁省苏维埃政府旧址	1936—1937年	甘肃省环县
742	8-0742-5-226	尕路田大房子	1943年	甘肃省临潭县
743	8-0743-5-227	果洛红军沟	1936年	青海省班玛县
744	8-0744-5-228	囊拉千户院	1948—1950年	青海省尖扎县
745	8-0745-5-229	果洛和平解放纪念地	1952年	青海省达日县
746	8-0746-5-230	乌鲁木齐文庙	1922年	新疆维吾尔自治区乌鲁木齐市天山区
747	8-0747-5-231	赛图拉哨卡遗址	1877—1962年	新疆维吾尔自治区皮山县

序号	编号	名称	时代	地址
748	8-0748-5-232	毛泽民办公室及宿舍旧址	1940—1941年	新疆维吾尔自治区乌鲁木齐市天山区
749	8-0749-5-233	石河子军垦旧址	1952年	新疆生产建设兵团第八师石河子市
750	8-0750-5-234	玉尔滚军垦旧址	1973年	新疆生产建设兵团第一师阿拉尔市

六、其他（共计12处）

序号	编号	名称	时代	地址
751	8-0751-6-001	华亭海塘奉贤段	清	上海市奉贤区
752	8-0752-6-002	兴化垛田	唐至今	江苏省兴化市
753	8-0753-6-003	江阴蚕种场	1928年	江苏省江阴市
754	8-0754-6-004	洋河地下酒窖	1960—1975年	江苏省宿迁市宿城区
755	8-0755-6-005	太湖溇港	春秋至今	浙江省湖州市吴兴区
756	8-0756-6-006	钱塘江海塘海盐段和海宁段	明清至今	浙江省海盐县、海宁市
757	8-0757-6-007	矾山矾矿遗址	清至1994年	浙江省苍南县
758	8-0758-6-008	霍童灌溉工程	隋至今	福建省宁德市蕉城区
759	8-0759-6-009	渠江茶园	明清至今	湖南省安化县
760	8-0760-6-010	岬塘陂、亭塘陂水利工程	宋明至今	海南省海口市琼山区
761	8-0761-6-011	先市酱油酿造作坊群	清至今	四川省合江县
762	8-0762-6-012	凤堰梯田	清至今	陕西省汉阴县

与现有全国重点文物保护单位合并的项目

（共计50处）

一、古遗址（10处）

序号	编号	名称	时代	地址	备注
1	8-0000-1-001	长城马水口段、样边段、板厂峪段	明	河北省涿鹿县、怀来县、秦皇岛市海港区	并入第五批全国重点文物保护单位长城
2	8-0000-1-002	长城新广武村段、荷叶坪—王家岔段、竹帛口段、阳方口段	北齐、明	山西省山阴县、岢岚县、繁峙县、宁武县	并入第五批全国重点文物保护单位长城
3	8-0000-1-003	砬子山城遗址	唐	黑龙江省宁安市	并入第六批全国重点文物保护单位牡丹江边墙
4	8-0000-1-004	老黑山城遗址	唐	黑龙江省宁安市	并入第六批全国重点文物保护单位牡丹江边墙

序号	编号	名称	时代	地址	备注
5	8-0000-1-005	板闸遗址	明	江苏省淮安市淮安区	并入第六批全国重点文物保护单位大运河
6	8-0000-1-006	源口窑遗址	元明	浙江省龙泉市	并入第三批全国重点文物保护单位大窑龙泉窑遗址
7	8-0000-1-007	骆冲窑遗址	五代至宋	安徽省繁昌县	并入第五批全国重点文物保护单位繁昌窑遗址
8	8-0000-1-008	大上清宫遗址	宋至清	江西省贵溪市	并入第七批全国重点文物保护单位龙虎山古建筑群
9	8-0000-1-009	战国魏长城黄龙段	战国	陕西省黄龙县	并入第四批全国重点文物保护单位魏长城遗址
10	8-0000-1-010	战国魏长城合阳段	战国	陕西省合阳县	并入第四批全国重点文物保护单位魏长城遗址

二、古墓葬（5处）

序号	编号	名称	时代	地址	备注
11	8-0000-2-001	上王家壁画墓	汉晋	辽宁省辽阳市太子河区	并入第一批全国重点文物保护单位辽阳壁画墓群
12	8-0000-2-002	国字山墓群	东周	江西省樟树市	并入第五批全国重点文物保护单位筑卫城遗址
13	8-0000-2-003	九嶷山舜帝陵	明清	湖南省宁远县	并入第六批全国重点文物保护单位舜帝庙遗址
14	8-0000-2-004	杨辉墓	明	贵州省遵义市播州区	并入第二批全国重点文物保护单位杨粲墓，更名为杨氏土司墓群
15	8-0000-2-005	江村大墓	西汉	陕西省西安市灞桥区	并入第五批全国重点文物保护单位西汉帝陵

三、古建筑（3处）

序号	编号	名称	时代	地址	备注
16	8-0000-3-001	通州燃灯塔	清	北京市通州区	并入第六批全国重点文物保护单位大运河
17	8-0000-3-002	巾山东大塔、南山殿塔	明清	浙江省临海市	并入第七批全国重点文物保护单位千佛塔，更名为巾山塔群
18	8-0000-3-003	筇竹寺墓塔	元至民国	云南省昆明市五华区	并入第五批全国重点文物保护单位筇竹寺

四、石窟寺及石刻（7处）

序号	编号	名称	时代	地址	备注
19	8-0000-4-001	吴官屯石窟	北魏	山西省大同市云冈区	并入第一批全国重点文物保护单位云冈石窟

序号	编号	名称	时代	地址	备注
20	8-0000-4-002	鲁班窑石窟	北魏	山西省大同市云冈区	并入第一批全国重点文物保护单位云冈石窟
21	8-0000-4-003	象庄村石象	东汉	河南省孟津县	并入第五批全国重点文物保护单位邙山陵墓群
22	8-0000-4-004	花山岩画增补点	战国至东汉	广西壮族自治区崇左市江州区、宁明县、龙州县、扶绥县	并入第三批全国重点文物保护单位花山岩画
23	8-0000-4-005	妙高山摩崖造像	南宋	重庆市大足区	并入第一批全国重点文物保护单位北山摩崖造像
24	8-0000-4-006	舒成岩摩崖造像	南宋	重庆市大足区	并入第一批全国重点文物保护单位北山摩崖造像
25	8-0000-4-007	西狭古栈道遗址及题刻	东汉	甘肃省成县	并入第五批全国重点文物保护单位西狭颂摩崖石刻，更名为西狭古栈道及摩崖石刻

五、近现代重要史迹及代表性建筑（25处）

序号	编号	名称	时代	地址	备注
26	8-0000-5-001	圣米厄尔教堂	1904年	北京市东城区	并入第五批全国重点文物保护单位东交民巷使馆建筑群
27	8-0000-5-002	满铁农事试验场熊岳城分场旧址	1909—1945年	辽宁省营口市鲅鱼圈区	并入第六批全国重点文物保护单位中东铁路建筑群
28	8-0000-5-003	中东铁路建筑群增补点	1903年	吉林省长春市德惠市、宽城区	并入第六批全国重点文物保护单位中东铁路建筑群
29	8-0000-5-004	横道河子机务公寓旧址	1900—1935年	黑龙江省海林市	并入第六批全国重点文物保护单位中东铁路建筑群
30	8-0000-5-005	富拉尔基火车站旧址	1903年	黑龙江省齐齐哈尔市富拉尔基区	并入第六批全国重点文物保护单位中东铁路建筑群
31	8-0000-5-006	勃利西山仓库遗址	1934年	黑龙江省勃利县	并入第六批全国重点文物保护单位侵华日军东北要塞
32	8-0000-5-007	中国共产党第一次全国代表大会宿舍旧址	1921年	上海市黄浦区	并入第一批全国重点文物保护单位中国共产党第一次全国代表大会会址
33	8-0000-5-008	中山陵附属革命历史图书馆旧址	1935年	江苏省南京市玄武区	并入第一批全国重点文物保护单位中山陵
34	8-0000-5-009	九龙岗老火车站碉堡	1938—1945年	安徽省淮南市大通区	并入第七批全国重点文物保护单位侵华日军淮南罪证遗址
35	8-0000-5-010	鼓浪屿近代建筑群增补点	清至民国	福建省厦门市思明区	并入第六批全国重点文物保护单位鼓浪屿近代建筑群

中国
文物年鉴
2020

续表

序号	编号	名称	时代	地址	备注
36	8-0000-5-011	中共闽浙赣省机关旧址	1926—1934年	江西省横峰县	并入第四批全国重点文物保护单位闽浙赣省委机关旧址
37	8-0000-5-012	德国海军军官俱乐部旧址	1909年	山东省青岛市市南区	并入第四批全国重点文物保护单位青岛德国建筑
38	8-0000-5-013	汉口新泰大楼旧址	1924年	湖北省武汉市江岸区	并入第六批全国重点文物保护单位汉口近代建筑群
39	8-0000-5-014	汉口华俄道胜银行旧址	1896年	湖北省武汉市江岸区	并入第六批全国重点文物保护单位汉口近代建筑群
40	8-0000-5-015	汉口英商电灯公司旧址	1905年	湖北省武汉市江岸区	并入第六批全国重点文物保护单位汉口近代建筑群
41	8-0000-5-016	汉口花旗银行大楼旧址	1921年	湖北省武汉市江岸区	并入第六批全国重点文物保护单位汉口近代建筑群
42	8-0000-5-017	汉口景明大楼旧址	1921年	湖北省武汉市江岸区	并入第六批全国重点文物保护单位汉口近代建筑群
43	8-0000-5-018	罗荣桓故居增补点	1902年	湖南省衡东县	并入第七批全国重点文物保护单位罗荣桓故居
44	8-0000-5-019	秋收起义文家市会师旧址增补点	1927年	湖南省浏阳市	并入第一批全国重点文物保护单位秋收起义文家市会师旧址
45	8-0000-5-020	湘鄂赣革命根据地旧址增补点	1929—1937年	湖南省平江县	并入第六批全国重点文物保护单位湘鄂赣革命根据地旧址
46	8-0000-5-021	湘鄂川黔革命根据地旧址增补点	1934—1935年	湖南省永顺县、津市市	并入第六批全国重点文物保护单位湘鄂川黔革命根据地旧址
47	8-0000-5-022	黄埔军校第二分校十四军官总队旧址	1938—1945年	湖南省洞口县	并入第七批全国重点文物保护单位黄埔军校第二分校旧址
48	8-0000-5-023	赤山约农会旧址	1922年	广东省海丰县	并入第一批全国重点文物保护单位海丰红宫、红场旧址
49	8-0000-5-024	黄埔军校燕塘分校旧址	1925—1929年	广东省广州市天河区	并入第三批全国重点文物保护单位黄埔军校旧址
50	8-0000-5-025	湘江战役旧址增补点	1934年	广西壮族自治区全州县、龙胜各族自治县、资源县	并入第六批全国重点文物保护单位湘江战役旧址

中央宣传部　财政部
文化和旅游部　国家文物局
关于公布《革命文物保护利用片区分县名单
（第一批）》的通知

文物政发〔2019〕8号

　　为贯彻落实中共中央办公厅、国务院办公厅《关于实施革命文物保护利用工程（2018—2022年）的意见》，按照集中连片、突出重点、国家统筹、区划完整的原则，坚持以革命史实为基础、以党史文献为参考、以革命文物为依据，依托土地革命战争时期的革命根据地和抗日战争时期的抗日根据地，确定第一批革命文物保护利用片区分县名单，计15个片区、645个县。现将第一批革命文物保护利用片区分县名单予以公布。

　　各有关地方和部门要以革命文物保护利用片区分县名单为重点，强化组织领导，加大支持力度，建立协作机制，形成整体合力，不断提升革命文物保护利用水平，更好发挥革命文物资源在弘扬革命精神、传承红色基因、促进经济社会发展、实现中华民族伟大复兴中国梦中的重要作用。

中央宣传部　财政部
文化和旅游部　国家文物局
2019年3月6日

革命文物保护利用片区分县名单（第一批）

序号	分区	省名	市名	县名
1	井冈山片区（8）	江西（6）	萍乡市	莲花县
			吉安市	吉安县、遂川县、安福县、永新县、井冈山市
		湖南（2）	株洲市	茶陵县、炎陵县

序号	分区	省名	市名	县名
2	原中央苏区片区（101）	江西（49）	萍乡市	莲花县
			新余市	渝水区、分宜县
			鹰潭市	贵溪市
			赣州市	章贡区、南康区、赣县区、信丰县、大余县、上犹县、崇义县、安远县、龙南县、定南县、全南县、宁都县、于都县、兴国县、会昌县、寻乌县、石城县、瑞金市
			吉安市	吉州区、青原区、吉安县、吉水县、峡江县、新干县、永丰县、泰和县、遂川县、万安县、安福县、永新县、井冈山市
			宜春市	袁州区、樟树市
			抚州市	南城县、黎川县、南丰县、崇仁县、乐安县、宜黄县、金溪县、资溪县、广昌县
			上饶市	广丰区、上饶县、铅山县
		福建（41）	三明市	梅列区、三元区、明溪县、清流县、宁化县、大田县、尤溪县、沙县、将乐县、泰宁县、建宁县、永安市
			泉州市	安溪县、永春县、德化县、南安市
			漳州市	芗城区、云霄县、漳浦县、诏安县、南靖县、平和县、华安县、龙海市
			南平市	延平区、建阳区、顺昌县、浦城县、光泽县、松溪县、政和县、邵武市、武夷山市、建瓯市
			龙岩市	新罗区、永定区、长汀县、上杭县、武平县、连城县、漳平市
		广东（11）	韶关市	南雄市
			梅州市	梅江区、梅县区、大埔县、丰顺县、五华县、平远县、蕉岭县、兴宁市
			河源市	龙川县
			潮州市	饶平县
3	湘鄂西片区（90）	湖南（27）	岳阳市	岳阳楼区、君山区、岳阳县、华容县、湘阴县、汨罗市、临湘市
			常德市	武陵区、鼎城区、汉寿县、临澧县、桃源县、石门县
			张家界市	永定区、武陵源区、慈利县、桑植县
			益阳市	资阳区、赫山区、南县、桃江县、安化县、沅江市
			怀化市	沅陵县、溆浦县

序号	分区	省名	市名	县名
3	湘鄂西片区（90）	湖南（27）	湘西土家族苗族自治州	永顺县、龙山县
		湖北（63）	十堰市	茅箭区、张湾区、郧阳区、郧西县、竹山县、竹溪县、房县、丹江口市
			宜昌市	西陵区、伍家岗区、夷陵区、远安县、兴山县、秭归县、长阳土家族自治县、五峰土家族自治县、宜都市、当阳市、枝江市
			襄阳市	襄城区、襄州区、南漳县、谷城县、老河口市、枣阳市、宜城市
			鄂州市	梁子湖区、华容区、鄂城区
			荆门市	东宝区、沙洋县、钟祥市、京山市
			孝感市	孝南区、孝昌县、大悟县、云梦县、应城市、安陆市、汉川市
			荆州市	沙市区、荆州区、公安县、监利县、江陵县、石首市、洪湖市、松滋市
			随州市	曾都区、随县、广水市
			恩施土家族苗族自治州	恩施市、利川市、建始县、巴东县、宣恩县、咸丰县、来凤县、鹤峰县
			省辖县	仙桃市、潜江市、天门市、神农架林区
4	海陆丰片区（25）	广东（23）	汕头市	潮阳区、潮南区
			惠州市	惠城区、惠阳区、惠东县
			梅州市	梅江区、梅县区、大埔县、丰顺县、五华县、兴宁市
			汕尾市	城区、海丰县、陆河县、陆丰市
			河源市	紫金县、龙川县
			潮州市	饶平县
			揭阳市	榕城区、揭东区、揭西县、惠来县、普宁市
		福建（2）	漳州市	诏安县、平和县
5	鄂豫皖片区（41）	湖北（19）	武汉市	黄陂区、新洲区
			孝感市	孝南区、孝昌县、大悟县、云梦县、应城市、安陆市
			黄冈市	团风县、红安县、罗田县、英山县、浠水县、蕲春县、黄梅县、麻城市、武穴市
			随州市	随县、广水市
		河南（9）	信阳市	平桥区、罗山县、光山县、新县、商城县、固始县、潢川县、淮滨县、息县

续表

序号	分区	省名	市名	县名
5	鄂豫皖片区（41）	安徽（13）	安庆市	怀宁县、潜山市、太湖县、宿松县、望江县、岳西县、桐城市
			六安市	金安区、裕安区、霍邱县、舒城县、金寨县、霍山县
6	琼崖片区（11）	海南（11）	海口市	琼山区
			三亚市	海棠区、吉阳区、崖州区
			儋州市	—
			省辖县	琼海市、文昌市、万宁市、定安县、澄迈县、临高县、陵水黎族自治县
7	闽浙赣片区（66）	福建（13）	南平市	延平区、建阳区、浦城县、光泽县、松溪县、政和县、邵武市、武夷山市、建瓯市
			宁德市	屏南县、寿宁县、福安市、福鼎市
		浙江（15）	杭州市	淳安县
			温州市	永嘉县、平阳县、泰顺县、瑞安市
			衢州市	柯城区、衢江区、常山县、开化县、江山市
			丽水市	青田县、遂昌县、云和县、庆元县、景宁畲族自治县
		安徽（12）	黄山市	屯溪区、黄山区、徽州区、歙县、休宁县、黟县、祁门县
			池州市	贵池区、东至县、青阳县
			宣城市	泾县、绩溪县
		江西（26）	景德镇市	昌江区、珠山区、浮梁县、乐平市
			九江市	永修县、都昌县、湖口县、彭泽县
			鹰潭市	余江区、贵溪市
			抚州市	临川区、东乡区、金溪县、资溪县
			上饶市	信州区、广丰区、上饶县、玉山县、铅山县、横峰县、弋阳县、余干县、鄱阳县、万年县、婺源县、德兴市
8	湘鄂赣片区（40）	湖南（8）	长沙市	长沙县、浏阳市
			株洲市	醴陵市
			岳阳市	岳阳县、湘阴县、平江县、汨罗市、临湘市
		湖北（14）	黄石市	西塞山、阳新县、大冶市
			鄂州市	梁子湖区、鄂城区
			黄冈市	浠水县、蕲春县、黄梅县、武穴市
			咸宁市	咸安区、通城县、崇阳县、通山县、赤壁市

序号	分区	省名	市名	县名
8	湘鄂赣片区（40）	江西（18）	南昌市	安义县
			萍乡市	上栗县
			九江市	柴桑区、武宁县、修水县、永修县、德安县、瑞昌市
			新余市	分宜县
			宜春市	袁州区、奉新县、万载县、上高县、宜丰县、靖安县、铜鼓县、樟树市、高安市
9	湘赣片区（47）	湖南（17）	株洲市	渌口区、攸县、茶陵县、炎陵县、醴陵市
			衡阳市	衡东县、耒阳市、常宁市
			郴州市	北湖区、苏仙区、桂阳县、宜章县、永兴县、汝城县、桂东县、安仁县、资兴市
		江西（30）	萍乡市	安源区、湘东区、莲花县、芦溪县
			新余市	渝水区、分宜县
			赣州市	章贡区、南康区、赣县区、信丰县、大余县、上犹县、崇义县、于都县、兴国县
			吉安市	吉州区、青原区、吉安县、吉水县、峡江县、新干县、永丰县、泰和县、遂川县、万安县、安福县、永新县、井冈山市
			宜春市	袁州区、樟树市
10	左右江片区（43）	广西（32）	南宁市	邕宁区、隆安县、马山县
			防城港市	上思县
			百色市	右江区、田阳县、田东县、平果县、德保县、那坡县、凌云县、乐业县、田林县、西林县、隆林各族自治县、靖西市
			河池市	宜州区、南丹县、天峨县、凤山县、东兰县、罗城仫佬族自治县、环江毛南族自治县、巴马瑶族自治县、都安瑶族自治县、大化瑶族自治县
			崇左市	扶绥县、宁明县、龙州县、大新县、天等县、凭祥市
		云南（3）	文山壮族苗族自治州	麻栗坡县、广南县、富宁县
		贵州（8）	黔西南布依族苗族自治州	兴仁市、贞丰县、望谟县、册亨县、安龙县
			黔东南苗族侗族自治州	榕江县
			黔南布依族苗族自治州	荔波县、罗甸县

序号	分区	省名	市名	县名
11	川陕片区 （62）	四川 （34）	绵阳市	涪城区、游仙区、安州区、三台县、盐亭县、梓潼县、北川羌族自治县、平武县、江油市
			广元市	利州区、昭化区、朝天区、旺苍县、青川县、剑阁县、苍溪县
			南充市	顺庆区、南部县、营山县、蓬安县、仪陇县、西充县、阆中市
			达州市	通川区、达川区、宣汉县、大竹县、渠县、万源市
			巴中市	巴州区、恩阳区、通江县、南江县、平昌县
		重庆 （1）	—	城口县
		陕西 （27）	西安市	蓝田县
			宝鸡市	凤县、太白县
			汉中市	南郑区、城固县、洋县、西乡县、勉县、宁强县、略阳县、镇巴县、佛坪县
			安康市	汉阴县、宁陕县、紫阳县、岚皋县、平利县、镇坪县、旬阳县、白河县
			商洛市	商州区、洛南县、丹凤县、商南县、山阳县、镇安县、柞水县
12	陕甘片区 （51）	陕西 （38）	西安市	阎良区、高陵区
			铜川市	印台区、耀州区
			咸阳市	三原县、泾阳县、旬邑县、淳化县
			渭南市	临渭区、华州区、合阳县、澄城县、富平县、韩城市
			延安市	宝塔区、安塞区、延长县、延川县、子长县、志丹县、吴起县、甘泉县、富县、洛川县、宜川县、黄龙县、黄陵县
			榆林市	横山区、府谷县、靖边县、定边县、绥德县、米脂县、佳县、吴堡县、清涧县、子洲县、神木市
		甘肃 （7）	庆阳市	庆城县、环县、华池县、合水县、正宁县、宁县、镇原县
		宁夏 （6）	吴忠市	盐池县、同心县
			固原市	西吉县、隆德县、泾源县、彭阳县
13	湘鄂川黔片区 （46）	湖南 （16）	常德市	临澧县、桃源县、石门县
			张家界市	永定区、武陵源区、慈利县、桑植县
			怀化市	沅陵县、辰溪县、溆浦县

序号	分区	省名	市名	县名
13	湘鄂川黔片区（46）	湖南（16）	湘西土家族苗族自治州	吉首市、泸溪县、凤凰县、保靖县、永顺县、龙山县
		湖北（8）	恩施土家族苗族自治州	恩施市、利川市、建始县、巴东县、宣恩县、咸丰县、来凤县、鹤峰县
		重庆（8）	—	黔江区、武隆区、丰都县、忠县、石柱土家族自治县、秀山土家族苗族自治县、西阳土家族苗族自治县、彭水苗族土家族自治县
		贵州（14）	遵义市	正安县、凤冈县、湄潭县、余庆县
			铜仁市	碧江区、万山区、江口县、玉屏侗族自治县、石阡县、思南县、印江土家族苗族自治县、德江县、沿河土家族自治县、松桃苗族自治县
14	晋冀豫片区（99）	山西（54）	太原市	清徐县
			阳泉市	平定县
			长治市	潞州区、上党区、屯留区、潞城区、襄垣县、平顺县、黎城县、壶关县、长子县、武乡县、沁县、沁源县
			晋城市	城区、沁水县、阳城县、陵川县、泽州县、高平市
			晋中市	榆次区、榆社县、左权县、和顺县、昔阳县、寿阳县、太谷县、祁县、平遥县、灵石县、介休市
			运城市	临猗县、万荣县、闻喜县、稷山县、新绛县、绛县、垣曲县、夏县、平陆县、芮城县、永济市
			临汾市	曲沃县、翼城县、襄汾县、洪洞县、古县、安泽县、浮山县、乡宁县、蒲县、汾西县、侯马市、霍州市
		河北（19）	石家庄市	井陉矿区、鹿泉区、栾城区、井陉县、高邑县、赞皇县、元氏县、赵县
			邯郸市	峰峰矿区、临漳县、成安县、涉县、磁县、武安市
			邢台市	临城县、内丘县、隆尧县、任县、沙河市
		河南（26）	洛阳市	孟津县、新安县
			安阳市	汤阴县、滑县、内黄县、林州市
			鹤壁市	鹤山区、山城区、浚县、淇县
			新乡市	新乡县、获嘉县、原阳县、延津县、卫辉市、辉县市
			焦作市	解放区、中站区、马村区、山阳区、修武县、博爱县、武陟县、温县、沁阳市
			省辖县	济源市

续表

序号	分区	省名	市名	县名
15	苏北片区 （17）	江苏 （17）	徐州市	新沂市
			连云港市	东海县、灌云县、灌南县
			淮安市	淮安区、淮阴区、涟水县
			盐城市	亭湖区、盐都区、响水县、滨海县、阜宁县、射阳县、建湖县
			宿迁市	宿豫区、沭阳县、泗阳县

注：省，指省、自治区、直辖市；市，指地市级、地区、自治州、盟；县，指县、县级市、市辖区、自治县、旗、自治旗、矿区、林区、特区。

附件

关于革命文物保护利用片区分县名单（第一批）说明

为贯彻落实中共中央办公厅、国务院办公厅《关于实施革命文物保护利用工程（2018—2022年）的意见》，现将第一批革命文物保护利用片区分县名单确定公布情况说明如下。

一、关于片区确定

革命文物集中连片保护利用工程是实施革命文物保护利用工程（2018—2022年）的重点项目之一。革命文物保护利用片区的确定，按照集中连片、突出重点、国家统筹、区划完整的原则，以新民主主义革命时期的革命史实为基础，以党史文献和中共党史研究最新成果为参考，以革命文物为依据。

以1981年6月27日中共十一届六中全会《关于建国以来党的若干历史问题的决议》明确提及的土地革命战争时期井冈山革命根据地、中央革命根据地和湘鄂西、海陆丰、鄂豫皖、琼崖、闽浙赣、湘鄂赣、湘赣、左右江、川陕、陕甘、湘鄂川黔革命根据地为基础，确定革命文物保护利用片区为13个。

以1945年6月19日中共七届一中全会《关于召开中国解放区人民代表会议及其筹备事项的决议》和1945年7月13日《周恩来关于中国解放区人民代表会议选举事项的决议草案的说明》明确提及的抗日战争时期陕甘宁、晋绥、晋察冀、冀热辽、晋冀豫、冀鲁豫、山东、苏北、苏中、苏南、淮北、淮南、皖中、浙东、广东、琼崖、湘鄂赣、鄂豫皖、河南抗日根据地（解放区）为基础，确定革命文物保护利用片区为19个。

遵循革命史实，参考党史文献和中共党史研究最新成果，依据革命文物，统筹考虑红军长征、东北抗日联军和建党时期、大革命时期、解放战争时期的革命史实，确定若干革命文物保护利用片区。

为弘扬革命精神，体现革命文物工作特点，第一批革命文物保护利用片区名称，采用土地革命战争时期和抗日战争时期根据地名称加革命文物保护利用片区的方式。例如，涵盖井冈山革命根据地的革命文物保护利用片区，称为井冈山革命文物保护利用片区，简称"井冈山片区"。

二、关于分县名单

革命文物保护利用片区分县名单，以县级行政单位的革命文物资源状况为主要依据，按照截至2018年12月31日全国县级行政区划的名称确定。

被列入第一批革命文物保护利用片区分县名单的县级行政单位，应有相应的革命史实和县级文物保护单位以上级别的革命文物。为保持片区完整性，部分县级行政单位只要符合条件，都可列入不同革命文物保护利用片区分县名单，其中重复列入的县级行政单位计102个。

三、关于分批公布

考虑到革命文物集中连片保护利用工程的实施进程，分批公布革命文物保护利用片区分县名单。

第一批革命文物保护利用片区分县名单，计15个片区，包括基于土地革命战争时期革命根据地而确定的13个片区和基于抗日战争时期晋冀豫抗日根据地（八路军总部所在）、苏北抗日根据地（新四军总部所在）而确定的2个片区，即井冈山、原中央苏区、湘鄂西、海陆丰、鄂豫皖、琼崖、闽浙赣、湘鄂赣、湘赣、左右江、川陕、陕甘、湘鄂川黔、晋冀豫、苏北片区。第一批革命文物保护利用片区分县名单涉及20个省110个市645个县。

后续将适时公布其他批次革命文物保护利用片区分县名单。

文化和旅游部　国家文物局
关于印发《长城保护总体规划》的通知

文物保发〔2019〕3号

北京市、天津市、河北省、山西省、内蒙古自治区、辽宁省、吉林省、黑龙江省、山东省、河南省、陕西省、甘肃省、青海省、宁夏回族自治区、新疆维吾尔自治区人民政府，新疆生产建设兵团：

经国务院同意，现将《长城保护总体规划》印发你们，请认真贯彻执行。

特此通知。

文化和旅游部　国家文物局
2019年1月23日

长城保护总体规划

总　则

第1条　编制背景

长城是我国现存规模最大的文化遗产，是中华民族的精神象征，在中华文明史和中华传统文化发展史上具有不可替代的重要价值与地位。1961年起有关重要点段被分批公布为全国重点文物保护单位和省级文物保护单位。1987年被列入《世界遗产名录》。

为真实、完整地保护长城及其所承载的历史文化价值，传承与弘扬长城精神、伟大爱国主义精神、伟大抗战精神和伟大长征精神，贯彻《长城保护条例》关于"国家实行长城保护总体规划制度"的有关规定，更好地发挥长城在实现中华民族伟大复兴中的独特作用，编制本规划。

第2条　指导思想

全面贯彻党的十九大和十九届二中、三中全会精神，以习近平新时代中国特色社会主义思想为指导，坚决落实中央关于"坚定文化自信，推动社会主义文化繁荣兴盛"重大政策部署，紧扣我国社会主要矛盾变化，按照高质量发展的总体要求，紧紧围绕统筹推进"五位一体"总体布局、协调推进"四个全面"战略布局，着力提升长城保护管理和展示利用整体水平。

坚持保护好、传承好、利用好长城的总体要求，贯彻"保护为主、抢救第一、合理利用、加强管理"的文物工作方针，落实《长城保护条例》"科学规划、原状保护"原则和"整体保护，分段管理"要求，科学统筹设计长城管理、保护、展示、宣传教育、参观游览与研究等各项措施。

第3条　规划依据

法律法规规章：《中华人民共和国文物保护法》（2017年修正），《中华人民共和国文物保护法实施条例》（2017年修正），《长城保护条例》（2006年），《世界文化遗产保护管理办法》（2006年）等。

国际公约、宪章：《保护世界文化和自然遗产公约》（1972年），《实施〈世界遗产公约〉操作指南》（2017年修订），《国际古迹保护与修复宪章》（1964年）等。

政策性文件：《中华人民共和国国民经济和社会发展第十三个五年规划纲要》（2016年），《国家"十三五"时期文化发展改革规划纲要》（2017年），《关于实施中华优秀传统文化传承发展工程的意见》（2017年），《关于加强文物保护利用改革的若干意见》（2018年）等。

行业标准、规范性文件：《中国文物古迹保护准则》（2015年），《文物保护工程管理办法》（2003年），《全国重点文物保护单位保护规划编制要求》（2004年），《文物保护单位开放服务规范（GB/T 22528—2008）》（2008年），《田野考古工作规程》（2009年），《文物保护单位游客承载量评估规范（WW/T 0083—2017）》（2017年），《古建筑修缮项目施工规程（试行）》（2018年）等。

专项行业标准、规范性文件：《长城资源要素分类、代码与图式（WW/T 0029—

2010）》（2010年），《长城"四有"工作指导意见》（2014年），《长城保护维修工作指导意见》（2014年），《长城执法巡查办法》（2016年），《长城保护员管理办法》（2016年），《长城保护规划编制指导意见（试行）》（2016年）等。

其他相关文件：国家文物局发布的关于各省（区、市）长城认定的批复文件及附件（2012年）以及《中国长城保护报告》（2016年）等。

第4条 规划范围

本规划范围为经过国务院文物主管部门认定公布的我国境内各历史时期长城分布区域，涉及北京市、天津市、河北省、山西省、内蒙古自治区、辽宁省、吉林省、黑龙江省、山东省、河南省、陕西省、甘肃省、青海省、宁夏回族自治区、新疆维吾尔自治区等15个省（区、市）。

第5条 保护对象

本规划保护对象为经过国务院文物主管部门认定公布的、具备长城认定编码的长城墙体、壕堑/界壕、单体建筑、关堡、相关设施等文物本体，长城文化景观构成要素，以及其他与长城直接关联的景观风貌和生态环境。其中，秦汉长城、明长城主线列为本规划重点。

第6条 规划期限

本规划的实施期限为2019—2035年。

第一章 概况与价值内涵

第7条 简要综述

长城，作为中华民族的精神象征，自春秋战国（公元前7世纪）至明末（公元17世纪），历经2000多年的持续营造，现为我国乃至全世界体量最大、分布最广的具有线性特征的军事防御体系遗产，是人类历史上宏伟壮丽的建筑奇迹和无与伦比的历史文化景观。1987年被联合国教科文组织世界遗产委员会认定符合世界遗产的第1条、第2条、第3条、第4条和第6条标准，具有突出普遍价值，批准列入《世界遗产名录》，成为我国首批世界文化遗产。

长城的修筑，源起于我国春秋战国时期（公元前7世纪）部分诸侯国在其边界处修筑连续性防御墙体的传统。在秦汉时期（公元前3世纪至公元3世纪）和明代（公元14世纪至17世纪），因农业和游牧两大文明之间的冲突而促成了两次最大规模的兴建活动。期间，又伴随我国各历史时期的疆域变迁和功能更替，发生过数次小规模修筑、改建或增建，最终形成人类历史上罕见的大型线性军事防御体系遗产。

长城主要分布在我国北方农牧交错地带。此外，公元12世纪，在兴安岭一线修筑了金界壕；自西汉始，在玉门关以西以烽火台沿沙漠南北交通线路往西延伸，至唐代则主要沿天山南北的交通线路向西大规模伸展，形成散布在新疆维吾尔自治区全境交错纵横的烽火台、戍堡网络。

抗日战争期间，1933年我国军民在东起山海关西至八达岭明长城一线的义院口、冷口、喜峰口、古北口等战略要冲之地英勇抗击侵华日军。这是"九一八"事变以后，我国军队在华北地区进行的第一次大规模抗战（史称"长城抗战"）。长城抗战极大地激发了全民族的爱国主义精神和抵御外敌、视死如归的民族精神。自此，长城逐渐成为中华民族的精神象征。

红军长征期间，1935年9月毛泽东同志等率领陕甘支队进入甘肃，在榜罗镇召开中央政治局常委会议；会后，红军以"不到长城非好汉"的英雄气概，越过长征路上最后一座高山——六盘山，抵达陕北；1936年10月红军三大主力会师，取得长征胜利。红军行经甘肃、陕西期间，在长城沿线留下了大量战斗足迹和英勇事迹。长城是红军长征伟大胜利和伟大长征精神的重要见证。

第8条　长城概况

（一）分布范围

经过国务院文物主管部门认定公布的我国境内各历史时期长城分布范围涉及我国北京市、天津市、河北省、山西省、内蒙古自治区、辽宁省、吉林省、黑龙江省、山东省、河南省、陕西省、甘肃省、青海省、宁夏回族自治区、新疆维吾尔自治区等共15个省（区、市）的404个县（市、区）。

（二）类型与数量

长城文物本体包括长城墙体、壕堑/界壕、单体建筑、关堡、相关设施等各类遗存，总计43000余处（座/段）。

长城墙体：含土墙（夯筑、堆土、红柳加沙、芦苇加沙、梭梭木加沙、土坯或土块垒砌等）、石墙（毛石干垒、土石混筑、砌筑等）、砖墙（包土、包石、砖石混砌等），以及木障墙、山险墙、山险、水险和其他墙体等遗存，共计10000余段。长城墙体主要包括墙体设施、墙体和墙基，其中墙体设施包括垛口、礌石孔、瞭望孔、射孔、女墙和排水设施等。

壕堑/界壕：含沟堑、挡墙等，共计1700余段，墙壕遗存总长度2.1万千米。

单体建筑：含城楼、敌台、马面、水关（门）、铺房、烽火台（也称烽燧、墩台、烽堠、烟墩、狼烟台、狼烟墩）等，共计近30000座。

关堡：含关、堡（也称城障、障城、镇城、障塞、城堡、寨、戍堡、边堡、军堡、屯堡、民堡）等，共计2200余座。

相关设施：含挡马墙、品字窖和壕沟等，共计近200处。

（三）历史分期概况

长城在2000多年的营造史中，先后历经了我国古代的春秋战国、秦、汉、唐、明等12个历史时期。

1. 秦汉长城

秦汉长城是我国历史上第一个大一统时期的重要产物，见证了公元前3世纪至公元3世纪我国北方农耕文明与游牧文明之间第一轮大规模冲突、交流与融合，自此产生了一整套国家军事防御制度以及与之相应的工程技术体系。其中：秦长城东起辽东，西至甘肃临洮；汉长城东起辽东，西至甘肃玉门关。现存秦汉墙壕遗址总长近3700千米，呈东西走向，分布于河北省、山西省、内蒙古自治区、辽宁省、甘肃省、宁夏回族自治区等6个省（区）。玉门关以西至新疆维吾尔自治区阿克苏市，连绵分布有汉代烽火台遗存。

秦汉长城现存墙壕遗存2100余段，单体建筑遗存近2600座，关、堡遗存近300座，相关设施遗存约10处，另有成体系的汉代烽火台遗存。其工艺以土墙、石墙为主，甘肃西部等地以芦苇、红柳、梭梭木加沙构筑方式较常见，烽火台除黄土夯筑外，还有土坯或土块垒砌做法。

2. 明长城

明长城在工程技术、整体规模等方面较之以前各历史时期有了显著提升，展现了我国古代在军事防御体系建设方面的最高成就，见证了公元14世纪至17世纪我国北方农耕、游牧、渔猎、畜牧等不同文明、文化之间的又一次大规模冲突、交流与融合。

明长城东起辽宁虎山，西至甘肃嘉峪关。现存墙壕遗址总长8800余千米，呈东西走向，分布于北京市、天津市、河北省、山西省、内蒙古自治区、辽宁省、陕西省、甘肃省、青海省、宁夏回族自治区等10个省（区、市）。现存墙壕遗存5200余段，单体建筑遗存约17500座，关、堡遗存约1300座，相关设施遗存140余处。东部地区明长城以砖墙（包土、包石、砖石混砌等）、石墙（毛石干垒、土石混筑、砌筑等）为主，西部地区则多为夯筑或堆土构筑。

3. 其他时代长城

春秋战国长城是我国统一国家形成之前部分诸侯国之间冲突的产物，见证了公元前7世纪至公元前3世纪我国北方农耕地区的地缘政治及其变化情况。其中，最早的长城遗存主要包括战国齐长城、秦长城、楚长城、燕长城、赵长城、魏长城、中山长城等，墙壕遗址总长约3100千米，主要分布于河北省、山西省、内蒙古自治区、辽宁省、山东省、河南省、陕西省、甘肃省、宁夏回族自治区等省（区）。现存墙壕遗存近1800段，单体建筑遗存近1400座，关、堡遗存约160座，相关设施遗存30余处，多以毛石干垒、土石混筑、砌筑或夯土构筑。

金界壕（又称"金长城"）是我国历史上金代建设的军事防御工程，见证了我国东北地区公元12世纪游牧与渔猎两种不同生业、不同部落之间的冲突、交流与融合。金界壕始筑于公元12世纪初，墙壕遗址总长4000余千米，主要分布于河北省、内蒙古自治区、黑龙江省等3个省（区）。现存墙壕遗存1390余段，单体建筑遗存近7700座，关、堡遗存近390座，多以土石混筑、砌筑或夯土构筑。

北魏、北齐、隋、唐、五代、宋、西夏、辽等历史时期均不同程度修筑、改建或增建过长城，或在局部地区新建了具备长城特征的防御体系。现存墙壕遗存1270余段，单体建筑遗存450余座，关、堡遗存近200座。

第9条　保存环境

长城主要沿我国内蒙古高原东、南边缘的农牧交错地带向天山南北和塔克拉玛干沙漠南北的绿洲沿线分布，自东向西连接了大兴安岭、燕山、太行山、阴山、贺兰山、六盘山、祁连山和天山山脉，形成一条东西狭长的、具有重要地理分界线意义的弧形地带。

秦汉长城与明长城主要分布区域为我国内蒙古高原南缘和东北平原南缘。该区域以中温带干旱气候、中温带半干旱气候的农牧交错地带为主，东部兼有少部分暖温带亚湿润气候和中温带亚湿润气候的农耕—渔猎交错地带。历史特征主要表现为农耕民族与游牧、渔猎民族的冲突、交流与融合。

汉唐烽火台主要分布区域为我国塔里木盆地、吐鲁番盆地和准噶尔盆地边缘。该区域以暖温带干旱气候、中温带干旱气候的绿洲农业和畜牧业为主。历史特征主要表现为我国汉唐时期中央政权对西域地区的管理与经营。

春秋战国长城主要分布区域为我国古代中原及邻近地区。该区域以暖温带半湿润气候和暖温带半干旱气候的中原典型农耕区为主，包括中温带半干旱气候的部分农牧交错地带。历史特征主要表现为公元前7世纪至公元前3世纪诸侯国之间的冲突、交流与融合。

金界壕主要分布区域为我国内蒙古高原东部。该区域以中温带半干旱气候的游牧地区为主，东北部兼有少部分中温带亚湿润气候的渔猎地区。历史特征主要表现为我国东、北部地区渔猎民族与游牧民族的冲突、交流与融合。

第10条　长城价值

（一）承载中华民族坚韧自强民族精神的价值

长城，在2000多年的持续营造过程中，展现了中华民族不畏艰难险阻、顽强不屈、吃苦耐劳的精神特质。在维护我国长期和平、统一的历史上，长城不仅具有举足轻重的战略地位，更发挥了不可替代的重要作用。特别是抗日战争期间，长城抗战激发了全民族团结统一、众志成城的爱国精神，激励了坚韧不屈、自强不息的民族精神。作为中华民族的精神象征，长城已深深融入了中华民族的血脉，成为实现中华民族伟大复兴中国梦的强大精神力量，对于中华民族的过去、现在和未来均具有重要意义和深远影响。

（二）坚定中华民族文化自信的历史文化价值

长城，以其上下两千年、纵横数万里的时空跨度，成为人类历史上宏伟壮丽的建筑奇迹和无与伦比的历史文化景观，具有无可比拟的突出普遍价值。1987年成为我国首批世界文化遗产后，长城为全世界人民所熟知，具有巨大的影响力和号召力。长城已成为中国和中华民族的代表性符号，成为向世界展示中华文明历史文化价值的重要窗口，对于提升中华文明、中华优秀传统文化的国际影响力具有重要意义。我国政府在长城保护管理中凝聚的"中国智慧"和形成的"中国经验"，在国际文化遗产保护领域具有开创性和示范性，为我国推动世界文明共同进步作出了重要贡献。

（三）展现古代军事防御体系的建筑遗产价值

长城，包含了我国春秋战国、秦、汉、唐、明等12个历史时期的珍贵文化遗产。这些累世形成的古代军事防御体系遗产，包括规模宏大的连续墙体、壕堑、界壕，数量巨大的敌台、关隘、堡寨、烽火台，合理利用各类自然要素形成的山险、水险，以及与之相辅的戍守系统、屯兵系统、烽传系统、军需屯田系统等等。长城古代军事防御体系，反映了我国古人因地制宜、尊重自然、利用自然、改造自然的规划思想，体现了我国古人自成体系、不断发展、日臻完善的砖石、夯土建筑营造技艺及建筑工程管理的完善体制，展现了我国古代军事防御体系的缜密设计与完备功能，是人类历史上伟大建筑奇迹的物质见证和人类创造精神的杰作。

（四）承载人与自然融合互动的文化景观价值

长城，维护了我国北部地区长期稳定、安宁与和平，保障了沿线地区交通运输与通关互易，促进了沿线地区农业开发与城镇发展，推动了各民族文明、文化交流与融合，发挥了不可替代的重要安全保障功能。长城历经2000多年的岁月锤炼，成为我国规模最大的文化景观遗产之一。长城与沿线地区广袤的山岭、草原、森林、戈壁、沙漠、农田、绿洲等地貌融合，形成雄浑、壮丽的独特景观。长城与沿线地区底蕴深厚的多元地域文化相互融合，共同展现了我国古代历史上农耕与游牧两个生业之间，以及农耕与渔猎、畜牧、绿洲农业等不同生业之间，及其所承载的文明、文化之间的交流与融合的文化特征。

第二章　现状与主要问题

长城是古建筑与古遗址两种遗存形态并存、以古遗址遗存形态为主的文化遗产，并具有突出的文化景观特征。长城这种独特的遗存形态是在2000多年不间断的历史演进过程中，人类活动与自然侵蚀共同作用的结果，是长城保存的历史状态，也是现实状态。

第11条 保存现状与评估

（一）文物本体保存现状

长城文物本体历经千百年来的自然侵蚀和社会变化，长城墙体遗存保存现状可分为5种状态：

墙体设施保存比例为1/2以上，墙基、墙体留存比例为3/4以上的，属于保存现状较好的长城点段，约占总数的12.3%。

墙体设施留存比例为1/2以下，墙基、墙体留存比例为1/4—3/4的，属于保存现状一般的长城点段，约占总数的18.1%。

墙体设施无存，墙基、墙体留存比例为1/4以下的，属于保存现状较差的长城点段，约占总数的18.4%。

墙基、主体仅留地面痕迹，墙体遗址濒临消失的，属于保存现状差的长城点段，约占总数的27.1%。

地表未见原有墙体、壕堑/界壕、单体等的，属于保存现状为已消失的长城点段，约占总数的24.1%。

（二）历史环境保存现状

长城分布带上基本保持了农牧交错地带的地理环境特征。部分段落受到城镇建设、农业开垦、开矿取石等生产生活的影响较为明显。

（三）背景环境保存现状

1. 自然生态环境

长城分布范围覆盖了我国北方地区农牧交错地带，沿线地区有平原、高原、丘陵、盆地、山地等不同地形种类和地貌类型，主要受温带季风气候和温带大陆性气候影响。在长期发展过程中积累的生态环境问题，近年来呈高发态势，影响着长城点段的保存环境。

2. 城乡建设发展

长城所在地各省（区、市）城乡人口密度、资源环境、产业结构、经济与社会发展水平具有不平衡性。根据经济发展特征可分为东北地区、东部和中部地区、西部地区三个区域。

东北地区：包括辽宁省、吉林省、黑龙江省等3个省，自然资源丰富，传统农业、畜牧业经济占主导地位，资源密集型产业集中，自然资源、土地资源、环境资源大量开发利用是影响该区域长城保护的主要因素。

东部和中部地区：包括北京市、天津市、河北省、山东省以及山西省、河南省等6个省（市），经济相对发达，其中京津冀地区人口大量聚集、旅游业快速发展，晋鲁豫地区传统农业生产和矿业过度开发是影响该区域长城保护的主要因素。

西部地区：包括内蒙古自治区、陕西省、甘肃省、青海省、宁夏回族自治区、新疆维吾尔自治区等6个省（区），位于"丝绸之路经济带"沿线，投资增长较快，基础设施建设等是影响该区域长城保护的主要因素。

3. 土地利用

秦汉长城点段主要沿草原—水田、裸露地—水浇地、戈壁—盐壳及盐碱地—水浇地、沙漠—草坡过渡地带分布。明长城点段主要沿旱地—林地、草原—旱地过渡地带分布。春秋战国长城点段主要沿旱地—林地、旱地—水浇地、旱地—草原过渡地带分布。金界壕遗址等主要沿旱地—林地、草原—林地过渡地带分布。

土地利用情况与当时相比已发生变化。但随着我国土地管理不断加强，土地利用现状较为稳定。仅在部分地区因农业、林业、畜牧业发展，致使部分长城周边景观风貌和生态环境发生改变，对长城点段及文化景观要素带来潜在威胁。

4. 人口密度现状

秦汉长城、明长城点段位于"胡焕庸线"东南的部分，周边区域人口密度约50—300人/平方千米；位于"胡焕庸线"西北的部分，周边区域人口密度约10—300人/平方千米。从总体上看，秦汉长城、明长城受人类活动影响和干扰较大。

汉唐烽火台均位于"胡焕庸线"西北，周边区域人口密度约10—100人/平方千米；汉唐烽火台受人类活动影响和干扰较小。

春秋战国长城点段大部分位于"胡焕庸线"东南，周边区域人口密度大于50人/平方千米，其中东部人口最为密集的区域，人口密度达到约300—1000人/平方千米，受到的人类活动影响和干扰较突出。

金界壕遗址基本沿"胡焕庸线"分布，分布区域人口密度约10—50人/平方千米，受到的人类活动影响和干扰较小。

（四）主要破坏因素

1. 自然破坏因素

自然破坏因素主要来自不同地理区域的地质营力作用，包括内力地质作用和外力地质作用。

东北地区、东部和中部地区的长城点段多受到雨水冲刷、水土流失、沙漠化、动物活动和植物生长等自然侵蚀影响，西部地区的长城点段多受到风蚀、沙漠化、盐碱、冻融、动物活动和植物生长等自然侵蚀影响。

北京市、天津市、河北省、山西省、辽宁省、吉林省、山东省、陕西省、甘肃省、宁夏回族自治区、新疆维吾尔自治区等11个省（区、市）均有部分长城点段分布于地震带，受到地震灾害威胁。

除新疆维吾尔自治区外的14个省（区、市）均有部分长城点段分布于泥石流灾害区。其中，陕西省北部长城点段位于泥石流极强活动和强烈活动地区，甘肃省东南部和宁夏回族自治区南部长城点段位于泥石流中等活动和弱活动地区，以上长城点段容易受到泥石流灾害威胁。

2. 人为破坏因素

人为破坏因素包括旅游开发、城镇建设、大型基础设施建设、居民生产生活和不当干预等。

在长城文物本体以及在紧邻长城的周边区域进行农林作物耕种、灌溉、挖土取石等，造成长城文物本体直接破坏或导致遗址体风化侵蚀加速等，对长城保护构成较大威胁。此外，在已辟为参观游览区的长城点段，长城历史环境受旅游等开发建设活动影响的压力比较突出。

从地域分布来看，位于东部和中部地区的长城点段，面临的人为破坏因素以建设压力为主，尤其是长城关、堡等面临居民生活、城镇建设、旅游开发等多方面威胁；位于东北地区、西部地区的长城点段，面临的人为破坏因素以交通等大型基础设施建设威胁为主。

第12条 管理现状与评估

自1987年长城列入《世界遗产名录》以来，我国政府始终坚持认真履行《保护世界文化和自然遗产公约》，不断加强长城保护专项法规建设，逐步建立起以《中华人民共和国文物保护法》和《长城保护条例》为主体，地方性法律法规为补充的法规体系，以及以文物保护单位为核心，统一要求、属地管理、分级负责的长城保护管理体制。长城保护管理体制在实践中不断完善，为大型线性文化遗产的保护管理积累了有益的"中国经验"。

（一）管理工作现状

1. 依法确定保护身份

截至目前，国务院已陆续将32处长城重要点段公布为全国重点文物保护单位。各省（区、市）人民政府依法陆续公布了一批长城省级文物保护单位。

2. "四有"（有保护范围，有标志说明，有记录档案以及有保管机构）工作全面展开

保护范围：自《长城保护条例》公布以来，国家文物局陆续出台《长城"四有"工作指导意见》《长城保护规划编制指导意见（试行）》，针对长城分布的不同环境提出了具有指导意义的划定原则与综合考虑要求。

长城所在地部分省（区、市）人民政府结合本行政区域内长城特点和保护管理情况，划定公布了长城保护范围、建设控制地带，其中保护范围由长城文物本体两侧外扩10米—500米，建设控制地带自保护范围外扩100米—2500米。

长城所在地部分县级以上地方人民政府按照相关法律法规，制定了长城保护范围、建设控制地带的保护管理规定。

档案记录：公布为全国重点文物保护单位的长城点段记录档案和长城资源调查档案已全部建立。

保护机构：尚未设立国家级长城保护中心；各省（区、市）长城保护机构的建立和责任落实工作正在推进；已辟为参观游览区的长城点段，设立专门保护/管理机构情况较好。

保护标志：省级以上长城文物保护单位多已树立了保护标志，其他经过认定的长城点段有一部分树立了保护标志。

3. 队伍建设持续推进

目前，长城所在地县级以上地方人民政府文物主管部门主要承担了本行政区域内长城保护实施工作。长城保护、管理机构性质和职能各异，保护、管理人员专业背景差异大，涉及行政管理、文物保护、博物馆、考古、规划建设、旅游、经营等多个领域。

近年来，国家文物局多次组织长城保护管理人员培训。长城所在地部分地方人民政府文物主管部门也组织开展了针对文物资源调查与保护的专项培训。长城保护队伍能力建设取得了一定成效。

4. 长城保护员制度初步建立

长城保护员制度自2003年起在河北省秦皇岛市试点，至2006年《长城保护条例》公布施行后，以法律条文形式正式确认该项制度。

2016年国家文物局印发《长城保护员管理办法》，对长城保护员队伍的建设与管理作出了具体规定。至2017年，在册长城保护员数量超过3000人，覆盖了偏远地区的长城点段。

5. 建立完善执法督察机制

国家文物局与公安部建立打击、防范破坏长城违法行为的联合长效机制，推动长城所在地开展跨省区、跨部门的联合执法行动。国家文物局"12359"文物违法举报热线开通长城专线。

2016年、2017年，国家文物局开展《长城保护条例》实施情况专项督察及"回头看"工作，全面督察长城所在地省（区、市）人民政府及其文物主管部门履行长城保护法定职

责情况，将涉及长城的违法案件列为"文物法人违法案件专项整治行动（2016—2018）"查处重点。

北京市、天津市、河北省三地文物主管部门签订《京津冀长城保护管理框架协议》，共建三省（市）长城保护协调机制，开展长城联合执法巡查。河北省、山西省等省文物、公安部门联合开展打击盗卖长城砖专项行动。

（二）管理主要问题

1．责任主体问题

一些地方人民政府对长城保护的重要性认识不足，责任落实、工作措施不到位，部分长城点段缺少必要的管理人员，直接影响长城"属地管理"责任落实。

2．保护区划问题

长城保护范围、建设控制地带实际划定率不高，区划界线针对性、合理性较差，保护管理规定不够细化、缺乏具体控制指标等，导致保护区划和保护管理规定执行情况不理想。

长城周边土地使用性质不尽合理，紧邻长城区域开展的农业、林业、畜牧业生产活动等，也给长城保护范围、建设控制地带及其保护管理规定的落地执行带来了极大挑战。

3．保护身份问题

目前，各省（区、市）依法公布长城文物保护单位情况不一。仍有相当一部分长城点段未依据《长城保护条例》第九条的规定公布为省级文物保护单位，导致相关长城点段保护力度无法与长城的价值、地位和重要性相匹配。

4．保护机构问题

由于目前尚未形成层级完备的长城保护机构体系，保护机构、人员编制与工作装备、设备问题突出。特别是日常巡查养护能力薄弱，现有保护管理人员编制明显不足。长城保护员数量及能力不能满足长城保护需求。

5．管理运行问题

在基础工作方面，省级及其他长城保护单位记录档案尚不完善。长城保护标识数量仍较少，且分布不平衡。特别是地表文物不明显、受人类活动影响较大的长城点段，普遍缺乏必要标志、标识，难以满足向社会公示和安全保护要求。

在队伍建设方面，保护机构人员中专业人员匮乏，人员专业水平相对薄弱，保护理念、法律知识、执法能力、保护技术、研究能力等亟待提升，系统化、长期化长城保护专业培训亟待加强。

在日常管理方面，针对长城规模大、分布广且多数分布在崇山峻岭等人迹罕至区域的特点，面向保护机构人员和长城保护员关于日常巡查、监测预警、保养维护等工作的基本规范和要求亟待明确。

在执法督察方面，基层文物执法队伍建设工作进展缓慢，执法能力、设备保障等亟待提升，对破坏长城行为的处罚力度偏弱。

第13条　保护现状与评估

（一）保护现状

1．全面掌握长城保护现状

2006年至2010年，国家文物局组织完成了我国长城资源调查工作。采用考古学方法，结合现代测绘技术，获取了长城保存状况、自然与人文环境、保护管理状况的第一手资料，摸清了长城的家底，并建立了长城资源数据库。

2．实施长城保护维修项目

2005年至2017年，中央财政拨付文物保护专项资金超过23亿元，组织实施了一批长城保护维修项目，涉及春秋战国、秦、汉、金、明等各个时代长城，实施范围覆盖了长城点段分布的全部15个省（区、市），尽可能保留了不同时期的重要文物和信息，消除了一批长城点段突出的安全隐患，有效改善了遗产保护状况和环境景观。

长城保护维修项目涉及日常保养、防护加固、现状整修、环境治理、重点修复、综合性工程等类型。项目实施基本遵循《长城保护维修工作指导意见》等文物保护工程相关规范性文件的要求，不断提高技术方案设计、专业技术审核、相关实施管理的规范性、科学性，提升长城保护维修项目质量。

3．不断积累长城保护经验

长城保护维修项目按照不改变原状、最低程度干预等原则，针对长城文物本体、历史环境、自然环境的不同特点，进行了分类保护尝试，形成了一部分砖石质、土质长城保护优秀案例。此外，组织开展了长城保护技术、保护材料科学研究，在充分尊重传统工艺前提下，合理恰当地运用现代技术，积累了大量长城保护维修成功经验。

4．启动长城监测体系建设

国家文物局在中国文化遗产研究院设立"长城保护工程"项目管理小组、长城保护研究室、"中国世界文化遗产监测中心"等专门机构，共同承担长城宏观监测管理职责。目前，已启动长城监测体系研究及试点工作，为长城监测平台及监测体系建设奠定基础。中国科学院、国家基础地理信息中心等专业机构也探索将科技手段应用于长城监测相关专题研究工作。

（二）保护主要问题

1．日常维护问题

尚未建立起长城预防性保护工作机制，日常保养维护制度、流程、标准、规范不健全，未能充分发挥日常保养维护在长城保护中的基础性作用。

2．保护维修问题

长城保护维修任务繁重。相关标准、规范的针对性、可操作性仍需加强，保护技术要求尚不明确，不当干预、过度开发、项目管理不规范等问题时有发生。

3．防灾减灾问题

各类自然灾害，特别是地质灾害、极端天气和植被破坏等，对长城保护构成的威胁仍长期存在，防灾减灾长期策略和具体应对措施尚不完善。

4．安全监测问题

长城监测体系建设尚未进入实施阶段，亟须开展需求和可行性分析、目标设计、阈值设定、框架搭建和系统研发等工作，并采取有效的技术手段与保障措施。

第14条 展示现状与评估

（一）展示现状

长城，以其非同一般的宏伟壮丽景观和蕴含深厚的文明历程，承载着极为丰厚多样的历史、文化和科学价值，成为我国著名的文化旅游目的地，对中外游客具有强烈吸引力。

自1952年起，居庸关、八达岭等长城点段修复后陆续向公众开放。八达岭、慕田峪、金山岭、九门口、镇北台、嘉峪关等长城点段已成为长城旅游代表性目的地，在推动地方经济社会发展中发挥了独特的作用。

长城参观游览区包含以长城展示为核心的专门景区、专题博物馆、陈列馆。此外，长城旅游与丝绸之路、沙漠、草原旅游有机结合，带动了红色旅游、研学游、乡村旅游发展，有力扩大了公共文化产品供给，推动了区域经济增长及国家脱贫攻坚战略的实施。

长城成为世界了解古代中国与现代中国的金色名片，仅八达岭已接待各国元首、政府首脑500多位。

（二）展示主要问题

1. 价值阐释体系问题

尚未构建起长城整体价值阐释体系。长城价值研究起步较晚，尚未形成全面、系统、富有深度的价值研究成果。缺乏展示模式、展示技术专题研究，开放模式单一，未能对不同时空、不同文化背景下的长城价值进行全面展示。

尚无针对长城参观游览区特点的展示阐释与游客服务配套设施的专项标准规范，相关设施由各景区自行建设，在设计、内容、选址方面存在不够规范、统一等问题，重复建设情况突出，不能满足长城价值整体展示需要。

2. 游客管理问题

已辟为参观游览区的长城点段均有游客管理制度，但在制度有效执行方面尚需进一步加强。对于尚未辟为参观游览区的长城点段（即"野长城"），缺乏有效管理依据、手段和措施，存在无序攀登、踩踏、乱刻乱画等不规范游览行为。

多数长城参观游览区未开展游客承载量研究，特别是欠缺长城文物本体上游客承载量规定，缺乏游客监测、引导和限流措施。部分热门长城景点旺季旅游压力大，存在极度拥挤、影响参观体验、威胁长城及游客安全情况。

3. 长城参观游览区评估问题

长城点段辟为参观游览区存在备案程序不规范问题，备案执行情况不佳。辟为参观游览区前，普遍缺乏全面、系统的可行性评估，未明确可承载利用强度，未明确参观游览区定位，未制定参观游览相关管理规定和控制措施。

第15条 研究现状与评估

（一）研究现状

随着长城资源调查的开展，长城历史、艺术、科技等方面的研究工作取得丰硕成果，长城保护技术、管理策略、地理信息技术等研究日益受到重视。

国家文物局推动长城相关资料和研究报告出版。目前，各省（区、市）陆续编辑、出版省级调查报告12部。北京市、天津市、内蒙古自治区、吉林省、山东省、河南省、陕西省、宁夏回族自治区、新疆维吾尔自治区等省（区、市）结合资源调查、规划编制、保护维修等，编辑、出版长城考古调查、勘探、发掘报告21部。

针对长城形制、材料、技术和外部自然环境的不同特点，开展了相应的考古调查勘探和维修试验的科学研究。中国科学院利用遥感技术对消失于地表的明长城开展了无损探测研究，成功获取了试点区域明长城空间位置和沿线环境与景观格局的变化信息。

（二）研究主要问题

1. 考古研究问题

长城考古缺乏统一部署和长期计划，各省（区、市）工作进展、业务能力和工作保障差距较大。长城研究缺乏统一组织，研究力量较为分散，多学科交叉的综合性长城研究还未开展。

2．价值研究问题

长城突出普遍价值专题研究亟待深入，断代研究、形制研究等基础性研究工作相对滞后，影响了长城历史文化内涵阐释和保护管理政策制定，导致公众对长城历史价值、当代价值的理解和认识不足。

3．保护管理研究问题

缺少针对不同材质、不同环境条件长城特点的文物保护、展示利用、环境整治的理念探讨和关键技术研究。缺少针对长城大型、线性文化遗产和文化景观特点的宏观管理、协调机制等专题研究。

第16条 保障措施现状与评估

（一）保障措施现状

1．长城保护法律法规体系在宏观层面初步建立

长城保护专项法律法规体系已初步建立，《中华人民共和国文物保护法》《长城保护条例》等法律法规为长城保护提供了基本法律依据。其中，《长城保护条例》明确了长城所在地县级以上地方人民政府和相关部门长城保护的法定职责，确定了长城认定、保护、管理、利用等基本制度，这是国务院首次就单项文化遗产保护制定专门性法规。

2003年，国务院有关部门联合发布了《关于进一步加强长城保护管理工作的通知》，就长城保护管理工作作出全面部署。

与《长城保护条例》相配套，国家文物局出台了《长城资源要素分类、代码与图式》（2010年）、《长城保护维修工作指导意见》（2014年）、《长城"四有"工作指导意见》（2014年）、《长城执法巡查办法》（2016年）、《长城保护员管理办法》（2016年）等一系列行业标准指导意见和规范文件，对《长城保护条例》内容进行了细化，提升了长城保护工作的科学性和规范性。

长城所在地各省（区、市）针对本地区实际情况，自20世纪90年代以来陆续制定出台了一系列长城保护地方性法规规章和规范性文件。其中，北京市人民政府2003年颁布《北京市长城保护管理办法》，河北省人民政府2017年颁布《河北省长城保护办法》，山西省、内蒙古自治区等省（区）出台长城保护政策性文件，甘肃省、山东省等省启动了长城保护地方性立法工作。

2．长城保护规划编制工作全面展开

长城保护规划编制是保护维修重要前期工作，近年来取得了重大进展，全国15个省（区、市）的省级长城保护规划已初步编制完成。已公布为全国重点文物保护单位的嘉峪关、玉门关、雁门关等18处长城重要点段也陆续编制了文物保护规划。

3．长城保护经费多元化投入机制逐步完善

长城保护资金投入包括地方财政拨款、中央财政补助资金、旅游等经营收入和社会赞助等多方面来源。长城是国家文物保护专项资金投入最多的项目，资金支持方向包括长城资源调查、文物保护、规划编制以及世界文化遗产监测管理体系建设等。

4．长城保护宣传教育工作稳步推进

长城资源初步实现了数字化管理。国家文物局已在长城资源数据库基础上，建立了长城资源管理信息系统，开通了"中国长城遗产"网站（www.greatwallheritage.cn），向社会发布了长城资源、保护管理和历史文化等基本信息。

2005年至2015年，长城所在地县级以上地方人民政府、文物主管部门、宣传教育部

门、企事业单位、社会组织以及志愿者组织发起大型长城宣传保护活动近400次，直接参与人数超过190万人次，举办各类长城专题展览200多个。

部分长城点段被公布为爱国主义、国防教育、教学实践等各类教育基地，将长城有关内容选编入中小学语文教材，开展长城公开课、长城主题夏令营等校外主题教育活动，针对青少年开展以长城为主题的爱国主义和中华优秀传统文化教育。

（二）保障措施主要问题

1. 法律法规实施问题

针对《长城保护条例》实施过程中反映出来的保护原则落实不到位问题，以及用地性质、开放管理、长城保护员管理、社会参与机制、人为破坏长城行为处罚等方面存在的问题，尚未开展专题研究，提出有效的对策建议。

2. 经费保障问题

长城文物本体保存现状、环境条件、维护难度以及所在地的经济、社会、文化条件差异较大，各省（区、市）保护经费收支情况不一。一些地方政府长城保护责任不落实、工作措施不到位，长城日常保护经费，特别是巡查管理经费、保养维护经费缺口较大，影响保护实效。

3. 规划衔接问题

长城分布范围涉及各类资源保护区、城乡建设区的，文物保护规划与相关专项规划在保护对象、保护区划、保护原则和管理规定等方面存在差别，与区域经济社会发展规划、城乡规划、土地利用总体规划等综合性规划的衔接尚不充分。

4. 管理协商问题

缺乏国家层面的长城研究、保护、管理机构，缺乏有效的长城保护管理协调机制。特别是涉及跨行政区域分布的长城点段，相关地方缺乏必要沟通、协商，对长城点段保护带来不利影响。

5. 宣传教育问题

尚未建立面向公众的文物保护教育长效机制，对长城保护宣传教育的广度与深度不足，面向公众的长城保护意识、保护理念、保护知识宣传教育亟待加强。

第三章　规划思路与体系

第17条　规划目标

（一）总体目标

建立、健全长城保护规划体系，实现长城价值及其真实性、完整性整体保护，全面提高长城保护管理水平，促进长城所在地经济社会平稳健康可持续发展，实现长城永续保护和长城精神的传承弘扬，发挥文化遗产保护在坚定文化自信、统筹推进"五位一体"总体布局、协调推进"四个全面"战略布局、实现"两个一百年"奋斗目标、实现中华民族伟大复兴中国梦的重要作用。

1. 传承弘扬长城精神

传承弘扬长城历经千百年所蕴含的伟大精神价值，包括团结统一、众志成城的爱国精神，坚韧不屈、自强不息的民族精神，守望和平、开放包容的时代精神。采取多种手段扩大长城精神在全社会的影响力，使长城在实现中华民族伟大复兴中国梦中发挥强大的精神力量。

2．宣传推介长城文化

向全世界人民宣传推介长城的历史文化内涵，展现长城的壮美文化景观，不断提升长城的国际影响力。向世界各国宣传推介我国政府在长城保护管理方面开展的大量工作，诠释新时代我国文化遗产保护先进理念，展示全面、真实的古代中国和现代中国。

3．保护长城建筑遗产

保护长城作为人类创造精神的杰作和我国古代军事防御工程杰出遗产的价值，保护各历史时期长城文物本体的形制、结构、材料、营造技术与工艺，保护古人充分利用自然环境构筑的山险、水险等其他构成要素，保护各类长城所承载的我国古代北方军事防御制度等历史信息，减少各种自然和人为因素对长城的影响。

4．延续长城文化景观

保护长城在2000多年营造过程中与周边地理环境共同形成的独特而壮美的文化景观，保护与长城军事防御功能相关的生态环境和景观风貌，保护长城周边与长城修筑、管理相关的生业方式、民族习俗，合理控制长城周边旅游等开发建设活动，协调长城保护与生态保护、基本农田保护、地方经济社会发展的关系。

（二）分期目标任务

1．近期目标任务（2019—2020年）

督促长城所在地省（区、市）人民政府科学划定公布长城保护范围、建设控制地带，完成率达到100%。

编制完成并公布实施长城保护总体规划、省级长城保护规划，完成率达到100%，并逐步制定国家级长城重要点段保护规划。

实施国家级长城重要点段长城保护维修项目，消除重大安全隐患，并重点推进一批长城保护展示示范项目。

开展长城保护、展示、监测等技术研究，开展5至10个长城重要点段监测试点工作，加强长城监测体系建设。

推动长城保护各利益相关方缔结长城保护联盟，推进长城公募保护项目，促进社会力量积极参与长城保护。

落实长城保护属地管理责任，明确长城所在地县级以上地方人民政府和相关部门的长城保护职责。

加大长城专项执法督察力度，严格责任追究，让"有责必问、问责必严"成为长城保护管理的新常态。

鼓励、支持有关高等院校、科研院所等专业机构、团体发挥自身优势，参与长城保护研究。

2．中期目标任务（2021—2030年）

加强长城保护宏观管理，壮大各级长城保护力量，加强保护专业人才队伍建设。

完成现有长城博物馆、陈列馆展陈提升，以及国家级长城重要点段展示标识系统建设，完成率达到100%。

完成5至10个文物保护好、环境治理好、展示阐释好、服务水平好的长城参观游览示范区建设。

强化长城日常养护，及时消除人为因素可能造成的安全隐患，推动长城抢救性保护向预防性保护转变。

加强长城考古调查和基础研究，形成一批具有影响力的长城研究成果，加大专业人才培养力度。

不断拓宽长城保护经费渠道，鼓励相关各省（区、市）运用社会资本设立长城保护公益基金，吸引社会力量投入长城保护与展示领域。

加大《长城保护条例》执行力度，结合《中华人民共和国文物保护法》修订，进一步细化、完善长城保护制度规定。

推动长城保护纳入所在地区域经济社会发展规划，将长城保护空间性管理内容等纳入国土空间规划。

3．远期目标任务（2031—2035年）

建成一批长城国家遗产线路，使长城成为我国北部地区文化长廊、生态长廊、景观长廊和健康长廊。

完善社会参与长城保护相关政策与措施，提升全社会的长城保护意识和保护理念，形成全社会长城保护自觉。

充分发挥长城在开展国防和爱国主义教育、传承弘扬中华优秀传统文化、提升中华文化国际影响力等方面的独特作用。

第18条 总体原则

（一）价值优先，整体保护

长城保护应坚持价值优先、整体保护原则，注重各类长城文物本体与长城防御体系的价值关联，保护长城防御体系作为线性文化遗产的完整性，关注长城文化景观的生业特征和审美价值。

（二）预防为主，原状保护

长城保护应坚持预防为主、原状保护原则，妥善保护各时代遗迹，避免不当干预，不得重建或借保护名义"新建"长城，真实、完整地保存长城承载的各类历史信息和沧桑古朴的历史风貌。

（三）因地制宜，分类保护

长城保护应根据保护需求和客观条件，针对文物本体类型功能丰富性、形制材料多样性、保存状况差异性和地理—文化环境复杂性，实施分级、分类保护，因地制宜，制定个性化保护管理措施。

（四）属地管理，加强协调

长城管理应坚持"属地管理"，落实长城所在地县级以上地方人民政府的主体责任、文物主管部门的监管责任和管理使用单位的直接责任，注重加强跨行业、跨部门、跨地区协调。

（五）适度开放，合理利用

长城开放利用应以文物保护为前提，以传承长城精神为目标，坚持社会效益优先，推动有条件的长城点段逐步向社会开放，探索、创新展示利用模式，推动长城保护与地方经济社会发展良性互动。

第19条 主要任务

（一）管理工作主要任务

划定公布长城保护范围、建设控制地带，确定长城保护机构，明确责任单位和责任人，落实属地管理责任，提升长城点段保护级别，完善"四有"基础工作；以日常巡查为重点，加大监管和执法督察力度；加强保护队伍建设，开展专项培训，加强专家咨询，巩固长城保护员队伍。

（二）保护工作主要任务

建立国家级、省级和重要点段长城保护规划体系；推动长城保护向预防性保护转变，及时消除人为破坏因素、缓解自然威胁因素；针对长城文物本体和环境分别制定、实施科学合理的保护措施，建立防灾减灾机制；加强长城保护维修项目监管。

（三）监测工作主要任务

建设多级联动、覆盖全线、重点突出的长城监测机制，建设国家级长城监测总平台，对长城文物本体、环境、管理等情况进行动态监管，形成适合国情和长城特点的监测机制和监测技术，逐步实现技术监测与人工监测有机结合。

（四）展示工作主要任务

深入挖掘长城历史文化内涵，多角度阐释长城整体价值，传承弘扬长城精神；制定长城展示标识规范，完善国家级长城重要点段展示标识系统；规范参观游览区申报管理，加强非参观游览区管理，鼓励开展生态博物馆建设试点，探索建立长城国家遗产线路。

（五）研究工作主要任务

持续开展长城考古等专题研究工作，深入挖掘长城内涵，阐释长城价值和长城精神，突出长城在中华文明历史和中华民族伟大复兴中的独特作用；开展大型线性遗产保护、管理、监测、展示、开放等理论、对策与技术专题研究，加强研究成果转化。

（六）管理保障主要任务

完善法律规划体系，加强相关规划衔接，推动长城保护纳入地方经济社会发展规划；进一步巩固保护管理经费保障，加强长城宣传与教育，扩展公众参与长城保护途径，实现全民参与长城保护的良好局面，推动以长城文化为代表的中华优秀传统文化走出去。

第20条　规划体系

依据《长城保护条例》第十条"国家实行长城保护总体规划制度"要求，设立三级长城保护规划体系：长城保护总体规划、省级长城保护规划和重要点段长城保护规划。

长城保护总体规划是省级长城保护规划和重要点段长城保护规划的上位规划。省级长城保护规划和重要点段长城保护规划不得违背长城保护总体规划确定的原则和要求，并应将规划指导思想、保护利用方针和空间政策措施贯彻落实到具体规划内容中。

（一）长城保护总体规划

长城保护总体规划重点贯彻国家对长城"整体保护"的宏观要求。规划内容包括研究长城整体价值、评估保护管理现状，明确长城保护的总目标、总原则和主要任务，提出保护范围、建设控制地带划定原则和管理规定制定原则，明确长城管理、保护、展示开放、研究等总体要求，确定国家级长城重要点段遴选要求及管理原则，明确规划实施保障措施等。

（二）省级长城保护规划

省级长城保护规划是长城所在地省（区、市）长城点段保护专项规划，重点贯彻国家对长城保护的"分段管理"要求，编制深度应按照《全国重点文物保护单位保护规划编制要求》执行。规划主要内容包括各省（区、市）长城自身特点及其对长城整体价值的支撑作用，评估保存现状，划定保护范围、建设控制地带，制定管理规定，提出管理、保护、展示开放、研究措施和任务目标，明确国家级长城重要点段组成，提出省级长城重要点段名单和拟辟为参观游览区的长城点段清单，提出与相关规划衔接措施，并结合本地实际情况制定分期实施计划和保障措施。

（三）长城重要点段保护规划

长城重要点段保护规划仅针对国家级长城重要点段编制，编制深度应按照《全国重点文物保护单位保护规划编制要求》执行。规划主要内容包括在省级长城保护规划基础上，针对国家级长城重要点段的实际情况，进一步细化管理、保护、展示开放、研究具体措施和相关考核指标。

第四章　行政管理专项

第21条　宏观管理责任

国务院文物主管部门负责长城整体保护工作，协调、解决长城保护中的重大问题，检查、指导、督促长城所在地县级以上地方人民政府及其文物主管部门贯彻落实《中华人民共和国文物保护法》《中华人民共和国文物保护法实施条例》《长城保护条例》等法律法规和《保护世界文化和自然遗产公约》等国际公约、宪章所规定的长城保护责任。

国务院文物主管部门会同国务院有关部门制定长城保护重大政策，开展长城认定，制定长城保护管理相关标准规范，进一步加强长城保护宏观管理，建立国家级长城档案和长城资源信息平台，组织长城重大保护展示项目方案技术审核、工地检查、竣工验收等工作，指导长城所在地各省（区、市）开展长城保护、管理、展示、利用、开放等工作。

第22条　属地管理责任

长城所在地县级以上地方人民政府主要是省级人民政府对本行政区域内长城保护承担主体责任，负责起草或制定本地区长城保护相关地方性法规、规章或规范性文件，建立本行政区域内跨部门协调工作机制，视实际情况确定或设立专门机构负责长城具体保护工作，组织编制并实施长城保护规划，并将长城保护纳入地方政府行政考核体系。

长城所在地省（区、市）人民政府文物主管部门对本行政区域长城保护承担监管责任，监督相关法律法规规划实施，加强与相关部门的沟通、协商，受国务院文物主管部门委托负责全国重点文物保护单位、省级文物保护单位长城保护展示项目方案技术审核、工地检查、竣工验收等工作，指导长城所在地县级人民政府开展长城保护、管理、展示、利用、开放等工作。

长城所在地县级人民政府文物主管部门对本行政区域内长城保护承担监管责任，长城管理使用者对相关长城点段保护承担直接责任，负责依据相关法律法规规划落实长城保护措施，加强与相关部门的沟通、协商，实施长城日常巡查、预防性保护和保护维修项目。

第23条　保护区划总体要求

（一）划定依据

长城的保护区划（即保护范围和建设控制地带的统称）应依据《中华人民共和国文物保护法》《中华人民共和国文物保护法实施条例》《长城保护条例》《保护世界文化和自然遗产公约》和《实施〈世界遗产公约〉操作指南》等的相关要求划定。

（二）属地管理

长城所在地省（区、市）人民政府应当依法划定、公布本行政区域内长城的保护范围、建设控制地带，作出标识说明，建立记录档案，并将上述工作实施情况报国务院文物主管部门备案。

（三）整体保护

长城保护范围、建设控制地带的划定与管理是实施长城及其价值整体保护的主要手段。保护范围、建设控制地带的划定应满足长城文物本体及文化景观要素的价值、真实性、完整性保护要求。

（四）区划边界

长城保护范围、建设控制地带的边界应根据长城点段的价值及构成要素，结合长城点段的区位特征、分布特征、地形地貌特征和人类生产生活情况等因素，参照可明显识别的稳固地标物（如山谷、峰峦、河流和道路等）划定。

（五）分级划区

长城保护区划设定为保护范围、建设控制地带两级，建设控制地带可根据长城文物本体与环境的保护需求予以分类。属世界文化遗产范围的长城点段，其保护范围、建设控制地带划定应与世界文化遗产的遗产区、缓冲区相衔接。

（六）区划衔接

长城位于省（区、市）行政区域交界地区的，相关省（区、市）人民政府应加强专题沟通、协商，合理划定相关长城点段的保护范围、建设控制地带，并做好区划衔接。

第24条　保护范围划定要求

长城保护范围划定应满足长城点段文物本体的安全性和文化景观的完整性要求，综合考虑长城点段的长城文物本体类型、价值特征、保存现状、城乡区位等因素，按照下列要求划定：

（一）原则要求

长城墙体（含界壕、壕堑、山险、水险）保护范围原则上以长城墙体及依附于墙体的敌台、马面、关堡和相关遗存墙基外缘为基线向两侧各扩不少于50米作为边界。

独立于长城墙体之外的敌台、关堡、烽火台和相关遗存等保护范围原则上以单体建筑基础外缘为基线，四周各外扩不少于50米作为边界。

（二）综合考虑因素

凡位于山脊或崖顶的，长城墙体保护范围原则上应以崖底、谷底、坡底为边界。

凡位于荒野草原、戈壁、荒漠等开阔地带的，长城点段保护范围原则上应尽可能满足长城文化景观的完整性要求。

凡位于开发建设活动压力明显的农田和城镇建成区的，长城点段保护范围的划定应统筹考虑文物保护需求和可行性。

凡间距较近、共同构成防御体系的长城文物本体应尽可能划入同一保护范围。

凡属于山险类型的，原则上应根据紧邻山险的人工墙体选线及分布特点，将具有明确防御功能、与人工墙体共同构成防御体系的山体、河流、沟壑等自然地物的适当范围划入保护范围。

凡属于水险类型的，原则上应将相关河道段落以河道岸线为边界的适当范围划定为保护范围。

第25条　建设控制地带划定要求

长城建设控制地带划定应满足长城点段周边生态环境、景观风貌保护的完整性、协调性要求，综合考虑长城点段所在地的城乡区位、地形地貌和视线通廊保护实际需求等因素，按照下列要求划定：

（一）原则要求

凡位于城镇建成区的，长城建设控制地带原则上以长城保护范围边界外扩不少于100米为边界。

凡位于农村和郊野地区的，在保护历史文化景观的前提下，长城建设控制地带原则上以长城保护范围边界外扩不少于500米作为边界。

凡地面原有墙体等已消失且未开展考古调查、发掘工作探明地下文物分布情况的，原则上仅酌情划定建设控制地带。

凡被认定为山险、水险类型但相关自然地物不明确或其分布范围不明确的，原则上仅酌情划定建设控制地带。

（二）综合考虑因素

凡位于山脊或崖顶的，长城墙体建设控制地带原则上应以相邻山体的山脊、崖顶或谷底、坡底、崖底为边界。

凡位于人迹罕至的荒野草原、戈壁、荒漠等开阔地带且不具备旅游开发潜在压力的，长城点段保护范围已满足长城点段周边生态环境、景观风貌保护要求的，原则上可不划定建设控制地带。

凡位于开发建设活动压力明显的农田和城镇建成区的，长城点段建设控制地带的划定应统筹考虑完整性、协调性与可行性。

凡属于同一防御体系的，相邻长城文物本体的建设控制地带应尽可能保障防御设施要素间的视线通廊及其与环境的依存关系。

对于同一地形内连续分布的烽火台等，可划定相连的建设控制地带，保护防御功能体系的完整性。

第26条 保护区划管理规定

长城保护范围、建设控制地带的管理规定应按照《中华人民共和国文物保护法》《中华人民共和国文物保护法实施条例》和《长城保护条例》等法律法规的规定严格执行。

长城保护范围内不得进行建设工程或者爆破、钻探、挖掘等作业。因特殊情况需要在保护范围内进行建设工程或者爆破、钻探、挖掘等作业的，必须保证长城文物本体安全，并应当遵守《中华人民共和国文物保护法》第十七条的规定。

长城建设控制地带进行工程建设，不得破坏长城的历史风貌，并应遵守《中华人民共和国文物保护法》第十八条和《长城保护条例》第十二条的规定。进行工程建设应当绕过长城。无法绕过的，应当采取挖掘地下通道的方式通过长城；无法挖掘地下通道的，应当采取架设桥梁的方式通过长城。任何单位或者个人进行工程建设，不得拆除、穿越、迁移长城。

长城保护范围、建设控制地带管理规定可在《中华人民共和国文物保护法》和《长城保护条例》等法律法规规定的基础上，依据具体保护管理需求和地方实际做进一步细化。

长城位于城镇建成区的，其保护范围土地原则上宜调整为文物古迹用地，有关控制要求应纳入国土空间规划；长城位于非建设用地的，其保护范围土地原则上不得变更为建设用地。

长城位于农业、畜牧业区域的，对于占压长城并造成长城破坏或紧邻长城对长城保护构成直接威胁的耕地，可结合退耕还林还草工程，优先实施相关耕地退耕还草。长城保护范围内的土地属荒山荒地的，原则上不新辟为耕地。

长城保护范围、建设控制地带内的用地，在纳入储备土地库管理前，应按照有关规定由相关单位完成核查、评估和治理，重点做好先期考古调查、勘探、发掘工作。相关建设项目在实施前应严格依法履行报批手续，并将其对文物/遗产的影响降至最低。

长城点段属世界文化遗产的，位于其遗产区、缓冲区范围的建设项目应按照世界文化遗产保护管理要求，征求国务院文物主管部门意见；重大项目须在实施前征求联合国教科文组织世界遗产中心和世界遗产委员会意见。

第27条　资源调查认定

长城所在地省（区、市）人民政府应当持续对本行政区域内的长城进行调查，并根据《长城保护条例》第二条的规定报国务院文物主管部门认定并公布。

第28条　明确保护等级

根据《长城保护条例》第九条的规定核定长城保护等级。

对于已经国务院文物主管部门认定的长城点段，应依法核定公布为全国重点文物保护单位或者省级文物保护单位。

对于调查新发现长城点段，应尽快报国务院文物主管部门认定，并自认定之日起1年内将其依法核定公布为省级文物保护单位。

新发现长城点段已经国务院文物主管部门认定但暂未公布为省级以上文物保护单位的，其保护管理相关工作应参照本规划相关内容执行。

第29条　树立保护标识

应依据《长城保护条例》第十二条规定树立长城保护标识。

长城保护标识（含保护标志碑、保护界桩、保护说明牌）的选址、树立应以经过国务院文物主管部门认定的长城墙体、城堡、关隘、烽火台、敌台等单体建筑、其他相关设施为基本单元。

长城保护标识的位置、数量、形式、内容和格式等应参照《文物保护单位标志（GB/T 22527—2008）》和国家文物局《长城"四有"工作指导意见》相关要求执行。

国家级长城重要点段的保护标识应符合《全国重点文物保护单位保护范围、标志说明、记录档案和保管机构工作规范（试行）》规定。

第30条　完善记录档案

长城所在地县级以上地方人民政府应建立长城档案，其文物主管部门应当将长城档案报上级人民政府文物主管部门备案。

长城档案参照《全国重点文物保护单位保护范围、标志说明、记录档案和保管机构工作规范（试行）》《全国重点文物保护单位记录档案工作规范（试行）》和《长城"四有"工作指导意见》相关要求建立。

长城所在地县级以上地方人民政府文物主管部门应至少每年对长城档案进行一次续补，对长城保存、保护、管理、展示、利用、开放等信息进行必要更新，并将更新信息等报上级人民政府文物主管部门备案。

长城所在地县级以上地方人民政府文物主管部门应组织专业力量对长城档案进行数字化处理。

长城档案（含数字档案）保存机构应按照《中华人民共和国档案法》《中华人民共和国测绘法》《中华人民共和国保守国家秘密法》等相关法律法规的规定，做好长城档案的建立、保存、管理、使用等工作。

第31条　建设信息平台

国务院文物主管部门组织建立、维护长城资源信息总平台。

国务院文物主管部门以及长城所在地县级以上地方人民政府文物主管部门应积极推动长城点段历史文化信息、保护管理信息、人文及自然资源信息向社会公开、共享。

长城资源信息平台管理、使用机构应按照《中华人民共和国测绘法》《中华人民共和国保守国家秘密法》等相关法律法规的规定，在长城资源信息平台建立、维护、信息发布等工作中依法履行相关手续并做好保密工作。

第32条　管理运行

（一）管理重点

长城所在地县级以上地方人民政府文物主管部门应以长城保护总体规划、省级长城保护规划和长城重要点段保护规划为指导，科学制定本行政区域内长城保护管理策略和计划。

长城保护管理策略、计划和长城管理运行应以日常监管为重点，充分发挥文物主管部门的监管作用，并加大对保护维修项目跟踪检查、指导力度，有效掌控项目进度和实施情况，确保项目质量。

（二）保护机构

国务院文物主管部门在进一步加强中国文化遗产研究院中国世界文化遗产中心和长城保护研究室队伍建设的基础上，商国务院有关部门尽快启动相关可行性研究，进一步加强长城保护宏观管理，提升长城研究、保护、监测、管理、展示以及国际交流合作等工作整体水平。

长城所在省（区、市）人民政府应当为本行政区域内的长城点段确定保护机构；长城点段有利用单位的，该利用单位可以确定为保护机构。

长城所在地县级以上地方人民政府文物主管部门应指定专人负责本行政区域内长城保护相关工作。

长城保护机构、保护人员及其变动情况应报上一级文物主管部门备案。

（三）协调机制

国务院文物主管部门会同国务院有关部门制定长城保护重大政策。长城所在地县级以上地方人民政府负责组织建立本行政区域内跨部门协调工作机制。长城所在地县级以上地方人民政府文物主管部门负责在涉及长城保护相关事项中加强与相关部门的沟通、协商，提供必要的技术指导。

长城位于行政区域边界处的，相关长城所在地县级以上地方人民政府及其文物主管部门共同负责相关长城点段保护工作，并通过联席会议等方式明确相关长城点段的管理衔接问题。

长城位于行政区域边界处且保护、管理、展示、利用、开放、规划等工作存在争议的，在相关工作实施前，应由长城所在地县级以上地方人民政府组织跨行业、跨部门、跨地区协商并形成一致意见。

长城位于行政区域边界处的，相关保护、管理、展示、利用、开放、规划等项目或事宜依法履行审批、审核、备案手续过程中，应将地方人民政府协商一致的文件一并报审。

（四）管理设施

长城所在地县级以上地方人民政府应为担负长城保护责任的文物主管部门、长城保护机构配备必要的现场保护管理设施/设备，包括通讯、交通、日常保养维护、灾害应急和监测设施/设备/材料等。

长城保护管理监测工作中可探索利用无人机等新技术、新设备，对人员难以到达的长城进行巡查，并充分利用长城资源信息平台进行信息化、精细化管理。

担负长城保护责任的文物主管部门、长城保护机构应制定设备管理办法，对设备的维护、使用、保养等进行监管，并定期组织培训或派员参加培训，提高保护管理设备使用效率。

第33条　执法监督

长城所在地县级以上地方人民政府及其文物主管部门应按照《中华人民共和国文物保护法》等法律法规和《国务院关于进一步加强文物工作的指导意见》《国务院办公厅关于进一步加强文物安全工作的实施意见》等的要求，加强长城文物行政执法工作。

长城所在地县级以上地方人民政府及其文物主管部门应建立完善执法巡查工作制度，确定专人负责长城文物执法工作，明确其工作职责和义务，并充分借助综合执法部门或文化市场执法部门力量，强化长城执法监督力度，严厉打击涉及长城的违法犯罪行为。

长城所在地县级以上地方人民政府及其文物主管部门可组织专业机构积极研发和应用适于长城安全防范与执法监督的现代科学技术措施；在具备条件和必要性的国家级长城重要点段适当设置视频监控和防止入侵设施/设备，与人工巡查相结合，并综合评估其实施效果。

第34条　队伍建设

（一）保护管理人员

长城所在地县级以上地方人民政府根据本行政区域内长城的保护级别、资源数量、保存现状和实际需求，确定长城保护机构的组织架构，合理配置人员编制。

长城保护机构应加强多专业、高学历人才的引进和培养，建设能够承担长城文物本体保护、管理监测、展示利用、考古研究等各类工作的保护管理人才队伍。

（二）专家咨询制度

国务院文物主管部门和长城所在地县级以上地方人民政府文物主管部门应落实长城保护管理专家咨询制度，可酌情组建由多学科专家、学者组成的专家组。

在长城保护规划编制审批、相关标准规范制定、保护展示项目方案设计、项目实施、检查验收，以及长城保护有关其他重大事项决策过程中，应由专家组出具书面意见或建议，作为相关政策的依据。

（三）职业培训

面向管理人员的实用性培训：按照中央、地方分级管理的要求，培训地方各级人民政府文物主管部门负责长城保护管理的人员，注重培训的针对性、实用性和有效性。重点加强执法培训，增强执法人员掌握运用法律制度的能力，强化执法力度。

面向技术人员的综合性培训：推进保护维修、考古研究等方面的专业培训，建立跨专业领域综合性培训框架，提高技术人员的复合型技能。

跨行业跨地区经验技术交流：总结国内外同类型遗产保护管理优秀案例，开展跨省、跨地市经验交流和先进技术宣传、推广；推动长城保护机构与国内外文物保护、研究机构建立合作和人才交流机制。

第35条　社会参与

（一）长城保护员

地处偏远、没有利用单位的长城段落，其所在地县级人民政府或者其文物主管部门可以聘请长城保护员，并研究、探索设立公益性岗位，对长城保护员给予必要的经费补贴。

相关县级人民政府或者其文物主管部门应编制长城保护员名录，制定长城保护员管理相关工作制度，在《长城保护员管理办法》的基础上，进一步明确规定长城保护员工作内容、工作流程、技术要求等具体内容。

相关县级人民政府或者其文物主管部门应针对长城保护员特点，开展长城保护员专题培训，增强其保护技能，特别是日常巡查和预防性保护技能。

（二）志愿者及社会团体

鼓励关心、爱好长城的个人以志愿者身份或通过参加相关社会团体，合理运用社会现有的资源，自愿、无偿向社会或者他人提供长城相关公益服务，相关服务不得违背社会公德、损害社会公共利益和他人合法权益，不得危害国家安全。

志愿者或社会团体应在《长城保护条例》等相关法律法规允许的范围内，开展长城相关公益服务，不得擅自搬动、搬迁散落长城构件，不得擅自修缮长城及其附属文物，避免威胁甚至破坏长城文物本体。

相关县级以上地方人民政府及其文物主管部门应按照属地管理、分级负责的原则，对参与本地区长城相关社会公益服务的志愿者或社会团体进行管理。如发现涉嫌违法违规行为，应立即依法依规处理。

相关县级以上地方人民政府及其文物主管部门应在《长城保护条例》等相关法律法规允许的范围内，为志愿者或社会团体开展长城相关社会公益服务等提供便利，并给予法律知识、专业技能指导。

第五章　保护维修专项

第36条　保护目标

长城保护的目标是实现"整体保护"，即对长城价值、真实性、完整性的全面保护。保护内容主要包括长城防御体系、长城文物本体及其所反映的选址布局、形制结构、材料工艺、功能制度等方面特征，以及长城周边的生态环境和景观风貌。

第37条　保护原则

（一）不改变原状原则

长城保护维修应坚持原状保护，全面保护长城在历史过程中形成的价值及体现这种价值的状态，有效地保护文物古迹的历史、文化环境，并通过保护延续相关文化传统。

（二）最低程度干预原则

长城保护维修必须把干预限制在保证长城安全的程度上，以缓解损伤为主要目标，严格控制各类干预措施的实施范围和工程量，妥善保护长城的真实性、完整性和沧桑古朴的历史风貌。

（三）预防为主原则

为减少对长城的干预，应坚持预防性保护为主，加强巡查监测和保养维护，采取适当措施及时消除安全隐患，降低突发破坏的可能性与破坏程度。只在预防性保护措施不能解决安全问题的情况下，才能采取工程干预措施。

（四）分类保护原则

针对长城文物本体类型、形制、材质的不同类别，以及各类材质所受到的病害类型、破坏因素、破坏速度，分别制定科学、合理的预防性保护措施或工程干预措施。

（五）分级保护原则

依据长城保存程度制定分级保护措施，包括保养维护、抢险加固、修缮等。保存程度应依据《长城资源调查工作手册》中"长城资源保存程度评价标准"划分。

第38条　文物本体保护

依据《文物保护工程管理办法》并充分考虑到长城点段自身特点，长城保护维修项目可分为保养维护项目、抢险加固项目、修缮项目、保护性设施建设项目和载体保护项目5种类型。

第39条　历史环境保护

保护长城文化景观构成要素，保持长城文物本体之间的空间关系及视线通廊，保护长城所在区域的山形、水系、地形、地貌等历史环境要素。

保护并修复长城所在区域生态环境，加大草原保护、湿地保护、土地沙化防治和环境卫生治理力度，保障长城保存环境安全。

做好长城文化景观整体风貌保护修复，环境绿化应坚持本地化、自然化，避免园林化、景观化倾向，避免大规模人工绿化等改变长城周边整体风貌。

整治对长城景观环境造成负面影响的建/构筑物，合理控制长城周边开发建设强度，维持长城所在地城市地域环境特色。

长城保护范围涉及自然保护区，整治修复工作应符合《中华人民共和国自然保护区条例》的相关规定。

第40条　防灾减灾措施

定期开展涉及长城的灾害专项调查与危险性评估，加强综合防灾减灾基础设施和监测系统、维护管理长效机制建设，有针对性地制定防灾减灾专项应急预案。

加强灾害多发地区的重点监控，做好灾害风险点日常巡查和设备、材料储备，采取必要的预防性措施，消除安全隐患。

在科学评估前提下，可考虑在灾害多发地区的长城点段，建设防灾减灾类保护性设施。相关设施的规模、体量和外观等应与长城文化景观整体风貌相协调。

第41条　安防消防防雷

长城安防、消防、防雷措施与相关应急预案应纳入省级长城保护规划、重要点段长城保护规划并予以统筹考虑。

长城点段位于森林、草原等火险等级较高区域的，应将相关消防防雷措施纳入长城所在地人民政府防火专项规划。

必须先期开展长城安防、消防、防雷措施可行性、必要性评估，根据评估结论科学决策、合理制定设计方案并依法履行审批程序。

第42条　保护维修项目类别

保养维护项目是指针对长城文物本体轻微损害所采取的日常性、季节性的养护性措施。保养维护项目应制定工作计划，明确分工责任、工作标准、工作程序、培训要求。

抢险加固项目是指长城文物本体面临突发严重危险时，由于时间、技术、经费等条件限制，不能进行彻底修缮，对长城采取可逆性临时加固措施。抢险加固项目应针对险情及时开展现场勘察评估，科学制定应急处理措施，避免险情扩大，确保文物安全。

修缮项目是指为确保长城文物本体安全所开展的结构加固处理和维修项目，包括结合结构加固而进行的局部修复。修缮项目应以消除或缓解破坏性外部因素对长城的影响，保护并提高长城在破坏性外部因素作用下的稳定性为目的，避免不当干预。

保护性设施建设项目是指为保护长城文物本体而附加具有可逆性但非临时性安全防护设施的项目。保护性设施建设项目应经过充分的前期调研、勘察评估，论证其必要性和可行性，相关设施的规模、体量和外观等应与长城文化景观整体风貌相协调。

载体保护项目是指为保护长城文物本体稳定而对直接关系到长城文物本体安全的下部岩土体及周边环境实施的加固维护项目、防洪项目及地质灾害治理项目。载体保护项目应经过充分的前期调研、勘察评估，论证其必要性和可行性，并严格控制实施的范围和工程量。

第43条　保护维修项目管理

长城保护维修项目应符合《国际古迹保护与修复宪章》《中国文物古迹保护准则》等国际文件和《古建筑修缮项目施工规程（试行）》等不可移动文物保护相关技术标准、规范的要求，并将价值研究贯穿于保护的全过程。

长城保护维修项目管理（含项目计划、勘察设计、项目施工和检查验收）应符合相关法规规范的规定和国务院文物主管部门相关要求。

长城所在地各省（区、市）应在省级长城保护规划中确定长城保护维修项目计划。

长城保护维修项目启动前，应采取技术手段进行必要的监测、检测、评估和试验，保护维修措施应以科学、详实的数据为基础。

长城保护维修应保持长城原形制、原结构，优先使用原材料、原工艺。新型保护材料和技术施用前，应开展室内实验和不少于3年的现场试验，确认其保护效果。

长城保护维修项目业主方应保障前期勘察、可行性研究、方案设计经费，提供完整考古资料。

长城保护维修项目设计方案技术审核过程中，长城所在地县级以上地方人民政府文物主管部门应尽可能组织专家现场评审、核实。

长城保护维修项目应通过设计单位驻场等方式，在项目实施过程中不断深化现场勘察，跟进完善设计、施工方案，确保设计、施工、监理环节有效衔接，鼓励开展"设计施工一体化"模式探索。

长城保护维修项目应严格按照批复意见、设计方案、施工图纸实施。确有必要进行设计变更的，须依法依规履行洽商、备案/报审程序。

长城保护维修项目应加强施工期间的试验、检验及阶段性技术检查、验收，特别是对于隐蔽部位，要重点做好监测、记录。工程档案整理、归档应符合《文物保护工程文件归档整理规范（WW/T 0024—2010）》。

长城保护维修项目施工应设置施工组织部门，配备具有相应资格的专业技术人员和施工人员，做好施工人员文物保护理论、保护技术措施、安全生产等入场教育培训工作。

长城保护维修项目施工前期清理过程应组织专业考古人员参与，做好堆积情况记录、建筑构件编号和管理。记录方式包括文字、测绘和影像等。

长城保护维修项目施工前期清理过程中如发现具有历史价值的遗址、遗迹或遗物，应立即停工并上报文物主管部门，研究提出处理意见和保护方案，并报国务院文物主管部门批准后实施。考古发掘项目需另行填报考古发掘申请书。

第44条　分类保护总体要求

建筑形态保存较为完整的长城点段（其中多数属于砖石质长城，西部地区也有少部分土质长城保存状态较好），按照古建筑保护原则进行保护，保护目标是确保其形制、功能的完整，可以进行适当的结构加固或局部修复。

已呈现为遗址形态的长城点段（其中多数属于历史上局部损毁、坍塌或已经全部毁坏并处于稳定状态的土质长城），按照遗址保护原则进行保护，保护目标是保护其位置、分布，避免或延缓消失，可以进行适当的局部加固，不宜进行大规模修复。

第45条　砖石质长城保护要求

砖石质长城保护维修项目所用石材的岩性、规格应与维修段长城原石材一致。岩性鉴定及定名方法可参照《岩石和岩体鉴定和描述标准（CECS 239：2008）》和《岩石分类与命名方案（GB/T 17412—1998）》有关规定执行。石材的质量及检测和加工工艺要求可参照《文物建筑维修基本材料　石材（WW/T 0052—2014）》有关规定执行。

砖石质长城保护维修项目所用砖的材质、规格应与维修段长城原砖一致。砖的质量及检测和生产工艺要求可参照《文物建筑维修基本材料　青砖（WW/T 0049—2014）》有关规定执行。

砖石质长城城楼、敌台、铺房等木结构建筑维修应按照《古建筑木结构维护与加固技术规范（GB 50165—92)》有关规定执行。砖石质长城保护维修项目所用木材的质量及检测要求可参照《文物建筑维修基本材料　木材（WW/T 0051—2014）》有关规定执行。

第46条　土质长城保护要求

土质长城保护维修应依据《土遗址保护工程勘察规范（WW/T 0040—2012）》《土遗址保护试验技术规范（WW/T 0039—2012）》和《干燥类土遗址保护加固工程设计规范（WW/T 0038—2012）》开展勘察、试验和设计工作。

土质长城保护维修勘察应基于保存现状，结合考古工作评估遗址价值，查明赋存环境、建筑形制、营造技术与工艺、材料特性、病害类型及其分布特征，揭示病害的影响因素、形成机制及发展趋势。原土体分层取样分析包括颗粒分析、成分分析、物理性质测试及力学性质测试，作为选择夯筑土料和夯筑、灌浆质量评判依据。其中，在传统勘察手段不能满足需求时，应开展相关专项研究。

土质长城保护维修设计应根据勘察结论确定工程性质，根据原材料、原形制、原工艺，明确技术措施和材料，并开展室内实验和现场模拟试验，监测评估技术措施和材料的适应性、有效性、可行性，合理确定实施范围和工程量。

土质长城保护维修项目实施前应开展不少于1年的试验段研究，根据持续监测数据和试验效果，组织专家进一步评估并完善技术措施、材料配比和施工工艺。保护维修项目进度过半前，应安排不少于1次工地检查。

土质长城保护维修项目所用土料应通过颗粒分析测试，选择与维修段长城原土性质相匹配的土料。土料测试方法可参照《土工试验方法标准（GB/T 50123—1999）》有关规定执行，土料鉴别与定名可参照《岩土工程勘察规范（GB 50021—2001）》有关规定执行。土料含水率、易溶盐和有机质含量应符合设计要求，测试方法可参照《土工试验方法标准（GB/T 50123—1999）》有关规定执行。

第47条　监测机制

建立长城分级监测体系。

国家级长城监测机构/部门：国务院文物主管部门或指定专业机构/部门，负责设立长城监测总平台，明确长城监测指标，制定监测工作规程，指导长城所在地省（区、市）开展长城监测工作，并做好长城监测总平台与中国世界文化遗产监测总平台衔接。

省级长城监测机构/部门：长城所在地省（区、市）人民政府文物主管部门或指定专业机构/部门，负责指导、督促本行政区域内相关市县开展长城监测工作，汇总、整理、分析各市县提交的长城监测数据，并及时将相关数据、分析结果及处置情况提交长城监测总平台。

县级长城监测机构/部门：长城所在地县（市、区）人民政府文物主管部门或指定专业机构/部门，具体负责本行政区域内长城日常监测工作，维护监测设备设施，采集报送监测数据，开展日常巡查，实施预警事件处置，并及时将相关情况报上级文物主管部门。

属国家级长城重要点段的，由其保护机构负责相关日常监测工作。

第48条　监测内容

本体监测：对长城本体（含山险、水险等）及长城文化景观构成要素的位置走向、保存状况、病害等进行监测。其中，长城点段已实施保护维修的，应对其相关措施实施效果进行监测。

环境监测：对与长城关系密切的景观风貌、生态环境和环境卫生等情况，以及长城保护范围、建设控制地带内的生产生活活动、旅游等开发建设活动情况进行监测。

管理监测：对长城所在地县级以上地方人民政府、文物主管部门和保护机构所制定的相关制度规定、规划计划、政策措施等实施情况进行监测。

负责日常监测的机构/部门应对长城文物本体病害及环境风险因素进行现场勘察，明确各类病害的具体位置、分布范围，制作病害清单及病害分布图，深入分析病害产生根源及发展趋势，评估文物受病害影响情况，并对管理工作风险点进行评估，为制订科学合理的监测措施提供依据。

负责日常监测的机构/部门应建立监测记录档案，做好监测资料的保存、管理、使用，并定期提交上级文物主管部门备案。监测记录档案管理应符合相关法律法规关于保密工作的要求。

第49条　监测手段

应在做好人工巡查、测绘分析等人工监测的基础上，逐步实现技术监测与人工监测的有机结合。

应科学选择监测设备，合理控制使用数量，加强管理维护，提升使用效率，降低设备成本。对于经过评估认定为重大安全隐患部位或灾害风险点的，应开展结构稳定性监测、安防消防监控。

自然环境监测应充分利用当地环保、气象等部门的监测数据，避免重复建设造成浪费。旅游等开发建设活动监测应与当地自然资源等部门加强合作，充分利用年度地理国情监测成果，并积极探索航空影像、卫星影像、小型无人机等科技监测手段。

应加强各类监测数据分析，制定分析利用方案，明确监测数据采集标准和分析研究方法，开展相关专题研究，确定监测预警指标，制定应急处置预案。应与专业研究机构开展合作，提高保护机构的监测数据分析能力和利用效率。

第50条 监测类型

日常监测：针对长城本体、环境、管理情况，开展持续、不间断的日常巡查记录、数据采集、数据分析、预警处置、档案建设等工作。日常监测由长城所在地县级长城监测机构/部门、国家级长城重要点段保护机构实施。

定期监测：每年对日常监测情况进行一次梳理和总结，每6年对长城保护管理情况进行一次全面评估，并定期通过遥感监测等手段对国家级长城重要点段保护管理情况进行抽查。定期监测由国家级长城监测机构/部门指导省级长城监测机构/部门、县级长城监测机构/部门和国家级长城重要点段保护机构实施。

反应性监测：针对威胁长城安全或造成长城毁损的人为或自然事件，实时组织专业机构或专家赴现场开展反应性监测。反应性监测由国家级长城监测机构/部门会同或指导省级长城监测机构/部门实施。

第51条 监测保障

长城保护机构应建立监测工作制度，编制监测工作手册，明确监测责任分工、责任部门和责任人、监测工作流程、监测内容和重点、监测标准和处置措施、监测平台及设备管理使用要求。

长城保护机构应加强相关人员培训，提高业务水平和预警处置能力。

第六章 宣传教育专项

第52条 挖掘传承弘扬长城精神

加强长城精神和长城所承载的丰厚优秀传统文化的挖掘阐释，推动长城文化与时代元素相结合，焕发新的生机活力，将为新时代中华优秀传统文化传承发展提供强大动力。应将长城蕴含的伟大爱国主义精神、伟大抗战精神、伟大长征精神作为整理挖掘、研究阐释和宣传教育工作的重点。

推动长城文化元素进社区、进校园、进企业，以长城精神、长城文化为主题开展丰富多彩的实践体验活动，广泛吸引社区居民、中小学生、企业职工等关注、支持、参与。鼓励各类学校开设长城相关文化教育课程，支持各地根据实际需要编写适合中小学生特点、具有地方特色的读本读物，打造一批长城精神、长城文化传承教育实践基地，积极开展各类研学活动。

提升现有长城相关博物馆、陈列馆展示水平。确有必要新建专题博物馆、陈列馆的，应在充分论证、科学布局、合理规划的基础上，按照相关法律制度规定的程序报批。推动有条件的地方开展长城大遗址保护和国家考古遗址公园建设工作。鼓励价值突出、景观优美、条件成熟的长城点段，开展长城国家遗产线路、沿线古村落生态博物馆、社区博物馆建设试点。

统筹用好长城沿线各级各类文物保护单位、不可移动文物、古城古村古镇古街等文化空间，充分利用数字语音、全景影像、三维影像以及虚拟现实、增强现实等科技手段，推进"互联网+"建设，配套建设解说、引导、服务等设施，形成特色突出、互为补充的博物馆综合展示体系，提升长城整体展示水平。

第53条 探索建立长城国家遗产线路

国家遗产线路见证了我国在漫长历史时期内不同地域间人口流动、文化交流、经济贸易、政治来往等活动，代表了中华民族的共同记忆，是构成多元一体中华民族的核心文化要素。

鼓励科研机构、高等院校和专家学者开展长城国家遗产线路内涵、认定标准、认定程序、建设内容、设施规范、评价标准等相关专题研究。

鼓励长城所在地县级以上地方人民政府在借鉴国内外经验基础上，开展长城国家遗产线路试点，在学术交流、保护整治、设施建设、宣传推广、旅游发展等方面进行探索。

国务院文物主管部门在相关专题研究和各地试点基础上，制定长城国家遗产线路建设相关标准、规范、制度，加强与国务院有关部门沟通，争取对长城国家遗产线路保护利用给予重点支持。

第54条 大力促进中外人文交流

长城是各民族各地区多元文明、文化交流融合的纽带，也是中外文明交流互鉴的前沿地带，对中外文明、文化发展都产生了深远影响，是中华民族为全世界创造的宝贵遗产。强化长城精神和长城文化阐释宣传，弘扬长城时代价值，深化国际交流互鉴，是中外人文交流的重要领域和平台。

鼓励以展示全面、真实的古代中国和现代中国，提高国家文化软实力为目标，以阐释长城价值、宣传长城文化、弘扬长城精神为主要内容，开展长城相关中外人文交流活动，讲好长城保护"中国故事"，推介长城保护"中国经验"。

国务院文物主管部门会同相关专业机构和专家学者，编制多语种宣传推介材料，借助联合国教科文组织、国际古迹遗址理事会等相关国际组织平台，介绍长城历史文化知识、保护理念和保护维修、监测管理、展示利用优秀案例。

长城所在地县级以上地方人民政府可组织或会同科研机构、高等院校、社会组织和专家学者，编制介绍本行政区域内长城文化遗产资源、历史文化知识以及相关非物质文化遗产、自然资源等多语种宣传推介材料，组织开展跨国跨地区长城专题展览、展播、展演等文化交流活动。

鼓励科研机构、高等院校、社会组织等开展专题研究，与相关国际组织和国际专业机构开展交流、合作，在国际文化遗产保护管理语境下，宣传推介长城历史文化知识和长城保护维修、监测管理、展示利用优秀案例，充分利用新媒体等多种手段，针对不同受众，进行长城精神和长城文化宣传推介的具体传播方法、传播内容和传播渠道探索，推进国际传播能力建设。

第七章　参观开放专项

第55条 参观游览区申报管理

长城参观游览区申报管理应符合《中华人民共和国旅游法》《长城保护条例》等法律法规以及《文物保护单位开放服务规范（GB/T 22528—2008）》等标准规范的要求。

省级长城保护规划应根据实际情况，在《中华人民共和国旅游法》第四十二条和《长城保护条例》第十九条的基础上，细化本省（区、市）长城参观游览区的开放条件，提出拟辟为参观游览区的长城点段清单。

长城点段辟为参观游览区前，长城所在地县级以上地方人民政府应组织开展长城点段保存现状、开放及攀爬可行性、可承载的利用类型及强度等专项评估，制定参观游览区管理规定，明确涉及长城各类行为管理要求以及禁止事项清单，并将上述工作实施情况报相关部门备案。

第56条 参观游览区开放强度

长城参观游览区主管部门应按照长城保护的要求，科学核定并向社会发布长城本体和周边区域的游客承载量，编制游客管理应急预案及游客疏导方案，并合理控制长城参观游览区游客数量。

长城本体游客承载量（包括游客最大日容量、最大瞬时容量等游客承载量指标等）以长城本体安全为前提，参照《文物保护单位游客承载量评估规范（WW/T 0083—2017）》设定。

长城周边区域游客承载量（包括游客最大日容量、最大瞬时容量等游客承载量指标等）应以景观风貌和生态环境保护为前提，参照《风景名胜区规划规范（GB 50298—1999）》设定。

应根据长城保护要求和参观游览品质提升需求，结合旅游监测数据及相关评估结果，定期更新并发布游客承载量指标。

第57条 参观旅游区基础设施

（一）展示与旅游基础设施主要类别

展示与旅游基础设施主要包括博物馆、陈列馆、保护标识、导览解说系统等展示设施，游客中心、信息咨询服务设施、休憩设施、医疗救护设施、安全防护设施等公共服务设施，游步道系统、停车场等交通设施。

（二）展示与旅游基础设施设置原则

文物安全性：展示与旅游基础设施不得对长城本体、长城文化景观及周边地形地貌造成破坏。

价值引领性：展示内容应围绕长城价值，做到科学、准确、通俗、深入，兼顾知识性与趣味性。

形式统一性：展示设施形制应统一、规范。鼓励各参观游览区使用统一的长城保护徽标。

景观协调性：展示与旅游基础设施的设置应规模适当，功能合理，应尽量采用地方传统材料，并与长城整体景观风貌相协调。

材料可逆性：长城保护范围、建设控制地带内应尽可能减少固定设施和永久设施，提倡使用易于安装、移动或拆除的活动设施。

第58条 参观游览区管理要求

（一）规范参观游览行为

以确保文物安全和游客生命财产安全为目标，制定长城参观游览区管理规定，明确参观游览行为规范和处罚规定。

合理设置参观游览路线，加强游客参观游览行为监测，制定并严格执行突发事件应急预案，明确游客疏散、引导措施。

树立醒目、规范的警示标志，在必要的地点设置安全防护设施、紧急救助设施并安排专人值守。

（二）提升展示阐释水平

加强业务培训，提高解说人员阐释长城历史文化知识、价值内涵、文物保护理念的能力和水平。

灵活运用互联网思维，充分借助新媒体传播渠道，合理使用虚拟现实、增强现实等新技术手段，提供高品质的长城价值展示阐释产品。

第59条　非参观游览区的管理

严格执行《长城保护条例》相关规定，禁止有组织地在非参观游览区的长城点段举行活动。

长城点段保护机构应在非参观游览区且人为活动较频繁的长城点段附近树立警示标志、保护标志和保护说明牌，宣传法律法规、长城知识和保护理念。

长城点段保护机构应在日常巡查中加强对非参观游览区的长城点段巡查。一旦发现可能威胁长城安全的攀爬、挖掘、搬运等行为时，应立即制止。

长城点段保护机构发现非参观游览区的长城点段因攀爬、挖掘、搬运等行为或其他活动遭到破坏的，应立即向属地公安机关报案，并配合公安机关进行处理。

非参观游览区长城点段满足本规划第55条"参观游览区申报管理"相关要求的，可依法申请辟为参观游览区。

第八章　专题研究专项

第60条　研究工作要求

探索长城多学科、多领域协同研究，鼓励文物考古、历史地理、遗产保护、城市规划、社会经济等领域的科研机构、高等院校、社会组织和专家学者参与或合作开展长城相关专题研究。

长城相关人文社会科学和自然科学研究应秉持科学精神，以深入挖掘、阐释长城价值，传承、弘扬长城精神为出发点和目标，合理确定研究内容，科学规范研究行为。

第61条　文物考古研究

长城所在地县级以上地方人民政府文物主管部门应制定长城文物考古工作计划，并征求相关研究机构和有关专家的意见。考古发掘项目需另行填报考古发掘申请书。

长城文物考古研究应重点解决部分长城文物本体断代问题，长城防御体系的系统性、完整性问题，以及已消失长城点段的位置、走向、结构、范围等问题。

对符合条件的考古发掘项目予以补助。对考古工作水平较为落后的地区，加大考古工作者系统培训力度，鼓励开展经验、技术交流，提高考古工作者技术及研究水平。

长城文物考古研究应探索运用遥感、物探等新技术手段，拓展研究视野，增加研究深度和广度。

第62条　历史文化研究

长城历史文化研究应在文物考古研究的基础上，从人类文明角度，重点深化对长城精神、爱国主义精神、抗战精神、长征精神的理解和认识，深化对长城建筑遗产价值、景观价值、文化价值的整理和挖掘，进一步提炼和阐释长城的突出普遍价值。

长城历史文化研究应针对长城历史沿革、社会背景、规划思想、营造技术与工艺，长城体系选址、构成、功能、防御技术，长城抗战等相关重要历史人物、重要历史事件、文学作品、传统习俗等开展专题研究。

第63条　保护技术研究

应重点深化病害成因、破坏原理研究，分析病害与长城文物本体保存状况之间关系，为长城保护维修技术、监测技术等研究提供坚实基础。

应在病害研究的基础上，加强长城保护材料、保护工艺专题研究，分类制定砖石质、土质长城保护技术标准，研究顶部防水、新老墙体衔接、墙体植被处理、墙体空鼓整治等保护维修关键技术。

第64条 保护管理研究

应梳理国外先进的遗产保护、管理理念，汇总国内外文化遗产保护优秀案例，开展长城保护管理规程、管理运行机制，特别是跨行业、跨部门、跨地区协调管理机制等专题研究。

应开展现代科学技术应用于长城监测、管理、展示，以及长城国家遗产线路、考古遗址公园、生态博物馆、社区博物馆建设，以及周边村镇整合利用等专题研究。

第65条 研究成果转化

长城所在地县级以上地方人民政府及其文物主管部门应积极创造条件，引导长城科学研究、技术开发等各类专题研究所产生的具有实用价值的成果，进行后续试验、开发、应用、推广，加快编制出台相关标准规范。

长城田野考古工作结束后，考古发掘单位应及时编写、发表发掘报告，多年发掘的长城大型遗址应及时发表阶段性报告。考古发掘单位应创造条件，推动考古调查、发掘资料共享，尽可能使公众了解考古工作成果。

长城保护维修项目竣工验收后，对长城点段文物价值突出、营造技术与工艺特殊、修缮工艺具有重要科研价值的，业主单位应组织设计单位、施工单位、监理单位抓紧编制技术报告，并在竣工验收后三年内发表。

鼓励参与长城研究工作的科研机构、高等院校、社会组织和专家学者等开展相关学术交流活动，采取多种渠道和形式发布研究成果，向社会宣传普及长城历史文化知识和保护理念。

第九章　重要点段专项

第66条 重要点段遴选要求

国家级长城重要点段从世界文化遗产构成要素，全国重点文物保护单位组成部分，或部分价值突出的省级文物保护单位组成部分的长城点段中遴选。

国家级长城重要点段应在长城点段文物本体的形制、结构、材料、功能、技术、工艺、位置、走向、景观要素等方面符合真实性、完整性要求。

国家级长城重要点段遴选，应以价值标准为核心，统筹考虑其他重要关联标准。其中，必须满足本规划第68条价值标准1至7中的任意一条。满足本规划第68条重要关联标准1、2中任意一条的，可予优先考虑。

第67条 重要点段遴选程序

国家级长城重要点段由国务院文物主管部门会同长城所在地省（区、市）人民政府文物主管部门遴选、公布，并由省级长城保护规划确定其文物组成情况。

第68条 重要点段遴选标准

价值标准1：作为长城抗战、长征及相关历史事件纪念地的长城代表性点段。

价值标准2：作为边贸、互市等民族交流与融合历史见证及其他历史事件纪念地的长城代表性点段。

价值标准3：体现墙体、壕堑/界壕、关隘、堡寨、烽火台、山险、水险等规划、建筑特点的长城代表性点段。

价值标准4：体现土墙、石墙、砖墙、木障墙、山险墙、山险、水险和其他墙体独特营造技术与工艺的长城代表性点段。

价值标准5：体现屯兵系统、烽传系统、军屯系统等边疆防御制度与古代建制的长城代表性点段。

价值标准6：位于大兴安岭、燕山、太行山、阴山、贺兰山、六盘山、祁连山、天山等我国北方地理分界线相关重要地理单元的长城代表性点段。

价值标准7：位于平原、高原、丘陵、盆地、山地等农牧交错地带典型地理单元、具有景观审美价值的长城代表性点段。

重要关联标准1：与"一带一路"建设、京津冀协同发展等国家重大战略和设立河北雄安新区等重大决策部署关系紧密的长城点段。

重要关联标准2：属地保护管理能力好、保护维修项目质量好或展示诠释水平高的长城点段。

第69条　重要点段管理要求

长城所在地县级以上地方人民政府应将国家级长城重要点段作为监管重点，切实落实地方人民政府、文物主管部门和管理使用单位的责任。

长城所在地县级以上地方人民政府原则上应为国家级长城重要点段设置或确定保护机构，并接受相关地方人民政府文物主管部门的监管和业务指导。

长城所在地县级以上地方人民政府应根据实际需要，重点推进国家级长城重要点段的法规规划、保护维修、巡查监测、开放展示及文物安全等工作。

应根据文物本体保存状况，面临的旅游等开发建设压力，以及服务于"一带一路"建设、京津冀协同发展等重大国家战略和设立河北雄安新区等重大决策部署的需要，按照轻重缓急原则制定工作计划，有序推进国家级长城重要点段保护工作。

第十章　保障措施专项

第70条　法律体系

（一）完善长城保护法律法规体系

国务院文物主管部门组织开展《长城保护条例》实施情况调研评估，结合《中华人民共和国文物保护法》修订，商有关部门推动《长城保护条例》细化、完善工作。

长城所在地县级以上地方人民政府及其文物主管部门应切实履行《长城保护条例》规定的职责，并根据本行政区域内长城保护管理实际情况，加强长城保护地方性立法工作。

（二）完善长城保护标准规范体系

编制长城保护维修相关标准规范，明确长城保护维修项目管理、保护理念、工作流程、设计施工、监测评估、关键技术等具体要求。

编制长城"四有"工作相关标准规范，明确规定长城树立保护标识、建立记录档案、设置保护机构、配备保护人员等具体要求。

编制长城保护规划相关标准规范，明确各省级长城保护规划的规划范围、编制深度、框架体例、主要内容等具体要求。

编制长城展示开放相关标准规范，明确参观游览区开放管理、展示利用、安全保卫、游客管理以及非参观游览区管理等具体要求。

（三）建立健全管理运行工作制度

制定长城保护机构相关管理工作制度，明确管理工作内容、工作流程、岗位职责、奖惩办法等具体内容。

制定长城日常巡查养护相关工作制度，在《长城执法巡查办法》的基础上，进一步明确巡查养护工作内容、工作流程、技术要求等具体内容。

第71条　规划衔接

应做好长城保护规划与国土空间规划、交通专项规划、旅游发展规划、生态保护区规划、自然保护区规划、城乡建设规划等相关规划的衔接。

应将长城保护范围、建设控制地带及其管理规定列为国土空间规划等强制性内容。涉及长城保护范围、建设控制地带的旅游等开发建设活动必须严格遵守《长城保护条例》第十二条的规定。

鼓励将长城生态环境和景观风貌保护确定为生态保护、修复项目的实施目标。相关项目在实施前应做好与长城保护规划的衔接。

长城分布区域涉及国家级风景名胜区的，应做好与相关风景名胜区规划的合理衔接。

第72条　经费保障

统筹利用现有资金渠道，完善投入机制，积极支持长城保护管理，促进保护管理责任与资源的平衡。

中央财政加大支持力度，保障长城保护重点工程实施，尤其要加大对长城沿线欠发达地区、少数民族地区的支持力度。

长城所在地县级以上地方人民政府将长城保护经费纳入本级财政预算，切实落实属地管理责任，加强长城日常管理和预防性保护。

长城参观游览区经营性收入要优先用于长城保护，具体比例由地方人民政府确定。长城保护机构要加强资金管理，严格遵守财务制度，提高资金使用效益。

鼓励社会资本通过多种方式参与长城保护工作，用于长城保护、管理、展示、利用、开放等工作，其募集、使用和管理依照国家有关法律、行政法规的规定执行。

附　则

第73条　规划制定及公布实施

依据《长城保护条例》第十条要求，国务院文物主管部门会同国务院有关部门制定长城保护总体规划，报国务院批准后组织实施。

长城所在地省（区、市）人民政府负责具体实施长城保护总体规划确定的各项任务、目标，组织制定实施省级长城保护规划。

长城所在地县级以上地方人民政府组织制定国家级长城重要点段保护规划，按程序报省（区、市）人民政府批准后组织实施，实施前应报国务院文物主管部门备案。

第74条　规划实施监测及评估

开展长城保护规划体系执行情况动态监测及评估，对规划实施效果作出综合评价，为相关规划调整、修编或制定新一轮规划提供科学依据。

国务院文物主管部门定期对长城保护总体规划执行情况进行监测及评估，指导、督促长城所在地方人民政府落实长城保护总体规划确定的各项任务、目标，并酌情组织开展长城保护总体规划修编工作。长城保护总体规划修编过程中应征求国务院有关部门和相关省（区、市）人民政府意见，并报请国务院批准后实施。

长城所在地省（区、市）人民政府定期对省级长城保护规划和国家级长城重要点段保护规划执行情况进行监测及评估，指导、督促相关部门和地方人民政府贯彻、落实各级长城保护规划确定的各项任务、目标。国务院文物主管部门可定期或不定期对省级长城保护规划和国家级长城重要点段保护规划执行情况进行抽查。

各级长城保护规划实施情况第一轮定期监测及评估应于2021年6月30日前完成；2021年以后，至少每五年对各级长城保护规划中远期目标实施情况进行定期监测及评估。

海关总署　国家文物局
关于优化综合保税区文物进出境管理
有关问题的通知

署贸发〔2019〕92号

广东分署，各直属海关，各省、自治区、直辖市文物局（文化厅），各国家文物进出境审核管理处：

为落实《国务院关于促进综合保税区高水平开放高质量发展的若干意见》（国发〔2019〕3号），优化综合保税区文物监管模式，简化审批及监管手续，提升文物进出境管理水平，现将有关事项通知如下：

一、按照"一线申报、一线监管"的原则，简化审批及监管手续，优化文物出境审核和临时进境复出境登记查验管理，维护国家文物安全。

（一）文物出境。文物由综合保税区出境，应当报相关文物进出境审核机构审核。经审核允许出境的文物，由文物进出境审核机构标明文物出境标识，发放文物出境许可证。海关审核后凭文物出境许可证放行。

（二）文物临时进境复出境。文物由综合保税区临时进境，应当在进境时向海关申报，入区后凭相关报关单证报文物进出境审核机构在区内开展审核、登记。复出境时，应当向原审核、登记的文物进出境审核机构申报，文物进出境审核机构对照进境记录审核查验、确认无误后，标明文物出境标识，发放文物出境许可证。海关审核后凭文物出境许可证放行。

（三）文物进出综合保税区。文物从境内区外进入综合保税区，或者已办理临时进境审核登记手续的文物由综合保税区进入境内区外，除按要求办理海关手续外，无需向文物进出境审核机构申报。

二、按照"放管服"要求，创新综合保税区文物进出境服务，实施入区登记审核，缩短行政审批时限，便利文物进出境文化交流。

（一）支持符合条件的区内企业采取关税保证保险、企业增信担保、企业集团财务公司担保等多元化税收担保方式开展出区展示，缓解企业资金压力，便捷文物展览展示。

（二）实施入区登记审核。对于申请由综合保税区出境和临时进境复出境的文物，文物进出境审核机构可提供延伸服务，在综合保税区内开展登记查验和审核工作，便利企业在综合保税区内开展文物存储、展示等活动。

（三）缩短行政审批时限。文物进出境审核机构可在与申报人协商一致的基础上，在文物进出境申请正式受理后的5—10个工作日内完成登记、查验和审批工作。因申报人原因造成审核工作无法如期进行的，应当在3个工作日内将申请通过系统退回申报人并注明理由。

各直属海关、各省（自治区、直辖市）文物行政部门和各文物进出境审核机构应建立完善沟通渠道和长效工作机制，共同做好综合保税区文物进出境管理工作。

特此通知。

海关总署　国家文物局

2019年4月29日

文化和旅游部　国家文物局
关于加强地方文物行政执法工作的通知

文旅文物发〔2019〕52号

各省、自治区、直辖市文化和旅游厅（局）、文物局，新疆生产建设兵团文化体育广电和旅游局（文物局）：

为深入贯彻习近平总书记关于文物工作的重要指示批示精神，落实中共中央办公厅、国务院办公厅印发的《关于加强文物保护利用改革的若干意见》（以下简称《若干意见》）和《关于深化文化市场综合行政执法改革的指导意见》（以下简称《指导意见》）有关部署和要求，现就加强地方文物行政执法工作通知如下：

一、充分认识加强文物行政执法的重要意义

文物行政执法是全面推进依法行政的重要内容，是保障文物安全的重要手段，是维护法律权威的重要举措。当前，全国文物行政执法工作取得了一定成效，但文物安全形势依然严峻，违法违规破坏文物现象屡禁不止，文物行政执法还面临着很多困难和问题。一些地区文物行政执法队伍尚不健全、执法责任落实不到位，有法不依、执法不严等现象时有发生。各地要充分认识加强文物行政执法工作的重要性和紧迫性，树牢"四个意识"，坚定"四个自信"，坚决做到"两个维护"，切实增强对历史文物的敬畏之心，树立"保护文物也是政绩"的科学理念，结合地方实际推动加强文物行政执法工作。

二、明确文物行政执法责任及职责分工

依据《指导意见》关于"整合组建文化市场综合执法队伍。统一行使文化、文物、出版、广播电视、电影、旅游市场行政执法职责"的要求，文化市场综合执法队伍统一行使文物市场领域的行政执法职责，由相关文化和旅游行政部门负责管理。文物行政部门在职责范围内指导、监督文化市场综合执法队伍开展执法工作。

依据《若干意见》关于"落实市、县文化市场综合执法队伍文物行政执法责任"、《指导意见》关于"厘清综合执法队伍和行政管理部门关系"等要求，市、县两级有文物执法队伍的，文物市场以外的文物行政执法职责由文物执法队伍行使；市、县两级没有文物执法队伍的，由相关文物行政部门委托文化市场综合执法队伍行使文物市场以外的文物行政执法职责，并指导、监督文化市场综合执法队伍开展相关执法工作。

承担文物行政执法职责的文化市场综合执法队伍，应明确专门机构或者专人负责文物行政执法工作，统一行使文物行政处罚以及与行政处罚相关的行政检查等职能，受理投诉举报、接收转办交办及数据监测发现的文物违法违规线索，开展相关行政处罚案件的立案、调查、处罚等工作。文物行政执法工作按照《文物行政处罚程序暂行规定》施行。

三、加强文物行政执法协同机制

文物行政部门与文化市场综合执法队伍要分工负责、相互支持、密切配合，建立健全信息通报制度，及时通报行政许可、监督管理、行政处罚、专项整治行动等信息，开展执法形势分析研判。

文物行政部门要完善文物违法案件责任追究机制，健全文物行政执法和刑事司法衔接机制，依法依规对涉嫌刑事犯罪的案件进行移交。案件中需要鉴定、认定、调查核实的，文物行政部门应当予以积极支持协助。

文化市场综合执法队伍要建立健全文物违法案件报告制度和信息公开制度，及时向相关行政管理部门报送案件情况，向社会发布案件信息，推动违法行为整改。

四、强化文物行政执法能力

文化和旅游部门、文物行政部门要进一步强化对文化市场综合执法队伍的业务指导，认真组织开展文物行政执法人员法律法规、专业知识、执法技能教育培训。文化市场综合执法队伍要组织执法人员定期开展执法演练，熟练掌握执法流程、执法器材设备运用，规范执法行为，提升执法能力。

各地要结合文物行政执法的特点创新执法方式，积极探索和推进"互联网+执法"，通过全国文化市场技术监管和服务平台应用，促进办案流程和执法工作网上运行管理。加强文化市场综合执法智能监控和大数据监控，依托互联网、云计算、大数据等技术，充分运用移动执法、自动监控、卫星遥感、无人机等科技手段，实时监控、实时留痕，提升监控预警能力和科学办案水平。

特此通知。

文化和旅游部　国家文物局

2019年5月8日

国家文物局办公室　应急管理部消防救援局 关于开展文物建筑火灾隐患 排查整治工作的通知

办督发〔2019〕7号

各省、自治区、直辖市文物局（文化和旅游厅/局）、消防救援总队，新疆生产建设兵团文物局、公安局消防局：

为深入贯彻习近平总书记关于文物消防安全工作的重要指示精神，落实国务院安委办关于"防风险、保平安、迎大庆"消防安全执法检查专项行动要求，进一步加强和改进文物消防安全工作，有效预防和遏制文物火灾事故发生，以实际行动迎接新中国成立70周年，决定2019年7月至9月，在全国文物系统部署开展文物火灾隐患排查整治工作。各级消防部门要积极配合，提供指导和支持。现将《文物火灾隐患排查整治工作实施方案》印发给你们，请结合本地实际认真组织实施。

应急管理部消防救援局　国家文物局办公室

2019年6月24日

中国
文物年鉴
2020

文物火灾隐患排查整治工作实施方案

一、工作目标

督促文物、博物馆单位落实消防安全责任，集中排查整治各类火灾隐患和问题，进一步强化防范措施，提高消防安全管理水平，增强火灾防控能力，有效预防和遏制火灾事故发生，确保文物、博物馆单位消防安全。

二、工作时间

2019年7月1日至9月15日

三、排查范围

具有火灾风险的不可移动文物、各级博物馆和纪念馆等文物收藏单位，重点是古建筑群、传统村落、宗教活动场所、博物馆、文博开放单位和文物保护工程工地等火灾诱因较多的单位和场所。

四、整治重点

对照《文物建筑消防安全管理十项规定》《文物单位消防安全检查规程》《文物建筑防火设计导则（试行）》《文物建筑电气防火导则（试行）》《古城镇和村寨火灾防控技术指导意见》以及有关文物消防安全的标准规范和政策文件等，重点排查整治下列火灾隐患和消防安全问题：

（一）电气安全隐患

1. 不安全使用电热器具的；

2. 在文物、博物馆单位内为电动车辆充电的；

3. 违规使用卤素灯、白炽灯、高压汞灯等照明设备，空调等用电设备老旧现象严重的；

4. 使用刀闸开关，电气线路老化、敷设不规范，虚接、乱拉和负荷过载的；

5. 配电柜（箱、盘）、用电设备、线路接头的危险距离范围内堆放有可燃物，大功率电器散热空间不符合散热要求的；

6. 可移动式插座或电器设备直接设置在可燃材料上的；

7. 配电箱没有正确安装，存在漏电危险，以及插座串联或者级联使用的；

8. 在文物本体上敷设安装用于亮化的电气线路和设备的；

9. 工作人员离开工作场所后不拉闸断电的。

（二）用火安全隐患

1. 用于居住或者生产功能的文物建筑内，未采取防火安全措施使用柴火、燃气、煤炭等燃料取火的；

2. 文物、博物馆单位施工现场违规动火，未落实现场看护措施的；

3. 在禁烟场所吸烟的；

4. 文物保护范围内违规使用明火的。

（三）燃香烧纸隐患

1. 在辟为宗教活动场所的文物保护单位燃香、点灯、烧纸违反国家标准和有关规定要求，或者构成火灾隐患的；燃香、点灯、烧纸等场所消防安全措施不到位的；

2. 在非宗教活动场所的文物保护单位燃香、点灯、烧纸（帛）的。

（四）危险物品安全隐患

1. 在禁止存放易燃易爆物品的场所或部位违规存放易燃易爆物品的；

2. 在指定存放易燃易爆物品的场所或部位，易燃易爆物品摆放不符合规定，现场安全措施不到位的。

（五）设施设备安全隐患

1. 文物建筑毗邻区域和保护范围内擅自扩建或搭建建（构）筑物的；

2. 消防设施、设备老化破损，或者将消防专用器材移作他用的；

3. 具有状态指示的消防设施、设备，其指示灯的工作状态不正常的；

4. 消防水源、水量和水压等不能满足灭火需求的；

5. 消防通道、安全出口、疏散通道不畅通，防火间距被占用的。

（六）消防安全管理问题

1. 消防安全责任人、管理人缺位或者职责不清，单位消防安全责任制和消防安全管理制度落实不到位的；

2. 消防安全管理人、消防安全工作人员未定期开展防火检查、巡查的；

3. 文物建筑内僧侣用房、员工宿舍等重点部位的安全用火用电、消防设施器材配备等火灾防范措施落实不到位的；

4. 消防控制室值班人员未持证上岗，不能熟练操作消防控制设备的；

5. 微型消防站队员不能熟练掌握处置初起火灾方法的；

6．未定期组织消防安全培训和演练，防火灭火能力不强的；

7．消防安全隐患得不到及时整改的。

（七）可能引发火灾的其他隐患和问题

五、工作安排

（一）动员部署。省级文物行政部门要迅速行动，尽快制定并印发具体实施方案，明确目标任务、工作措施和要求，确定重点检查的文物、博物馆单位名单，根据本省实际合理安排工作时段与时限。要尽快开展动员宣传，要将文物火灾隐患排查整治有关要求及时传达各级文物部门和各基层文物、博物馆单位，做到全行业行动。

（二）自查自改。文物、博物馆单位按照本方案要求，对照整治标准，自主评估风险、自主检查安全、自主整改隐患，向社会公开消防安全责任人、管理人及其职责，并承诺本场所不存在突出风险或者已落实防范措施。无管理使用单位的不可移动文物，由县级文物行政部门组织自查自改。自查自改要填写《火灾隐患排查整治记录表》（附件1），并存档备查。

（三）重点检查。县级文物行政部门要指导和督促本辖区内各文物、博物馆单位开展自查自改。同时，要组织对本辖区市级及以上文物保护单位、重点县级文物保护单位和博物馆实施重点检查。

市级文物行政部门要组织对本辖区内省级及以上文物保护单位、重点市级文物保护单位和博物馆实施重点检查。

省级文物行政部门要组织对本辖区内全国重点文物保护单位、省级文物保护单位和二级以上博物馆实施重点检查。

（四）严格整改。各文物、博物馆单位要认真梳理排查发现的安全隐患和突出问题，列出整改措施和责任清单，照单整改；对不能立即整改到位的，要制定整改方案，限期整改。在火灾隐患未消除之前，文物、博物馆单位应当落实防范措施，保障消防安全。不能确保消防安全，随时可能引发火灾或者一旦发生火灾将造成严重影响的，要将危险部位或者场所封闭整改。

（五）宣传培训。各级文物、消防部门要结合近年来文物建筑火灾案例制作专题警示教育片，提示火灾风险隐患，普及消防安全知识。加大对文物保护单位消防安全责任人、管理人的培训约谈力度，使其知责、明责、尽责，培训一批消防安全"明白人"。督促文物建筑管理使用单位开展内部全员消防安全培训和演练，提升消防安全意识和自防自救能力。

（六）督导问效。各级文物行政部门、消防部门要对重点文物保护单位火灾隐患排查整治工作情况开展联合抽查检查，督促指导各文物、博物馆单位认真开展安全隐患自查自改，严格落实整改措施。各级消防部门要加强执法检查，提供技术服务，加强对文物建筑保护单位专职消防队、微型消防站的实地指导，强化现场拉动考评，督促制定应急疏散预案，提高火灾处置能力。对久拖不改的重大火灾隐患，要坚决落实挂牌一批、公布一批、曝光一批、处理一批"四个一批"要求，并约谈有关单位负责人。对发生火灾事故的，要严格实施责任倒查。排查整治期间，国家文物局和应急管理部消防救援局将适时联合开展暗访督导。

（七）总结和上报。各级文物行政部门要及时总结本辖区内文物火灾隐患排查整治工作情况，分析梳理问题，提出工作措施，认真督促检查。省级文物行政部门要汇总本省文物火灾隐患排查整治工作情况，认真填写《文物火灾隐患排查整治汇总情况表》，于9月25

日前报国家文物局。

　　附件：1. 文物火灾隐患排查整治记录表（略）
　　　　　2. 文物火灾隐患排查整治工作汇总情况表（略）

文化和旅游部办公厅　国家文物局办公室关于印发《公共文化服务领域基层政务公开标准指引》的通知

办办发〔2019〕139号

各省、自治区、直辖市文化和旅游厅（局）、文物局，新疆生产建设兵团文化体育广电和旅游局（文物局）：

　　按照《国务院办公厅关于印发开展基层政务公开标准化规范化试点工作方案的通知》（国办发〔2017〕42号）有关要求，北京市、内蒙古自治区、江苏省、云南省、陕西省作为试点地区，围绕公共文化服务领域基层政务公开标准化规范化工作进行了有益探索。

　　为进一步提高全国公共文化服务领域政务公开效能，文化和旅游部、国家文物局按照国务院办公厅关于推进基层政务公开工作的有关部署，结合试点地区的探索实践情况，研究制定了《公共文化服务领域基层政务公开标准指引》，明确了文化、文物领域基层政务公开工作的机制、流程、方式、监督评估等相关规范及要求。

　　现将《公共文化服务领域基层政务公开标准指引》印发给你们，请结合地方实际，认真组织本辖区各级文化和旅游、文物行政部门贯彻执行。

　　特此通知。

文化和旅游部办公厅　国家文物局办公室
2019年10月30日

公共文化服务领域基层政务公开标准指引

　　一、目的依据。为进一步提高公共文化服务领域基层政务公开工作标准化规范化水平，保障人民群众知情权、参与权、表达权、监督权，根据《中共中央办公厅　国务院办公厅印发〈关于全面推进政务公开工作的意见〉的通知》《国务院办公厅关于印发开展基层政务公开标准化规范化试点工作方案的通知》（国办发〔2017〕42号）有关要求，结合前期试点地区对公共文化服务领域基层政务公开探索实践情况，制定本指引。

二、指导思想。以习近平新时代中国特色社会主义思想为指导，坚持以人民为中心的发展思想，牢固树立新发展理念，认真落实党中央、国务院关于全面推进政务公开和优化政务服务的决策部署，围绕权力运行全流程、政务服务全过程，积极推进公共文化服务领域基层政务公开标准化规范化，用政府更加公开透明赢得人民群众对文化、文物工作更多理解、信任和支持。

三、适用范围。本指引适用于县（市辖区、县级市）及以下文化和旅游、文物行政部门，法律法规授权的具有管理公共文化服务领域公共事务职能的组织或公共企事业单位组织开展政务公开工作。

四、编制原则。编制本指引主要遵循以下原则：

（一）坚持依法依规。根据公共文化服务领域法律法规、行政规章、规范性文件，全面梳理与群众关系密切的行政行为和服务事项（具体见附件《公共文化服务领域基层政务公开标准目录》，简称《标准目录》），明确公开工作机制、流程、方式等规范及要求，维护群众合法权益。

（二）促进利民便民。立足基层文化和旅游、文物行政部门直接联系服务群众和企业的实际，结合部门工作特点，积极探索高效、便捷的公开方式，及时、准确公开需要大众广泛知晓的行政行为和服务事项信息，让群众看得到、听得懂、易获取、能监督、好参与。

（三）鼓励创新发展。支持各地结合区域、领域特点，将提升公共文化服务领域政务公开标准化规范化水平与推动政府职能转变、行政审批制度改革、"放管服"改革等对接融合，细化拓展政务公开内容，探索创新工作机制和方式方法。

（四）实施动态调整。根据法律法规规章的颁布、修改、废止、解释情况，机构、职能调整情况，基层具体实践情况及群众反馈意见建议，对政务公开标准目录进行动态调整和更新，不断适应文化、文物事业发展和人民群众需要。

五、公开事项。《标准目录》明确了公共文化服务领域行政许可、行政处罚、行政强制、公共服务4个方面45项基层政务公开事项，规范了每一事项的公开内容、公开依据、公开时限、公开主体、公开渠道和载体、公开对象、公开方式和公开层级。各级相关部门单位应在《标准目录》基础上，结合本地区具体工作进行细化和补充完善。

六、公开工作规范。

（一）推动重点信息公开。基层政务公开主体应按照决策、执行、管理、服务、结果"五公开"工作要求，主动公开公共文化服务领域重大决策、重要政策落实情况及重点工作、重要工程项目执行措施、实施步骤、责任分工、进展成效等信息。根据部门事权和职能，公开职责权限、执法依据、裁量基准、执法流程、执法结果、救济途径等，规范行政裁量，促进执法公平公正。

（二）选择具有针对性的公开渠道。发挥文化馆（站）、图书馆、美术馆、博物馆等基层阵地优势，加大政策宣传力度，通过图表图解、音视频、动漫等形式作形象化、通俗化解读。重要行政行为和服务事项信息应通过基层政务服务中心、公开查阅点、便民服务站、社区/企事业单位/村公示栏等实体平台及政府网站予以公开。需要公众广泛知晓的信息应积极通过新闻发布会、报刊广电媒体、微博微信客户端等新媒体对外发布。对于针对特定群体的行政行为和服务事项，应探索实施精准推送。

（三）积极扩大公众参与。对直接影响群众利益、社会关注度高的重要改革方案、重大政策措施、重点建设项目等应公开征求意见，并认真研究吸纳、回应公众提出的相关建议。各级相关部门单位应建立健全政务舆情收集、会商、研判、回应、评估机制，明确舆情回应职责，围绕公众关切及时解疑释惑，发布权威信息。

七、组织实施。公共文化服务领域基层政务公开工作实行四级联动、协同推进的工作机制。文化和旅游部、国家文物局负责统筹协调、业务指导；省级文化和旅游、文物行政部门根据各地工作实际，负责指导监督、考核评估工作；市级文化和旅游、文物行政部门负责组织落实本辖区公共文化服务领域基层政务公开工作；县级及以下文化和旅游、文物行政部门，法律法规授权的具有管理公共文化服务领域公共事务职能的组织或公共企事业单位负责具体实施。

八、监督评价。市级文化和旅游、文物行政部门应广泛收集公众对公共文化服务领域基层政务公开工作成效的评价意见，持续改进，不断提升公众满意度和获得感。省级文化和旅游、文物行政部门负责督促检查和考核评估工作，可根据需要委托第三方机构组织实施评估。文化和旅游部、国家文物局将跟踪了解各地区工作开展情况，适时组织经验做法交流及培训，并对工作成效突出的地方给予通报表扬。

附件：公共文化服务领域基层政务公开标准目录（略）

人力资源社会保障部　国家文物局关于进一步加强文博事业单位人事管理工作的指导意见

人社部发〔2019〕120号

各省、自治区、直辖市人力资源社会保障厅（局）、文物局（文化和旅游厅/局），新疆生产建设兵团人力资源社会保障局、文物局：

为贯彻落实党的十九大和十九届三中全会精神，根据《中共中央办公厅、国务院办公厅印发〈关于加强文物保护利用改革的若干意见〉的通知》（中办发〔2018〕54号）、《中共中央办公厅、国务院办公厅印发〈关于进一步深化事业单位人事制度改革的意见〉的通知》（中办发〔2011〕28号）和《事业单位人事管理条例》（国务院令第652号）等有关政策法规，现就进一步加强文博事业单位人事管理工作提出如下指导意见。

一、总体要求

1. 指导思想。以习近平新时代中国特色社会主义思想为指导，全面贯彻党的十九大和十九届二中、三中、四中全会精神，加强党对文博事业单位的全面领导，坚持简政放权、放管结合、优化服务，强化文博事业单位公益属性，建设高素质专业化文博事业单位工作人员队伍，为文物事业发展提供强有力的人事人才支撑保障。

2．基本原则。坚持党管干部、党管人才，贯彻落实党的干部路线方针政策；坚持正确选人用人导向，突出政治标准；坚持分级管理，充分体现文物事业发展的特点和规律；坚持严管与厚爱相结合、激励与约束并重，激励文博事业单位工作人员担当作为。

二、创新用人机制

3．优化岗位结构。文博事业单位专业技术岗位一般不低于单位岗位总量的70%，承担较多文物修复工作的事业单位专业技术岗位比例可适当降低，不得低于50%。地方各级文博事业单位中，一级博物馆、文物保护及研究机构专业技术高级岗位比例按不超过40%控制，二级博物馆、文物保护及研究机构专业技术高级岗位比例按不超过35%控制，三级博物馆、文物保护及研究机构专业技术高级岗位比例按不超过30%控制。其他博物馆、文物保护及研究机构专业技术高级岗位比例按不超过25%控制。

4．完善公开招聘条件和方式。拓宽引才渠道，具有特殊专长的人才参加文物保护和修复研究类专业技术岗位公开招聘的，学历要求可放宽至大学专科；参加文物保护和修复技能岗位公开招聘的，学历要求可放宽至高中、中专（含技工学校）。文博事业单位专业技术岗位、文物保护和修复技能岗位的考试，可以根据应聘人员报名、专业分布等情况适当降低开考比例，或不设开考比例，划定成绩合格线，对于急需紧缺的高层次人才，可采取直接考察的方式聘用。对文物保护和修复技能岗位的公开招聘重在"干什么、考什么"，着重采取实际操作能力测试的方式进行考试。

5．打通各类人才内部转岗通道。严格按照干部人事管理权限，以公开公平公正、竞争择优为原则，以岗位职责能力为依据，允许文博事业单位专业技术人才、工勤技能人才比照管理岗位同等资历人员条件，通过竞聘上岗等方式，转聘相应的管理岗位。从专业技术人才、工勤技能人才中选拔任用事业单位领导人员的，按照有关规定执行。

6．科学评价人才。深化文博系列职称制度改革。坚持以品德、能力、业绩为导向，不唯学历、不唯资历、不唯论文、不唯奖项，科学评价文博事业单位专业技术人才。考古发掘报告、文物修复方案、勘探报告、保护规划设计方案、文物绘图和文物摄影作品等成果形式可替代论文要求。直接从事文物保护和修复的专业技术人才参加职称评审，可适当放宽学历要求。从事文物保护工程的高技能人才，符合条件的可参加工程技术人才职称评审。对县以下基层文物博物专业技术人员，可以实行高级专业技术岗位"定向评价、定向使用"，总量控制、比例单列，不占各地高级岗位比例。促进文博系列职称制度与文博事业单位岗位聘用制度相衔接，把职称评审作为岗位聘用的重要依据和关键环节。完善文物保护工程水平评价类职业资格。根据文物保护工程工作实际，科学设置专业分类，完善各专业评价标准，充分发挥行业协会学会作用，实行全国统一考试，确保评价质量。

三、规范人事管理

7．规范聘用合同管理。按照国家有关规定，规范聘用合同的订立、履行、变更、解除、终止，以聘用合同规范单位和工作人员双方的权利义务。根据文物工作特点，鼓励文博事业单位与工作人员订立5年以上期限的合同，对关键核心岗位和紧缺岗位上的工作人员，经双方协商一致，可与之订立聘用至退休的合同，鼓励其潜心研究、甘于奉献。合同履行期间，经双方协商一致，需变动岗位的，按规定变更聘用合同。单位可与主要技术负责人和专业骨干就是否完成所承担的省级以上重要文物研究、保护和修复专项任务，约定为工作人员解除聘用合同的限制性条款。

8．加强考核工作。文博事业单位应当根据聘用合同规定的岗位职责任务，全面考核工作人员的表现，重点考核工作绩效，重点听取服务对象的意见。其中，对为单位正常运转提供支持保障的人员考核，应当听取本单位相关工作人员的意见和评价；对为公众直接提供服务的人员考核，应当采取以即时评价为主的方式进行；对其他工作人员的考核，应当根据其岗位和工作任务，听取相关单位和人员的意见。对领导人员考核，按照有关规定执行。

9. 完善奖惩制度。根据《中华人民共和国文物保护法》《中华人民共和国勋章和国家荣誉称号法》《事业单位人事管理条例》和《事业单位工作人员处分暂行规定》《事业单位工作人员奖励规定》等，对符合条件的文博事业单位工作人员，视情形给予嘉奖、记功、记大功、授予称号等奖励；对文博事业单位工作人员违反相关法律法规，非法侵占国有文物、不负责任造成珍贵文物损毁或流失、从事义物虚假鉴定获取收益或造成国有资产损失的，依法依规给予组织处理或处分，涉嫌违法犯罪的，移交司法机关处理。

四、强化能力建设

10. 健全培训机制。健全岗前培训、在岗培训、转岗培训、专项培训制度。坚持将学习贯彻习近平新时代中国特色社会主义思想摆在文博事业单位工作人员培训最突出的位置，教育引导工作人员增强"四个意识"，坚定"四个自信"，做到"两个维护"，重点提升工作人员的理想信念、思想觉悟、职业道德和综合素养。管理人员培训，注重提高文物保护利用管理能力、专业水平和职业素养；专业技术人员培训，注重提高文物保护利用专业技术水平和依法利用文物资源参与创新创造创业的能力；工勤技能人员培训，注重提高文物修复技能水平和服务保障能力。注重培养专业能力、专业精神，根据不同岗位的要求，编制工作人员培训计划，对工作人员进行分级分类培训，切实提高文博事业单位工作人员整体素质能力。

11. 提升创新能力。文博事业单位可根据创新工作需要设置开展文物保护科技研发工作的创新岗位，岗位不足的，可按规定申请设置特设岗位，不受岗位总量和结构比例限制。创新岗位人选可以通过内部竞聘上岗或者面向社会公开招聘等方式产生，任职条件要求具有与履行岗位职责相符的研发创新能力和水平。创新岗位可探索实行灵活、弹性的工作时间，便于工作人员合理安排利用时间开展创新工作。绩效工资分配应当向在创新岗位做出突出成绩的工作人员倾斜。鼓励有条件的地方探索文博事业单位和工作人员文博创意产品收益分享机制。

12. 拓宽才智汇集机制。文博事业单位可设立流动岗位，吸引具有文物保护相关科技研发能力、文博创意产品开发和营销能力的企业人才以及具有传统技艺的民间匠人等进行兼职。流动岗位人员通过公开招聘、人才项目引进等方式被文博事业单位正式聘用的，其在流动岗位工作业绩可以作为职称评审和岗位聘用的重要依据。文博事业单位应当与流动岗位人员订立协议，明确工作期限、工作内容、工作时间、工作要求、工作条件、工作报酬、保密、成果归属等内容。

各级人力资源社会保障、文博主管部门以及文博事业单位要根据本指导意见和国家有关规定，结合实际抓好落实，促进新时代文物事业的新发展。

人力资源社会保障部　国家文物局

2019年11月6日

国家文物局　应急管理部
关于进一步加强文物消防安全工作的指导意见

文物督发〔2019〕19号

各省、自治区、直辖市文物局（文化和旅游厅/局）、应急管理厅（局）、消防救援总队、新疆生产建设兵团文物局、应急管理局：

　　火灾是危害文物安全的主要风险。近年来，随着经济社会快速发展，文物、博物馆单位火灾诱因增加，文物火灾事故时有发生，文物消防安全形势较为严峻。为深入贯彻习近平总书记关于文物安全工作的重要指示精神，落实中共中央办公厅、国务院办公厅《关于加强文物保护利用改革的若干意见》《国务院办公厅关于进一步加强文物安全工作的实施意见》，贯彻"预防为主、防消结合"的方针，强化文物消防安全责任，增强火灾预警防控能力，加强文物消防安全管理，现提出以下意见。

　　一、健全完善责任体系

　　（一）明确文物消防安全责任。各级文物行政部门和消防救援机构要推动地方各级政府切实履行文物安全属地管理主体责任，将文物、博物馆单位周边严重影响文物消防安全的建筑物、构筑物，纳入地方政府搬迁改造计划一并整改解决；要针对本辖区内文物资源特点和保护利用等情况，认真分析研判文物消防安全形势，研究火灾防控措施。各级文物行政部门要明确承担文物消防安全监管的内设机构和人员，实施文物安全直接责任人公示公告制度，按照"谁主管谁负责、谁所有谁负责、谁使用谁负责"的要求，落实文物管理使用人的消防安全直接责任。

　　（二）健全消防组织。文物、博物馆单位应当设置（明确）内设专门机构，或者确定专（兼）职消防管理人员，具体实施消防安全管理工作。距离消防救援队较远的全国重点文物保护单位和国家一级博物馆要建立专职消防队，结合实际需要配足配好消防器材装备，组织队员定期开展防火培训和灭火演练。其他文物、博物馆单位要按要求建立微型消防站，配齐人员和消防器材装备，加强值班备勤和巡逻检查。

　　（三）落实文物消防安全职责。文物、博物馆单位主要负责人为消防安全责任人，统筹安排本单位消防安全工作。属于消防安全重点单位的文物、博物馆单位应当确定消防安全管理人，负责组织实施日常消防安全管理工作，制定落实消防工作计划和消防安全制度，履行开展防火巡查和检查、火灾隐患整改、消防安全宣传教育培训、灭火和应急疏散演练等职责。文物、博物馆单位要建立和落实逐级消防安全责任制和岗位消防安全责任制，明确各级各岗位消防安全责任人员和职责任务。文物、博物馆单位安全保卫机构要做好日常消防安全管理和监督检查工作。

　　二、强化消防安全管理

　　（四）科学评估火灾风险。文物、博物馆单位要坚持源头治理，根据本单位保护、管理、利用现状和周边环境状况，全面查找可能引发火灾事故的诱因和风险源，分析评估风险种类和程度，列出火灾风险隐患清单。建立安全风险预警机制，实施风险等级管理，分类逐项提出风险控制要求，有针对性地采取火灾风险防范措施。

（五）加强制度建设。文物、博物馆单位应建立健全消防安全教育培训、消防检查巡查、日常值班值守、用火用电管理、易燃易爆危险品管理、消防设施设备运行维护检测、灭火和应急疏散预案演练、火灾隐患整改等各项消防安全管理制度。要建立制度实施保障机制，通过日常监督检查、考核奖惩等方式，将制度落实到各岗位和消防安全管理各环节，实现消防安全管理规范化、制度化、精细化。

（六）严格生产生活用火。文物建筑和博物馆、纪念馆室内、廊道禁止使用明火，禁止吸烟，在重点要害场所应设置"禁止烟火"标志。文物保护单位保护范围内严格控制使用明火，并根据文物消防安全需要明确禁止吸烟区域。文物建筑用于宗教活动场所或者民居建筑等确需动用明火的，必须加强火源管理，指定安全地点，采取有效防火措施，并由专人看管，做到人离火灭。非宗教活动场所的文物建筑保护范围内不得燃灯、烧纸、焚香。

（七）严格安全用电。文物、博物馆单位要按照有关标准要求全面评估本单位用电安全风险，每年至少开展一次电气安全检测维护。严格落实用电管理制度，规范敷设电气线路，改造更换老旧电气线路。严查严控电气线路敷设不规范、用电负荷超额、未设短路保护装置、私拉乱接电气线路、使用"三无"电器产品等问题。文物建筑上不得直接安装灯具搞"亮化工程"，在文物建筑外安装灯具的要保持安全距离。

（八）严格易燃可燃物品管理。文物建筑保护范围内严禁生产、使用、储存和经营易燃易爆危险品，严禁燃放烟花爆竹。用于生产、生活和经营使用的文物建筑，确需使用燃气或堆放柴草等可燃物，要采取切实有效的安全防护措施。其他文物建筑内严禁使用燃气，不得铺设燃气管线，不得堆放柴草、木料等可燃物，并应设置"禁止燃放烟花爆竹"等标志。

（九）加强文物保护工程工地管理。文物保护工程施工工地要制定并实施消防安全制度，配备临时消防水源和消防设施设备，施工进场前应对作业人员进行消防安全培训，施工方法和施工技术条件要符合消防要求。电焊、气焊、喷灯等明火作业要采取严格的防火措施，施工现场易燃可燃物品要安全存放，现场废料、垃圾等可燃物品要及时清理。员工集体宿舍与施工作业区要分开设置，因施工需要搭建的临时性建筑要符合防火要求。

（十）加强大型活动安全管理。在文物建筑保护范围内举办祭祀、庙会、游园、展览等大型活动，要按规定提前将活动方案和安全保卫工作方案报当地公安机关审核同意。主办单位应进行防火检查，增设必要的消防设施、设备和灭火器材，现场安排专（兼）职消防人员等应急力量，制定灭火和应急疏散预案并预先组织演练，活动期间要对重要场所和部位进行巡逻看护。

三、严格检查整治火灾隐患

（十一）检查整改火灾隐患。文物、博物馆单位每月至少组织开展一次防火检查，每日定期开展防火巡查。对社会开放期间，每2小时开展一次防火巡查，并强化夜间巡查。对检查发现的火灾隐患，要及时整改消除。对不能立即整改的火灾隐患，要制定整改方案，明确整改期限，并采取临时防护措施，加强人员值守。

（十二）开展督导检查。各级文物行政部门和消防救援机构要加强对本辖区内文物、博物馆单位的监督检查，重点督促整改电气隐患、生产生活用火、违规燃香烧纸、施工操作违规用火、易燃易爆物品管理不善和消防设施设备不完善、安全管理松懈等突出隐患和问题，提升文物、博物馆单位火灾防控能力和水平。各级文物行政部门和消防救援机构要对存在重大火灾隐患的文物、博物馆单位实施挂牌督办、跟踪督促隐患整改。

四、加强消防基础建设

（十三）加强消防设施建设。各级文物行政部门要深入推进实施"文物平安工程"，加大文物消防设施设备投入力度，结合文物建筑修缮、博物馆改造工程同步增设消防设施。文物建筑消防工程实施要坚持"最小干扰"的文物保护原则，不得破坏文物本体及历史环境风貌。

（十四）严格消防设施管理。要充分发挥消防系统功能作用，保障正常有效运行，火灾自动报警和灭火系统操控人员应持证上岗。对文物消防设施设备器材，要每月进行一次维护保养，每年进行一次全面检测，确保功能正常。严禁擅自关闭、停用火灾自动报警和灭火系统。要确保文物、博物馆单位的疏散通道和安全出口畅通，不得占用防火间距，严禁堵塞、封闭消防车通道。

（十五）强化科技支撑。要充分应用先进适用的设施装备，积极推广运用远程监管、智能监控、安全用电、高效防火灭火等方面的先进设施设备和技术，增强文物火灾自动报警和灭火能力，利用无人机等装备对古村落、大型文物建筑群实施智能巡查，不断提升物防技防水平。

五、增强应急处置能力

（十六）科学编制预案。各基层文物行政部门和消防救援机构要加强工作联动，针对本辖区重点文物、博物馆单位主要火灾风险、建筑结构材质、空间布局、收藏可移动文物和保护利用现状等情况，按照"一家一策"的要求，指导文物、博物馆单位制订应急处置预案。文物、博物馆单位要按照及时、适用、有效的原则，制定本单位灭火和应急疏散预案，明确每班次、各岗位人员及其报警、疏散、扑救初起火灾的职责，每半年至少开展一次消防演练。在宗教活动、民俗活动等人员集中的重点时段，应制定专门预案。各地消防救援机构要加强对本辖区文物、博物馆单位消防演练指导，修订完善灭火救援预案，一旦发生火灾，要做到灭早灭小、科学处置，最大限度减少文物和财产损失。

（十七）有效处置火灾事故。文物、博物馆单位发生火灾事故，要立即报警并启动灭火和应急疏散预案，组织扑救初起火灾，有序组织人员疏散，及时抢救不可移动文物。火灾事故发生后，要认真汲取经验教训，认真整改火灾隐患和问题，切实采取消防安全措施。发生火灾事故要按照规定报告，严禁瞒报、谎报、漏报、迟报。

六、加强消防安全宣传教育

（十八）大力开展警示教育。各级文物行政部门和各文物、博物馆单位要大力开展文物消防警示教育活动，增强安全意识，坚决杜绝麻痹思想、侥幸心理和失职渎职行为。要利用典型文物火灾案例，制作警示教育片和宣传挂图，加强对重点人群的警示性教育，增强火灾风险防范意识。

（十九）广泛开展常识宣传。各级文物行政部门要加大宣传力度，深入基层文物、博物馆单位及其周边社区，开展"入户式""网格化"宣传，并将文物消防安全宣传纳入"文化和自然遗产日""5·18博物馆日"等活动内容，引导社会力量参与和监督文物消防工作。文物、博物馆单位要在醒目位置设立消防安全警示标识，张挂消防安全宣传图标。

（二十）深入开展专业培训。文物、博物馆单位要组织各级各岗位消防安全责任人员、自动消防设施操作人员、专（兼）职消防管理人员和保安人员，每年至少开展一次消防安全培训，开展新入岗人员岗前培训，培养一批会消防管理，会操作消防设施器材，会检查整改火灾隐患，会扑救初起火灾和组织人员疏散逃生的消防安全"明白人"。

七、严格督察问责

（二十一）严格实施督察考评机制。各级文物行政部门要建立实施文物安全督察机制，采取书面督办、现场督查、挂牌督办、通报曝光、约谈问效等方式，对文物、博物馆单位重大火灾隐患整改和火灾事故处置等实施严格督察，要将本辖区文物、博物馆单位消防安全工作纳入政府年度安全生产和消防工作考核指标，确保消防安全责任落到实处，火灾隐患整改到位，消防安全措施切实有效。

（二十二）严格实施责任追究。文物、博物馆单位发生火灾事故的，要按照事故原因未查清不放过、责任人员未处理不放过、整改措施未落实不放过、事故教训不汲取不放过的要求，查清火灾原因，依法严肃追究主体责任、监管责任和直接责任。被列为重大火灾隐患单位的文物、博物馆单位，拒不整改隐患或者整改不力的，要依法依规严肃追责。

国家文物局　应急管理部

2019年11月8日

人力资源社会保障部　国家文物局关于深化文物博物专业人员职称制度改革的指导意见

人社部发〔2019〕122号

各省、自治区、直辖市及新疆生产建设兵团人力资源社会保障厅（局）、文物局（文化和旅游厅/局），国务院各部委、各直属机构人事部门：

文物博物（以下简称文博）专业人员是文物保护利用和文化遗产保护传承的中坚力量，是推动、引领文博事业蓬勃发展的重要战略资源。为贯彻落实中共中央办公厅、国务院办公厅印发的《关于深化职称制度改革的意见》，现就深化文博专业人员职称制度改革提出如下指导意见。

一、总体要求

（一）指导思想

以习近平新时代中国特色社会主义思想为指导，全面贯彻落实党的十九大和十九届二中、三中、四中全会精神，认真落实党中央、国务院决策部署，坚持党管人才原则，遵循人才成长规律，健全完善符合文博行业特点的职称制度，推动文博专业人员队伍结构更趋合理、能力素质不断提高，为促进文博事业全面发展提供人才支撑。

（二）基本原则

1. 坚持服务发展、激励创新。创新人才评价机制，充分发挥人才评价"指挥棒"作用，促进评以适用、以用促评，激发文博专业人员创新创造创业活力，满足各类用人单位选才用才需求，服务文博事业健康持续发展。

2. 坚持遵循规律、科学评价。遵循文博人才成长规律，突出文博行业特点，以品德、能力、业绩为导向，完善评价标准，丰富评价方式，破除唯学历、唯资历、唯论文、唯奖项倾向，科学、客观、公正评价文博专业人员。

3. 坚持问题导向、精准施策。针对文博专业人员职称评价存在的突出问题，根据不同专业、层级特点，加强研究，统筹推进，引导文博专业人员提高能力素质，增强事业心和职业归属感。

二、主要改革任务

通过健全制度体系、完善评价标准、创新评价机制、强化监管、优化服务等措施，建立健全符合文博行业特点、覆盖各级各类文博专业人员的职称制度。

（一）健全制度体系

1. 优化职称层级设置。文博专业人员职称设初级、中级、高级，初级职称只设助理级，高级职称分设副高级和正高级。初级、中级、副高级和正高级职称名称依次为助理馆员、馆员、副研究馆员和研究馆员。

2. 规范评审专业设置。根据文博行业特点，设置文物博物馆研究、文物保护、文物考古、文物利用四个专业类别。文物博物馆研究包括文物博物馆领域的基础理论研究、政策法规研究、标准规划研究、应用技术研究等；文物保护包括文物修缮、修复、复制、拓印、监测、鉴定、保管、安全等；文物考古包括考古调查、勘探、发掘等；文物利用包括陈列展示、教育传播、文创研发等。建立职称评审专业动态调整机制，根据文博行业发展实际需要，适时调整专业类别。

3. 文博专业人员各层级职称分别与事业单位专业技术岗位等级相对应。正高级对应专业技术岗位一至四级，副高级对应专业技术岗位五至七级，中级对应专业技术岗位八至十级，初级对应专业技术岗位十一至十三级。

（二）完善评价标准

1. 坚持德才兼备、以德为先。把品德放在文博专业人员职称评价的首位，通过考核测评、群众评议等方式，全面考察文博专业人员的职业道德和从业行为，倡导科学精神，坚守道德底线。

2. 推行代表作制度。将文博专业人员的代表性成果作为职称评审的重要内容，注重标志性成果的质量、贡献和影响力。代表作包括考古报告、专业研究或技术报告、出版的著作、发表的论文，包括已实施的展览策划方案、文物修复方案、文物保护规划、文物设计方案、文物安全设计方案、文物征集鉴定评估报告等。各地可根据本地实际情况，研究制定代表作清单，确定不同专业、不同层级职称评价的代表作类别和范围。

3. 突出业绩水平和实际贡献。注重考核文博专业人员的工作绩效、创新成果，增加技术创新、专利、技术推广、标准制定、决策咨询、公共服务等评价指标的权重，将取得的社会效益和经济效益作为职称评价的重要内容。不唯学历，对在艰苦边远地区和基层一线长期从事文博工作，实践证明能胜任相应岗位要求的，可适当放宽学历要求。不唯资历，对在文博事业发展中取得重大成果、解决重大工程技术难题、作出重大贡献的，可放宽资历等条件限制，直接申报评审高级职称。对引进的海外高层次人才和急需紧缺人才，可不受资历、年限等条件限制，建立职称评审绿色通道。不唯论文，对在艰苦边远地区和基层一线工作的文博专业人员，以及实践性、操作性强、研究属性不明显的专业，淡化或不作论文要求。不唯奖项，文博领域各级各类奖项、荣誉称号等不作为职称评定的限制性条件。

4．实行国家标准、地区标准和单位标准相结合。人力资源社会保障部会同国家文物局研究制定《文博专业人员职称评价基本标准》（附后）。各地区可根据本地区文博事业发展情况，制定地区标准。具有自主评审权的用人单位可结合本单位实际，制定单位标准。地区标准和单位标准不得低于国家标准。

（三）创新评价机制

1．丰富职称评价方式。建立以同行专家评审为基础的业内评价机制，灵活采用考试、评审、考核、考评结合、面试答辩、实践操作、业绩展示等多种评价方式，提高职称评价的科学性和针对性。对研究属性较强的文博专业人员，以同行学术评价为主；对应用性和技术性较强的文博专业人员，突出市场评价和社会评价。

2．创新基层文博专业人员评价办法。鼓励文博专业人员服务基层、扎根基层，建立健全"定向评价、定向使用"制度，面向基层文博专业人员进行单独评价，评价结果限定在基层有效。根据基层一线岗位工作特点，提高技术推广、解决实际问题、基层服务年限、实际工作业绩等评价指标的权重。按有关政策规定，到基层单位从事帮扶、交流的文博专业人员，申报评审职称时可予以倾斜。鼓励各地根据实际情况，积极探索适合基层文博专业人员特点的评价办法。

3．拓展评价范围。进一步打破户籍、地域、身份、档案等制约，畅通各类文博专业人员职称评价渠道。非国有文博机构、社会组织等单位的文博专业人员可按属地原则进行申报。在文博事业单位从事专业技术工作的编制外人员可按同等条件参加文博系列职称评价。文博事业单位中经批准离岗创业或兼职的文博专业人员，在离岗创业期间与原单位在岗人员享有同等的职称评价权利，离岗创业期间所取得的业绩成果可作为职称评价的依据。

4．下放职称评审权限。发挥用人单位在职称评审中的主导作用，逐步下放文博专业人员职称评审权限。鼓励人才智力密集的省级及以上文博单位自主开展高级职称评审；鼓励条件具备的地市级文博单位自主开展中级和初级职称评审。经授权开展自主评审的单位，实行自主评价、自主聘任，评审结果实行事后备案管理。鼓励具备条件的地区和单位，探索开展职称评审结果互认，促进人才有序流动。

5．促进与人才使用制度相衔接。用人单位要将职称评审与人才使用相结合，对于全面实行岗位管理的文博事业单位，一般应在岗位结构比例内开展职称评审；对尚不具备条件的单位，应强化岗位聘用管理，逐步实现在岗位结构比例内开展职称评审。

（四）强化监管、优化服务

1．加强职称评审委员会建设。各地要按照有关规定组建各级职称评审委员会，按照程序进行核准备案后，规范开展职称评审工作。要完善评审专家遴选机制，推进评审专家共享，明确评审专家责任，强化评审考核，建立倒查追责机制。

2．加强职称评审监督。健全职称评审公开制度，实行政策公开、标准公开、程序公开、结果公开，接受社会和群众监督。建立职称评审回避制度、公示制度和随机抽查、巡查制度，建立复查、投诉机制，强化对评审全过程的监督管理。加强对自主评审工作的监管，对不能正确行使评审权、不能确保评审质量的，将暂停自主评审工作直至收回评审权。

3．加强职称评审服务平台建设。鼓励建立权利平等、条件平等、机会平等的职称评价公共服务平台，在文博系列政策咨询、职称申报、审核评审、查询验证等方面提供便捷化服务。合理确定申报职称所需材料种类和内容，可通过信息共享获取的，不再要求申报人另行提供，减轻文博专业人员负担。

三、加强组织实施

（一）提高认识，加强领导。文博专业人员职称制度改革是分系列推进职称制度改革的重要内容，各省（自治区、直辖市）人力资源社会保障部门和文物行政主管部门要高度重视，切实加强领导，明确改革进度和工作职责，确保文博行业职称制度改革平稳推进。

（二）周密部署，稳步实施。各省（自治区、直辖市）人力资源社会保障部门和文物行政主管部门要根据本意见精神，结合本地区实际，切实抓好改革的贯彻落实。各地在改革中要及时总结经验，发现、研究和解决改革中出现的新情况、新问题，妥善处理改革、发展和稳定的关系。

（三）加强宣传，积极引导。职称制度改革涉及广大文博专业人员的切身利益，政策性强，各级文物行政主管部门要深入细致地做好职称政策的宣传与解读，及时回应社会关切，做好舆论引导，营造有利于文博专业人员职称制度改革的良好氛围。

附件：文博专业人员职称评价基本标准

人力资源社会保障部　国家文物局
2019年11月26日

附件

文博专业人员职称评价基本标准

一、遵守中华人民共和国宪法和法律法规。

二、具有良好的职业道德，积极为文博事业贡献力量。

三、具备履行岗位职责的能力，认真履行岗位职责，按照要求参加继续教育。

四、文博专业人员申报各层级职称，除必须达到上述标准条件外，还应分别具备以下条件：

（一）助理馆员

1. 基本掌握本领域的基础理论和专业知识，或者具有基本操作技能，基本了解文博行业发展现状和相关政策法规。

2. 基本具备从事文物博物馆研究、文物保护、文物考古、文物利用等工作的能力，能够胜任各项目日常基础性工作。

3. 具备硕士学位；或者具备大学本科学历或学士学位，1年见习期满，经考察合格；或者具备大学专科学历，从事文博专业技术工作满3年；或高中毕业或中等职业学校毕业，从事文博专业技术工作满5年。

（二）馆员

1. 具有较为扎实的基础理论和专业知识，了解文博行业发展现状，在本专业技术领域内积累一定的实践经验，能够在高级专业技术人员的指导下独立开展本专业工作。

2. 在文物博物馆研究、文物保护、文物考古、文物利用等领域取得一定的研究成果；

或者能够较为熟练解决常见的技术问题、取得某些技术成果；或者作为参与人完成一定的文物保护利用工作或项目，能够独立承担部分工作。

3．具有指导助理馆员开展工作的能力。

4．具备博士学位；或者具备硕士学位，取得助理馆员职称后，在相应专业技术岗位任职满2年；或者具备其他学历，取得助理馆员职称后，在相应专业技术岗位任职满4年。

（三）副研究馆员

1．具有较高的专业理论水平和技术能力，具有较深的研究或丰富的实践经验，能够创造性开展工作，是专业领域内的骨干人才。

2．在文物博物馆研究、文物保护、文物考古、文物利用等领域取得具有创新性和行业影响力的研究成果；或者具有较高的实践操作能力，参与解决关键性技术难题、取得有代表性的技术成果；或者作为主要参与人完成若干具有一定影响力的文物保护利用工作或项目。

3．具有培养、指导馆员、助理馆员开展专业研究或实践操作的能力。

4．具备博士学位，取得馆员职称后，在相应专业技术岗位任职满2年；或者具备其他学历，取得馆员职称后，在相应专业技术岗位任职满5年。

（四）研究馆员

1．科研工作能力强，具有扎实的理论水平和丰富的专业知识，在相应学术、技术领域有独到见解，能够解决复杂的专业问题或指导完成重大科研任务、工程或项目，在专业领域内起带头作用和指导作用。

2．在文物博物馆研究、文物保护、文物考古、文物利用等领域取得具有重要学术价值或广泛社会影响力的研究成果；或者具有突出的实践操作能力，成功解决关键性技术难题、取得重大影响力的技术成果；或者作为项目负责人或主要参与人完成具有广泛影响力的文物保护利用工作或项目。

3．具有指导、培养副研究馆员、馆员等开展专业研究或实践操作的能力。

4．一般应具有大学本科及以上学历或学士及以上学位，取得副研究馆员职称后，在相应专业技术岗位任职满5年。

国家文物局办公室　应急管理部消防救援局关于加强冬春文物火灾防控和第八批全国重点文物保护单位消防安全工作的通知

办督发〔2019〕10号

各省、自治区、直辖市文物局（文化和旅游厅、局）、消防救援总队：

为贯彻习近平总书记关于文物安全工作重要指示精神，落实李克强总理关于做好第八批全国重点文物保护单位安全工作的要求，按照国务院安委会关于全国安全生产集中整治和冬春火灾防控工作部署，巩固博物馆和文物建筑消防安全大检查、文物火灾隐患排查专项整治成果，进一步加强文物、博物馆单位，特别是第八批全国重点文物保护单位消防安全工作，现通知如下：

一、明确各级消防安全责任。国务院安委会已将文物建筑和博物馆单位消防工作纳入安全生产集中整治和冬春火灾防控的重要内容。各地文物行政部门、消防救援机构要高度重视，推动当地政府、协调相关部门、督促管理使用单位，认真贯彻执行文物保护和消防安全法规制度，按照国家文物局和应急管理部《关于进一步加强文物消防安全工作的指导意见》要求，落实属地政府管理主体责任、部门监管责任和管理使用单位直接责任，督促建立消防安全制度、档案，明确消防工作管理部门和消防安全责任人、管理人，细化各级、各岗位消防安全职责。特别是要针对第八批全国重点文物保护单位消防安全基础较为薄弱的情况，组织进行火灾风险评估，研究采取火灾防控措施，并将其纳入实施文物平安工程重点内容，增强火灾预警防控能力，提升文物建筑本质安全水平。

二、检查整治火灾隐患。各地文物行政部门和消防救援机构要认真组织好文物、博物馆单位安全生产集中整治和冬春火灾防控工作，要将第八批全国重点文物保护单位列入重点范围，督促管理使用单位按照"三自主两公开一承诺"要求，自主评估风险、自主检查安全、自主整改隐患，向社会公开消防安全责任人、管理人及其职责，并作出消防安全承诺。要全面梳理文博系统消防安全领域存在的风险隐患，开展一次联合检查，重点整治火源管理不善、电气故障、燃香烧纸和施工现场违规动火等火灾隐患和违法行为。对发现的火灾隐患，要列出问题清单和责任清单，跟踪督办、限时整改。对存在重大火灾隐患的，要督促落实整改责任、措施、时限和保障，并制定整改期间的有效防范措施。

三、做好灭火应急救援准备。各地文物行政部门和消防救援机构要督促有条件的全国重点文物保护单位，按规定建立专职消防队或志愿消防队，其他文物保护单位结合实际建立微型消防站，配齐装备器材，落实24小时值班值守制度。督促制定单位灭火和应急疏散预案，加强训练演练，提高初起火灾处置能力。各地消防救援机构要组织对第八批全国重点文物保护单位开展消防安全评估调研，制定完善灭火救援预案，加强与文物保护单位专职消防队、微型消防站联勤联动，一旦发生火灾，做到快速出动、有效处置。

四、加强针对性宣传教育。各地文物部门和消防救援机构要结合近期国内外发生的文物建筑火灾教训，集中开展一次警示教育，在醒目位置设立消防安全警示标识，张贴消防安全宣传挂图，利用各类媒体宣传文物消防安全知识，引导群众了解文物保护单位消防安全状况，提升公众火灾防范意识。要指导文物、博物馆单位尤其是第八批全国重点文物保护单位的管理使用单位，开展一次全员消防安全教育培训，使工作人员懂得本单位火灾危险性，会报火警、会扑救初起火灾、会疏散逃生，切实增强消防安全意识和防火灭火能力。

应急管理部消防救援局　国家文物局办公室
2019年12月16日

国家文物局关于印发《革命旧址保护利用导则（2019）》的通知

文物保发〔2019〕2号

各省、自治区、直辖市文物局（文化厅）、新疆生产建设兵团文物局：

为贯彻落实《国务院关于进一步加强文物工作的指导意见》和中共中央办公厅、国务院办公厅《关于实施革命文物保护利用工程（2018—2022年）的意见》《关于加强文物保护利用改革的若干意见》，进一步加强对革命旧址保护利用的规范和指导，我局组织编制了《革命旧址保护利用导则（2019）》，现印发给你们，请遵照执行。

国家文物局
2019年1月15日

革命旧址保护利用导则
（2019）

一、总　则

第一条　为贯彻落实《国务院关于进一步加强文物工作的指导意见》和中共中央办公厅、国务院办公厅《关于实施革命文物保护利用工程（2018—2022年）的意见》《关于加强文物保护利用改革的若干意见》，进一步加强对革命旧址保护利用的规范和指导，依据文物保护有关法律法规和规范性文件，制定本导则。

第二条　本导则所称革命旧址，是指已被登记公布为不可移动文物，见证近代以来中国人民长期革命斗争、特别是中国共产党领导的新民主主义革命与社会主义革命历程，反映革命文化的遗址、遗迹和纪念设施。

革命旧址主要包括：

（一）重要机构、重要会议旧址；

（二）重要人物故居、旧居、活动地或墓地；

（三）重要事件和重大战斗遗址、遗迹；

（四）具有重要影响的烈士事迹发生地或烈士墓地；

（五）近代以来兴建的涉及旧民主主义革命、新民主主义革命和社会主义革命的纪念碑（塔、堂）等纪念建（构）筑物。

第三条　革命旧址保护和利用，应当遵循科学规划、分类管理、有效保护、合理利用的原则，切实维护革命旧址本体安全和特有的历史环境风貌，最大限度保持和呈现历史真实性、风貌完整性和文化延续性。

第四条 革命旧址保护和利用，应当坚持政府主导。地方各级人民政府要切实履行文物保护主体责任，把革命旧址保护利用工作列入重要议事日程，协调党史、宣传、民政、退役军人事务、档案、方志、自然资源、住建、国安、保密等相关部门，支持文物行政部门依法履行职责。

革命旧址集中地区，应根据自身资源特点，制定专门的革命旧址保护办法、标准规范。

第五条 地方各级文物行政部门应当建立革命旧址保护专家咨询制度，设立革命旧址保护专家委员会，吸纳革命史研究、文物保护、城乡规划管理、教育、文化传播等方面的专业人士参加，定期或不定期召开会议，研究讨论革命旧址保护利用中的重大问题。

第六条 革命旧址保护和利用，应当以全面深入的研究为基础。地方各级文物行政部门及革命旧址管理机构应当会同有关研究机构，在充分吸收党史、军史权威部门最新研究成果的基础上，加强对革命旧址核心价值的研究和宣传工作，注重传播革命文化，传承红色基因，弘扬革命精神，发挥资政育人作用。

二、管 理

第七条 县级文物行政部门应当及时公布本辖区内的革命旧址名录，核定明确本体构成，制定相应的具体保护措施，并公告施行。

县级文物行政部门应当定期组织开展有针对性的专项调查和研究，按照《文物认定管理暂行办法》和《不可移动文物认定导则（试行）》的要求，将具有价值的革命历史类遗址、遗迹、纪念设施，及时报省级文物行政部门审核同意后登记公布为不可移动文物。

认定革命旧址类不可移动文物，应听取党史、宣传、民政、退役军人事务、档案、方志等相关部门意见，并应特别注意遵从以下基本原则：

（一）重要人物故居旧居、墓地：原则上只认定有重要影响的革命烈士故居及墓地和革命领袖故居、旧居及墓地，其中革命领袖旧居，只选取有代表性历史事件发生地。

（二）重要人物、机构活动地/暂驻地：原则上只认定有代表性历史事件发生地。

（三）纪念性建（构）筑物：原则上只认定修建于民主主义革命时期的纪念性建筑，以及新中国时期修建的具有特别重大意义的纪念性建筑。

（四）重要事件和重大战斗遗址、遗迹：只认定仍有实物遗存者。

见证帝国主义侵略和殖民统治、封建主义和官僚资本主义反动统治的重要史迹，可视情况一并予以认定为不可移动文物。

第八条 地方各级人民政府应当及时将有重要价值的革命旧址核定公布为相应级别的文物保护单位，划定必要的保护范围，作出标志说明，建立记录档案，并区别情况分别设置专门机构或者专人负责管理。

保护范围应根据革命旧址的实际保护需要科学划定，并落实到所在地国土空间规划以及相关专项规划中，予以严格保护；标志说明应规范醒目，符合《文物保护单位标志》（GB/T 22527）的有关规定，界碑界桩应齐全、完备；记录档案应科学、全面，并实行动态更新维护，全面反映革命旧址的保养维护、保护修缮、改造使用等人为干预情况；专门管理机构或专门管理人员应职责明确、及时到位。

第九条 革命旧址应当明确保护管理责任人，根据产权情况进行分类管理：

革命旧址产权不明，且暂无使用权人的，由县级文物行政部门指定专门机构或专人负责日常保护管理，并与其签订保护协议。

革命旧址产权属集体或个人所有的，由产权所有人负责日常保护管理，县级文物行政部门应与产权所有人签订保护协议。

革命旧址产权属国家所有的，由使用权人负责日常保护管理，制定具体的保护管理措施，并公告施行；使用权人为非文博单位的，县级文物行政部门应与使用权人签订保护协议。

革命旧址保护协议应包括双方的权利、责任和义务，明确文物日常保护管理的基本要求、使用条件与负面清单等。

非国有产权的革命旧址，价值重大而产权人又无力保护的，县级人民政府可以考虑予以征收保护。

第十条 革命旧址保护管理责任人应当履行下列责任：

（一）定期组织开展日常巡查，检查革命旧址文物本体的安全状况，排查安防、消防隐患；有必要的，应开展持续的技术监测；

（二）做好革命旧址文物本体的日常养护；

（三）对保护标志进行必要的维护；

（四）定期更新记录档案，实施动态管理；

（五）根据需要组织开展革命旧址文物修缮、环境整治、陈列展示等项目；

（六）对外开放的，组织做好必要的游客管理。

县级文物行政部门应联合当地党史、宣传、方志等部门，定期组织开展必要的培训、讲座等活动，帮助革命旧址保护管理责任人不断提高文物保护意识、提升文物保护能力，确保文物安全。

三、保 护

第十一条 编制革命旧址文物保护单位保护规划，应注重突出革命旧址的纪念性特征，发挥教育传播功能。保护规划应符合相应的国土空间规划，并与相应的历史文化名城（镇、村）保护规划相衔接。

鼓励围绕形成规模化的展示体系，编制区域（包括以革命根据地为单元或同一主题跨地域）革命旧址保护利用规划，作为专项规划纳入当地文物事业发展规划和国民经济与社会发展规划。

第十二条 应最大限度地保持革命旧址在革命历史时期的本体及环境的原状。革命历史时期状态已显著改变的革命旧址，应详细鉴别论证，以确定原状应包含的全部内容。

主体不存，但基址或代表性环境尚存，且价值较高的革命旧址，应作为遗址保护，原则上不应重建。因用作纪念馆或陈列馆馆舍，需原址复原或重建革命旧址的，应依法报批。

应加强对革命旧址历史环境的研究与识别，辨明并重点保护能够反映重要历史信息、具有标识性的地形地貌、植被、水体、历史建筑、设施、街巷格局及肌理等要素，使之与旧址本体一起完整反映革命事件及历史场景。

应坚持革命旧址原址保护，重要事件和重大战斗遗址、遗迹，具有重要影响的烈士事迹发生地等，不得迁移。作为历史文化名城（镇、村）、街区和中国传统村落关键节点、地标的革命旧址，不得迁移、拆除。

第十三条 应根据类型和形态特点实施革命旧址分类保护：

（一）建筑及建筑群：应严格保护革命历史时期的格局、形制、外观等。除主体建筑外，还应注意保护题刻及标语、同时期的附属建筑、庭院、屋场等历史空间、各类生活设施，以及特殊历史事件造成的损伤痕迹等，以整体保护革命时期历史场景。除革命时期历史特征外，反映建筑自身时代、地域、民族特色的重要特征，如材料工艺、构造做法、装饰装修等，同样要严格保护。

（二）战役战场遗址、烈士牺牲地、重大事件发生地等革命遗址遗迹：应参照考古遗址的保护要求，科学规范地开展必要的考古勘察与发掘、研究工作，并结合考古研究、文献研究、口述史研究等对遗址的主要价值载体进行认真甄别。除保护建构筑物遗址外，也要特别注意加强环境和景观特征保护。对结构、材质等较特殊的遗址类型，应开展保护技术的专项研究。

（三）墓地、陵园及纪念性建（构）筑物：应结合研究，明确文物范围，保护原有墓碑、石雕、石刻等。对考古发掘中发现的遗骨、遗物等应进行严格的科学技术鉴定，其保护措施应有利于证据效力的持久存续。对死难者遗骨的展示方式，应符合《国际博物馆职业道德准则》等关于人类遗骸的伦理道德要求。丛葬坑遗址不得异地复原展示。严格控制墓、陵及纪念性建（构）筑物的改建、扩建，确有需要的，须严格履行报批程序。

（四）题刻及标语：应开展针对革命标语、题刻、宣传画、墨书等的专项调查工作，做好记录并留档；完善保护标识，并根据不同材料及做法开展专项保护。附着于文物古迹上的革命题刻及标语，与文物古迹一并保护展示；附着于非文物古迹上的题刻标语应尽量原址保护，特殊情况下可揭取异地集中保护展示。

（五）特殊类型：对具有文化线路、工业遗产、文化景观等属性的革命旧址组群，应综合运用相关的保护理念及方法确定保护要点，强化和凸显相关属性。

第十四条 开展革命旧址环境整治，应以保护文物安全、保持历史景观、突出文化价值、保障合理利用为出发点，重点清理引起污染、震动等外力因素和影响历史环境风貌的各种杂物以及影响历史氛围的不相容业态。

旧址的整体环境应突出庄严肃穆的氛围，在旧址景观环境内不允许另建新的主题景观；必要的绿化项目应有助于再现历史景观或烘托环境氛围，注重与原生环境的有机联系，避免生硬嫁接。

革命旧址配套设施应把握适度原则，以公众服务及安全保障为目的，以满足最基本功能需求为宜，以现有设施改造为首选，严格控制建筑规模、体量和高度，尽量远离文物本体，并淡化建筑形象设计，以简洁、大方、朴素为主调。

第十五条 应根据实际需要科学布设革命旧址消防、安防、防雷安全措施，避免过度防护。相关措施应注意符合国家相关法律法规和技术规范的规定，设施安装使用不得对旧址本体及历史信息造成损害，外观色彩应与革命旧址及周边环境相协调。村落、街区中的革命旧址消防设施建设宜与社区消防整体设计相统筹，做到合理布防、突出重点、简便实用。

四、展　示

第十六条 革命旧址修缮后，具备条件的应开展专门的展示利用，不具备开放条件的应合理安排其他使用功能，不得长期闲置。

革命旧址的展示利用，应以保证文物安全为前提，注重对革命旧址原有历史信息的延续和革命文化的传承，与革命历史氛围和场所精神相适应，杜绝庸俗化和娱乐化倾向。应坚持以社会主义核心价值观为引领，落实意识形态工作责任制，始终把社会效益放在首位，实现社会效益和经济效益相统一。

依托革命旧址新建改扩建纪念设施的，须按照有关规定严格履行审批程序。

第十七条 应根据价值、特征、保存状况、环境条件、权属现状和现实需求等因素，对革命旧址进行分类合理利用。

鼓励将革命旧址辟为革命文化专题博物馆、纪念馆或遗址公园等文化教育活动场所，向公众开放。国有革命旧址中的全国重点文物保护单位和省级文物保护单位应尽可能向公众开放；确已作他用的，应开辟专门的区域进行必要的陈列展示并向公众开放，或规定明确的公众开放日。其他国有革命旧址，应积极创造条件尽快实现对外开放，暂不能对外开放的，应在悬挂保护标志的同时设立方便公众辨识的说明牌。享受政府资助保护的非国有革命旧址应在尊重所有权人意愿的基础上，适度向公众开放。

鼓励建筑类革命旧址在符合保护要求的前提下进一步发挥综合服务功能。属于居住建筑的，鼓励延续原有使用功能，并在修缮保护中充分考虑生活便利性，可适当添设现代生活设施，改善居住条件；属于公共建筑的，在尊重传统功能的基础上，可用于村（居）委会、村史馆、图书馆、卫生所、老人活动中心、非遗展示中心等社区公共服务设施。无论发挥何种功能，都应同时以合适的方式呈现革命旧址作为革命事件发生地的完整信息。

鼓励利用革命旧址开展红色文化创意、红色旅游和地方文化研究，或者以其他形式进行合理利用。鼓励革命旧址产权人等相关权利人通过合资、合作、认护、委托管理等方式引入其他力量，共同做好革命旧址的管理、使用工作。

第十八条 革命旧址的陈列展览应坚持"旧址就是最重要的文物展品和展示空间"的理念，注重突出历史感、现场感，充分依托旧址及其环境空间举办原状陈列和辅助陈列，开展教育活动，做到有址可寻、有物可看、有史可讲、有事可说。

为完善陈列展览体系确需毗邻革命旧址新建改扩建纪念设施（纪念馆或陈列馆）的，须按照有关规定严格履行审批程序，并应在符合文物保护单位相关保护规定基础上，严格控制建筑规模、体量和高度，尊重革命旧址原有景观和氛围，明确纪念馆（陈列馆）是对革命旧址的延伸解读，充分体现革命旧址与纪念馆（陈列馆）相互补充、相互印证的关系。切忌新建馆舍喧宾夺主，更忌以保护为名，搞大拆大建。

在与革命旧址相关联的景观环境内，通过绿化、铺装、景观小品等意向性的景观设计对相关历史进行辅助阐释，应充分论证其必要性。对于原物已损毁，但位置仍较明确的遗址，可借助此类方式做示意性的标示及展示，辅助观众理解。景观设计应注意纪念性、叙事性与艺术性的良好结合，并严格控制体量，与环境相协调。大型广场、大型雕塑的修建应特别慎重。

第十九条 原状陈列是革命旧址展示利用的主要方式。原状陈列要尽量实现旧址本体、内部陈设和周围复原环境的紧密结合，再现历史原貌，使人们感受完整的特定事件或人物活动历史场景和浓郁的历史气氛。要遵循"呈现原状、真实可信"的原则，不可以情感代替历史真实。内部陈设不可虚构，但可剪裁；应尽可能多地使用原物，原有物品已损毁散失的，可使用复制品、仿制品和代用品，并加以注明。宜优先选择与所属历史主题关系紧密、真实性好、历史细节丰富的旧址遗存进行原状陈列。

辅助陈列是原状陈列的补充。以历史事件为内容的辅助陈列，应围绕所纪念的事件划定时间上下限，避免任意扩大内容，贪大求全，并注意正确处理好全国与地方的关系。以历史人物为内容的辅助陈列，应以所纪念人物的生平为表现内容，注意突出重点，切忌平铺直叙，面面俱到，尤要注意表现人物的风采、情操与个性。纪念同一事件或同一人物的革命旧址，应以事件或人物在当地的革命活动及影响为主要表现内容。

陈列展览使用场景复原，应有确凿历史依据，杜绝臆造；应注意复原设施的品质，避免粗制滥造、千篇一律；复原物应与历史原物进行区别，避免造成历史信息的混淆。使用多媒体手段的，应符合展示主题和氛围的实际需求，以"适度、有效"为目标，不得为了吸引眼球、烘托场面滥用声光电。

第二十条 革命旧址的陈列展览应基于对革命旧址内涵价值的深入研究，准确定位并精心提炼陈列主题，要符合所涉及纪念对象的历史地位、人物特性，以小见大，突出个性，避免同质化。应小题精做，聚焦旧址所处历史时空中的革命人物、活动、事件，加强最新学术研究成果转化，运用时代语言解读革命历史、阐发革命精神的时代价值，以丰富的内容和丰满的细节增强陈列展览的说服力、感染力。必须遵循历史唯物主义的原则，坚持正确导向，对重大历史事件、历史人物的评价，应严格遵照中央有关规定和精神来把握，突出正能量，反对历史虚无主义。

见证帝国主义侵略和殖民统治、封建主义和官僚资本主义反动统治等史迹的陈列展览，应突出强调警示纪念意义，准确定性和定位，深刻揭示罪行，突出时代特征和民族记忆。抗战史迹的解读还应兼顾反法西斯、倡导人道主义、呼吁世界和平的国际视角。

要坚持以物证史，充分重视革命旧址相关可移动文物、资料的征集保护，以及对相关事件亲历者、幸存者、见证者的采访和口述资料的保存，并不断充实到陈列中。

要建立陈列展览内容和解说词研究审查制度，切实把好政治关、史实关，增强展陈说明和讲解的准确性、完整性和权威性。涉及全国爱国主义教育示范基地的改陈布展大纲和版式稿，须按有关规定履行审定程序。

五、教 育

第二十一条 革命旧址管理机构要制定和实施革命旧址及革命文化主题宣传教育计划，广泛、深入、持久的向人民群众，特别是向青少年进行中国近现代史和爱国主义、革命传统教育，并形成长效机制。

加强革命旧址管理机构与周边机关、企事业单位、社会组织、驻地部队的共建共育，有计划地组织公众特别是青少年到革命旧址参观学习，大力开展革命文化体验旅游、研学旅行。支持各级各类教育机构将红色文化纳入日常教学活动，利用革命旧址开展爱国主义教育和社会实践活动。鼓励革命旧址管理机构采用"流动博物馆"等方式，"出门办展览"，进一步融入社会。

第二十二条 应特别注重革命旧址的现场参观体验，科学设计革命旧址参观访问路线、教育项目，合理确定固定时间内的访客数量，并通过设置参与性装置、增加体验环节、表演活动等多样化的互动体验形式辅助相关历史展示传播，加深观众对相关历史的理解。

革命旧址参观导引讲解，既要注意内容的科学性、完整性，又要力求活泼生动。特别要注意结合革命旧址的价值阐释，重点讲解革命旧址所蕴含的现实意义和时代价值。应严格坚持革命题材的严肃性，严禁无历史依据的"戏说"，杜绝解说内容的低俗化、过分娱乐化。

鼓励借鉴分众传播理念，针对不同年龄段、教育和职业背景的社会群体，制定有针对性的参观与教育体验方案。特别要结合当代青少年对革命历史感知少、理性认识有限的状况，着重从国家记忆、民族精神、人生信念、道德情操等文化视角加强革命历史文化内涵解读，帮助青少年树立正确的历史观、价值观、人生观。

第二十三条 应积极拓展革命旧址的教育传播方式。既要通过编辑出版说明书、文物图片、资料汇编和通俗宣传材料，举办革命故事会、报告会、座谈会等传统方式系统介绍革命文物故事，也要充分利用移动客户端导览、二维码、红色资源App、网上纪念馆等现代传播形式，增强革命历史文化传播的互动性和体验性，还要善于依托革命文物和展览研发形式多样、特色鲜明、物美价廉的纪念品，让观众将革命历史文化带回家。

鼓励在建立革命旧址资源目录和专题数据库的基础上，绘制革命旧址资源地图，并结合革命旧址所在地辖区路标指引、公众服务平台开发、公共交通站台建设、市政设施设计等，彰显革命旧址及革命历史相关内容，方便公众教育使用。

第二十四条 规范革命旧址开放服务管理，引导公众文明参观，保持纪念地的庄严肃穆氛围，杜绝亵渎革命先烈、破坏展示氛围的不良行为。

第二十五条 以全国重点文物保护单位为龙头，省级文物保护单位为骨干，加强革命旧址研究展示教育资源整合，构建传播网络，形成联动、规模效应。相关全国重点文物保护单位作为专题反映重大革命历史活动的现场，应着力建设成地方及全国专题革命史研究和教育传播中心。

有条件的革命旧址管理机构，还应开展国际交流合作，与国外有关民族独立、人民解放及反法西斯史的纪念地（馆）建立联系，开展互展、联展、学术交流等活动。

国家文物局关于印发
《国家文物局2019年工作要点》的通知

文物办发〔2019〕4号

机关各部门，各直属单位：

《国家文物局2019年工作要点》已经国家文物局党组审议通过，现印发你们，请结合实际认真贯彻落实。

国家文物局

2019年2月1日

国家文物局2019年工作要点

　　2019年是新中国成立70周年，是全面落实党中央、国务院关于文物保护利用改革部署开局之年。国家文物局将坚持以习近平新时代中国特色社会主义思想为指导，深入贯彻党的十九大和十九届二中、三中全会精神，紧紧围绕习近平总书记关于文物工作系列重要论述精神，全面落实《关于加强文物保护利用改革的若干意见》《关于实施革命文物保护利用工程（2018—2022年）的意见》，抓主抓重，攻坚克难，激发改革活力，激励干部担当作为，更好服务党和国家工作大局，更好满足人民日益增长的美好生活需要，以优异成绩庆祝中华人民共和国成立70周年。

　　一、持续深入学习贯彻习近平新时代中国特色社会主义思想和党的十九大精神

　　1. 把学习贯彻习近平新时代中国特色社会主义思想和党的十九大精神持续引向深入，在学懂弄通做实上下功夫，长期坚持，常抓不懈。用习近平新时代中国特色社会主义思想武装党员干部，牢牢把握正确的政治方向，坚决贯彻落实习近平总书记关于文物工作的重要指示批示精神和党中央决策部署，发挥局党组理论学习中心组的示范带头作用，不断丰富学习形式和内容，不断提高学习效率和效果。

　　2. 加强党对文物工作的全面领导，坚决维护习近平总书记党中央的核心、全党的核心地位，维护党中央权威和集中统一领导，树牢"四个意识"、坚定"四个自信"，组织开展落实习近平总书记关于文物工作重要指示批示精神"回头看"，加强局系统政治建设，强化政治纪律和政治规矩意识。

　　3. 切实履行全面从严治党主体责任，强化责任担当，坚持问题导向，坚持以上率下，层层压实责任，把落实全面从严治党主体责任融入文物工作之中，抓住重点工作和关键环节，切实推进全面从严治党各项任务的落实，营造风清气正的政治生态。

　　4. 推进局党组巡视工作。继续推进中央巡视整改措施的落实，将落实中央巡视成果转化为推动改革发展的强大动力；继续开展对直属单位、在京社会组织的巡视，坚定不移深化政治巡视，坚持发现问题、形成震慑、推动改革、促进发展的工作方针，充分发挥巡视的政治监督、组织监督、纪律监督作用。

　　5. 加强局系统党的基层组织建设。认真贯彻落实《中国共产党支部工作条例（试行）》，扎实组织开展"不忘初心、牢记使命"主题教育，提升支部的组织力；严格落实"三会一课"制度，加强对党务、纪检干部和党员的教育培训。

　　6. 进一步加强局系统党风廉政建设。严格执行《中国共产党纪律处分条例》，落实《党组讨论和决定党员处分事项工作程序规定（试行）》，开展党性党风党纪教育、廉洁从政教育和警示教育活动。严格落实《关于深化中央纪委国家监委派驻机构改革的意见》，落实向驻部纪检监察组每季度报告党组会研究问题情况、每半年报告局系统党风廉政建设情况等各项措施。

　　7. 加强作风建设，认真执行中央八项规定精神，集中整治形式主义、官僚主义，查摆问题，提出有针对性的整改措施，确保取得实效，督促检查贯彻落实中央八项规定精神情况。

　　二、重点推动落实两个《意见》配套措施

　　8. 全力推进文物保护利用改革任务落实落细。将改革任务全面细化到年度工作目标。

加强部门协作，推出具有标志性、关键性、引领性作用的政策举措和制度设计。

9. 实施中华文物全媒体传播计划。推进国家文物局新闻宣传全媒体采编管理系统与传播平台建设。出台中华文物全媒体传播计划实施办法。加强文物舆情监测管理工作。

10. 全面实施革命文物保护利用工程。分批公布革命文物保护利用片区分县名单，指导各地公布全国革命文物名录。制定革命文物保护利用工程项目管理办法，出台《革命旧址保护利用导则》，实施一批革命文物保护利用项目。开展长征文化线路保护利用示范项目试点。启动百集革命文物故事微视频、百集革命旧址短片、百集革命人物纪录片"三个百集"试拍工作。

11. 持续推进国家文物督察试点。落实中办、国办《关于深化市场监管综合行政执法改革的指导意见》，加强文物行政执法。开展国家文物督察试点工作机制研究，出台文物督察配套制度和措施。开展不可移动文物执法监测。

12. 完善文物安全长效机制。制订文物平安工程实施规划。完善文物安全监管平台建设规划，推进文物安全监管平台建设。开展区域性文物安全网格化管理试点，出台网格化管理指导性文件。充分发挥部际联席会议制度平台作用，完善和拓展文物违法举报渠道。

13. 探索建立文物资源资产管理机制。完善国家文物登录制度，制定国有文物资源资产管理办法。实行文物资源资产报告制度，建立文物资源资产动态管理机制，创建文物资源资产卡片。完成文物资源空间分布格局研究，力争纳入《全国国土空间规划纲要》。

14. 进一步完善文物保护投入机制。实施《国家文物保护资金管理办法操作指南》和操作规程。推动文物保护由抢救性保护向抢救性与预防性保护并重、由注重文物本体保护向文物本体与周边环境整体保护并重转变，推动文物保护领域中央与地方财政事权和支出责任划分改革，引导鼓励社会力量投入文物保护利用等各项政策落地落实落细。

15. 继续推进文物领域"放管服"改革。

16. 完善基本建设考古制度，推动土地储备考古前置政策研究。强化考古项目监管，开展考古出土文物移交专项行动。

17. 推动出台《关于推进博物馆改革发展的实施意见》，激发博物馆创新活力。

18. 促进文物市场活跃有序发展。推动出台《关于引导民间收藏文物保护利用促进文物市场健康发展的意见》，完善社会文物领域管理服务措施。推进文物流通领域登记交易制度试点工作。

19. 开展流失文物追索返还工作，健全部门合作机制，完善工作体系，加强文物进出境监管，推动扩大享受进口免税待遇的公益性收藏单位名单，推进流失文物追索返还取得新成果。

20. 推进国家文物领域智库建设。加强文物领域调查研究，编印《文物调研》，搭建文物政策研究咨询平台。

21. 推动与相关部委联合出台《关于进一步深化文博事业单位人事制度改革的指导意见》。加强国家文物局机关职能配置，修订完善局机关"三定"方案。积极推进局直属单位职能定位与局机关协同优化。

三、稳步提升文物基础工作管理能力

22. 启动文物事业发展"十四五"规划前期研究。

23. 推进文物保护项目管理制度改革。修订《文物保护工程管理办法》，优化文物保护从业资质单位和从业人员职业资格管理，实施项目全流程管理，加强事中事后监管。

24．完成第八批全国重点文物保护单位申报遴选并报请国务院核定公布。整理全国重点文物保护单位本体构成、省级及市县级文物保护单位名录，摸清文物保护单位家底并分期分批向社会公布。

25．推进重大考古和文物保护项目。整体推进"考古中国"重大研究项目，实施布达拉宫文物（古籍文献）保护利用工程，指导做好故宫养心殿、应县木塔、佛光寺等研究性、预防性文物保护项目。实施长城保护总体规划，公布长城重要点段，指导15个省区市修编省级长城保护规划。

26．推进"良渚古城遗址""古泉州刺桐史迹"申遗工作，编制中国世界文化遗产事业发展规划，加强《中国世界文化遗产预备名单》项目培育和管理。

27．编制《国有文物收藏单位文物征集规程》《可移动文物预防性保护工作导则》《可移动文物数字化保护利用工作总则》《文物保护团体标准管理办法》，修订《依法没收、追缴文物的移交办法》，研究制定进一步规范博物馆陈列展览的指导性文件。

28．推进预算绩效管理相关工作。深入落实中共中央《关于全面实施预算绩效管理的意见》，推进建立部门预算全过程预算绩效管理工作规程，完善绩效管理机制和业财融合机制，逐步实现部门预算与绩效管理一体化的工作目标。

四、大力推进文物合理利用

29．推广文物建筑活化利用示范案例，推介乡村遗产酒店。共同推进大运河文化带建设和历史文化名城名镇名村保护及传统村落、工业遗产活化利用工作。

30．组织策划庆祝建国70周年展览，组织推介一批精品展览，加强展览网上展示与推广。

31．研究建立文化遗产、博物馆研学工作机制，推出一批全国研学实践线路、课程和活动。

32．继续实施"互联网+中华文明"行动计划，推动文物与教育、旅游、创新创意、设计和动漫游戏等领域跨界融合，组织参加相关展会。

五、不断扩大中华文化国际影响力

33．加强文物国际交流合作。开展"让文物活起来、扩大中华文化国际影响力"相关文件调研起草工作。办好"亚洲文明联展"。做好与美国关于防止文物非法进出境的谅解备忘录续签工作。落实《中国—中东欧国家合作索菲亚纲要》，举办第二届"中国—中东欧文化遗产论坛"。做好2020年国际博协藏品委员会第19届大会筹备工作。

34．推进"一带一路"交流合作。落实"一带一路"文化遗产保护与交流合作专项规划，继续加强对中外合作考古的指导，推进中埃孟图神庙、中沙塞林港和中亚等"一带一路"国家联合考古项目，做好在柬埔寨、乌兹别克斯、尼泊尔、缅甸等国文保修复项目。继续推进海上丝绸之路、丝绸之路南亚廊道跨国申遗工作，推进缅甸妙乌古城、塞尔维亚巴契遗址申遗等项目合作。

35．深度参与文化遗产国际治理。做好联合国教科文组织1970年公约附属委员会竞选工作，与国际文化财产保护与修复研究中心续签合作协议，积极参与"濒危文化遗产保护基金"管理工作。

36．扩展港澳台文化遗产交流合作。与澳门合作举办"第四届内地与港澳文化遗产活化再利用研讨会"，与港澳文化部门、海关、警方合作在内地举办关于打击文物犯罪和走私培训活动，组织第三届内地与港澳中学生文化遗产暑期课堂。举办第九届两岸文化遗产保护论坛及两岸水下考古主题联展和第六届台湾教师中华历史文化研习营，赴台举办龙门石窟主题展览。

六、全面提升文物工作支撑保障能力

37．加强文物法治建设。健全文物保护利用的法律制度和标准规范，开展《文物保护法》《水下文物保护管理条例》立法调研，起草《文物保护法》修订草案，推动国务院审议《水下文物保护管理条例》修订草案。

38．加强正面宣传，弘扬正能量。精心策划庆祝建国70周年主题宣传活动、全国"两会"、文物保护利用改革等系列宣传工作，编辑出版《中国文物事业70年纪事》。办好国际博物馆日、文化和自然遗产日等相关活动。持续打造《如果国宝会说话》、文化遗产公开课等宣传品牌。推进《中国文物志》编纂出版工作。

39．加强科技支撑。完成第七批国家文物局重点科研基地遴选。推进国家重点研发计划中"文化遗产保护利用关键技术研究与示范"专项实施。以互联网、大数据、信息共享、跨界创意和智慧应用为重点，促进文物保护利用与现代科技融合发展。

40．创新人才机制。推动出台《关于深化文博专业技术人员职称制度改革的指导意见》，制定《文物保护工程技能等级评价制度》。制订新时代文物人才建设工程实施方案，实施新时代文物人才建设工程，加强全国文博网络学院建设。

41．提高政务协调保障能力。扎实推进政务信息化工作，构建文物行业全国一体化在线政务服务体系。启动文物"互联网+监管"与国家"互联网+监管"系统对接模块建设，完成文博行业监测展示系统（大屏系统）建设。开展国家文物资源大数据库建设。加大贯彻落实党中央决策部署和《关于加强文物保护利用改革的若干意见》《关于实施革命文物保护利用工程（2018—2022年）的意见》工作情况督办力度，进一步加强与有关部门、地方的沟通协调。

42．创新文物保护服务方式。进一步落实国务院办公厅《关于做好政府向社会力量购买公共文化服务工作意见的通知》要求，按照政府采购制度改革精神，研究制定文物领域有关购买服务指导性文件。

国家文物局关于发布《国家文物局干部教育培训实施细则》的决定

文物人发〔2019〕5号

机关各司室、各直属单位：

《国家文物局干部教育培训实施细则》已经2019年第4次局党组会议审议通过，现予发布，请各部门、各单位认真贯彻执行。

国家文物局

2019年2月15日

国家文物局干部教育培训实施细则

第一条 为加强干部教育培训工作，根据《干部教育培训工作条例》《中共中央关于印发〈2018—2022年全国干部教育培训规划〉的通知》精神，结合国家文物局实际，制订本细则。

第二条 国家文物局机关、各直属单位在编在岗人员均需按照要求参加教育培训，教育培训完成情况是干部年度考核、任职、定级和晋升职务的重要依据。各部门（单位）要按照干部管理权限统筹制定年度培训计划，建立干部个人学习档案。

第三条 省部级、厅局级、县处级党政领导干部5年内应参加党校（行政学院）、干部学院以及干部教育培训管理部门认可的其他培训机构培训累计不少于3个月或者550学时。科级以下干部每年参加培训累计不少于12天或者90学时。每年各级各类干部参加网络培训学时数不少于50学时。

第四条 脱产培训指干部经组织选调，离开工作岗位参加的集中教育培训，包括各类业务培训。除党委（党组）中心组学习、网络培训、在职自学外，单位组织的专题讲座计入脱产培训学时，脱产培训和单位组织的专题讲座按1天8学时、半天4学时折算。

第五条 网络培训是指在中国干部网络学院和全国文博网络学院上完成的教育培训，以当年完成的课程总数计算学时，单独核定。

第六条 培训内容包括党的基本理论学习、党性教育、专业化能力培训、知识培训等各类培训。

第七条 干部参加脱产培训情况由本人填写，经培训主管部门审核计入干部年度考核表，参加2个月以上的脱产培训情况计入干部任免审批表。

第八条 干部参加培训时，应将《国家文物局培训证书》交培训实施机构盖章或签字，并交人事部门审核。各部门（单位）建立干部参加专题讲座明细账，由个人填报干部参加年度讲座登记表并将学时数年终累积记载于《国家文物局培训证书》上。

第九条 本细则由局人事司负责解释，自发布之日起施行。

国家文物局关于2018年度文物安全与行政执法情况的通报

文物督函〔2019〕316号

各省、自治区、直辖市文物局（文化和旅游厅/局），新疆生产建设兵团文物局，天津、上海、重庆市文化市场执法总队：

2018年，全国文物系统认真学习贯彻习近平总书记重要指示批示，落实党中央、国务院决策部署，攻坚克难、狠抓落实，推进文物安全与行政执法工作取得实效，现将有关情况通报如下。

一、2018年主要工作情况

全国依法查办文物行政违法案件，严厉打击文物违法犯罪，积极防范文物安全事故，文物安全形势趋于好转。

（一）文物执法巡查和案件处理情况。全国开展文物执法巡查244264次，发现各类文物违法行为1467起，其中，按简易程序处理1253起，按一般程序立案查处214起。查处涉及全国重点文物保护单位违法案件85起，其中，行政处罚24起，责令改正41起，移交司法机关2起，正在查办18起。河南安阳殷墟遗址遭破坏案、内蒙古呼和浩特大召违法建设案、江西南昌贺龙指挥部旧址违法建设案、天津五大道近代建筑群违法建设案等一批重大文物违法案件受到严肃查处。

（二）文物安全检查和案件事故处理情况。全国开展文物安全检查342550次，检查文物单位546948处，发现安全隐患124367项，整改114759项，整改率82.33%。文物安全案件事故171起，其中盗掘105起、盗窃24起、故意或过失损毁文物7起、火灾事故16起、其他事故19起。国家文物局对河南安阳殷墟遗址遭盗掘案、青海都兰热水墓群被盗案等37起涉及全国重点文物保护单位重大案件进行了重点督办，对西藏拉萨市大昭寺、北京市颐和园瞰碧台、北京市清华大学早期建筑明斋楼等3起全国重点文物保护单位火灾事故进行了现场督察。

（三）文物违法举报信息情况。"12359"文物违法举报平台共接收各类文物违法举报信息2138条，其中电话举报1340条、邮件举报549条、网站举报213条、信箱举报29条、其他渠道举报7条。受理文物违法举报问题线索168件，其中督办47件、转办121件。浙江衢州小南海石室违法建设案、山东东平白佛山石窟造像遭施工破坏案、河南洛阳隋唐洛阳城遗址违法建设案等一批群众举报的文物违法案件得到依法查处。

二、主要举措

（一）开展博物馆和文物建筑消防安全检查。深刻汲取巴西国家博物馆火灾教训，检查全国博物馆和文物建筑单位71389处，发现火灾隐患和问题101226项，整改93168项，挂牌督办重大火灾隐患单位70余家。2018年国家重点文物保护专项资金总计投入13亿，支持659个全国重点文物保护单位实施了安消防工程。

（二）实施打击文物犯罪专项行动。侦破各类文物犯罪案件1221起，打掉文物犯罪团伙244个，抓获犯罪嫌疑人2045名，追缴文物8440件。国家文物局、公安部联合督办河南安阳殷墟遗址遭盗掘案，打掉犯罪团伙14个，抓获犯罪嫌疑人153人，追回文物713件，问责追责51人。国家文物局、公安部、最高法、最高检联合举办"众志成城　守护文明——全国打击防范文物犯罪成果展"，全面展示打击文物犯罪专项行动开展以来取得的成果。

（三）持续开展文物法人违法案件专项整治行动（2016—2018年）。三年来，全国共查处文物法人违法案件673起，行政处罚349起，责令改正408起，行政追责314人次，刑事追责74人次。国家文物局直接督察督办313起，约谈地方人民政府及相关部门负责人20余人，一批涉及世界文化遗产、革命文物和危害长城安全及环境风貌的违法案件被依法查处。

（四）建立健全国家文物督察体系。落实中办、国办《关于加强文物保护利用改革的若干意见》，完善国家文物督察试点相关配套制度建设。开展文物安全责任制实施办法、文物督察督办和约谈办法研究。落实文物保护利用改革和文化市场综合行政执法改革要求，厘清文物行政部门与文化市场综合行政执法机构职能，细化市县文物行政执法职责。

完善文物安全部门协作机制，16个省份明确将文物安全纳入政府绩效考核评价体系，23个省份印发落实文件的实施意见，26个省份召开文物安全专题会议，21个省份建立省直厅局际文物安全工作联席会议协调机制。

经过一年的不懈努力，全国文物安全形势得到了明显改善，文物法人违法案件、文物安全案件和火灾事故明显下降。与上年相比，涉及全国重点文物保护单位法人违法案件同比下降了5.5%（2017年90起，2018年85起），文物安全案件和火灾事故同比下降了57.3%（2017年401起，2018年171起），2018年涉及全国重点文物保护单位的火灾事故3起，过火面积均未超过60㎡，损失较往年有所减轻。

但就全国文物安全形势看，影响文物安全的因素依然众多。一是一些地方政府文物安全主体责任落实不到位。全国尚有15个省份未按照国办《关于进一步加强文物安全工作的实施意见》的要求，将文物安全工作纳入地方政府年度考核评价体系；有些地方人民政府未依法划定和公布全国重点文物保护单位、省级文物保护单位保护范围和建设控制地带。二是一些部门文物安全监管责任履行不到位。市县级文物安全和行政执法力量严重不足，许多文物保护单位、文物收藏单位无专门管理的机构和人员，不少地方存在安全监管责任不落实、监管力量不足、日常执法巡查缺位等问题。三是一些文物、博物馆单位文物安全直接责任没有落实，安全隐患依然突出。全国博物馆和文物建筑消防安全大检查中，发现问题和隐患多达101226处，其中存在重大火灾隐患的单位70余家。一些单位安全防护设施老化、过期、无效等现象严重。有些省份没有执行文物安全与行政执法信息报送制度，存在报送不及时甚至隐瞒不报等问题，西藏自治区文物局没有报送文物行政执法案件，新疆维吾尔自治区文物局未报送年度文物安全与行政执法信息情况。

三、2019年主要工作

2019年，是中华人民共和国成立70周年，是全面落实中办、国办加强文物保护利用改革部署开局之年。文物安全与行政执法工作要紧紧围绕国家文物督察试点，聚焦法人违法、盗窃盗掘、火灾事故三大风险，提升文物安全防范能力，加大执法督察力度，牢牢守住文物安全底线。

一是按照《关于加强文物保护利用改革的若干意见》要求，推进国家文物督察试点，探索建立文物督察专员工作机制，强化省级文物行政部门督察职责，落实市县文化市场综合执法队伍的文物行政执法职责，明确文化综合执法机构文物行政执法职责。以改革促执法，以执法促安全。

二是坚持专项行动与常态监管相结合，持续开展文物法人违法案件整治。在文物执法中推广应用卫星遥感、无人机等科技手段，严查各类违法行为。

三是联合公安部继续开展打击文物犯罪专项行动，严厉打击各种文物犯罪活动。继续推进文物平安工程，实施文物安防、消防和防雷工程。建设文物安全监管平台，切实提高文物安全防范能力。开展文物单位电气火灾隐患专项整治行动，实施电气火灾风险评估试点，切实防范火灾风险。

四是进一步畅通社会监督渠道，开展和推广社会力量参与文物安全试点经验，积极引导社会力量参与文物安全工作。加强文物安全与行政执法信息报送，全面提升文物安全管理的信息化水平。

附件：1. 2018年全国重点文物保护单位行政违法案件统计表（略）

2. 2018年全国重点文物保护单位安全案件事故统计表（略）

国家文物局
2019年3月29日

国家文物局关于印发
《博物馆馆藏资源著作权、商标权和品牌
授权操作指引（试行）》的通知

文物博发〔2019〕14号

各省、自治区、直辖市文物局（文化和旅游厅/局），新疆生产建设兵团文物局，各有关单位：

为贯彻落实中共中央办公厅、国务院办公厅《关于加强文物保护利用改革的若干意见》，国务院《关于进一步加强文物工作的指导意见》，激发博物馆创新活力，盘活用好馆藏文物资源，推动博物馆逐步开放共享文物资源信息，规范博物馆文化创意产品开发相关授权工作，国家文物局组织编制了《博物馆馆藏资源著作权、商标权和品牌授权操作指引（试行）》，现印发给你们，请结合本地区、本单位的实际情况参考使用。

国家文物局
2019年4月8日

博物馆馆藏资源著作权、商标权和品牌授权操作指引（试行）

第1章 总 则

1.1 制订目的

坚持以习近平新时代中国特色社会主义思想为指导，深入贯彻落实中共中央办公厅、国务院办公厅《关于加强文物保护利用改革的若干意见》、国务院《关于进一步加强文物工作的指导意见》、国务院办公厅转发《关于推动文化文物单位文化创意产品开发的若干意见》，激发博物馆创新活力，盘活用好博物馆馆藏文物资源，推动博物馆逐步开放共享文物资源信息，切实解决制约博物馆文化创意产品开发工作中馆藏资源授权的制度瓶颈。

切实增强中华优秀传统文化的生命力、影响力，更好促进经济社会发展，不断满足人民群众日益增长的美好生活需求。

加强文物保护利用和文化遗产保护传承，指导各地博物馆提高馆藏资源著作权、商标权和品牌开发和活化利用能力，完善体制机制，激发博物馆运行活力，特制订本指引。

本指引为推荐性规范，指引及后附的协议范本供博物馆开展有关工作参考使用。

本指引主要针对博物馆馆藏资源著作权、商标权和品牌涉及商业使用的授权进行指导；用于公益性展示、教育、研究、交流用途的授权，参考本指引。

1.2 制订依据

《中华人民共和国文物保护法》《中华人民共和国著作权法》《中华人民共和国商标法》《中华人民共和国合同法》《中华人民共和国网络安全法》《中华人民共和国著作权法实施条例》《博物馆条例》《博物馆管理办法》和《文物拍摄管理暂行办法》《文物复制拓印管理办法》等法律规定与政策文件。

1.3 适用范围

本指引适用于全国各级各类国有和非国有博物馆开展馆藏资源著作权、商标权和品牌授权的具体工作。

本指引属于非强制性规定，博物馆可根据自身情况进行参考。

其他文物保护单位可参考本指引开展授权管理工作。

1.4 授权原则

博物馆开展授权工作，是新时代博物馆公共文化服务、科研和教育等基本功能的衍生与发展，是适应中华优秀传统文化创造性转化和创新性发展的需要。博物馆开展馆藏资源著作权、商标权和品牌授权管理工作，应当坚持把社会效益放在首位、社会效益和经济效益相统一的原则，加强文物保护利用和文化遗产保护传承，充分利用市场规律和各项政策，不断激发博物馆的活力，推动文化事业和文化产业发展。

1.5 术语与定义

博物馆是指以教育、研究和欣赏为目的，收藏、保护并向公众展示人类活动和自然环境的见证物，经登记管理机关依法登记的非营利组织。博物馆包括国有博物馆和非国有博物馆。

馆藏资源是指博物馆登记备案的所收藏、管理、保护的不可移动和可移动文物、艺术品等，以及在此基础上二次加工得到的，以语言、文字、声像等不同形式记载的藏品状态、变化特征及其与客观环境之间的联系特征等藏品本身蕴含的原始信息，或者经过加工处理并通过各种载体表现出来的信息，包括与之相关的文件、资料、数据、图像、视频等信息资源，包括实物和数字化信息。

馆藏资源著作权是指博物馆馆藏资源构成作品而依法产生的专有权利，其中包括：属于馆藏资源的作品，该作品仍处于著作权保护期内、且博物馆通过著作权人授权或者法定许可而获得的著作权；博物馆对馆藏资源以摄影、录像等方式进行再次创作而获得的作品的著作权。

馆藏资源商标权是指博物馆用名称全称、简称及其标志图形，馆藏资源的名称及其他具备商标构成要素的元素等，通过商标申请注册而获得的专有使用权利。商标是品牌或品牌的一部分，必须在政府指定部门进行注册后成为"注册商标"，才能获得商标专用权。商标权是品牌价值的重要组成部分。

馆藏资源品牌是指社会公众对博物馆在服务、产品开发、文化传播等方面所创造价值的认知，是为博物馆产生增值、带来溢价的无形资产，其载体包括博物馆的名称、相关标记、符号或图案等。

直接授权是指博物馆将馆藏资源著作权、商标权和品牌可用于商业使用的权利直接授予给被授权方，被授权方按照双方签订的合同在限定的时间和区域范围内将获得的权利应用于经营活动，博物馆向被授权方收取许可费。

委托授权是指博物馆通过第三方委托代理机构与被授权方接洽，由第三方代理机构代表博物馆作为授权方，将博物馆馆藏资源直接或经过一定的设计加工后，授权给被授权方。被授权方依照合同约定向第三方代理机构支付许可费或不断反馈收益，第三方代理机构依照与博物馆之间的约定，向博物馆支付相应的许可费及其他相应收益。

标的是指博物馆与被授权方之间通过合同明确约定的所授馆藏资源著作权、商标权和品牌的权利义务关系。

独占许可是指博物馆与被授权方通过合同约定，只有被授权方可以在约定的时间和地域范围内，针对某些特定品类产品，通过约定的方式，使用授权标的，博物馆和其他任何第三方均不得使用。

排他许可是指博物馆与被授权方通过合同约定，除被授权方以外，博物馆不得另行授权第三方在合同约定的时间和地域范围内，针对某些特定品类产品，以合同约定的方式，使用授权标的，但博物馆自身保留使用权。

普通许可是指博物馆许可被授权方使用授权标的，同时保留许可第三方使用授权标的的权利，即博物馆既可以自行使用，也可以授权多个被授权方使用。

许可费是指博物馆向被授权方授权使用其馆藏资源著作权、商标权和品牌时收取的费用。许可费可以是固定金额，也可以是按约定比例所获得的商业开发利益分成，或保底金额加超出部分分成的方式，以及双方约定的其他方式。

第2章　授权内容

2.1 著作权授权

博物馆馆藏资源的著作权权利有发行权、出租权、展览权、表演权、放映权、广播权、信息网络传播权、摄制权、改编权、翻译权、汇编权等。

博物馆馆藏资源著作权可体现在具有再次创作特征的数字信息资源上。数字信息资源包括以数字化处理的博物馆藏品和博物馆建筑的文字介绍、图像、视频、三维模型等，以及对博物馆藏品的文化内涵、与藏品相关的文化背景、博物馆的文化内容，进行深度发掘和梳理的一切资料的数字化资源。博物馆可以将具有再次创作特征的数字信息资源的著作权对外授权，获得相关收益。

博物馆数字信息资源的商业使用包括但不限于：
作为书籍、期刊、画册等出版物的内容出版；
各类网站及自媒体的内容传播；
影视、动漫、游戏及视频开发；
各种程度和形式的仿制品的设计与开发；
各类文化创意产品及其他衍生品的设计与开发。

2.2 商标权授权

博物馆的名称全称、简称及其标志图形，馆藏资源的名称及元素等，具备商标构成要素的，可以申请注册为商标。博物馆注册的商标可以是文字、图形、字母、数字、三维标志、颜色组合和声音，以及上述要素的组合。

博物馆商标权授权的商业用途包括：

各类衍生品及其他产品或服务的外观设计与包装设计；

推销上述商品或服务的广告、宣传页、海报的用语与设计；

各类展示及相关文化交流活动的冠名与推广。

2.3 品牌授权

品牌授权是对博物馆的名称、相关标记、符号或图案等载体的无形资产进行的授权，及以博物馆的社会知名度和文化效应为标的的合作。

博物馆品牌授权的商业用途包括：

各类衍生品及其他产品或服务的外观设计与包装设计；

推销上述商品或服务的广告、宣传页、海报的用语与设计；

各类展示及相关文化交流活动的冠名与推广。

2.4 其他授权

博物馆所收藏、管理和保护的现代书画作品、摄影作品及工艺美术品等，其著作权仍在保护期内的，博物馆应在征得著作权人同意并获得相应的授权后，才可开展相关授权工作。

第3章 授权模式

3.1 直接授权和委托授权

授权分为直接授权和委托授权。

博物馆综合评估自身馆藏资源、品牌价值、管理运营水平等实际情况，适当选择直接授权、委托授权等方式，进行馆藏资源著作权、商标权和品牌的授权，维护自身权益。

3.1.1 直接授权

规模较大、馆藏资源较为丰富、管理体系较为成熟的博物馆，推荐采用直接授权模式，将馆藏资源著作权、商标权和品牌直接授权给被授权方，获取收益。

博物馆使用直接授权方式，有利于主导与被授权方达成签约，有利于保护自身利益。

博物馆需要直接负责授权的接洽、谈判、签约和授权后的指导、监督、管理、图库开发及更新、被授权方打样产品的审核等各项工作。鼓励有条件的博物馆可以成立专门的授权合作部门，负责授权合作的各项工作，明确职责，指定人员，并与相应的法务部门或合作律师共同对各个环节进行监控，防止法律风险。

3.1.2 委托授权

博物馆可采用委托授权模式，通过委托第三方代理机构，进行馆藏资源与品牌的授权工作，获取收益。

在委托授权模式下，博物馆无需直接与被授权方接洽、谈判、拟定授权合同、监督合同的执行等工作，降低了博物馆开展授权工作的难度。但应当做好馆藏资源的梳理，向第三方代理机构明确授权标的、范围、使用方式以及对被授权方资质的要求等。

委托授权模式对博物馆而言存在一定风险。博物馆若采用该模式，需要签订严谨的合同，同时在博物馆自身要有相应的内部控制流程，确保被委托人能够保护博物馆的利益和资源。

3.2 独占许可、排他许可和普通许可

博物馆应综合评估授权标的商业价值、使用范围、经营方式等情况，相应选择独占许可、排他许可和普通许可等方式，开展馆藏资源著作权、商标权和品牌授权。

3.2.1 独占许可

独占许可是指只有被许可人使用特定著作权、商标权和品牌的授权，许可人（博物馆）和其他任何第三方都不能再使用相关授权。

一方面，因为是独占，意味着被许可人必须支付更多的对价，博物馆在单次交易中有可能获得较高的经济收益。另一方面，以独占许可方式开展授权的馆藏资源著作权、商标权和品牌，博物馆自身同任何第三方一样，在合同约定期限内也不得使用。因此博物馆对此类授权应十分慎重，对被授权方的资质、实力和能力及开发利用授权标的的方式、授权期限等，应严格考察审核，同时要对授权标的开发利用过程进行严格的监督管理，以防止授权标的被滥用或闲置。因此，只有在很少数的情况下，才建议采用独占许可模式，并取决于时间、地域等其他许可因素，由博物馆综合考虑。

建议独占许可的情况下，被授权许可方要给与授权方固定的许可使用费。

3.2.2 排他许可

排他许可是指只有被许可人和许可人可以使用特定著作权、商标权和品牌的授权，其他任何第三方都不能再使用相关授权，即许可人（博物馆）不能再和第三方签订许可协议，但是博物馆自己可以组织力量开发和使用。

在排他许可中，博物馆依然可以自由使用授权标的，但不能在授权期限内再对任何第三方再次授权。排他许可需选择具有影响力和经济实力的被授权方，并对生产的产品和服务进行监督和控制。

因此，只有在很少数的情况下才建议采用排他许可模式，并取决于时间、地域等其他许可因素，由博物馆综合考虑。

3.2.3 普通许可

普通许可是博物馆开展商业授权的常见方式，进行普通许可的授权标的，博物馆不仅保留自身的使用权，同时可将该授权标的的授权第三方，不受时间、地域、使用方式限制使用授权标的。

对于开发利用成本较低且方式多样或可直接使用的馆藏资源，博物馆可选择普通许可方式开展授权工作。

同时，因博物馆目前的公益属性，使用财政资金形成的馆藏资源著作权、商标权和品牌，建议优先使用普通许可。

3.3 授权期限

短期授权一般为3个月至6个月，主要针对一次性授权等。长期授权期限通常为1—3年。如有市场需求，可延长授权期限。

第4章 授权流程（以直接授权为例）

4.1 明确可授权的内容

博物馆根据自身馆藏资源与创新创意工作开展的实际情况，明确可直接用于授权的馆藏资源著作权、商标权和品牌，并对具有商业价值的馆藏资源著作权、商标权和品牌进行整理和设计，形成可授权的内容体系。

委托授权的相关流程在附件协议模板中有相关描述。

4.2 发布授权合作信息

博物馆明确授权合作的方向和具体的方案，对外发布公开征集合作对象的信息，在征集信息中要明确对合作对象的最低要求及合作相关信息。

利用馆藏资源授权开发的产品可包括：

（1）文物仿制品：是指以馆藏资源为原型，采用不同比例、大小、材质的仿制品。

（2）文物艺术创作品：是指以馆藏资源为素材，从材质、纹饰、色彩等多个方面进行艺术加工创作而成的产品。

（3）纪念品：是指以馆藏资源为素材，进行设计、开发、制作的具有一定的实用性、观赏性、纪念性，且有助于文化推广的产品。

（4）生活用品：是指以馆藏资源为素材，进行设计开发的集创意、艺术性和生活实用性于一体的产品。作为博物馆文创产品开发的重要方向，是博物馆融入社会生活、发挥教育意义的重要手段。

（5）出版物：指以馆藏资源为基础内容，出版的相关影像、图像、宣传海报、书籍等。

（6）其他：以上类型未涵盖的其他以馆藏资源开发而成的产品或服务方式。

4.3 选择合适的被授权方

被授权方必须是依法登记设立，并从事与博物馆授权产品相关活动的企业或团体。被授权方应向博物馆提交企业法人或社会团体的证明文件、具备实体经营能力的相关证明及商标注册证明等。

博物馆在对被授权方进行选择时，应考虑其业务范围、规模实力、品牌文化、形象信誉、销售渠道、有无相关经验等因素，优先选择业务范围与博物馆授权标的具有强相关性，且具有一定规模和效益、品牌特色明显、形象信誉较好的合作对象。为达成与国际知名品牌厂商及知名设计团队与博物馆合作，其资格条件、销售渠道、设计创意等经博物馆主管部门审核后，对其所收取的授权金额度可由博物馆自行商议决定是否给予优惠。

4.4 合作洽谈

经过初步的选择，博物馆可与被授权方对具体授权事宜进行合作洽谈。洽谈内容主要包括：

授权标的的内容；

具体授权方式；

许可费数额及支付方式；

授权期限；

双方的权利义务；

授权标的的使用方式及地域范围；

授权产品的设计、生产和销售；

产权归属等。

4.4.1 授权费用及支付方式

应明确约定授权费用的总额及支付方式。博物馆可根据实际情况制定授权费用标准体系，对于单一馆藏资源的图片、视频、数字模型等可制定统一的授权费用标准；对于商业价值较高的标的，其授权费用可采用一次性授权费用或基本费用加销售分成的方式，根据具体授权项目由双方共同商定。可以按周、月度、季度、半年或一年为周期进行结算和支付，并且应当提供简明、确凿的查证方法。同时应明确被授权方的付款方式（支票或银行汇票等）以及汇款单位的详细地址。被授权方如有其他非金钱上的额外回馈条件（须与本次授权有关），可另行与博物馆商议，并在签订协议中明示。

4.4.2 产权归属

应重点约定以授权标的为基础所创造的新的著作权、商标权和品牌等产权的归属。合同未有约定或约定不明的，产权依照法律归创作者所有。合作作品、委托作品类型复杂、合同未有约定或约定不明的，依照法律确立产权归属。

4.5 签订合同

与被授权方协商一致后，博物馆需订立授权合同以明确双方的权利及义务。授权合同的内容一般包含：

授权标的的名称、数量及其承载的权利类型，被授权权利的类型及使用范围，授权标的被授权的时间、地域限定，授权双方所享有的权利和承担的义务，对授权产品开发成本和定价、销售渠道或使用方式，对授权产品的设计权、版权的约定，出现违反合同内容的处置等。

4.5.1 授权标的

授权合同应明确约定所授馆藏资源著作权、商标权和品牌的名称、数量、载体形式及权利类别，特别要标注是否包括名称的中英文、汉语拼音及缩写。

4.5.2 授权范围及使用方式

明确约定被授权方享有该授权标的的全部权利或部分权利，在约定范围以约定方式使用授权标的（使用方式见合同版本第2条中的内容）。

4.5.3 授权性质

明确约定授权性质为独占授权、排他授权或普通授权，不同性质的授权，许可费标准不同。

4.5.4 授权期限

明确约定被授权方使用授权标的的时间期限，以及到期后续约的形式。

4.5.5 争议处理方式

一般建议选择仲裁机构或博物馆所在地法院解决争议。

4.6 跟踪反馈与监督管理和保密

在被授权方对授权标的进行开发利用，并销售相关产品或服务的过程中，博物馆应及时掌握授权产品的相关动态，监督授权标的在生产流通环节是否严格按照合同约定执行，必要时给予相应的指导与帮助（保密约定具体见合同版本中相关内容）。

4.7 授权档案管理与纠纷解决

在整个馆藏资源与品牌授权的过程中，博物馆应妥善处理、保管与授权相关的文字、图像、音视频等材料，并做好归档，以便日后的整理与查阅等工作。

博物馆在发现自身权利受到侵害时，要第一时间收集并保存证据，通过行政举报、调解、仲裁或诉讼的方式主张并维护自身权益。

授权纠纷主要包括合同纠纷和侵权纠纷两部分。纠纷可通过调解或仲裁方式解决，纠纷双方可通过协商约定一方或双方让步，消除其间存在的争议。

在许可合同中，博物馆可以要求被许可人举报市场上的侵权产品。

第三方机构委托授权流程参照此办理。

第5章 权利与义务

5.1 权利与义务

博物馆馆藏资源具有极重要的公共属性，被授权方在对博物馆馆藏资源著作权、商标权和品牌进行使用和开发时，应自行负担设计开发产品所需的成本费用，并且不得损害民族精神与社会公共利益。

为确保授权标的被合理使用，博物馆拥有对所授权利的使用与开发过程进行审核与监督的义务，并享有从开发成果中获得经济和社会效益的权利。

5.2 质量控制

被授权方承诺按博物馆提供的书面设计要求使用博物馆的馆藏资源，并承诺设计制作的产品：

（1）在设计、用材和工艺方面均具有优良的质量。

（2）具有安全性、无伤害性，并能达到博物馆的预期目标。

（3）设计与制作的产品要与博物馆的声誉保持一致。

（4）在使用博物馆的商标时，被授权方须以明显易辨的方式，在设计的产品或其包装上（产品本身、包装、容器、说明书等）标示博物馆的完整注册商标，并遵循博物馆对其商标使用的规范要求。

（5）被授权方的产品应于包装或说明书上介绍该产品是由博物馆的何种馆藏资源设计而来，并对该馆藏资源进行简要的介绍。

（6）被授权方所开发的产品宣传材料应于媒体发布前一个月提交博物馆备查。

（7）所开发产品涉及食品的，应符合生产、销售国家和地区的食品卫生标准。

5.3 产权确权及归属

许可使用过程中，如发生被许可人添附产权的情况，应当明确约定如何确认其权利及归属。

5.4 违约行为及其相关责任

由于馆藏资源著作权、商标权和品牌的授权涉及公共利益、历史传承、青少年教育等诸多问题，在授权过程中应明确规定被授权方违约行为的处理办法及其相关责任。

附录一：《博物馆馆藏资源著作权、商标权和品牌授权合同（直接授权范例）》（略）

附录二：《博物馆馆藏资源著作权、商标权和品牌授权合同（委托授权范例）》（略）

国家文物局关于加强高校田野实习工作的通知

文物保函〔2019〕357号

各有关高校：

高校是我国考古专业人才培养的重要阵地，是考古学科和考古事业健康发展的重要保障。近年来，部分高校在考古实习工作中存在指导教师配备不足、实习地点不固定、设施设备不完善、实习标准下降等问题，严重影响了考古实习质量。为加强高校考古实习工作，现就有关要求通知如下：

一、提高认识，明确考古实习工作的重要性和严肃性

（一）充分认识考古实习的重要意义，从推进考古学学科发展、培养优秀行业人才的高度出发，将考古实习工作作为教学体系建设、教师考核、学生教育的重要内容，注重在考古实践中培养学生扎实的专业知识、技术能力和良好的道德品行、行业作风。

（二）组织考古院系教师认真学习《中华人民共和国文物保护法》《考古发掘管理办法》《田野考古工作规程》等法律法规和标准规范，及时做好项目申报、组织实施、检查验收工作，严格执行考古调查、勘探和发掘技术要求，规范考古资料采集、记录和整理工作，确保考古实习各环节依法合规。

（三）强调学生为本，科学确定实习地点、实习内容和考核方式，最大限度地满足田野考古教学需求，注重考古实习的规范化、科学性，弱化教师个人学术兴趣影响，不得以应急性基本建设考古项目作为考古专业本科生实习教学课程。

二、加大投入，提升考古实习工作的保障水平

（一）高度重视考古专业教师队伍建设，保持合理的人才梯队，鼓励符合条件的教师申报考古发掘项目负责人，确保高校满足考古发掘资质管理的人员数量要求。逐步建立有利于考古实习的教师评价体系，提升带队教师在课时计算、绩效认定、职称评定、科研奖励等方面的测算标准，调动教师承担考古实习工作的积极性和主动性。

（二）应将考古实习基地建设作为考古专业院系发展的重要前提，积极联合地方人民政府、文物部门、考古科研单位等合作共建相对长期、固定的考古实习基地，鼓励依托大遗址考古、"考古中国"重大研究项目等，开展长期、可持续的教学实习工作，不断加大基地建设投入，改善田野教学、科研与生活条件，提升考古实习质量。

（三）根据学生实习规模给予教学经费保障，及时购置、更新考古教学和科研设施设备，鼓励有条件的高校建设科技考古实验室、出土文物保护修复室、文物标本库房、整理室和陈列室等完善的基础设施，支持高校参照《考古装备及设施配备导则（试行）》购置必要的教学设备、考古工具、仪器装备等，参与考古设施装备研发。

三、教育为先，确保考古实习工作的教学质量

（一）不断优化考古实习课程体系，建立健全项目管理、经费使用、检查验收等制

度；做好年度考古实习方案编制工作，科学确定实习地点、工作区域和发掘面积，明确年度教学目标、技术路线、考评标准和工地现场管理、后勤保障措施等，为实习教师、学生购置必要的意外伤害保险。

（二）针对考古实习需要配置师资力量，保证合理的师生比例；落实带队教师（考古发掘项目负责人）负责制，履行岗位责任，严禁技术工人、在读研究生带队教学；鼓励高校聘用田野技术扎实、教学经验丰富的考古科研或基层考古人员协助教学实习，为学生提供更好的学习辅导。

（三）加强考古工地管理，严格按照《考古发掘管理办法》《田野考古工作规程》等要求，规范田野考古操作流程，实习进场前组织开展学生安全防范教育培训和应急演练，制定考古工地现场管理的各项规章制度和应急预案，确保人员和文物安全。

（四）重视考古资料整理、报告出版和出土文物移交工作，保证年度考古工作成果及时移交高校资料室、文物库房或当地文物部门；同时，落实考古资料整理和报告出版的第一责任人、工作方案和进度要求，避免考古资料积压。

四、加强管理，做好考古实习项目的事中事后监管

（一）请各有关高校根据通知要求，结合自身办学宗旨及特点，研究制定考古学科建设发展规划，进一步明确院系建设方向和重点。同时，应将考古实习的工地质量纳入教学质量监控体系，及时组织开展或接受所在地文物部门的项目检查、验收，并通过学生评教、教师评学、信息反馈等方式，加强考古实习教学质量的反馈与调控，不断提升教学质量和效果。

（二）请各省、自治区、直辖市文物局（文化和旅游厅/局）切实加强辖区内考古实习项目的检查和监督，及时了解项目进展情况，支持高校做好与地方政府、相关部门和单位之间的沟通协调，将高校考古实习项目纳入本省（自治区、直辖市）主动性考古发掘项目检查验收工作，做到2019年度高校考古实习项目检查全覆盖。国家文物局将继续加大高校考古实习项目监管力度，根据各地检查验收情况，对存在的问题进行核实，区别处理。

（三）请南京大学、四川大学、武汉大学、中山大学、厦门大学、北京联合大学、首都师范大学、辽宁大学等认真梳理"十三五"期间学生考古实习情况，查找问题，分析原因，抓紧整改，并将整改报告于2019年5月31日前报送我局。我局将根据情况，统筹考虑学生考古实习项目审批和考古发掘资质监管事宜。

国家文物局

2019年4月12日

国家文物局关于近期文物火灾事故情况的通报

文物督发〔2019〕12号

各省、自治区、直辖市文物局（文化和旅游厅/局）、新疆生产建设兵团文物局：

近期，一些地方接连发生重特大安全事故，江苏响水天嘉宜化工有限公司"3·21"特别重大爆炸事故、四川木里森林火灾等事故灾害，以及文物火灾事故等，给人民生命财产造成重大损失。法国巴黎圣母院发生的火灾，同样为文物安全工作敲响了警钟。各地要全面贯彻习近平总书记重要指示批示精神，认真汲取教训、举一反三，切实加强文物消防安全工作，坚决避免文物火灾事故发生。

2019年1月6日，四川省绵阳市江油市全国重点文物保护单位云岩寺东岳殿发生火灾，过火面积120平方米，大殿主体建筑被烧毁。1月31日，福建省南平市建瓯市第三次全国文物普查文物点步月桥发生火灾，过火面积645平方米，整座桥被烧毁。2月2日，江西省南昌市安义县省级文物保护单位京台曦庐民宅的刘氏宗祠发生火灾，过火面积360平方米，建筑木构部分损毁严重。2月12日，江西省抚州市乐安县县级文物保护单位金竹江西保卫局侦察科旧址发生火灾，过火面积约500平方米，建筑主体毁灭。3月8日，浙江省温州市文成县省级文物保护单位谢林大宅院发生火灾，过火面积1350平方米，建筑木构部分基本被烧毁，导致1人轻伤。4月13日，福建省泉州市晋江市省级文物保护单位钱头状元第发生火灾，过火面积25平方米，建筑局部受损。

从6起文物火灾事故和近期安全抽查情况看，安全主体责任、监管责任和直接责任不落实，是火灾事故频发的症结；电气故障、生产生活用火、违规燃香烧纸和施工用火，是火灾主要诱因；消防基础薄弱、设施设备维护不到位、乱堆乱放易燃可燃物品以及应急处置能力弱等，是火灾突出隐患和问题。如四川省绵阳市江油市云岩寺作为全国重点文物保护单位，长期由旅游公司经营并租给私人使用，管理体制混乱、安全职责不清、消防措施不落实，最终酿成该寺东岳殿火灾事故。

一、落实安全责任，强化消防措施

各级文物行政部门和各文物、博物馆单位要按照习近平总书记指示精神和党中央、国务院决策部署，将文物安全摆在首位，坚持文物安全零起点，严守文物安全红线、底线。主要领导要认真履行文物安全第一责任人职责，抓责任落实、措施落地。各级文物行政部门要逐级督导压实文物属地政府文物安全主体责任，明确负责文物安全监管的机构和人员。各文物、博物馆单位要将文物安全落实到岗位，做到责任到人、运转有效。要从落实消防安全制度、完善消防基础设施、加强巡查检查、提升防火救火能力等方面，全面强化文物消防安全措施。近期，各地要开展一次文物消防设施设备检测评估，更换提升老旧、破损设施设备，确保使用效能。

二、紧盯隐患问题，做到严查严治

各级文物行政部门要在本辖区内组织开展文物火灾隐患整治督查年活动，集中督查整治电气隐患、违规用火用电、违规燃香烧纸、违规施工操作，以及易燃易爆物品管理不善、消防设施设备不完善、安全管理松懈等突出隐患和问题。要实施全覆盖、拉网式检查，并对重点隐患单位进行跟踪挂牌督办、限期整改。对拒不整改或整改不力的，要约谈警示、严肃追责。各文物、博物馆单位要实施文物消防安全检查整改年活动，全面评估火灾风险，切实整治火患，强化防火措施。要强督实查，决不允许走过场、搞形式主义。

三、狠抓日常管理，严控火灾诱因

文物建筑内严格控制使用明火，宗教活动场所或者民居建筑等确需用火时，应加强火源管理，采取有效防火措施，并由专人看管，必须做到人离火灭。文物建筑内配电设备、电气线路、电器选型、安装等应符合消防规范和防火要求，严禁私拉乱接电气线路。文物建筑保护范围内严禁生产、使用、储存或经营易燃易爆危险品，严禁燃放烟花爆竹。用于生产生活的民居类文物建筑使用燃气、堆放柴草等可燃物，要采取切实有效的安全防护措施。在文物建筑保护范围内举办大型活动，要严格审批备案程序，事先进行防火检查，增设必要的消防设施设备和灭火器材，制定有效应急措施。

四、加强消防演练，开展警示教育

各文物、博物馆单位要建立健全专兼职消防队伍，切实提高消防安全素质和技能，培养一批会管理、懂技术、善检查、能救火的"消防安全明白人"。要加强全员安全培训，做到人人关心安全、参与防火。要针对本单位主要安全风险和火灾诱因，建立高效的火灾应急响应机制，按照"灭小灭早"的要求，定期组织演练。各级文物行政部门和各文物、博物馆单位要在本辖区、本单位大力开展文物消防安全培训和警示教育活动。通过法制教育，增强防火责任意识；通过火灾案例警示，增强火灾风险意识；通过防火灭火技能培训，增强预警和灭火能力。要加大宣传力度，引导社会力量参与和监督文物消防工作。

各地文物、博物馆单位发生火灾事故的，要按照《文物安全与行政执法信息上报及公告办法》规定的程序和时限上报，并按照事故原因未查清不放过、责任人员未处理不放过、整改措施未落实不放过、教训不汲取不放过的要求，依法依规严肃查处火灾事故。瞒报、谎报、迟报火灾事故，或在文物消防安全工作中存在失职渎职行为的，要依法依纪严肃追责。各地文物部门和文物、博物馆单位要严格按照国务院安委会的部署和要求，深入开展"防风险、保平安、迎大庆"消防安全执法检查专项行动，有效防范和坚决遏制文物火灾事故，全力为新中国成立70周年营造安全稳定的社会环境。

国家文物局

2019年4月17日

国家文物局关于转发《军事法院涉案文物移交办法（试行）》并做好相关工作的通知

文物博函〔2019〕425号

各省、自治区、直辖市文物局、新疆生产建设兵团文物局（文化和旅游厅/局）：

近年来，各省（区、市）文物行政部门支持指导涉案文物鉴定评估机构，积极配合军事法院等军事司法机关开展涉案文物鉴定评估工作，为维护司法尊严、保护国家文物发挥了重要作用。为进一步规范军事法院涉案文物移交接收工作，我局决定与中国人民解放军军事法院共同建立健全涉案文物移交接收工作制度。

2019年1月31日，中国人民解放军军事法院印发《军事法院涉案文物移交办法（试行）》，现将文件转发你们，并就做好军事法院涉案文物接收等工作提出以下要求：

一、切实重视军事法院涉案文物接收工作，依据《军事法院涉案文物移交办法（试行）》，与当地军事法院建立沟通协调机制，认真落实军事法院涉案文物移交接收的各项事宜。

二、要求涉案文物鉴定评估机构参照《涉案文物鉴定评估管理办法》的相关要求，认真开展军事法院涉案文物鉴定评估工作。

三、我局将按程序指定中国人民革命军事博物馆接收军事法院移交的涉案军事文物。各地可根据移交文物的具体情况和文物保护、研究和利用工作的需要，指定符合条件的国有文物收藏单位接收军事法院移交的涉案非军事文物。

四、加强军事法院涉案文物移交接收工作的管理，会同当地军事法院协调制定移交接收工作方案，要求参与文物接收的工作人员严守保密纪律和文物交接工作规定，认真填写交接文物清单，切实履行文物实物查点、交接和签字等手续。

五、每年年终汇总当地军事法院涉案文物移交接收情况，报我局备案。涉及一级文物或大量文物移交接收工作正式开展前，应提前报告我局。

特此通知。

附件：关于印发《军事法院涉案文物移交办法（试行）》的通知

国家文物局

2019年5月7日

附件

关于印发《军事法院涉案文物移交办法（试行）》的通知

军审判发〔2019〕3号

各战区、总直属军事法院：

现将《军事法院涉案文物移交办法（试行）》印发你们，望认真贯彻执行。执行中如有意见和建议，请及时报告我院。

解放军军事法院

2019年1月31日

军事法院涉案文物移交办法（试行）

为规范军事法院涉案文物移交工作，根据《中华人民共和国文物保护法》以及财政部《罚没财物和追回赃款赃物管理办法》，国家文物局、财政部、公安部、海关总署、国家工商行政管理局《依法没收、追缴文物的移交办法》等有关规定，制定本办法。

第一条【一般规定】 各级军事法院生效裁判确定没收、追缴的除依法返还被害人以外的所有文物，由一审军事法院无偿移交文物行政部门。其中，军事文物根据国务院文物行政部门的决定移交中国人民革命军事博物馆，非军事文物移交保管地的省级文物行政部门。

第二条【鉴定评估】 对未经鉴定评估的疑似文物，军事法院应当根据最高人民法院、最高人民检察院、国家文物局、公安部和海关总署《涉案文物鉴定评估管理办法》的规定，委托国家文物局确定的文物鉴定评估机构进行鉴定评估。

第三条【临时保管】 军事法院不具备保证涉案文物安全无损保管条件的，应当将涉案文物移送保管地省级文物行政部门指定的国有文物收藏单位暂存，并办理相关暂存手续。

第四条【军事文物移交】 一审军事法院执行立案后，涉及文物处置的，应当层报解放军军事法院，由解放军军事法院通知中国人民革命军事博物馆对其中有无军事文物进行认定。以定为军事文物的，经中国人民革命军事博物馆报国家文物局批准，由一审军事法院根据批准文件移交中国人民革命军事博物馆收藏。

第五条【非军事文物移交】 一审军事法院应当将拟移交的非军事文物登记造册，与文物保管地省级文物行政部门协调沟通，研究制定移交方案，层报解放军军事法院审批并在收到批复后30日内组织移交。移交应当严格按照移交方案进行，认真填写文物移交清单，履行实物查点、交接和签字等手续，并全程录音录像。

第六条【移交监督】 涉案文物移交过程中，应当邀请同级军事检察院派员全程监督。大量或者珍贵文物移交时，可以邀请国家文物局派员现场指导。

第七条【移交备案】 涉案文物移交情况每年年终由解放军军事法院汇总，报国家文物局备案。

第八条【文物保护】 各级军事法院应当增强文物保护意识，强化办案责任，建立健全文物管理制度，配备完善文物保护设施，确保文物安全。

第九条【保密要求】 所有参与、了解涉案文物移交工作的人员应当增强保密意识，遵守保密纪律，严禁外传、扩散案件情况和涉案文物移交情况，防止舆论炒作。

第十条【附则】 具有科学价值的古脊椎动物化石和古人类化石的处置，依照本办法执行。

附件：1. 涉案文物登记表（略）
      2. 军事文物移交清单（略）
      3. 涉案文物移交清单（略）

国家文物局关于进一步加强考古管理的意见

文物保发〔2019〕16号

各省、自治区、直辖市文物局（文化和旅游厅/局）、新疆生产建设兵团文物局、考古发掘资质单位：

为贯彻落实中共中央办公厅、国务院办公厅《关于加强文物保护利用改革的若干意见》，切实加强考古管理，不断提升考古工作质量和水平，现就有关要求通知如下：

一、充分认识考古工作的重要意义

考古工作是文物事业的重要组成部分，是讲清楚中华优秀传统文化历史渊源、发展脉络、基本走向的基础性工作。要深刻认识考古工作在构建中华文明标识体系中的重要作用，从坚定文化自信、传承中华优秀传统文化的高度，聚焦深化中华文明史研究、聚焦服务国家经济社会发展大局。要通过持续、系统、科学的考古工作，不断深化对中华文明悠久历史和宝贵价值的认识，按照有利于突出中华文明历史文化价值、有利于体现中华文明精神追求、有利于向世人展示全面真实的古代中国和当代中国的要求，着力提高考古研究水平和创新能力，加快构建中国特色考古学学科体系、学术体系、话语体系。

二、切实加强考古发掘项目管理

（一）应做好宏观规划、制度设计、队伍建设等工作，积极协调地方政府和有关部门，为考古工作提供良好条件。同时，切实履行监督检查、验收责任，及时发现问题、督促整改，并将重大违法违规情况上报我局。涉及考古发掘面积调整、工作时间跨年度调整、重大考古发现等情况，应及时按程序报告。

（二）各考古发掘资质单位应认真做好项目设计、实施和后续监管，建立健全考古工地管理、经费使用、出土文物和资料保管、检查验收、年度资料整理和报告编写、出土文物移交等各项规章制度，明确人员责任和工作要求。同时，应选派适宜的考古发掘项目负责人，严格落实工地现场管理责任，确保各项工作依法合规。

三、牢固树立保护意识和课题意识

（一）各考古发掘资质单位要坚持"保护为主、抢救第一、合理利用、加强管理"的文物工作方针，及时抢救保护重要文物，积极参与文物保护规划编制、大遗址保护展示、博物馆展陈、区域文物资源调查等工作，主动为文物保护利用工作提供专业意见和学术支撑。

（二）各考古发掘资质单位应重视学术科研，制定本单位中长期学术发展规划，鼓励参与"考古中国"、"中华文明探源工程"、大遗址考古等重点项目，开展多学科、跨学科联合攻关，不断提升考古发掘工作质量和科研水平。重要考古发掘项目应设置驻场专家组，配备文物保护人员，最大限度地获取各类信息。

四、不断提升考古设施装备水平和工地安全水平

（一）支持考古发掘资质单位加强自身建设，按照《考古装备及设施配备导则（试行）》要求，及时购置、更新考古设施和装备，切实加强文物库房、整理场地、资料室、移动实验室等设施建设。鼓励与地方政府、高校、其他科研机构合作共建科研基地和考古工作站，研发、配置考古专用设施装备。

（二）切实加强考古发掘工地标准化和规范化建设，设置必要的围挡和标识，合理布设临时道路、堆土场、卫生间、临时库房等。重要考古发掘项目应配置现场保护移动平台，确保重要出土文物得到及时、妥善保护处理。

（三）提高文物安全防范意识，加强考古工地安全制度建设，制定必要的安全应急预案，合理配置工地安防、消防设施设备，确保文物和人员安全。

五、做好考古资料管理和出土文物移交工作

（一）督促考古发掘资质单位、考古发掘项目负责人做好工地现场的出土文物、标本和各类记录资料建档、保管，鼓励有条件的单位对公众开放考古工地、考古工作站，开展形式多样的公众考古活动，充分发挥文物的公众教育作用。

（二）按照我局《关于尽快开展清理积压考古报告工作的通知》（文物保发〔2006〕15号）要求，督促考古发掘资质单位抓紧开展积压考古报告清理工作，提供必要的经费和人员保障，避免资料长期积压。

（三）要求考古发掘资质单位做好出土文物移交，落实人员责任和时间要求。指导、督促博物馆做好考古出土文物入藏的交接手续，建立出土文物接收、鉴定、登记、编目和档案制度，积极利用考古出土文物充实博物馆展陈，并为考古发掘资质单位和人员研究、借用相关考古出土文物提供便利。

六、积极推动土地储备考古前置工作

（一）根据"放管服"改革和《关于加强文物保护利用改革的若干意见》要求，进一步推进土地储备考古前置工作，加强部门协调，细化工作流程，妥善处理文物保护与城市建设发展之间的关系。鼓励有条件的城市开展土地储备考古前置试点，历史文化名城应尽快研究落实土地储备考古前置工作，相关试点方案和经验总结应及时报送我局。

（二）切实做好基本建设考古调查勘探管理，明确人员技术考核、项目管理、信息保密、资料和出土文物保管等方面要求，建立健全重大发现报告、基本建设项目调整、文物登记公布等制度，确保考古调查勘探工作质量和文物安全。

我局将结合落实《关于加强文物保护利用改革的若干意见》，积极推进考古管理体制改革，在总结各地经验基础上，做好宏观制度设计，重点推动"考古中国"重大研究、基本建设考古制度改革、土地储备考古前置、文物考古职工野外工作津贴、出土文物移交等方面工作，持续开展考古发掘项目专项检查和评估，不断提高考古工作质量和学术研究水平。同时，加强考古成果宣传工作，及时向社会发布重要考古研究成果，充分发挥考古工

作在传承和弘扬中华优秀传统文化、培育社会主义核心价值观等方面的重要作用。

国家文物局

2019年5月31日

国家文物局关于做好第八批全国重点文物保护单位保护利用工作的通知

文物保发〔2019〕20号

各省、自治区、直辖市文物局（文化和旅游厅/局）、新疆生产建设兵团文化局：

2019年10月，国务院印发《关于核定并公布第八批全国重点文物保护单位的通知》（国发〔2019〕22号），核定公布了第八批全国重点文物保护单位762处，另有50处项目与现有全国重点文物保护单位合并。截至目前，我国共有全国重点文物保护单位5058处。公布第八批全国重点文物保护单位是贯彻落实习近平新时代中国特色社会主义思想的重要体现，也是建设社会主义文化强国的务实举措，对于提升全社会文物保护意识，构建完善中华文明标识体系，推动中华优秀传统文化创造性转化和创新性发展，继承革命文化，发展社会主义先进文化，涵养社会主义核心价值观，增强民族凝聚力，坚定文化自信具有十分重要的意义。为贯彻落实国务院通知精神，切实做好第八批全国重点文物保护单位的保护利用工作，现就有关事项通知如下：

一、落实保护责任

各省（自治区、直辖市）文物行政部门要及时梳理、汇总本辖区内第八批全国重点文物保护单位的保护管理状况，提出工作建议，积极推动省级人民政府进一步落实文物保护主体责任，将文物保护管理工作纳入政府重要议事日程，作为地方领导班子和领导干部综合考核评价的重要参考，加大机构及人才队伍建设力度，出台专项保护措施，建立本辖区内文物资源动态管理机制，健全国有文物资源资产管理体系，并将文物保护工作作为本省"十四五"时期的重点工作。

督促市县人民政府切实履行文物保护属地责任，牢固树立保护文物也是政绩的理念，完善文物保护法律法规和规章制度，结合文物保护单位保护管理工作实际，加强机构及人才队伍建设，有针对性地开展培训，不断提升文物保护管理人员的素质和能力，提升工作的科学化、专业化水平，使文物管理机构的人员力量与其承担的职责和任务相适应，确保责任落实落地。未设置专门机构的第八批全国重点文物保护单位，地方各级政府可通过购买社会服务的方式，加强文物保护管理工作。

二、推进基础工作

各省（自治区、直辖市）文物行政部门要立即启动第八批全国重点文物保护单位保护管理基础工作，按照省级人民政府的要求，依法及时划定保护范围和建设控制地带、设立保护标志和保护界碑界桩，更新完善记录档案，明确专门管理机构或指定专人负责管理。由其他行业或个人使用管理的，应依法确定保护管理的直接责任单位或责任人，签订文物安全责任书，明确保护责任和义务，确保文物安全。保护范围、建设控制地带应于2020年10月15日前划定公布，并连同相关管理规定一同纳入本省及市县区国土空间规划。相关成果连同记录档案应报我局备案。

指导地方各级人民政府制定第八批全国重点文物保护单位日常保护管理措施以及相应的险情报告制度，及时掌握文物保存现状，发现、记录、上报和妥善处理病害险情。日常保护管理措施应包括考古调查、文物勘察测绘、文献资料搜集、价值阐释研究、保养维护、巡查检查、动态监测、安防消防防雷等安全风险防范措施以及必要的数字化平台建设等。属于大型文物保护单位的大遗址、墓葬群、建筑群落、旧址群落以及面临较大建设压力，保护管理难度较大的第八批全国重点文物保护单位，应在进一步开展必要的考古调查勘探、发掘和专项文物调查研究的基础上，编制专门的保护规划，在科学划定保护范围和建设控制地带的基础上，进一步细化相关管理规定，明确保护原则、措施和目标等。

三、加强科学保护

各省（自治区、直辖市）文物行政部门应指导地方各级人民政府开展第八批全国重点文物保护单位保存现状及风险评估，并研究提出有针对性的保护性工程干预措施。确有本体安全风险的，应立即采取必要的抢险保护措施；确需进行保护性工程干预的，应将本体修缮、安全防护（含消防防雷）等纳入工作计划，履行相应的审批程序，有计划有步骤地实施，以确保文物安全。鼓励文物管理机构和相关科研机构、高等院校研发适用于文物保护，尤其是文物防腐防虫、消防防雷和安全防盗的科学技术、设施装备和应用型工具、材料，健全项目全流程管理和资料档案建设，提升文物保护项目的科技水平。

指导地方各级人民政府统筹推进文物本体保护与周边环境保护，以第八批全国重点文物保护单位为核心，统筹安排周边区域空间功能和用地安排，科学调整产业布局和建设项目，完善基本建设考古管理制度，鼓励有条件的城市开展土地储备考古前置试点。涉及第八批全国重点文物保护单位保护范围和建设控制地带的建设工程，应依法履行报建审批手续。

四、确保文物安全

各省（自治区、直辖市）文物行政部门要把确保文物安全放在首要位置，落实第八批全国重点文物保护单位安全监管责任，指导地方加强文物安全隐患排查与整治，针对发现问题列出整改措施和责任清单，细化清单管理，定期照单对账，照单销账，确保整改到位。加强文物安全事故与突发事件应急处置，完善应急预案编制，定期开展应急演练。强化日常检查巡查和值班值守，加强安全防护设施设备建设和维护保养，提高安全防护水平。坚持谁管理谁使用谁负责，逐级落实文物安全责任制，实行文物安全直接责任人公告公示制度，筑牢文物安全防范底线。

依法严肃查处涉及第八批全国重点文物保护单位的安全事故和违法案件，协同有关部门严厉打击文物犯罪。督促将重大文物安全隐患、事故和违法案件列为政府督察重要事项，坚持原因不查清不放过，责任者得不到处理不放过，整改措施不落实不放过，教训不吸取不放过。对文物安全与执法工作不力的地区和单位，要采取约谈、公开曝光等措施。对不依法履职、决策失误、失职渎职等导致文物遭破坏、失盗、失火并造成损失的，必须严肃追责；涉嫌犯罪的，必须移送司法机关处理。

五、推进合理利用

各省（自治区、直辖市）文物行政部门要在确保文物安全的基础上，采取有效措施，切实促进文物活化利用，充分发挥文物在当代经济社会发展中的积极作用，让文物活起来。要坚持分类指导、分类施策，对以革命文物为主体的近现代重要史迹，要与革命老区脱贫攻坚、百姓致富相结合，与爱国主义教育、干部党性教育相结合，做好价值诠释与展示；对古建筑及近现代代表性建筑，要与城市品质提升、乡村特色保留相结合，鼓励有效利用，以用促保；对古遗址古墓葬，要与当地国土空间保护开发、土地资源合理利用相结合，鼓励发展与保护展示相容的特色产业，积极培育具有开放利用前景的第八批全国重点文物保护单位建设遗址博物馆、考古工作站、考古遗址公园和城市绿地。

进一步发挥产权人的积极性和主动性，对文物系统所有的，要主动谋划对策，加大开放力度，鼓励社会力量参与保护、管理和利用，推动共管共享；对其他行业所有的，要主动与相关行业主管部门沟通对接，推动科学使用、合理利用，尽量创造条件对公众开放，充分发挥社会效益；对私人所有的，要明晰责任、权利和义务，有必要的可制定负面清单，支持开展活化利用。

六、传播文物价值

各省（自治区、直辖市）文物行政部门要指导地方各级人民政府，以第八批全国重点文物保护单位的核定公布为契机，尤其是革命文物，要进一步加大文物保护利用宣传力度，通过多种角度、渠道和方式，宣扬文物在弘扬中华优秀传统文化、坚定文化自信方面的积极作用，宣传文物的价值和在当下的社会意义，宣讲文物保护法律法规和正确的文物保护利用理念，引导舆论，回应社会关切。

要主动与组织部门、宣传部门、教育部门、文化旅游部门沟通联系，依托高等院校、科研院所等单位，将文物保护利用常识纳入中小学教育体系和干部教育体系，鼓励有条件的第八批全国重点文物保护单位作为爱国主义教育、研学教育、党政干部教育基地，发挥文物在开展宣传教育方面的独特作用，筑牢中华民族共同体意识，增强民族凝聚力，坚定文化自信。

结合宣传第八批全国重点文物保护单位，落实中华文物全媒体传播计划，鼓励地方各级政府发挥政府和市场作用，用好传统媒体和新兴媒体，广泛传播文物蕴含的文化精髓和时代价值，有计划的开展公众教育，不断提升广大人民群众热爱文物、保护文物的意识和自觉，为文物保护创造良好的社会氛围。

各省（自治区、直辖市）文物行政部门应系统总结第八批全国重点文物保护单位申报工作，举一反三，特别是结合申报工作暴露的突出问题，有针对性地加强省级及以下文物保护单位和登记不可移动文物保护管理，全面提升文物保护利用水平。要切实加强文物核心价值研究，有效落实保护管理责任，科学划定公布保护范围和建设控制地带，合理安排日常保养维护和巡查检查，有序推进文物保护修缮，不断完善安全防护和消防防雷设施设备，以确保文物安全。要进一步扩大文物宣传，采取有效措施吸引社会力量介入，不断推动文物合理开放利用，发挥社会效益，为坚定文化自信，凝聚民族精神力量作出应有的贡献。

特此通知。

国家文物局

2019年11月19日

国家文物局关于印发
《文物建筑开放导则》的通知

文物保发〔2019〕24号

各省、自治区、直辖市文物局（文化和旅游厅/局），新疆生产建设兵团文物局：

为进一步促进文物合理利用，推动文物建筑开放工作，明确开放使用的条件、要求和操作规范，提高开放的主动性、公益性，结合2017年试行以来的情况，我局对《文物建筑开放导则（试行）》（文物保发〔2017〕23号）进行了局部调整，现将调整后的《文物建筑开放导则》正式印发，自印发之日起施行。

请各有关单位结合本地实际贯彻执行。

国家文物局

2019年12月24日

文物建筑开放导则

一、总　则

第一条　为科学指导和规范文物建筑开放工作，满足公共文化服务需求，确保文物和人员安全，根据《中华人民共和国文物保护法》等法律法规和标准规范制定本导则。

第二条　本导则所规定的开放条件、要求和操作规范，适用于各级文物保护单位、尚未核定公布为文物保护单位的不可移动文物中的古建筑以及近代现代重要代表性建筑等所有文物建筑，重点引导一般性文物建筑开放使用。

第三条　文物建筑开放应有利于阐释文物价值、发挥文物社会功能、保持文物安全、提升文物管理水平，在不影响文物建筑安全的前提下，依托文物建筑进行参观游览、科研展陈、社区服务、经营服务等活动。

文物建筑应采取不同形式对公众开放，现状尚不具备开放条件的文物建筑应创造条件对公众开放，鼓励机关、团体、企事业单位、集体和个人所有的文物建筑对公众开放。开放可采取全面开放或在有限的时段、有限的空间开放。

文物建筑开放应遵循正面导向、注重公益、促进保护、服务公众的原则。

第四条　具体使用文物建筑并负责开放工作的机关、团体、企事业单位、集体和个人等文物建筑的开放使用方是文物建筑开放使用的直接责任主体，应落实日常养护和管理责任。文物建筑所有权人应承担相应的法定责任和监管责任。

第五条　鼓励各级地方人民政府出台促进文物建筑开放的激励办法和保障措施。

二、开放条件

第六条　文物建筑开放应满足以下条件：

（一）文物本体无安全隐患，具备基本的开放服务保障，符合安防、消防的基本要求，能够保障人员安全和文物安全。

（二）文物建筑开放使用方责任清晰，能够承担开放的各项工作，履行文物日常保养职责。

（三）文物价值载体认定清晰。

第七条　文物建筑开放使用方应进行开放可行性评估，评估开放使用对文物的影响，根据文物保护要求和实际情况，科学制定开放策略和计划，并以恰当的方式向社会公布。

开放策略和计划需明确开放区域、开放内容、开放时间、日承载量、配套服务、保养维护、安全防范等内容。

第八条　文物建筑出现下列情况应立即停止开放并公告，进行整改：

（一）开放过程中出现重大文物险情，影响文物安全和文物价值，或造成恶劣社会影响；

（二）开放过程中出现安全事故等突发事件，威胁人员安全。

整改后，文物建筑开放使用方应重新进行开放可行性评估，确定文物建筑符合开放条件后，方可对外开放。重新开放前，应及时将整改情况向社会公告。

三、功能类型

第九条　文物建筑的使用功能应综合考虑文物价值、保存状况、重要性、敏感度、社会影响力以及使用现状等确定。

第十条　文物建筑使用功能调整或改变，应进行可行性评估，客观分析影响，提升开放使用的社会效益。调整或改变功能应符合法定程序，并向社会公示。

第十一条　文物建筑开展宗教活动应符合国家有关宗教政策并履行法定程序。

第十二条　文物建筑使用功能可参照但不限于以下类型：

（一）社区服务：祠堂、会馆、书院和图书馆、学校等近现代建筑，可作为社区书屋、公益讲堂、文化站、管理用房等，开展文化活动，发挥服务功能。

（二）文化展示：文物价值、建筑特征、空间规模等方面具备条件的古建筑和行政、会堂、工业等功能的近现代建筑，可作为博物馆、展示馆、美术馆或科研展陈场所等，进行文物建筑现状展示或进行陈列布展，发挥文化传播、科研和教育功能。

（三）参观游览：宫殿、庙宇、园林、牌楼、塔幢、楼阁、古城墙、门阙、桥梁和文化纪念、交通等功能的近现代建筑，可作为参观游览对象，发挥游憩、纪念和教育功能。

（四）经营服务：民居古建筑和住宅、工商业等功能的近现代建筑，在确保安全的前提下，可作为小型宾馆、客栈、民宿、店铺、茶室、传统工艺作坊等经营服务场所，发挥服务功能。

（五）公益办公：文庙、书院等古建筑和行政、金融、商肆等近现代建筑，可作为公益性机构、院校等办公场所，划定开放区域，明确开放时段，并采取信息板、多媒体、建筑实物展示等方式开放。

第十三条 鼓励文物建筑开放使用方加强文物建筑价值的发掘和综合研究，向社会公布研究成果、普及文化知识、宣传文物价值，提高公众文物保护意识。

四、开放方式和要求

第十四条 文物建筑可采用以下开放方式：

（一）景区景点中的文物建筑，应尽最大限度向公众全面开放，可根据文物建筑特点和开放需要，采取日游和夜间游览等分时段开放方式，提升游客观光体验。

（二）具备开放条件的办公、居住或存在私密性空间的文物建筑，可采取有限开放方式，明确开放区域和时间。

（三）保存状况脆弱、敏感度较高的文物建筑，应根据日承载量采取限流措施，可推行参观游览预约制。

第十五条 文物建筑开放应重点阐释和展示其独特价值和历史文化信息，弘扬社会主义核心价值观，坚持积极健康的文化导向，提高公众审美水平。

第十六条 文物建筑阐释和展示主要采用建筑实物陈列展示、建筑图文信息展览、设计建筑游线、导览和讲解、应用多媒体和建设网站等方式，说明文物建筑的历史、艺术、科学价值及相关的社会、文化、事件、人物关系及其背景，为增进公众对文物建筑的认知。文物建筑的阐释和展示应在研究基础上，采用多种方式真实、准确、生动地展现文物建筑的价值特征。

（一）文物建筑展示方式可采取本体展示、陈列展示、标识展示、数字展示等。

（二）文物建筑阐释可采用建立图文展示系统、解说导览系统，举办文化教育活动、文化艺术活动、公众考古活动等方式。

（三）鼓励采用新技术、新理念科学阐释和展示文物建筑的价值。

（四）鼓励开展公众参与、体验、互动式活动。

第十七条 文物建筑开放使用建设应坚持最小干预原则，不得影响文物建筑原有的形式、格局和风貌，不得改变结构体系，不得损毁文物建筑、影响文物价值。开放使用相关建设项目应按照法律法规要求履行相应报批程序。

（一）应合理控制开放使用范围、内容和强度，修缮过程中应充分考虑开放使用，避免二次装修、空间改造、设施设备装配影响文物安全。

（二）装修应确保建筑结构安全，优先使用传统材料和工艺做法，并符合节能环保及防火要求。

（三）文物建筑现状适用的空间结构和设施设备应优先利用。新增设施设备应首先评估对文物建筑结构安全的影响，有利于文物建筑装饰陈设和结构保护，与环境相协调，并利于日常巡查、监测和维修。

（四）新建设施应充分尊重现有建筑，形式、体量、高度和外观色彩应与文物建筑相协调。

（五）加强对捐赠行为的管理，不得以捐赠为名随意添建建筑、设施、塑像、碑刻等。

第十八条 文物建筑开放应体现公益性和社会性导向，鼓励社会力量参与文物建筑开放工作，成立志愿者队伍，提供义务讲解和免费服务。

各利益相关方应可通过签订合同、协议等方式确保各方合法权益。用于经营性的开放使用活动收益应有一定比例用于文物建筑的日常保养维护。

五、日常管理与维护

第十九条 开放使用方应熟知文物保护的基本要求，加强日常开放管理和保养维护。

（一）应建立日常管理制度，并落实具体负责人和职责分工。

（二）文物建筑产权人、开放使用人应签订协议，明确文物安全、保养维护、监督管理等方面各方责任和义务。

第二十条 文物建筑的日常开放管理工作主要包括：

（一）及时向社会公布开放信息。

（二）应按照《文物消防安全检查规程》《文物建筑消防管理规则》等相关安消防法律法规，落实安消防责任和措施，配备安消防设施设备，规范用火用电行为，制定安全措施和应急预案，做好定期安消防检查、记录和相关培训工作。

（三）定期评估开放效果，包括文物安全、开放成效、管理措施、游客和周边社区满意度等，并根据评估结果作出适当调整。

第二十一条 文物建筑的日常保养维护工作主要包括：

（一）重点巡查游客量大、开放时间长、使用频率较高的区域，了解、记录文物建筑内电力、电信、燃气、供暖、给排水等设施设备使用情况，及时排除安全隐患。

（二）定期巡查和保养维护文物建筑的屋面、大木构架、楼地面、月台、台明、栏杆等脆弱、易损部位，以及院洛排水、山石、驳岸、游步道、护坡等安全隐患部位，按技术规程开展保养维护工作。发现重大文物病害及安全隐患，应及时报告上级主管部门和地方文物行政部门，并采取必要的保护措施。

第二十二条 鼓励文物建筑开放使用方开展以下工作：

（一）采用新技术动态监测文物安全、环境状况、参观人流和活动情况等，监测数据建档保管。

（二）建立公众信息平台，利用网络等新媒体、新技术及时公布科研成果、管理情况和活动信息，促进本地居民、游客、专家学者、企事业单位、志愿者等参与文物保护交流与合作，优化开放使用，推动文化建设。

附件：1. 文物建筑开放参考流程（略）

　　　2. 文物建筑开放使用功能分析表（略）

　　　3. 文物建筑阐释与展示参考要点（略）

　　　4. 文物建筑开放使用建设与设施布置参考要点（略）

国家文物局关于公布《国家文物局文物违法案件督察办法（试行）》的决定

文物督发〔2019〕26号

各省、自治区、直辖市文物局（文化和旅游厅/局），新疆生产建设兵团文物局，天津市、重庆市文化市场行政执法总队：

《国家文物局文物违法案件督察办法（试行）》已经2019年12月26日国家文物局第23次党组会议审议通过，现予公布，自公布之日起施行，试行期三年。

国家文物局

2019年12月26日

国家文物局文物违法案件督察办法（试行）

第一条 为落实中共中央办公厅、国务院办公厅《关于加强文物保护利用改革的实施意见》有关要求，督促地方履行文物行政执法责任，规范文物违法案件督察工作，根据《中华人民共和国文物保护法》《文物行政处罚程序暂行规定》等，制定本办法。

第二条 本办法所称督察，是指国家文物局监督地方文物行政部门、执法机构依法处理文物违法案件的行政措施。

第三条 国家文物局负责督察并指导地方文物行政部门处理全国范围内有重大影响的文物违法案件，主要包括：

（一）擅自在全国重点文物保护单位的保护范围内进行建设工程或者爆破、钻探、挖掘等作业的违法案件；

（二）擅自在全国重点文物保护单位的建设控制地带内进行建设工程，严重破坏其历史风貌的违法案件；

（三）拆除或者擅自迁移全国重点文物保护单位的违法案件；

（四）擅自修缮全国重点文物保护单位，明显改变文物原状的违法案件；

（五）擅自原址重建全国重点文物保护单位的违法案件；

（六）公众反映强烈、社会影响恶劣的文物违法案件；

（七）其他重大文物违法案件。

第四条 国家文物局根据违法案件所涉文物的级别、违法行为性质、情节和违法后果，确定是否督办或者转办。

确定督办的案件，应印发《国家文物局行政执法督办单》，提出督办意见。省级文物行政部门或者执法机构原则上应现场督办，在20个工作日内上报结果。

确定转办的案件,应印发《国家文物局行政执法转办单》。省级文物行政部门在30个工作日内上报结果。

督办意见落实不到位、未按期反馈或者转办事项未及时办理的,国家文物局视情况印发《国家文物局行政执法催办单》,提出催办要求。

案情重大或者复杂的文物违法案件,国家文物局可以派员现场督察。

第五条 确需中央和国家机关联合督察的文物违法案件,国家文物局将案件情况通报有关中央和国家机关,提出工作建议,联合开展督察工作。

第六条 案情重大或者需要多部门协调处理的文物违法案件,经国家文物局主要负责同志同意,致函相关省级人民政府,提出督促办理建议。

第七条 《国家文物局行政执法督办单》《国家文物局行政执法转办单》应当载明接收主体、所涉文物情况、反映违法行为的相关材料、督办意见或者转办要求、报告时限等事项,并加盖国家文物局行政执法督察专用章。

第八条 省级文物行政部门或者执法机构在收到国家文物局督办、转办、催办单后,应在规定期限内向国家文物局报告以下情况:

(一)经核查,不构成违法案件的,阐明理由和依据;构成违法案件的,说明案件涉及文物的基本情况、办理单位、违法主体、违法事实、法律法规依据、办理情况、下一步工作措施等。

(二)案件已办结的,说明案件办理结果;案件尚未办结的,说明办理情况和下一步工作措施。

(三)涉及责令改正的,提出具体改正措施和工作安排。

(四)其他需要报告的事项。

(五)所报告情况的相关证明材料。

案情复杂无法按期报告的,应当在规定期限前5个工作日内向国家文物局提出延期申请并说明情况,经同意后,可以适当延长报告期限。

第九条 对文物违法案件督察要求落实不力的,国家文物局可以采取下列措施:

(一)约谈有关地方人民政府负责人;

(二)向所在地省级人民政府通报;

(三)向纪委监委通报;

(四)向社会公开曝光。

第十条 各省、自治区、直辖市可以参照本办法,制定本行政区域内文物违法案件督察办法。

第十一条 本办法自印发之日起施行,试行期三年。

国家文物局关于印发《国家文物保护利用示范区创建管理办法（试行）》的通知

文物政发〔2019〕27号

各省、自治区、直辖市文物局（文化和旅游厅/局），新疆生产建设兵团文物局：

为深入贯彻落实中共中央办公厅、国务院办公厅《关于加强文物保护利用改革的若干意见》，推进国家文物保护利用示范区建设，规范有关创建工作，我们制定了《国家文物保护利用示范区创建管理办法（试行）》。现印发给你们，请结合实际贯彻落实。

国家文物局
2019年12月27日

国家文物保护利用示范区创建管理办法（试行）

第一条 为贯彻落实中共中央办公厅、国务院办公厅《关于加强文物保护利用改革的若干意见》，更好统筹文物保护利用与经济社会发展，创新文物保护利用机制，根据《中华人民共和国文物保护法》及有关法规，制定本办法。

第二条 本办法所称"国家文物保护利用示范区"，是指由国家文物局同意设立并指导管理，依托不同类型文物资源，通过创新工作机制，对文物资源的有效保护、合理利用和推动经济社会高质量发展具有全国性示范引领意义的特定区域。

第三条 国家文物保护利用示范区分为综合性和专题性两类。

综合性国家文物保护利用示范区，依托不同类型文物资源，对文物保护利用机制进行全方位、综合性的创新实践。

专题性国家文物保护利用示范区，选择一类或几类文物资源，对文物保护利用机制进行专项创新实践，在重点领域形成可复制可推广经验。

第四条 国家文物保护利用示范区，依托市级、县级行政区划设立，以市级、县级人民政府为建设主体，自愿申请、自主创建。

第五条 具备下列条件的，可以申请创建国家文物保护利用示范区：

1. 资源禀赋突出。申请地区的文物资源丰富、特色鲜明、保存良好；区位优势明显，基础设施相对完善。

2. 工作基础良好。申请地区的文物保护水平好，近三年无重大文物违法犯罪案件和重大文物安全事故发生；文物资源开放利用有序，促进经济社会发展作用持续彰显；文物保护管理机构队伍健全，文物保护氛围浓厚。

3．创建目标清晰。坚持问题导向和目标导向，明晰示范领域、工作思路和重大举措，在科学保护、融合发展、文物治理、改革创新方面分类施策，形成解决方案，具有示范意义和推广价值。

4．地方高度重视。创建目标契合所在省（自治区、直辖市）的发展战略，市级、县级党委和政府能够为国家文物保护利用示范区建设提供组织、政策、资金及其他支持。

第六条 国家文物保护利用示范区创建名单的确定程序：

1．申请。市级、县级人民政府填写国家文物保护利用示范区创建申请书，报省级文物行政部门初审。

2．推荐。省级文物行政部门对国家文物保护利用示范区创建申请书进行初审、筛选，向国家文物局推荐。

3．核定。国家文物局组织国家文物保护利用示范区创建工作的现场考察、专家评估，核定并公布创建名单。

第七条 列入创建名单的市级、县级人民政府作为国家文物保护利用示范区创建主体（简称"创建主体"），应在三个月内制定国家文物保护利用示范区建设实施方案，明确建设目标、主要任务、政策举措和保障机制，由省级文物行政部门核报国家文物局，国家文物局商有关部门在两个月内反馈意见。

国家文物保护利用示范区建设实施方案经国家文物局同意，由市级、县级人民政府公布实施。

第八条 创建主体应按国家文物保护利用示范区建设实施方案开展创建工作，梳理创建事项清单、明确文物保护利用标准、搭建开放融聚平台、建立协同实施机制、加强文物资源大数据建设。

第九条 创建主体应成立国家文物保护利用示范区建设领导小组，统筹推进国家文物保护利用示范区创建工作。

第十条 创建主体应编制国家文物保护利用示范区创建年度报告，报国家文物局。

第十一条 省级文物行政部门应加强与有关部门、地方政府的工作协同，开展对国家文物保护利用示范区的创建管理和业务指导。

第十二条 国家文物局应加强与有关部门的会商协调，统筹对国家文物保护利用示范区创建的宏观指导和制度供给。

第十三条 国家文物保护利用示范区创建周期一般不超过三年。创建周期超过五年的，取消创建资格。

创建期间如发生重大文物违法犯罪案件、重大文物安全事故和重大文物舆情事件，视情节延长创建期限或者取消创建资格。

第十四条 国家文物局负责国家文物保护利用示范区创建情况的检查督导工作。

对创建成效显著、在经济社会发展中做出突出贡献的，国家文物局予以奖励、加大支持。

对创建工作推进迟缓、文物保护不力的，国家文物局将根据不同情况予以约谈、警示或撤销创建资格。

第十五条 创建时间满一年并符合认定条件的，由创建主体向省级文物行政部门提交认定申请和自评估报告。

省级文物行政部门按照国家文物保护利用示范区建设实施方案，进行初核评估，并向国家文物局提交评估报告和认定建议。

第十六条 国家文物局负责国家文物保护利用示范区的评估认定工作，组织复核评估。经评估合格的，由国家文物局授予"国家文物保护利用示范区"称号并授牌。

第十七条 本办法由国家文物局负责解释。

第十八条 本办法自公布之日起施行。

综述篇

【概述】

2019年，全国文物系统全面落实文物保护利用改革重大决策部署，攻坚克难、砥砺前行，主动担当、乘势而上，巩固发展了文物事业改革发展良好态势，有力服务了党和国家工作大局。

工作特点

一是中央高度重视前所未有。习近平总书记多次作出重要批示、发表重要论述，多次出席或见证文物领域重大活动，考察参观多处文物保护单位、博物馆，充分体现了以习近平同志为核心的党中央对新时代文物工作的高度重视和殷切厚望，为我们加强文物工作、守护文化遗产树立了光辉典范，提供了科学指引。

——关于文物保护。习近平总书记在敦煌研究院就文物保护和研究发表重要讲话，所作《〈福州古厝〉序》在《人民日报》重刊；主持召开中央深改委会议并审议通过《长城、大运河、长征国家文化公园建设方案》；致信祝贺甲骨文发现和研究120周年、中国历史研究院成立；考察敦煌莫高窟、嘉峪关关城和天津、北京、上海历史文化街区，参观内蒙古赤峰博物馆、郑州黄河博物馆。

——关于革命文物。习近平总书记在全国两会期间多次强调传承红色基因，在十九届中央政治局第十四次集体学习和纪念五四运动100周年大会上对五四文物保护、五四精神弘扬作出重要指示；考察江西于都红军长征集结出发地、中共中央北京香山革命纪念地，参观中央红军长征出发纪念馆、甘肃高台中国工农红军西路军纪念馆、香山革命纪念馆、河南新县鄂豫皖苏区首府革命博物馆。

——关于文物国际合作。习近平总书记在第二届"一带一路"国际合作高峰论坛和亚洲文明对话大会上倡议深入开展考古领域人文合作、开展亚洲文化遗产保护行动；参观希腊雅典卫城博物馆并对流失文物返还合作作出重要指示；在意大利、塔吉克斯坦、吉尔吉斯斯坦媒体发表的署名文章中对互办文物展、文物保护合作、联合考古作出重要指示；参观亚洲文物精品展、意大利返还中国流失文物；见证签署中国—意大利、中国—法国、中国—尼泊尔文物领域双边协定和谅解备忘录。中办转达习近平总书记对中亚联合考古队的亲切问候。

李克强总理主持召开国务院常务会议，核定第八批全国重点文物保护单位，强调文物保护要坚持价值优先、质量第一，保持真实性、完整性，健全法规制度，吸引社会力量参与；见证签署中国—巴基斯坦文化遗产交流合作协议；对长城保护、夏文化研究等多次作出重要批示。其他中央领导同志也对文物工作作出系列重要指示批示。

二是多方密切协作、群策群力。围绕中办、国办《关于加强文物保护利用改革的若干意见》落实落地，各部门加强协作、见诸行动，出台配套政策，明晰实施路径。中宣部专题调研博物馆改革发展情况。中央编办批复同意国家文物局设立革命文物司，核增行政编制15名；赴6省调研地方文物机构队伍建设，研究加强基层文物行政力量配套举措。中央网信办将革命文物故事纳入网上重大主题宣传内容。发展改革委支持完善全国重点文物保护单位保护性基础设施。教育部将文物保护法、中华文明探源工程内容纳入义务教育和普通高中统编教材。工业和信息化部加大支持文物保护装备产业化建设。公安部加大打击文物犯罪力度，应急管理部加强对文物消防安全指导；全国文物安全工作部际联席会议各成员单位积极参与文物安全检查和执法行动。民政部加强非国有博物馆登记管理。司法部有力推进《水下文物保护管理条例》修订工作。自然资源部支持将文物保护纳入国土空间规划编制和实施。财政部、海关总署、税务总局公布第三批国有公益性收藏单位名单，新增27家博物馆享受进口免税优惠政策。文化和旅游部、国家文物局发文明确地方文物行政执法职责分工和协同机制。海关总署、国家文物局联合签署口岸文物风险联合防控合作备忘录。中国人民解放军军事法院出台涉案文物移交办法。加强央地协同，国家文物局与湖南、山西、山东、四川签署合作协议，与中国社会科学院、青海省人民政府签订《共建热水墓群考古和文物保护研究基地框架协议》。

三是文物工作者振奋精神、勇于开拓。习近平总书记高度评价"莫高精神"，这既是对几代敦煌人的充分肯定，也是对全国文物工作者的充分肯定。敦煌研究院名誉院长樊锦诗荣获"文物保护杰出贡献者"国家荣誉称号和新中国"最美奋斗者"称号，展现了广大文物工作者坚守奉献开拓的品格。国家文物局督察司安全监管处荣获第九届全国"人民满意的公务员集体"称号，展现了当代文物工作者忠诚干净担当的本色。在筹备亚洲文明联展和流失文物回归成果展、申报遴选第八批全国重点文物保护单位的诸多大仗硬仗中，周密组织、聚力创新，展现了全国文物系统担当作为、昂扬奋进的新气象，受到了中央领导和社会各方的广泛认可。

工作成绩

70年来，新中国文物事业与祖国同行、与时代并进；立足新时代，坚持新发展理念，推进高质量发展。"十三五"规划实施情况总体良好，任务完成符合预期。2019年，文物工作延续向上向好的发展态势，党的领导全面加强，贯彻党中央、国务院部署自觉主动，服务国家大局扎实有效，革命文物工作深入人心，文物安全总体可控，文物保护不断改善，博物馆热再创新高，让文物活起来勇探新路，流失文物返还高潮迭起，文物国际合作拓宽领域，文物科技支撑不断增强，机构队伍建设有所突破，文物治理水平稳步提升，文物工作社会影响力不断彰显，文物资源赋能经济社会发展取得新成果，文物事业改革发展取得新进步。总的看来，2019年文物工作饱满、成绩喜人，突出体现在以下十个方面。

一是贯彻落实习近平总书记重要指示批示精神和中央重大决策部署有力有效。坚持把学习贯彻习近平新时代中国特色社会主义思想作为首要政治任务，扎实开展"不忘初心、牢记使命"主题教育，举办学习贯彻党的十九届四中全会精神培训班，在全国文物系统掀起学习贯彻党的十九届四中全会精神热潮，提振精气神、激发新作为。进一步健全督查督办机制，狠抓贯彻落实习近平总书记重要指示批示和中央领导同志重要批示；对于重大事项，局党组专题部署，开展调研督导，敦促整改落实；印发《关于深入学习贯彻落实习近平总书记在敦煌研究院座谈时重要讲话的通知》。进一步落实全面从严治党的主体责任和意识形态工作责任制，制定加强党的建设系列制度，提升党建工作规范化水平，提升基层党组织的组织力。

二是文物保护利用改革初见成效。在中央与地方财政事权和支出责任划分改革中，纳入国家物质文化遗产保护总体规划、由地方组织实施的文物保护单位保护、国有文物收藏单位馆藏珍贵文物保护、考古等，确认为中央与地方共同财政事权，由中央和地方共同承担支出责任。21个省份出台关于加强文物保护利用改革实施意见（其中15个由省级党委政府层面印发），25个省份印发关于革命文物保护利用工程实施方案，改革举措相继推出，政策红利不断释放。推动文物保护专项规划纳入国土空间规划体系并由文物主管部门组织编制；持续加强考古管理。实施国家重点研发计划"文化遗产保护利用关键技术研究与应用示范"专项，首批启动19个重点项目。发布公共文化领域重点改革工作落实任务清单，基本完成203家博物馆法人治理结构改革任务。文物流通领域登记交易制度试点渐显成效。发布博物馆馆藏资源著作权、商标权和品牌授权操作指引，举办博物馆馆藏资源授权峰会。与人力资源社会保障部共同印发《关于进一步加强文博事业单位人事管理工作的指导意见》《关于深化文物博物专业人员职称制度改革的指导意见》，创新文博事业单位用人制度，优化文博专业人才培养、使用、评价和激励机制。

三是服务大局创新出彩。围绕庆祝新中国成立70周年开展系列工作，完成天安门城楼城台和中共中央北京香山革命纪念地文物保护展示工程，指导各地推出1660个主题展览，上线"红色中国"数字展厅，举办新中国成立70周年流失文物回归成果展，开展"防风险、保平安、迎大庆"文物安全大检查行动。依托革命文物场所，发挥红色资源优势，结合"不忘初心、牢记使命"主题教育，开展革命传统教育。49国参与的亚洲文明联展闪亮亚洲文明对话大会，中法元首豫园夜话见证高光时刻。

四是革命文物工作实现突破。革命文物行政机构从无到有，国家文物局组建革命文物司，安徽、江西、福建、重庆、陕西省级文物行政部门增设革命文物处。公布第一批革命文物保护利用片区分县名单。印发革命旧址保护利用导则。实施红军长征湘江战役纪念设施建设保护总体规划，推进闽西、金寨、阿坝革命文物保护工程。北京新文化运动纪念馆（北大红楼）全年接待观众突破35万，红军长征湘江战役纪念设施开放两个月观众突破百万。甘肃、吉林公布全省或首批革命文物名录。

五是文物安全长效机制不断健全。推动国家文物局成为国务院安委会成员单位，国务院安委办对33家存在重大火灾隐患文博单位挂牌督办。公安部、国家文物局部署开展打击文物犯罪专项行动，侦破各类文物犯罪案件385起，追缴涉案文物9000多件。推动重大文物犯罪在逃人员A级通缉令制度化，公安部第四批A级通缉令10名在逃人员已到案6名。与应急管理部印发《关于进一步加强文物消防安全工作的指导意见》，联合开展全国博物馆和文物建筑消防安全大检查、文物火灾隐患整治专项行动。出台文物违法案件督察办法，督办并查处一批重大文物法人违法案件和火灾事故；发布第三批全国文物行政执法指导性案例。指导陕西、福建开展社会力量参与文物安全巡查和认养守护试点。

六是文物保护工作稳扎稳打。国务院核定公布第八批全国重点文物保护单位762处，全国重点文物保护单位共计5058处。中办、国办《长城、大运河、长征国家文化公园建设方案》《大运河文化保护传承利用规划纲要》印发，长城保护总体规划公布。良渚古城遗址成功申遗，中国世界遗产总数达到55项，并列世界第一。"考古中国"成果丰硕，不断加深对中华文明的认知；重要考古发现定期发布，"南海Ⅰ号"发掘与保护取得重要成果。第七次全国文物保护工程会召开；第七批文物保护工程勘察设计甲级、施工一级资质单位名单公布；西藏布达拉宫文物（古籍文献）保护利用工程启动。与住房城乡建设部对部分保护不力国家历史文化名城通报批评并督查整改。"考古现场脆弱性文物临时固型提取及其保护技术"荣获国家科技进步二等奖；首个文物保护模拟研究平台多场耦合实验室运行；文物保护装备产业基地建设取得重要进展，三峡文物科技保护基地开工建设；第七批国家文物局重点科研基地名单公布。公布一批文物领域国家和行业标准，推动筹建国际标准化组织文化遗产保护技术委员会。

七是让文物活来蔚然成势。让文物活起来已经成为文博人的共识。博物馆热持续升温，全国博物馆5354个，全年举办展览2.6万个、教育活动近26万次，参观人次11.3亿。博物馆里过年节成为新时尚，春节、清明、端午、国庆假期参观博物馆的游客占比均在四成

中国
文物年鉴
2020

以上。召开全国省级博物馆馆长座谈会；开展博物馆进校园示范项目，203家博物馆入选教育部研学实践支持名单。500余万件馆藏文物基础信息上网开放，建设全国博物馆网上展览平台、备案信息平台。稳步推进博物馆节假日延时开放、夜场活动，深入实施"互联网+中华文明"行动计划。首次发布《文物建筑开放利用案例指南》。举办粤港澳大湾区文化遗产合作研讨会，推动让文物活起来理论研究和实践创新。国际博物馆日湖南省博物馆主会场活动、文化和自然遗产日延安主场城市活动形式多样、创新传播，社会影响力和文化品牌日益彰显。《如果国宝会说话》荣获精神文明建设"五个一工程"特别奖并走进法国。

八是流失文物返还亮点纷呈。国家文物局内设文物返还办公室。美国、意大利、日本、土耳其向我国返还1167件中国文物艺术品，举办"归来——意大利返还中国流失文物展"；成功追索流失日本曾伯克父青铜组器8件，促成马首铜像捐赠归藏圆明园，推动捐赠郑振铎等抢救流散香港文物往来信札。流失文物追索返还工作进入多方合作、多措并举、收获颇丰的新阶段，70年累计15万余件流失海外中国文物艺术品回归。

九是对外和对港澳台文物交流合作稳中有进。配合元首外交、主场外交，主动设计文化遗产领域国事活动成果，中国—尼泊尔、中国—罗马尼亚文物双边协定纳入第二届"一带一路"国际合作高峰论坛成果清单。中美就文化遗产合作《行动计划》达成共识，守住国家外交底线。配合中国与中东欧、非洲、金砖国家多边外交，主动发出中国文化遗产声音；延续"双墙对话"；举办中国—阿富汗—巴基斯坦文化遗产论坛。继续推进援助柬埔寨、尼泊尔、缅甸、乌兹别克斯坦文物保护工程和沙特阿拉伯联合考古项目。全年开展中外联合考古项目46个，举办文物进出境展览88个。当选联合国教科文组织1970年公约附属委员会委员国、国际文化财产保护与修复研究中心财务审计委员会委员国。对港澳台文物交流合作持续开展。

十是文物依法行政能力不断提升。深入推进"放管服"改革，90%以上的文物保护项目设计方案委托省级文物部门审批，文物保护工程资质管理实行"一网通办"。优化馆藏一级文物行政许可审批流程，开展5个省份馆藏一级文物保护管理、陈列展览"双随机、一公开"检查。推进文物领域自贸区"证照分离"改革全覆盖试点，研究探索自贸区文物拍卖准入和国有文物商店机构改制问题。改建升级国家文物局政务服务平台，与全国政务服务总平台实现对接联通和信息共享，提升政府信息与政务公开工作质量。加强国家文物局政府网站和政务新媒体建设，做好文物政策解读，加强舆情监测，回应社会关切，唱响主旋律、弘扬正能量。国家文物保护专项资金分配方式持续优化，一般性转移支付预算数提前下达比例大幅提高，专项资金绩效管理全面加强。实施新时代文物人才建设工程，全年培训在职人员3800人次。

办公室（外事联络司）

有力督办中央领导批示落实

完善习近平总书记重要批示办理制度，细化分工台账，加强督促督办，定期开展"回头看"，切实提高批示件办理质量和效率。国家文物局关于习近平总书记等中央领导指示批示督办工作，受到上级领导充分肯定。制定《国家文物局关于深入学习贯彻落实习近平总书记在敦煌研究院座谈时重要讲话的通知》任务分工方案，邀请国家荣誉称号获得者樊锦诗同志作"莫高精神"宣讲报告，配合召开推进文化和自然遗产保护工作座谈会。联合财政部赴敦煌开展"推动中华优秀传统文化创造性转化、创新性发展"专题调研。

持续推进内部制度建设

制修订并印发《国家文物局办理中央领导同志批示件工作规定》《国家文物局会议管理规定》《国家文物局系统干部公务出差、因私请假报告制度的规定》《国家文物局应急值班工作管理规定》。编印《国家文物局机关工作手册》。研究制定《国家文物局外事管理办法》《国家文物局全过程预算绩效管理暂行办法》及规程，研究修订《国家文物局政府信息公开实施办法》《国家文物局政府信息公开指南》《国家文物局公文处理办法》。

大力提升政务信息化工作

落实党中央国务院关于信息化工作部署，创新政务服务和行业监管方式。稳步升级国家文物局政务服务平台，实现与全国政务服务总平台对接联通和信息共享，推进政务服务事项"一网通办"和政府监管事项"一网通管"。基本完成局党政机关电子公文系统安全可靠应用试点项目建设（安可项目）。初步建成"文博行业展示监测系统"（大屏系统）。开发完成基础信息支撑平台全国文物地理信息平台。会同文保司开发建设文物保护工程资质管理数据库管理和资质审批系统。建成启用局系统文件智能交换系统。公布文物领域政务服务事项目录、监管事项目录和行政检查实施清单，主动衔接机关各部门信息化需求。

扎实开展"三办"工作

完成2019年基层减负年工作任务，规范性文件、通报类文件数量比2018年精简43%，涉基层会议数量减少30%。收文登记4000余件，核稿及运转发文签报2800余件。建立公文勘误通报机制，改进公文办理程序，印发政府信息依申请公开答复模板。与文化和旅游部联合印发《公共文化服务领域基层政务公开标准指引》。做好会议和重大活动协调服务，全年承办全国文物局长会议等40余次重要会议，协调282次活动安排。成立国家文物局密码工作领导小组，调整充实保密委员会及其办公室组成人员，开展多种形式保密和国家安全教育培训，督促开展保密检查自查自评。依法依规妥善处理国家文物局职权范围内的信访上访事项，共办理信访件187件，回复电话咨询近千次。开通中办全国党委信息报送系统和国务院政务信息专网账号，实现向中办国办信息直报，开通密码电报设备，实现明电密码电报直报中办、外交部。办理局系统95个团组、287人次出访手续。

不断提高资金监管水平

严格执行国家财经制度，有序推进政府采购工作，强化预算绩效管理制度建设，扎实开展预算绩效管理，部门预算项目支出结构不断优化，专项资金绩效管理不断加强。推进国家审计与内部审计协同开展，提升业财融合和增强审计监督整体效能。积极配合审计署对国家文物局开展的重大审计。与财政部共同推进国有文物资源资产管理制度研究，完成《国有文物资产管理暂行办法（草案）》。

持续优化财政资金配置

促成文物领域中央与地方财政事权和支出责任划分改革取得重大成果，明确了中央与地方共同财政事权范围由全国重点文物保护单位扩大至省级及省级以下文物保护单位保护。积极落实局党组关于"以部门预算项目形式予以保障局直属公益二类事业单位发展"的指示精神，在2020年部门预算大幅消减18%情况下，统筹保障中国文物信息咨询、中国文物交流中心、中国文物报社的项目预算额度和革命文物保护项目800万元、亚洲文化遗产行动计划300万元，新增北大红楼展陈提升1000万元。提前下达2020年国家文物保护资金转移支付预算的70%。落实2019年国家文物保护专项资金57亿元，实施文物保护项目近2000个。完成2018年度全国范围的专项资金项目绩效自评以及浙江松阳"拯救老屋"行动等项目绩效评价试点。

扎实推进文物对外和对港澳台交流与合作

推动与美国等22个国家签署防止文化财产非法进出境政府间协议，签署10份中外文化遗产合作协议。有力推动中外标志性世界遗产地结好和保护修复合作，杭州西湖、云南哈尼梯田与意大利相应世界遗产建立结好关系，中法确定开展巴黎圣母院与秦兵马俑保护修复与研究合作。组织保障"大美亚细亚——亚洲文明展"，汇集49国文明成果。与美国就中美文化遗产合作《行动计划》达成共识。用好外交渠道，成功实现意大利、美国、日本、土耳其向我国返还流失文物艺术品1167件。举办第二届中国—东欧国家文化遗产论坛，积极开展"亚洲文化遗产保护行动"，持续推进在"一带一路"沿线国家实施文物古迹保护修复与联合考古项目。当选联合国教科文组织1970年公约附属委员会委员国、国际文化财产保护与修复研究中心（ICCROM）财务审计委员会委员国。与ICCROM续签合作协议并进一步扩大合作领域。积极参与濒危文化遗产保护国际基金运行管理。成功举办"内地、香港与澳门历史建筑活化再利用研讨会""第九届两岸文化遗产保护论坛"。举办澳门回归祖国20周年系列庆祝活动，与澳门签署"海上丝绸之路"申遗协议并召开主题研讨会，协助举办粤港澳大湾区文化遗产合作研讨会。围绕让文物活起来、扩大中华文化国际影响力的实施意见主题，开展国内外调研。

政策法规司

抓落实、谋发展，持续推动文物政策利好落地落细

推动落实《关于加强文物保护利用改革的若干意见》。21个省份出台关于加强文物保护利用改革实施意见（其中15个由省级党委政府层面印发）；相关部门出台配套政策，明晰实施路径。出台国家文物保护利用示范区建设方案和创建管理办法，启动示范区创建工作。举办粤港澳大湾区文化遗产合作研讨会、让文物活起来专家座谈会，探索搭建政府、学界、企业融聚平台，研讨让文物活起来的理论和实践创新。

推动落实《关于实施革命文物保护利用工程（2018—2022年）的意见》。25个省份印发关于革命文物保护利用工程实施方案。公布第一批革命文物保护利用片区分县名单，编制第二批革命文物保护利用片区分县名单；筹备全国革命文物工作会议。推进闽西、金寨和阿坝革命保护利用工程。举办2019年文化和自然遗产日延安主场城市活动和全国革命文物保护利用论坛，文化遗产公开课《从延安再出发》、央视《开讲啦》特别节目《到延安去》社会反响良好。研究拟定革命文物"三个百集"选题名单，上线"红色中国"数字展厅，出版《创新与启示——赣南等原中央苏区革命文物保护利用实践》。

履职开展政策研究相关工作。按照文化和旅游部党组、国家文物局党组部署，印发关于深入学习贯彻落实习近平总书记在敦煌研究院座谈时重要讲话的通知；起草局党组和局领导署名文章、重要讲话、调研报告40余篇，办理向各部委报文回函等各类公文近200件。制订国家文物智库管理办法，编印《文物调研》和《文物工作调研报告汇编》，支持中国文物报社探索多种形式开展智库研究。组织开展"十四五"规划前期研究工作，持续推进《中国文物志》编纂工作。

修法规，强保障，不断提升文物依法行政能力

立法工作重点突出。积极推进《水下文物保护管理条例》修订工作。完成修订草案送审稿并向国务院报送，会同司法部开展专题调研并多次共同修改，赴中国海警局商洽水下

文物执法事宜，就条例发布等向中宣部、外交部等征求意见。开展《文物保护法》修订前期工作，开展多种形式的立法调研，配合全国人大、全国政协就有关重点问题开展调研；向省级文物行政部门征集修订重点内容，向社会公开征求修订意见建议，举办专题研讨班，初步研究提出修订要点。

推进"放管服"改革有关工作。牵头向国办报送拟取消下放审批事项，开展文物领域证明事项清理。推进文物领域自贸区"证照分离"改革全覆盖试点。依照有关法律法规，进行规范性文件梳理自查。为第八批全国重点文物保护单位申报遴选、为《进一步加强文物消防安全工作的指导意见》《关于进一步加强考古管理的意见》等文件出台、为创建国家文物保护利用示范区制度设计等提供合法性审查。应有关司室要求，参与政府信息公开申请答复有关工作。全年办理行政复议案件4件，行政应诉7件，维护机关和公民法律权益。承办全国人大代表建议、议案和全国政协提案253件，主动公开复文83件。

守阵地，拓渠道，不断完善文物融媒传播体系

围绕文物中心工作做好主动宣传引导。协调中央主流媒体围绕习近平总书记关心文化遗产纪实进行专题报道，举办文化遗产与文明交流互鉴纪念宣传活动。在文化和自然遗产日期间主办延安主场城市系列活动，围绕革命文物保护主题，指导各地开展7000多项文物展览展示及惠民活动。全年举办新闻发布会、通气会13次，开展重大宣传活动20余场，组织媒体专访和集中采访40余次，专题报道50余次。创新发布形式，会同相关司室主动发布工作进展，定期发布"考古中国"重大成果。

加强全媒体矩阵传播。深入贯彻落实习近平总书记关于融媒发展系列重要论述精神，加强与中央宣传部、中央网信办沟通协调，做好文物重大主题宣传策划，创新传播方式，推进融媒传播。全年文物报道阅读量超5亿的宣传活动包括文化和自然遗产日相关报道（阅读量6.1亿），国际博物馆日中国主会场活动（阅读量7.35亿），良渚古城遗址申遗（阅读量14亿），马首捐赠（累计阅读量22亿）。全年央视《新闻联播》播发文物重要新闻10余次。参与20多个节目策划制作，其中《如果国宝会说话（第二季）》获第十五届精神文明建设"五个一工程"特别奖，并在法国进行海外宣传推广；"五四百年"宣传微视频《北大红楼》获第十五届全国党员教育电视片观摩交流活动优秀作品奖。

加强宣传能力建设，构建全媒体管理与传播体系。完成国家文物局新闻宣传全媒体采编管理与传播平台项目建设，"一库六系统"投入运行。提升政务新媒体管理和信息发布传播能力，国家文物局网站刊载新闻信息5200余篇；官方微信原创信息近500篇，粉丝数量增长60%；官方微博"中国文博"发布信息2300余条。坚守文物领域意识形态阵地，印发《国家文物局热点舆情应对工作规定（试行）》，舆情监测覆盖200余家媒体，编印舆情摘编200多期，舆情快报和汇编60期。

督察司

推动落实文物安全责任

推动落实文物安全主体责任。把推动《关于加强文物保护利用改革的若干意见》《关于进一步加强文物安全工作的实施意见》落地生根作为重中之重，对各地落实情况进行调研评估，积极参加国务院安委会对省级政府安全生产和消防考核，通过多种方式和途径督促各地落实文物安全主体责任，已有18个省份将文物安全工作纳入政府年度考核评价体系。组织开展文物安全直接责任人公示公告制度研究和文物安全格化管理试点，推进解决

基层文物安全管理责任落实"最后一公里"问题。

持续开展遥感执法监测。重点督办文物遥感监测发现问题，督察成效显著。通过向有关省政府发函、现场督察等方式，督办5省市遥感监测发现问题97起，其中依法立案并实施行政处罚34起，责令改正恢复原状63起。指导地方办理重大文物违法案件，全年主动上报案件数量大幅提升。总结宣传文物法人违法专项整治行动成果，并通报各省级人民政府。中国政府网、新华网、新京报、光明网、中国新闻网等多家媒体对文物法人违法进行重点报道，网络报道计17万余条，引发社会广泛关注。

完善国家文物督察试点配套制度。编制出台《国家文物局文物违法案件督察办法（试行）》，构建"国省督察、市县执法"的新时代文物督察体系。联合文化和旅游部印发《关于加强地方文物行政执法工作的通知》，破解基层文物行政执法"事无人干，责无人负"的难题，落实文物行政执法责任，明确部门职责分工，建立协同机制。

开展打击文物犯罪专项行动。主动协调、积极协作，会同公安部持续开展打击文物犯罪专项行动，共侦破各类文物犯罪案件385起，抓获犯罪嫌疑人846名，追缴涉案文物9246件。截至2019年9月，前三批A级通缉令通缉的32名重大文物犯罪在逃人员已全部到案。2019年11月发布第四批A级通缉令通缉的10名重大文物犯罪在逃人员，6名已到案，极大震慑了文物犯罪，打击了犯罪分子的嚣张气焰。指导全国重点省份实施持续打击，如陕西省自2012年起持续8年开展"鹰"系列打击文物犯罪专项行动，累计破案2744起，追缴文物15566件。山西省2018年起部署三年连续打击文物犯罪专项行动，公安机关已分两批向文物部门移交文物25413件。

大力整治文物火灾隐患。推进文物消防安全制度化规范化，联合应急管理部印发《关于进一步加强文物消防安全工作的指导意见》。积极会同应急管理部、文化和旅游部开展文物消防安全大检查和火灾隐患专项整治行动，重点整治因生产生活用火、电气故障以及在文物建筑上直接安装灯具进行亮化造成的火灾隐患，两次共排查文博单位14.8万余家，发现安全隐患和问题15.4万余处，督促整改13.5万余处，对33家存在重大火灾隐患的文博单位挂牌督办，绝大多数已整改到位。文物安全形势相对平稳，没有发生重大灾难性火灾事故。

强化文物安全部门协作机制

做好部际联席会议成员单位协调工作。根据中央和国家机关机构改革情况，主动沟通、积极协调各成员单位，先后召开全国文物安全工作部际联席会议办公室工作会议和联络员会议，修订《全国文物安全工作部际联席会议成员单位职责》《全国文物安全工作部际联席会议办公室规则》，规范了工作职责和工作机制。联合开展文物安全督察检查和专项整治行动，较好解决跨地区、跨部门涉及文物安全的重点、难点问题。

首次被纳为国务院安委会成员单位。经多方积极沟通协调，国家文物局于2019年被纳入国务院安委会成员单位，文物安全被列为国务院安委会安全生产与消防工作考核工作重点考核内容。国家文物局首次作为成员单位参加了2019年国务院对省级政府消防工作考核，有力强化了各地政府文物安全意识，推动了安全措施落实。

成功举办四部门打击防范文物犯罪成果展。联合公安部、最高人民法院、最高人民检察院，在中国国家博物馆成功举办全国打击防范文物犯罪成果展览，出版《众志成城 守护文明——全国打击防范文物犯罪成果精粹》，有力震慑了文物犯罪行为。

深化与中央文明办、中央外办、中央海权办、中央军委后勤保障部的协作。国家文物局作为正式成员单位参加全国文明城市测评工作，文物保护利用改革和文物安全工作内容在测评体系中的占比日益提升，良渚古城遗址申遗和革命文物保护利用工程被纳入中央文明委2019年精神文明建设重点项目。参与中央外办、中央海权办的涉海历史法理研究、水下考古和全国海洋权益教育相关工作。会同中央军委后勤保障部处理密云古北口、天津大沽炮台等多起军队营区文物安全管理问题，共同起草关于进一步加强军队营区不可移动文物保护工作的指导意见，全面加强军队营区文物安全管理工作。

督办重大文物违法案件和安全事故

严查涉及世界文化遗产、全国重点文物保护单位的重大文物违法案件。严肃查处涉及河南殷墟、天津大运河、黑龙江渤海国上京龙泉府遗址、湖北武当山古建筑群、上海市兴圣教寺塔等重大文物法人违法案件，相关整治情况通报省级人民政府，黑龙江、安徽、福建、陕西等11个省政府领导同志作出明确批示。发布第三批文物行政执法指导性案例，通过向相关省级人民政府致函表扬、宣传推介等方式，推动地方政府落实文物保护主体责任，加大对文物违法行为处罚力度，严格执纪问责和刑事责任追究，提升文物保护法治意识。

对文物盗窃盗掘大案要案实施重点督办和"回头看"。重点督办殷墟遗址、山西古墓葬被盗掘，四川石窟寺石刻被盗窃，河南南阳汉画馆遭破坏等文物安全案件，对北京十三陵、河北清东陵被盗案件暴露的安全隐患整改情况开展"回头看"，督促整改落实到位，推动文物单位属地政府落实文物安全主体责任，强化安全措施。

严肃查处重大文物火灾事故。按照"四个不放过"的原则，现场督办四川云岩寺、贵州东山古建筑群、安徽黄田村古建筑群、青海隆务寺等全国重点文物保护单位和世界文化遗产地山西平遥古城武庙等一批重大文物火灾事故，督促属地政府及相关部门认真查找火灾原因、评估火灾损失、深刻汲取教训、严肃追究责任。

不断夯实文物安全监管基础

强化联合执法和培训。针对各地机构改革后，文物执法与安全监管力量被削弱，文物安全工作队伍严重缺失的不利形势，积极协调公安、消防、检察、军队方面开展联合执法检查，组织一线文物安全和执法人员、联合执法人员、文物执法片区相关业务培训，并积极指导地方和相关部门开展专业培训累计1150人次，有效提升了文物安全工作队伍专业化水平。

充分运用新技术手段提升文物督察效能。通过卫星遥感、无人机、互联网、大数据、云计算等新技术手段，实现了文物督察"天上看、网上管、地上查"的工作模式，主动发现山西晋中、山东济宁、宁夏银川等地一批文物违法案件，以及违法违规审批、过度商业开发、监管责任不落实、基础工作薄弱等问题，切实提升文物督察能力和效能。

扎实推进文物平安工程。印发《关于进一步加强文物安全防护工程管理工作的函》，指导各地加强文物安全防护（安防、消防和防雷）设施建设，着力提升文物安全防护能力。推动文物安全监管平台建设，组织编制《文物安全监管平台建设实施规划》，建立全国文物安全案件（事故）数据库，指导河北、山西、江西等省份文物行政部门先行启动省级文物安全监管平台建设。组织开展"文物消防安全百项工程"评估，选择8处重点文博单位实施消防安全评估试点，形成评估方法，建立风险评估体系。

积极引导社会力量参与文物安全工作。2019年，"12359"文物违法举报电话和举报邮箱、网站、信箱，共接收各类文物违法举报信息2240条，经初步核实、实地暗查等方式受理315件，线索移交公安、市场监管等相关部门86件。指导福建、陕西开展社会力量参与文物安全试点工作，选取具有较高文物安全风险的帝王陵寝、重要古遗址，开展田野文物安全巡查活动，弥补基层文物工作人员不足的现实困难。针对文物安全防护能力不足的古民居、革命文物，开展认领守护、安全巡护工作。通过文化和自然遗产日活动，宣传推介10名"最美文物安全志愿者"，增强公众对文化遗产的认知和了解。

文物保护与考古司（世界文化遗产司）

缜密部署，圆满完成第八批全国重点文物保护单位申报遴选

在中国文化遗产研究院和各省文物局的全面配合下，顺利完成第八批全国重点文物保护单位申报形式审核、专家评审、现场复核，广泛征求相关部门意见，在全国上报的3123处申报项目中遴选形成推荐名单。由于基础工作扎实、前期沟通充分、准备工作充足，9月26日，名单报经国务院常务会议一次性审议通过。10月，国务院核定公布第八批全国重点文物保护单位762处，全国重点文物保护单位总数达到5058处。为积极落实李克强总理关于全国重点文物保护单位申报管理的重要指示精神，启动全国重点文物保护单位申报管理办法预研究，印发《关于进一步加强第八批全国重点文物保护单位保护利用工作的通知》，推动国保单位申报管理的制度化、规范化、科学化。

多方协同，成功推动良渚古城遗址列入《世界遗产名录》

强力推进良渚古城遗址申遗工作，与浙江省紧密联系，研判形势、研究对策，按照局党组的部署，积极稳妥处理好各类问题。2019年7月6日，良渚古城遗址成功列入《世界遗产名录》，我国世界遗产总数达到55处，与意大利并列世界第一。为扩大良渚古城遗址成功申遗的社会影响力，组织召开纪念习近平总书记关于文物保护工作重要批示三周年座谈会，组织全行业深入学习领会习近平总书记"三个有利于"的精神实质和重要意义，在行业内掀起学习高潮。

牢记使命，全面服务国家发展和文物事业发展大局

强化部门协作，融入国家战略。一是推动印发《长城保护总体规划》《大运河文化保护利用传承规划纲要》，积极配合做好大运河、长城、长征国家文化公园建设试点，组织开展黄河文物保护利用专题研究与专项规划。二是落实中办、国办《关于加强文物保护利用改革的若干意见》，积极对接自然资源部，推动不可移动文物保护纳入国土空间规划，在"多规合一"中争取文物保护的主动权，为今后文物保护工作开展奠定了坚实基础。三是主动与国家发展改革委、国防科工局、生态环境部、农业农村部、住房城乡建设部沟通，就进一步加强老工业基地工业遗产保护利用、军工文化遗产保护利用、建立"文保+环保"长效机制、文物建筑涉及宅基地有偿收回与流转试点达成初步共识，协商联合出台合作协议或指导意见。

做好顶层设计，加强宏观指导。一是编制完成《大运河文化遗产保护专项规划》《土地储备考古调查勘探发掘工作导则》《国土空间规划体系下文物保护空间规划研究报告》《中东铁路建筑群保护利用总体规划纲要》，开展《考古发掘管理办法》《文物保护工程管理办法》《出土文物移交导则》修订、编制工作，对接改革要求。二是重点推进"夏文化考古研究项目"，编制《"考古中国"重大项目申报管理指南》，批复河套地区、长江下游考古项目规划，指导中原地区、长江中游、海岱地区、西藏考古项目规划编制。三是与住房城乡建设部推进历史文化名城保护，通报5座国家历史文化名城，联合督查整改工作，完成专家委员会增补，共商历史文化名城濒危及撤销称号管理办法，促进历史文化名城从"重申报"转向"重管理"。

深化改革，持续释放"放管服"改革红利

转变工程资质资格管理模式。结合简政放权，调整文物保护工程资质资格管理模式，开通运行资质资格动态数据库和申报审批平台，实现全国资质资格信息数据库动态管理，甲、一级资质直接网上申报审批，逐步扭转资质资格申报难、跨省管理难的局面。圆满完成第二次文物保护工程个人资格考试，为文保工程实施提供人员队伍保障。

创新文保项目管理手段。一是继续简化项目审批。2019年度集中评审项目1186项，批准306项，仅保留25项国家文物局审批。针对北京长城文化带建设需要，主动对接服务，建立适合北京长城保护维修现状的审批流程，集中批复10项抢险加固项目，提高审批效率和文保工程质量。二是创新事中事后监管模式。委托第三方机构开展四川、甘肃、湖南、山东等省份文物保护工程专项检查评估。以承德避暑山庄及周围寺庙98个文物保护项目为试点，首次开展综合性、整体性、系统性竣工验收，涉及古建筑修缮、科技保护、安消防、财务等多个领域，探索建立国家总验收模式。三是树立正确的文保工程理念。在敦煌组织召开敦煌莫高窟保护工作现场会，深入学习"莫高精神"，强调文保工程的科技化、专业化和学术性。组织召开第七次全国文物保护工程会，全面分析新时代文物工作形势，系统总结、分析近年文物保护工程成果、问题和下一步思路，明确文保工程发展方向。

提升世界遗产管理水平。一是全力推进泉州项目，针对前期问题，调集各方面优势力量抓紧完善申遗文本，强力保障申遗工作。二是重视世界遗产监测管理，以长城、大运河、丝绸之路、武当山古建筑群为重点，指导有关地方配合做好监测评估工作；指导西安国际保护中心（IICC）召开工作协调会，推动中、哈、吉三国首次联合提交"丝绸之路：长安—天山廊道的路网"保护状况报告。三是培育潜力项目，增补万里茶道、济南泉·城文化景观、海宁海塘潮文化景观、石峁遗址、西汉帝陵、唐帝陵等6个项目列入《中国世界遗产预备名单》，重点指导、培育北京中轴线、海上丝绸之路、丝绸之路南亚廊道、普洱景迈山茶林文化景观、景德镇御窑厂遗址等潜力项目，为后续申报奠定基础。

完善考古行业管理方式。重点做好高校田野实习、考古设施装备、出土文物移交、土地储备考古前置等方面管理，制定政策，明确要求，引导行业发展方向。一是强化高校田野考古实习管理，召开高校田野考古实习工作会议，印发专门通知明确高校田野考古实习要求。二是印发《关于进一步加强考古管理的意见》，明确提出树立课题意识、提升考古设施装备水平、做好考古资料管理和出土文物移交、推动土地储备考古前置等要求，为各省、各考古单位加强管理提供依据。三是强化基本建设考古管理，召开京津冀地区考古工作座谈会，促进京津冀一体化中考古和文物保护工作的三省市联动；积极对接北京、河北两省市，重点服务北京通州副中心、雄安新区和冬奥会场馆重大建设项目，确保工期和文物安全；积极配合水利部开展南水北调东中线验收工作，确保国家重大建设项目顺利实施和文物安全。四是做好水下考古的统筹布局，推动"南海Ⅰ号""经远舰""长江口二号"等沉船考古项目，以及西沙海域、渤海湾、北部湾等水下考古调查，指导水下中心做好北海基地建设。

社会参与，积极开拓文物保护利用新局面。一是发布《文物建筑开放利用案例指南》，指导中国古迹遗址保护协会组织开展2019年度全国优秀古迹遗址保护项目评选活动和推介宣传活动。二是指导开展第二批乡村遗产酒店推介活动，支持继续做好传统村落"拯救老屋"行动，不断创新文物建筑利用方式；公开征求《大遗址利用导则》意见，支持国家考古遗址公园联盟举办首届国家考古遗址公园文化艺术周、首届良渚文化艺术周，推动国家考古遗址公园高质量、高水平发展。三是重视考古成果发布和社会共享，组织3期"考古中国"重大研究项目进展发布会，集中向媒体公布了10项最新重要考古发现，引起社会强烈反响；指导中国文物报社和中国考古学会主办"2018年度全国十大考古新发现"评选活动。

博物馆与社会文物司（科技司）

强化顶层设计，全面谋划改革发展

博物馆、社会文物、文物科技各领域顶层设计取得实质性突破。一是制定"三个文件"。起草关于推进博物馆改革发展的实施意见，形成报审稿；制定关于进一步加强国家文物局重点科研基地建设的意见，创新体制机制，激发创新活力。二是召开"三个会议"。召开全国省级博物馆馆长座谈会、全国文物进出境审核管理工作会、国家文物局重点科研基地工作会，明确新时代发展定位，全面部署改革发展任务。三是启动"两个规划"。开展博物馆事业发展和可移动文物保护"十四五"规划、文物领域中长期科技发展战略规划研究；向科技部提交《关于将"文物保护和文化遗产传承"作为2021—2035年国家中长期科技发展规划重点领域的建议》。

强化重点突破，破解难点、打造亮点

推动博物馆更好满足人民美好生活需要，服务经济社会发展。全国博物馆热持续升温，年举办展览数、教育活动数、接待观众数实现10年连续增长。全国四成以上游客来自博物馆的贡献，"博物馆里过大年"成为新年俗、新时尚。"5·18"国际博物馆日中国主会场活动全网点击量7.38亿次，博物馆社会关注度和影响力空前提高。北京、上海、广东、四川等地试行博物馆夜间开放，助力夜间经济发展。全年举办文物进出境展览88个，"大美亚细亚——亚洲文明联展"成为首次聚集亚洲国家文化的"全家福"。习近平总书记与多位外国元首参观精品展，并给予高度评价。

流失文物返还成为现象级热点。推动外交部将追索返还纳入我驻外使领馆工作重点，公安部加强打击跨国文物犯罪，海关总署完善口岸风险防控。与局外事司以及中国文物交流中心、北京鲁迅博物馆共同努力，一年内实现了美国、意大利、日本、土耳其以及圆明园马首、郑振铎信札等6次文物回归，举办"归来""回归之路""凡是国宝都要争取"3个重量级展览。

民间收藏文物保护利用改革实现重要进展。狠抓力推重点省份开展民间收藏文物管理的创新实践，先行探索文物市场改革。一方面，在江苏部署文物流通领域"登记—交易"制度试点，创设以登记交易为中心的文物流通领域管理和服务新模式，推动文物流通领域实现良性循环。另一方面，以保障人民文化权益、构建多层次文物鉴定服务体系为出发点，总结推广上海"民间收藏文物鉴定咨询服务"模式，倡导各地面向公众开展常态化公益性鉴定咨询服务。以两项实践为基底，指导上海聚焦民间收藏文物的重点难点问题，出台《上海市民间收藏文物经营管理办法》，将改革内容转化为立法实践，为《文物保护法》修订提供现实基础。

文物科技创新实现重要突破。一是科技专项落地实施。会同科技部推进国家重点研发计划"文化遗产保护利用"科技专项，2019年发布18个项目申报指南，完成2020年15个项目申报指南的编制。二是科研攻关再创佳绩。"考古现场脆弱文物临时加固提取及其保护技术"荣获国家科学技术进步二等奖。三是国际合作实现突破。会同12国启动"世界丝绸互动地图"跨国合作研究任务，这是首个由我国牵头主导的国际文物科技合作项目；在中意科技创新周成功组织文化遗产领域专题论坛。四是科技创新体系进一步优化。遴选公布第七批国

家文物局重点科研基地，总数达到33家；支持敦煌研究院申报建设国家创新中心。

强化协同发展，不断提升治理能力

构建博物馆协同治理体系。一是与民政部联合印发《关于加强非国有博物馆登记备案检查工作的通知》，开展1611家非国有博物馆登记备案检查清理。二是联合教育部推动利用博物馆资源开展中小学教育教学，支持和规范博物馆研学实践活动，203家博物馆、纪念馆入选研学实践基地。三是会同财政部、国税总局、海关总署公布第三批国有公益性收藏单位名单，新增27家博物馆享受进口免税优惠政策，受益博物馆总计达169家。四是与中央文明办携力推进博物馆志愿者队伍建设，推动博物馆免费开放、核心价值观主题展览征集推介活动纳入全国文明城市测评体系。

完善社会文物协同管理制度。贯彻"放管服"改革要求，加强与各相关部门对接合作，落实扩大开放、自贸区、综合执法改革、证照分离、双随机一公开、"互联网+监管"等系列专项工作方案，创新4项工作机制：一是联合海关总署印发《关于优化综合保税区文物进出境管理有关问题的通知》，对综合保税区文物进出境审批和监管手续进行优化，创新文物进出境优化服务机制。二是与海关总署签署《口岸文物风险联合防控合作备忘录》，共同建立口岸文物风险联合防控监管机制。三是印发《关于转发〈军事法院涉案文物移交办法（试行）〉并做好相关工作的通知》，共建军事法院涉案文物移交机制，指导四川省完成军事法院涉案文物首次移交接收。四是与文化和旅游部积极对接开展文物市场综合执法年度重点工作，进一步健全文物市场执法工作机制。

拓展文物科技协同创新空间。一是"互联网+中华文明"行动计划进入数字乡村发展战略、网络强国建设等国家战略，通过福州、重庆、乌镇等重要峰会得到社会认同。二是发布《博物馆馆藏资源著作权、商标权和品牌授权操作指引（试行）》，举办首次峰会，引导有序释放博物馆藏品资源，开门引入社会力量做大蛋糕、共赢发展，获得各方广泛好评。三是与工信部加快推动国家文物保护装备产业基地（重庆）建设，国家文物保护综合服务设施主体工程已基本完工。四是推动腾讯、百度、中国移动、网易等战略合作企业与博物馆等文博单位跨界融合发展，推动文化产品和服务供给的多元化。

强化基础工作，夯实事业发展根基

全面摸排博物馆发展情况，加强馆藏文物管理。修订《博物馆定级评估办法》《博物馆定级评估标准》及评分细则，开展博物馆事业发展监测研究，引领博物馆高质量发展。公布全国博物馆名录，撰写《全国博物馆年度数据统计分析报告》，摸清全国博物馆结构布局和发展概况，为实施博物馆年报制度和编制博物馆事业"十四五"规划打下基础。全国登记备案博物馆5354家，年增长218家。全国2851个县级行政区划中，2118个县建成博物馆，覆盖率74%，北京、甘肃实现县级全覆盖。对北京、浙江等5省市19家文物收藏单位开展馆藏一级文物保护管理、陈列展览"双随机一公开"检查，规范文物定级建档备案、修复复制拓印、调拨交换借用、陈列展览管理。开展文化和旅游部、国家文物局所属文物收藏单位藏品征集工作专项清查，涉及藏品约13万件/套、征集经费10.29亿元，起草《博物馆藏品征集规程》。完成馆藏一级文物修复、复制许可审批，按时办结率100%。建立全国博物馆网上展览平台，公布300万余件文物基础信息。

文物市场监管、涉案文物鉴定、文物进出境审核等社文领域基础工作长抓不懈。2019年共指导各省文物行政部门对188家文物拍卖企业469场次、245072件/套文物拍卖标的进行审核备案，撤拍1296件/套标的；21家国家文物进出境审核管理处完成1396批次、140294件申报文物进出境审核工作；41家涉案文物鉴定机构完成公检法纪等机关1730起刑事案件、180121件可移动涉案物品、1008处不可移动文物鉴定评估工作。

推动资源共享，发力标准化工作。完成国家文物科技标本库和数据库建设可行性研究，启动首批试点，加快建设文物科技资源共享服务平台。制定标准化工作手册等制度规范，强化文物标准管理。审议通过1项国家标准、18项行业标准，推动22项公共服务以及安全等领域标准立项。加快文物标准国际化步伐，完成在ISO设立文化遗产保护技术委员会提案文本，依托故宫博物院建立国际标准化组织筹备秘书处。

着力队伍建设，构建长效机制。举办全国博物馆藏品管理培训班、全国非国有博物馆馆长培训班、文物标准化培训班、互联网+中华文明行动计划培训班、社会文物管理骨干人员培训班，开展文物进出境责任鉴定人员培训考核工作，依托南京博物院设置"文物鉴定责任人员实习实训基地"。

机关党委、人事司

党委工作

深入学习贯彻习近平新时代中国特色社会主义思想和党的十九届四中全会精神。坚持读原著学原文悟原理，深入学习《习近平新时代中国特色社会主义思想学习纲要》，跟进学习习近平总书记最新重要讲话，学习习近平总书记关于文物工作重要讲话和重要指示精神，不断加深对习近平新时代中国特色社会主义思想核心要义、精神实质、丰富内涵和实践要求的理解，增强贯彻落实习近平总书记关于文物工作重要指示批示的自觉性坚定性，提高运用党的创新理论指导提升机关党委人事司工作能力。积极推动局系统各级党组织加强理论学习，提高学习质量。组织局机关副司长以上干部、局直属单位领导班子成员共46人参加文旅部党的十九届四中全会精神学习班，举办两期局系统学习贯彻党的十九届四中全会精神培训班，局机关处级及以下全体干部、直属单位处级领导干部、在京局管社会组织有关负责同志共170余人参加学习培训，实现局系统学习全覆盖。

组织开展"不忘初心、牢记使命"主题教育。在局党组的领导下，机关党委承担局主题教育领导小组办公室职责，统筹协调、督促指导局系统和局管社会组织开展为期3个月的学习教育、调查研究、检视问题、整改落实以及"回头看"等各项工作，实现征求意见全覆盖、对照检视找差距全覆盖、分析问题全覆盖，列出7个方面29个问题，制定64项整改措施。截至2019年年底，4项近期整改措施和12项中期整改措施已完成，48项长期整改措施均已取得重要阶段性成果。主题教育成效得到中央第十五指导组的认可，以95.9%总体评价为"好"的成绩通过测评。

以政治建设为统领，不断提高局系统党建工作质量。组织召开国家文物局2019年党建工作会议、党风廉政建设工作会议，认真学习贯彻习近平总书记在中央和国家机关党的建设工作会议上的重要讲话精神，制定印发并组织落实局党建工作领导小组2019年工作要点、《中共国家文物局党组关于加强党的政治建设的实施措施》《中共国家文物局党组关于加强和改进机关党的建设的实施措施》。督促指导局系统各级党组贯彻落实意识形态工作责任制。制定《国家文物局创建"让党中央放心、让人民群众满意的模范机关"实施方案》。以提升组织力为重点，强化基层党组织建设。开展局系统2018年度党建述职评议考核，局机关各党支部好评率均为100%，直属单位党委（总支、支部）平均好评率为96%。开展直属单位党建综合督查，调研局系统党支部建设现状，督促指导落实"三会一课"制度和开展主题党日活动，有力推进党支部标准化规范化建设。局系统全年发展党员9人，培训局系统基层党支部书记和党务干部113人次。建立国家文物局青年理论学习小组，开展"根在基层"调研实践活动，工会组织丰富多彩的活动，保障机关和直属单位工会会员福利。

加大定点扶贫工作力度。机关党委认真履行局扶贫工作领导小组办公室职责，有力推动定点扶贫县淮阳县各项脱贫攻坚工作。局党组全体成员和各直属单位主要负责人均直接参与定点扶贫工作，超额完成定点扶贫责任书各项任务指标，投入和引进帮扶资金超额444余万元，培训当地基层干部和技术人员超额556人。

纪委工作

落实巡视部署，提升整改效果。持续推进十八届中央巡视局党组整改任务落实，在137项整改措施中，47项近期整改措施已完成，41项中期整改措施完成39项，49项长期整改措施取得明显进展，向驻部纪检监察组报送了进展情况报告。对国家文物局水下文化遗产保护中心、中国文物保护基金会、中国文物学会落实局党组2018年巡视整改情况进行督促检查。组织开展2019年度局党组巡视。对北京鲁迅博物馆（北京新文化运动纪念馆）、中国文物信息咨询中心、中国博物馆协会进行常规巡视。被巡视单位制定了176条整改措施，其中短期整改措施（2019年12月底前完成）67条、中期整改措施（2020年12月底前完成）16条、长期整改措施93条。

加强制度建设，推动全面从严治党各项措施落实。制定印发《中共国家文物局党组防范化解重大风险预案》《中共国家文物局党组关于整治形式主义、官僚主义的实施方案》等7项配套制度，涉及党的政治建设、防范化解重大风险、整治形式主义官僚主义、整治利用名贵特产类特殊资源谋取私利问题、重大事项请示报告、局系统处级党员干部廉政档案管理等重点工作，制订相关措施或工作任务110余条/项。制定《国家文物局直属机关纪委执纪审查工作流程》，规范局系统各级党组织执纪审查工作，做好驻部纪检监察组与局党组每年两次专题会商的相关工作。及时向党中央、中央巡视工作领导小组办公室、专项工作机制办公室（中办督查室）、中央纪委国家监委驻文化和旅游部纪检监察组报告，贯彻落实习近平总书记关于文物工作重要指示批示、意识形态工作责任制落实、整治利用名贵特产资源、扶贫工作进展、日常问题线索监督等情况。

强化日常监督，严肃执纪问责。局直属机关纪委共研究处置问题线索23件，了结17件。1人受到开除党籍处分，2人受到党内严重警告处分，1人受到党内警告处分。对1人进行诫勉谈话，对5人进行谈话提醒。对直属单位党组织落实全面从严治党主体责任等8项工作落实情况进行督促检查，对发现的问题提出整改意见。加强对选人用人的监督。对局系统落实中央八项规定精神情况进行监督检查，开展警示教育，引导广大党员进一步提高纪律意识和规矩意识。

人事工作

凝心聚力，久久为功，机构队伍建设取得重大突破。一是局系统及地方机构建设得到重视和加强。11月21日，中央编办批复国家文物局设立革命文物司，核增行政编制15名。深入开展市县级文物行政机构统计分析，积极协助中央编办推进地方文物机构队伍建设，中央编办组成多个调研组对地方文物机构队伍状况进行专题调研。二是回应基层诉求，文博单位人事管理制度改革取得实质进展。经过两年多的努力，人力资源社会保障部、国家文物局于11月25日印发《关于进一步加强文博事业单位人事管理工作的指导意见》，在提高文博事业单位高级专业技术人员岗位比例、放宽文物保护和修复技能岗位招聘条件、岗位设置转聘等方面取得重要突破，对创新文博事业单位人事管理，建设高素质专业化文博队伍，促进文物事业发展具有重要意义。

贯彻落实局党组选人用人工作部署，培养选拔新时期好干部。一是贯彻落实新修订的《公务员法》，快速、有序推进局公务员职务与职级并行工作。二是规范开展干部选拔任用工作。根据新修订的《党政领导干部选拔任用工作条例》，结合干部选拔任用工作实际，对《国家文物局机关干部选拔任用工作办法》《国家文物局选拔任用干部民主推荐实施办法》和《国家文物局选拔任用干部考察办法》进行修订并实施。严格按照有关规定和程序开展领导干部选拔任用工作，全年共提拔使用干部13人，其中正司局级干部3人次，副司局级干部3人次，正处级干部5人次，副处级干部2人次。干部交流16人次。配合中组部开展局系统优秀年轻干部调研，组织开展直属单位优秀年轻干部调研。新录用和遴选公务员6人。先后考察提拔任用、试用期满转正、新录用公务员、军转干部、调任干部、挂职干部等50余人次，考察谈话600余人次。三是推荐的文物行业优秀工作者荣获国家级和省部级表彰奖励。樊锦诗同志获评"文物保护杰出贡献者"国家荣誉称号；局督察司安全监管处荣获第九届全国"人民满意的公务员集体"称号；局机关两位同志获中宣部庆祝新中国成立70周年宣传文化工作突出贡献个人表扬奖励。四是加强干部监督工作。落实全国干部监督工作会议精神，局党组召开专题会议对局系统干部个人有关事项报告工作提出明确要求，重申有关规定，切实加强管理。开展整治局系统领导干部配偶、子女及其配偶违规经商办企业有关工作。完成2019年度个人有关事项报告年度集中填报和随机抽查工作，对核查出的漏报情形进行分析提出处理意见并进行谈话提醒。

规范管理，用足政策，为直属单位发展营造良好的政策环境。一是加强直属单位人事管理，为直属单位改革发展做好服务。指导局属企事业单位开展中层干部选拔任用工作；组织开展直属单位人员调配工作，接收军转干部3名，高校毕业生8名，京外调干2名。起草《局属事业单位高层次人才工资分配激励机制指导意见（初稿）》，印发《国家文物局所属企业工资决定机制改革实施办法》，推动局属企业和直属事业单位所属企业建立健全工资决定和正常增长机制。二是进一步加强社会组织规范化管理。制定印发《国家文物局办公室关于在"不忘初心、牢记使命"主题教育中集中整顿社会组织软弱涣散党组织 进一步促进社会组织健康有序发展的通知》，强化社会组织党建工作，建立重要活动报批管理制度。完成国家文物局15家全国性社会团体和基金会年检工作。

夯实基础，解决难题，为干部干事创业做好服务保障。一是推进人事工作规范化管理。制作印发《干部人事档案审核数字样卷》，研究制定干部人事档案工作人员守则，强化责任意识。完成局机关干部及直属单位领导班子成员信息、公务员管理信息等10余个系统的数据采集、维护及报送工作。二是做好工资养老、卫干医疗、户籍管理等服务保障工作。完成局机关在职干部和离退休干部工资核定、局机关公务员职务与职级并行制度职级序列工资核算和发放等工作。做好机关和直属单位干部医疗工作，有效解决干部医疗蓝卡问题。

人才工作

推进实施新时代文物人才建设工程。贯彻落实中办、国办《关于加强文物保护利用改革的若干意见》"创新人才机制。实施新时代文物人才建设工程"要求，加强对全国文博人才培养工作的指导，进一步推进文博人才培养工作，启动《新时代文物人才建设工程实施方案》编制工作，完成《调研报告》和《新时代文物人才建设工程实施方案》初稿。制定并实施《国家文物局2019年度培训计划》，完成培训项目34个，培训人员达2700余人次。同时，各培训基地完成自筹经费培训项目16个，培训人员1100余人次。

推进文物人才发展体制机制改革。11月28日，国家文物局与人社部联合印发《关于深化文物博物专业人员职称制度改革的指导意见》，提出健全制度体系，规范评审专业设置，完善评价标准，丰富评价方式，推行代表作制度，破除唯学历、唯资历、唯论文、唯奖项倾向；提出优化岗位结构、科学评价人才、健全培训机制等多项举措。各地高度重视，积极推进，有力地促进了高素质专业化人才队伍建设。

完成第二批国家文物局文博人才培训基地遴选工作。为加强文博人才培训基地建设，提高文博人才培养质量、扩大人才培养规模、拓展人才培养渠道，组织开展了第二批培训基地的遴选工作。经局党组研究，将北京大学、敦煌研究院、复旦大学、河南省文物考古研究院、上海视觉艺术学院、苏州市文物鉴定评估服务中心（苏州文物商店）、中国文物报社、中国文物交流中心等8家单位列入第二批培训基地名单。

继续实施"高层次文博行业人才提升计划"，扩大培养合作院校规模。共有5名文博行业在职人员考取了硕士研究生，分别被西北大学、北京建筑大学录取。10月，与云南大学签署合作开展"提升计划"协议，解决南方学员报考不便、招生数量较少的问题。

加强全国文博网络学院建设，积极发挥网络学院作用。完成全国文博网络学院的系统升级任务，确保系统安全稳定运行。在全国文博网络学院开设"2019年'守纪律、讲规矩'""全国重点文物保护单位保护管理""革命文物保护利用"等3个在线专题班，参加专题班学习人数合计4300多人次。2019年，面向全国文物系统开展全国文博网络学院全面试用工作，目前，网站注册用户18000余人，2019年新增注册用户近10000人。网站最高日学习人数达1300人次，工作日学习人数平均达500人次。

加强文博专业教育教学指导。加强全国文物与博物馆专业学位研究生教育指导委员会工作，完成《研究生核心课程指南》编写工作，完成专业学位研究生发展调研报告。加强文物保护行指委工作，完成文物保护行指委本届工作总结（2015—2019），完成《高等职业教育创新发展行动计划（2015—2018）》绩效报告。

加强人才选拔和专家服务。完成2018年度高级专业技术职务任职资格评审工作，共有51人申报，36人通过评审。完成文化名家暨"四个一批"人才郭宏自主选题项目转移备案工作以及姜波自主选题项目支持、管理和年度总结工作。公布2018年度享受国务院特殊津贴专家，局系统有3人入选；完成28人国务院特殊津贴按月发放工作。完成2019年文化名家暨"四个一批"人才、国家"万人计划"哲学社会科学领军人才申报工作。

离退休干部工作

加强离退休干部党建工作。完善离退休干部党支部工作机制，每月定期组织学习研讨，开展主题党日活动、参加专题报告会。组织老同志开展"不忘初心、牢记使命"主题教育，学习贯彻党的十九届四中全会精神。开展"我看新中国成立70周年新成就"访谈活动。

认真落实离退休老同志的政治待遇和生活待遇，热情做好日常服务工作。在新中国成立70周年之际，局党组成员分别走访慰问离休干部，为老同志送去"庆祝中华人民共和国成立70周年"纪念章，把党中央的关怀送到每一位老同志手中。向老同志通报文物工作情况，元旦春节期间走访慰问老专家、老领导、老干部。完成局老干部活动中心搬迁至红楼四层工作，全年局系统50多位老同志参加老年大学红楼教学点学习，安排授课128课时。

分述篇

北京鲁迅博物馆（北京新文化运动纪念馆）

【概述】

在国家文物局党组正确领导下，北京鲁迅博物馆（北京新文化运动纪念馆）党委认真贯彻落实习近平新时代中国特色社会主义思想和党的十九大精神，以纪念五四运动100周年和开展"不忘初心、牢记使命"主题教育为契机，以局党组巡视为抓手，攻坚克难，真抓实干，较好地完成了各项工作任务。

【重大活动】

馆党委认真学习贯彻习近平总书记关于五四运动两次重要讲话精神，制定开展纪念五四运动100周年活动方案。举行学术研讨会、举办展览，在《人民日报》《解放军报》等中央媒体发表有关文章，深刻阐释宣传五四运动和五四精神内涵。针对赴红楼参观见学、开展主题党（团）日活动人数暴涨的情况，制定应急预案，强化部门协调，优化参观路线，加强应急值守。"五一""五四"期间，馆领导带队、各部门派员轮流到红楼值守，确保安全有序。特别是自6月份"不忘初心、牢记使命"主题教育开展以来，到北大红楼进行采访、拍摄、参观学习、开展主题党（团）活动的中央和国家机关团体、企事业单位、新闻媒体等络绎不绝。经馆党委研究决定，从6月19日开始延长北京新文化运动纪念馆区（北大红楼）对外开放时间1小时，抽调人员加强安全保卫、维护秩序，与参观团体签订安全承诺，不再进行安检。与机关服务中心紧密配合，确保红楼参观秩序有条不紊地进行。局党组和领导对红楼对外开放和接待服务工作高度重视，出面协调北京市、东城区有关部门，着力改善红楼周边环境设施。2019年北京新文化运动纪念馆区（北大红楼）共接待35.7万人次、1664个团体，日最高接待6500人次，是往年的五六倍。

积极推进北大红楼提升改造工程。馆党委认真学习贯彻中共中央办公厅、国务院办公厅《关于加强文物保护利用改革的若干意见》《关于实施革命文物保护利用工程（2018—2022年）的意见》，系统梳理改革发展情况，特别是就红楼提升改造工程问题向局党组做了专题汇报，并对扩大北大红楼开放面积提升展示水平进行了专题调研。委托中国文化遗产研究院编制《北京大学红楼保护展示工程规划》，先后向国家文物局上报《关于扩大北大红楼开放面积提升展示水平的请示》《北大红楼保护展示工程项目计划书》《关于扩大北大红楼开放面积提升展示水平的请示》等。局党组把积极推动北大红楼提升改造、扩大开放面积不断提升展示水平，作为开展"不忘初心、牢记使命"主题教育整改落实的一个重要内容抓紧抓实，积极协调各方，在较短时间内腾退了红楼二层区域。红楼二层旧址复原和陈列展览布展工作顺利完成，并于9月4日正式对外开放，为开展第二批主题教育提供了良好的活动场所。

【学术科研】

以弘扬五四新文化精神为引领,学术研究成果丰硕。巩固传统优势项目,完成《鲁迅研究月刊》全年12期180万字的编辑出版工作,与《中国学术期刊(光盘版)》电子杂志社签约共建学术期刊数字出版,完成2019年月刊核验工作。"《鲁迅手稿全集》文献整理与研究(A卷)"国家社科基金重大项目取得阶段性成果,全国哲学与社会科学"国内六家鲁迅纪念馆的历史和现状研究(1951—2016)"课题结项。与沧州师范学院正式签约共建鲁迅教学研究中心。举办"在文学与历史之间——纪念五四运动100周年"学术研讨会并出版论文集。派员参加国际国内学术会议,提交论文并做学术报告。围绕五四新文化精神加大学术研究力度,全年共发表学术研究文章50余篇。发挥学术委员会作用,先后召开6次专家会,对学术出版、文物资料征集、陈列展览等提出意见建议,为馆党委决策提供支持。

【精品展览】

以纪念五四运动100周年为牵引,主题展览特色鲜明。先后举办"五四现场""国民:1919""旧墨新声:新文化名家手泽""新文化八大名家""力之美——鲁迅与版画"5项原创展览,馆领导带队赴香港举办"动与醒:五四新文化运动"展览。积极开展巡展活动,先后为京内外多家博物馆、纪念馆送去"新时代的先声——纪念五四运动100周年"主题展览等9项展览34场次,引进"人民总理周恩来""日出东方——近代上海与中国共产党的创建文物史料图片展"等15项展览,讲好中国故事。

【教育宣传】

以服务社会和公众为宗旨,社会教育活动丰富多彩。围绕纪念五四运动100周年和主题教育活动,扎实做好对外开放工作,制作入党(入团)誓词牌、主题教育纪念卡,推出纪念门票、书签、布袋和手提袋,积极传播红色文化。全年接待观众51.3万余人次,首次突破50万大关,是2018年的2倍多。加强讲解员队伍建设,规范社会人士讲解,制定《社会人士在北京鲁迅博物馆(北京新文化运动纪念馆)开展讲解活动管理办法》,采取每日定场讲解、团队预约讲解、志愿者讲解等方式,全年完成1600余场讲解任务。扎实做好讲解志愿者培训工作,全年培训259人、讲解1664场。积极开展社会教育活动,推出线装书、印章制作,书画欣赏体验,丝网、木刻版画拓印等系列社教活动;利用清明节、五四青年节、七一建党节、国庆等重大节假日,推出专题社教活动。积极推动社会教育进校园活动,获北京市"阳光少年文化科普进校园活动"优秀组织奖和"阳光少年文化科普进校园活动"先进集体奖。发挥首批"全国中小学生研学实践教育基地"作用,单独或与北京市西城区教育研修学院合作,推出"走进鲁迅""重走五四路"研学活动,京、津、冀、晋等地近万名中小学生参加。积极推进爱国主义教育基地建设,北京新文化运动纪念馆被中宣部命名为全国爱国主义教育示范基地。

【藏品管理】

以规范制度建设为抓手,进一步规范文物藏品征集管理。修订相关规章制度,推动文物藏品征集决策、管理、使用的标准化程序化。对党的十八大以来文物藏品征集工作进行专项清查,对征集的4794件文物藏品进行编目登账和数据库登录工作。新征集浙系版画作品84幅，征集李乐光藏李大钊使用过的书箱1个、砚台1方。配合红楼二层旧址复原、陈列布展复制展品100余件/套。委托中国国家博物馆完成10件朱企霞文物的修复工作。启动藏品集成管理信息系统升级改造（一期）项目。认真做好《鲁迅手稿全集》《鲁迅藏拓本全集·碑卷》等文献整理工作。

【文创开发】

以传播红色文化为平台，文创产品开发和推介成绩显著。充分发挥北大红楼红色优势，开发百年红楼T恤衫、百年红楼及"鲁迅说过的话"仿水晶变色茶杯、新青年背包、共产党宣言海报等4款7种新产品。组团参加第13届合肥国际文化博览会、第4届吉林国际冰雪产业博览会、第15届深圳文博会等文化创意产业展会展示活动。新青年笔记本、新文化人物紫砂壶、仿水晶变色茶杯、北大红楼立体贺卡等4款产品入围全国红色旅游文创产品和演艺创新成果作品征集活动。仿水晶变色茶杯、新青年笔记本荣获全国优秀红色旅游文创产品奖。

【其他】

积极承担中央和国家机关、国家文物局有关司室交办的任务。组织力量做好中宣部"全国馆藏革命文物数据"筛选汇总工作。协助国家文物局接收国外退还文物1165件（其中美国361件、意大利796件、日本8件），接受澳门爱国人士何鸿燊捐赠圆明园马首1件，办理海关入关及备案手续，制作文物档案。承担的国家文物局科技档案整理工作顺利完成，累计编写全宗目录964条；承担的国家艺术基金资助项目"博物馆文创艺术品网络推广"顺利结项；承担的国家文物局"互联网+中华文明"示范项目"文创知识产权解决方案智能匹配平台"顺利推进。举办全国文物系统"书写与传承——文博系统70年书画作品展"。配合湖北省博物馆，对国家文物局从日本追索回国的8件文物进行数据采集。派员参加中共中央宣传部重点项目筹建办（211工程），具体筹备第一部分第二单元"中国共产党的成立"部分；参加中央文明办组织的2019年全国文明城市年度测评工作；参加国家文物局团委组织的主题为"革命文物保护情况调研"的2019年"根在基层"调研活动。

以强化服务管理为目标，不断提升服务保障水平。加强人事管理，优化干部配备，做好养老保险改革等工作。启动人事档案整理及专项审核工作，加强人事档案标准化。扎实做好外事管理、职称评审推荐等工作。加大门户网站和微信公众号等网络宣传力度，妥善处理网络舆情，及时对"鲁迅全编检索系统"进行升级改造，提高网络安全性能。完成鲁迅故居修缮工作，进一步提升博物馆展示水平。认真汲取巴黎圣母院及国内文物建筑火灾教训，加强对外开放的安全保卫工作，加强安防、消防工作人员业务培训，更新安防、消防相关设备，加强值班和巡查，保证观众和文物安全。完成庆祝新中国成立70周年系列活动安保任务，获西城区"新中国成立70周年系列庆祝活动消防安保先进单位"。

扎实做好与淮阳县贫困村党建结对帮扶工作，成立党建帮扶领导小组和办公室，制定党建帮扶工作计划并抓好落实，主要领导带队赴淮阳开展党建帮扶对接工作。派员赴淮阳开展党建帮扶活动，送展览、赠图书、讲党课等。

中国文物信息咨询中心

【概述】

2019年，中国文物信息咨询中心坚持以习近平新时代中国特色社会主义思想为指导，在国家文物局党组的正确领导下，全面贯彻落实党的十九大和十九届二中、三中、四中全会精神，不断增强"四个意识"，坚定"四个自信"，做到"两个维护"，紧紧围绕服务局党组重点工作大局，以文物信息化建设为主业，扎实工作，主动作为，完成了2019年度各项工作任务。

中心党委牢记局党组"直属单位是为机关服务"的嘱托，以局重点工作为大局，以局党组的要求为宗旨，以"建设文物信息化工作国家队"为己任，以信息化为主业，通过调整内设机构和人员结构，使对局服务力量更加集中；加强队伍建设和绩效考核，使人员精神面貌为之一新。在信息化工作中，一方面紧抓政务信息化服务建设，推进系统统一、集中利用，确保安全；另一方面紧抓数据利用服务，充分发挥大数据中心职能，提高数据收集和处理的能力。全年承担国家文物局委托项目38个，社会服务项目68个。加强预算管理，开源节流，厉行节约，各项收入较2018年增长约30%，支出下降约23%。经国家文物局推荐，中心获得全国"七五"普法中期先进集体。

【内部建设】

扎实推动单位机构改革。中心积极主动研究推进单位改革，及时向局党组报告机构改革具体措施。落实局长办公会议精神，为加强对国家文物局服务，推进文物数据研究和应用，中心党委及时调整部门职能，将原咨询部更名为"政务信息化部"，主要面向局机关提供信息化服务保障工作；原数据资源部更名为"文博大数据研究所（文物法制研究中心）"，主要面向局机关、地方文物行政部门、文博行业和社会提供文博大数据的收集、管理、研究和利用、咨询等工作。

优化内部管理机制。2019年，中心党委经反复研究，加强内部管理，制定部门指标考核机制，构建多劳多得的绩效考核制度，营造鼓励员工干事创业的环境。制定、修订《劳务用工及支出管理办法》《经费支出管理办法》《政府采购实施办法》《固定资产管理暂行办法》，中心制度建设日趋完善，工作流程更加顺畅。

加强人才队伍建设。引进3名专业技术人才，向局人事司申请增加5个高级专业技术岗位，选拔6名优秀人员入编，组织职称评审等。全面提升中心的业务和科研能力，中心职工全年发表各类文章15篇，出版专著1种。

加强对所属公司管理。坚决落实局党组"慎办二级公司，停办三级公司"的决定。结合巡视整改工作，中心加强对所属两个公司的管理。一方面，根据巡视组反馈意见推动三级公司的注销和股权转让；另一方面，调整配强公司领导班子力量，加强内部管理，支持公司结合自身优势积极面向社会开展服务。

【网络安全与信息服务】

组织实施文博行业展示监测系统建设。在国家文物局统一部署和各相关单位支持下，中心组织实施文博行业展示监测系统建设，实现世界文化遗产、长城和"8+3"博物馆的基本信息、地理信息、统计图表和监控视频的综合展示，以及综合行政管理平台统计数据的可视化展示。目前系统运行稳定，投入使用30余次。

保障局系统网络及数据中心安全运行。坚持中心机房全天候值班制度，全年定期检查系统200多次，机房巡检200多次。在新中国成立70周年庆祝活动保障期间，确保国家文物局网站及综合政务管理平台正常运行。

建设局全国文物地理信息平台。开展全国文物地理信息平台数据工程。平台已经实现第三次不可移动文物普查数据、全国重点文物保护单位、世界文化遗产、长城资源、全国红色文物一张图显示，并可对外提供地图和数据服务。

开展局党政机关电子公文系统安全可靠应用试点项目管理。根据局安全可靠应用试点工作安排，中心作为项目管理单位，对项目建设情况、进度、质量进行把控，并顺利完成竣工验收。

为局机关和直属单位提供各类信息系统建设与维护。承担综合行政管理平台、国家文物局OA系统、全国文博网络学院等各类管理系统、电子政务系统的日常运行维护、技术支持、数据统计分析，保障局机关业务开展。承担北京鲁迅博物馆、中国文化遗产研究院、中国文物报社、中国文物保护基金会等单位网站、OA系统建设与维护工作。

开展局官方微博"中国文博"运行维护工作。2019年度共发布微博2337条，阅读量12970.88万次，视频播放量119万余次，粉丝数量增加23.9万。"约会博物馆"话题阅读量达18.5亿，获评为新浪微博"2019年度创新应用与传播案例"。国际博物馆日期间"全网征集最幸运锦鲤活动"阅读量达387万次；文化和自然遗产日期间"全国文化遗产网络知识大赛"阅读量575万余次，参与活动6600余人次。打造文博新媒体传播矩阵，与新浪微博联合召开文博新媒体论坛，68家文博单位参加。

为各地文博单位提供信息化服务。分别为北京、吉林、山东建设省级可移动文物展示利用平台；与黑龙江、江西、湖南、新疆等地就文物信息化建设规划、集群式数字化博物馆建设、文物数字化保护利用等方面达成长期合作关系；为中国（海南）南海博物馆、中国政协文史馆、长江文明馆等地方博物馆提供信息化发展规划、藏品管理系统建设等工作。

【数据管理与研究应用】

开展文物舆情监测与分析。全年对文物舆情进行不间断监测，搜集文物舆情19.7万余条，经研究、摘选、上报新闻及网络媒体舆情2069条，制作舆情摘报250期。对1500余个事件进行专题追踪监测和分析，完成舆情事件专项报告72期。为国家文物局掌握和处置全国文物舆情事件提供及时有效的参考。

提供数据调查与应用服务。依托第一次全国可移动文物普查数据库编制革命文物数据筛选规则，建成革命文物资源目录数据库。开展国家文物局督察体系研究工作。完成《新时代文物执法督察体系建设研究报告》和《国家文物督察专员工作规则》初稿。开展基层文博单位机构编制调查，组织2019年度文物进出境责任鉴定人员内部考核，开展文物拍卖标的拍前复核工作，组织2019年全国文物安全工作部际联席会议办公室工作会议等。

【人才培训】

充分发挥国家文物局文博人才培训示范基地教学职能，全年共举办网络安全、文博信息化和文博系统专业人员鉴定培训班12个，培训学员600余人。承担全国文博网络学院系统和课程维护，服务于文博人才培养。

【其他】

举办专委会会议和智慧文博论坛。11月19日，中心与湖南省文物局、中国文物学会信息化专委会、中国博物馆协会登记著录专委会、湖南省博物馆共同主办2019年智慧文博论坛，全国80余家文博单位近200位代表参加，发布了引领智慧文博建设的《长沙宣言》。论坛一方面请各文博单位交流分享在智慧文博建设中的体会和经验，另一方面提出共同营造全国智慧文博工作良好生态。

开展文博领域信息化调研。面向文博单位开展文物博物馆领域信息化现状与发展趋势调研，以全面掌握我国文物、博物馆事业信息化建设的基本现状，深入了解文物、博物馆领域信息技术应用需求及发展趋势。

"博物中国"全国数字博物馆集群正式上线。该平台于国际博物馆日正式上线运行，上线博物馆近2000家，当日浏览量突破10余万人次，初步达到平台建设预期效果。这也是中心主动面向社会开放、主动提供有效供给方式和服务的积极探索。

面向青少年开展教育活动。举办青少年文化遗产知识大赛、全国文化遗产少儿绘画展，承办"第三届港澳中学生文化遗产暑期课堂"等，提升青少年对文化遗产的兴趣。

落实扶贫和援藏工作任务。向五谷台村小学、大李村小学捐赠互动学习设施等。

文物出版社

【概述】

2019年，文物出版社以习近平新时代中国特色社会主义思想为指导，在国家文物局党组的正确领导下，深入学习贯彻党的十九大和十九届二中、三中、四中全会精神，不断增强"四个意识"，坚定"四个自信"，做到"两个维护"，扎实开展"不忘初心、牢记使命"主题教育，认真贯彻落实"一岗双责"和意识形态工作责任制，狠抓改革创新、业务发展和作风建设，经过全社员工的辛勤奋斗和齐心努力，有力推动了年度各项工作的顺利完成，保持了稳定发展。

【内部建设】

强化管理，制定完善相关规章制度。修订《中共文物出版社有限公司委员会工作规则》《文物出版社贯彻落实"三重一大"决策制度的实施意见》，制定《文物出版社有限公司重大出版项目管理办法》《文物出版社有限公司重点工作督促检查规定》《文物出版社有限公司图书出版工作督促检查规定》《文物出版社有限公司会议制度》。

加强干部队伍建设，调整团队年龄结构，组织完成5名应届毕业生的招聘和14名中层干部的选拔聘用。组织完成对年轻编辑的入职教育和全部编辑人员的年度72学时业务培训。

为扭转文物印刷厂长期亏损局面，对印刷业务采取合作经营方式，实现了主业的扭亏为盈。组织完成对文物印刷厂的资产评估和债权债务清理，注销了其所属的长期经营不善的二级、三级公司，为企业重组做好了准备。

为对干部职工进行全面、公正的评价，打破由上级考核下属的传统考核制度，实行公司制改制后的首次360度考评。通过员工自己、上级、同事、下级等不同主体的评价了解其工作绩效，通过反馈促进工作能力，也有利于团队建设和沟通。

为激发全社员工活力，增强创新动力，拓展发展新空间，出版社设立了创新基金，力争通过创新扶持、配套支持和内部创业投资三种方式，引导更多部门和员工投身创新，以促进出版社经济结构调整和产业转型升级。

【图书出版】

聚焦主业，图书出版态势平稳。全年出书总计676种，比2018年增长23%，其中新版图书552种，重印图书124种。各种数据均稳中有升，稳固了产品规模，经营状况稳定。

继续调整图书结构，加大普及类图书策划出版力度，社会反响良好。根据《中小学书法教育指导纲要》开发了面向中小学生和初学者的硬笔学习字帖。加大对文物价值的挖掘、阐释，组织编制"新编华夏文明探秘丛书"出版计划。"百年巨匠丛书"新品持续推出，并继续被列入教育部、文化和旅游部、财政部开展的"高雅艺术进校园活动"指定图书。《长征文物概览》《抗战文物概览》《中国古建筑举要》《百年巨匠·鲁迅》《百年巨匠·张大千》入选向全国中小学推荐优秀图书。"国宝迷踪系列丛书"和"了如指掌书法系列丛书"入选《2019向全国老年人推荐优秀出版物目录》。

《中国文物志》编纂工作有序推进。在局领导指导下，《中国文物志》编办坚持每月编纂例会和业务会制度，加强全面保障，注重规范管理，着力督促检查，细化任务，强化责任，狠抓落实，督促进度。《不可移动文物》《可移动文物》编纂工作已基本完成；《总述》《大事记》《人物》初稿基本完成，正由专家和相关责任单位审改；《文物事业》《文物管理》已完成大部分初稿。

主题出版力度不减。贯彻落实中共中央办公厅、国务院办公厅《关于实施革命文物保护利用工程（2018—2022年）的意见》，总结赣南等原中央苏区革命文物保护利用实践的《创新与启示——赣南等原中央苏区革命文物保护利用实践》，中央宣传部评定重点主题出版选题《不忘初心——马克思主义在中国的早期传播》等主题图书陆续出版。推出有关"一带一路"主题的《海上丝绸之路历史文化丛书》《丝路梵华——吉泉斋藏古代佛教造像集珍》《丝路探源——齐国於陵·周村丝绸之路货源地研究》《汉代合浦港的考古学研究》《器成走天下——"碗礁一号"沉船出水文物大展图录》等图书。

《欧洲冯氏藏中国古代版画丛刊》（100册）、《中国历代图书总目·艺术卷》（28册）、《敦煌蒙书校释与研究》（20册）、《伊犁地方史资料辑录》（11册）四套图书获国家出版基金资助，数量创历史新高。

【数字化转型升级】

完成"中国文化遗产多功能视讯云平台国有资本金项目"结项验收。完成基于全媒体融合生产的10个智能化站点平台搭建，包括"文物考古知识服务平台""文物研究知识服务平台""考古研究知识服务平台"3个知识服务平台和"古代墓葬研究知识资源库""出土文物研究知识资源库""古代陶瓷研究知识资源库""古代玉石器研究知识资源库""古代青铜器研究知识资源库""早期文明研究知识资源库"等知识资源库站点。完成文物出版社知识传播平台与移动端传播矩阵的搭建。

【获奖情况】

"2019中国图书海外馆藏影响力出版100强"中，文物出版社排名第29名。

《文物》月刊继续保持业内龙头地位，荣获2019中国最具国际影响力学术期刊，入选2019年北京国际图书博览会（BIBF）"庆祝中华人民共和国成立70周年精品期刊展"。

全年有54种/套图书荣获多种奖项，其中全国优秀古籍图书奖一等奖1种；"金牛杯"优秀美术图书金奖1种，铜奖3种；2018年度全国文化遗产十佳图书6种，优秀图书3种；美国2019年度印制大奖金奖1种，优秀奖2种。《古希腊钱币史》获2019年度"最美的书"。

中国文化遗产研究院

【概述】

2019年，中国文化遗产研究院在国家文物局党组的正确领导和相关司室、兄弟单位的大力支持配合下，深入贯彻落实习近平新时代中国特色社会主义思想和党的十九大及十九届二中、三中、四中全会精神，认真开展"不忘初心、牢记使命"主题教育活动，促进院改革发展和业务工作全面进步，较好地完成了各项工作任务。

【重要项目】

2019年，中国文化遗产研究院共实施各类项目154个，其中涉外项目17个。按来源分，包括国家文物局委托项目10个，社会横向项目97个，院自主项目47个。按性质分，包括工程项目80个，科研项目64个，管理项目10个。全院共获各类奖项7个，新增实用新型专利2项。

落实"一带一路"文化遗产保护交流与合作专项规划和"亚洲文化遗产保护行动"倡议，主动担当文物国际交流合作任务，特别是时间紧、要求高、经费无保障或保障不足但对国家和事业发展具有意义的任务。承担《亚洲文化遗产保护行动规划》编制。参与承办中巴阿（中国、巴基斯坦、阿富汗）文化遗产保护论坛。完成援助巴基斯坦国家考古队建设前期研究以及多次派员承担丝绸之路（"陆丝""海丝"）、世界遗产等国际研讨、接洽任务。援助柬埔寨茶胶寺保护工程竣工，王宫遗址于11月1日正式开工，完成柏威夏寺国际保护主席国履职；援助尼泊尔九层神殿关键节点（塔楼）完成，努瓦库特王宫项目获商务部正式委托；援助乌兹别克斯坦花剌子模州历史文化遗迹修复项目通过商务部组织的验收。完成塞尔维亚巴契遗址申遗咨询项目。承担丝绸之路中国、哈萨克斯坦、吉尔吉斯斯坦三国联合保护状况报告编制。落实《中国—中东欧国家合作索菲亚纲要》，承办"第二届中国—中东欧国家文化遗产论坛"。承办阿塞拜疆世界遗产大会长城主题边会。参加ICOMOS大会，配合ICOMOS总部开展"自然—文化融合项目"走进哈尼梯田调研工作。完成中意文化线路保护研究、中法文化遗产保护术语体系、中英长城合作项目年度工作任务，出版《"双墙对话——哈德良长城与中国长城保护管理研讨会"论文集》等相关著作。英格兰遗产委员会首席执行官邓肯·威尔逊来函对第二届中英"双墙对话"活动给予高度评价，并提出进一步深化合作的愿望。埃及梦图神庙项目任务因故未能执行。

响应国家粤港澳大湾区建设，编制完成深圳改革开放四十年不可移动文物普查工作计划并开展相关工作。编制完成澳门历史城区遗产本体勘察和监测预警系统建设方案并推进相关工作，承办庆祝澳门回归二十周年海上丝绸之路国际会议。完成广东江门台山市全域文物调查认定和保护总体规划编制等。

根据中共中央办公厅、国务院办公厅《关于实施革命文物保护利用工程（2018—2022年）的意见》和国家文物局等四部门公布的《革命文物保护利用片区分县名单（第一批）》，开展大别山革命文物保护利用规划编制，陕西延安太福河陕甘省政府旧址、石村八路军三五九旅旧址等11处保护修缮工程设计，河南新县箭厂河乡革命文物保护展示利用工程总体设计，湖南省醴陵市红官窑、醴陵火车站旧址、陈觉墓保护修缮及展示利用工程设计，湖南厂窑惨案遗址保护展示工程设计等涉及全国多个片区的革命文物保护展示利用及环境整治相关项目的设计工作。

协助国家文物局有关司室完成第八批全国重点文物保护单位申报遴选资料审核及省级文物保护单位名录整理校核工作，年度主动性考古项目实施状况评估工作，长城保护工程管理工作，《关于进一步加强文物安全工作的实施意见》实施情况评估工作，《中国文物志》撰稿、审稿工作；选派多名专业人员承担文物保护工程资质资格考试命题、考务工作等。

落实国务院领导批示，组织完成布达拉宫文物（古籍文献）保护利用项目总体规划和一期方案设计，完成天津自然博物馆文物保护修复方案。持续推进应县木塔、高句丽、清东陵、明十三陵、圆明园、承德避暑山庄及周围寺庙石质文物、川渝地区石窟等保护展示利用及环境整治工程，山西新广武3段长城10号敌台保护修缮与展示工程，"南海Ⅰ号"出水文物保护修复，北京通州副中心、雄安新区文物保护等重点项目。配合新中国成立70周年大庆完成天安门华表、人民英雄纪念碑维护保养，北京钟楼本体检测及结构安全性评估，北海石质文物保护等北京中轴线文化遗产项目。以文物保护修复实践为基础，召开石质文物保护国际研讨会等多个专业、学术会议，加强科研，建设团队，发挥引领示范作用。

继续完善中国世界文化遗产监测预警总平台建设。持续推进钓鱼城遗址、江南水乡古镇申报世界文化遗产文本及管理规划，推进丽江古城、明中都等世界文化遗产地及预备名单的规划编制。积极发挥中国在世界遗产监测等方面的引领作用。

【学术科研】

2019年全院在研课题共64个，出版专著13部，发表论文83篇，提交研究报告31份。

牵头实施国家社科基金特别委托项目"符合国情的文物保护利用之路研究""吴哥古迹考古与古代中柬文化交流研究""《中国大百科·文物》（第三版）"。参与承担社科基金重大项目"全国明长城资源调查资料整理与研究""大运河文化遗产保护理论与数字化技术研究""简牍学大辞典""先秦两汉讹字综合整理与研究"等。

完成万人计划课题"古代岩土建筑遗址保护修复材料研究"调查取样与检测试验分析，并顺利通过中期验收。

组织开展国家重点研发计划重点专项"文化遗产保护利用关键技术研究与应用示范"项目申报，申报的两项全部入选。

继续做好院刊《中国文化遗产》编辑工作，完成期刊主办单位及出版单位的变更登记，签约国内知名数据库，扩大刊物的学术影响力。全年共刊发稿件80篇，包括院内稿件17篇、院外稿件63篇，其中专题类稿件41篇。期刊业界影响力不断提升，已成为文化遗产保护研究领域的重要学术交流平台。

部分项目成果申请专利或获奖。文化遗产"监测云"专业版系统获"第五届全国十佳文博技术产品及服务"奖；贵州海龙屯海潮寺修缮项目获全国优秀古迹遗址保护项目；《北平研究院北平庙宇调查资料汇编（内四区卷）》《保护遗产　永续根脉——社会力量参与文物保护利用实践研究》《长沙走马楼三国吴简·竹简（伍）》《联合国教科文组织吴哥古迹国际保护行动研究》《全国重点文物保护单位制度研究》等获得2018年度全国文化遗产十佳图书、优秀图书等奖项。

【人才培养】

持续探索文博领域人才培养新模式。由院领导带队多次到山西、福建调研，就合作创办文物系统自己的高等院校进行研讨，取得共识和初步成果；承担"新时代文物人才建设工程"实施方案的编制；举办多个高级文博人才培训班。

【公众宣传】

围绕习近平总书记访问尼泊尔、亚洲文明对话大会、"一带一路"高峰论坛等时事热点密集开展，以人民日报、新华社等主流媒体为主导，以深度新闻报道、纪录片、新闻视频和各种形式的文稿宣介中国援外文物保护工作的内涵与意义。

开展媒体沙龙等丰富多彩的线下文化遗产价值传播和交流活动，如在多个国家考古遗址公园举办文化艺术周活动，普及和推广世界文化遗产价值、长城保护知识等。维护、提升"世界遗产之声""长城战队"等微信公众号，线上定期总结和发布学术资讯、交流活动，推送世界文化遗产价值普及和学术解读内容。

《时间的礼物·画给孩子的世界文化遗产》《长城绘》等绘本的出版获得良好社会反馈，初步取得经济效益。

【其他】

按照国家文物局统一部署，承担或在人财物方面支持文物行业教育指导委员会秘书处、文物标准化委员会秘书处、中国古迹遗址保护协会秘书处开展相关工作。

完善河南淮阳平粮台国家考古遗址公园规划方案，引入社会力量协助扶贫。启动淮阳全域旅游规划编制等。

中国文物报社

【概述】

2019年，中国文物报社在国家文物局党组的正确领导下，以习近平新时代中国特色社会主义思想为指导，深入贯彻落实党的十九大和十九届二中、三中、四中全会精神，深入贯彻落实习近平总书记关于文物工作重要论述和重要指示批示精神，坚持以党的建设引领改革发展，推进党建工作和中心工作互促并进；坚持正确舆论导向，切实落实意识形态工作责任制；坚持将社会效益放在首位，努力实现社会效益与经济效益相统一；大力推进媒体融合发展和传播平台建设，报刊网微采编业务能力及水平大幅提升。同时努力健全报社管理制度、优化管理，圆满完成2019年各项工作任务。

【内部建设】

深入推进媒体深度融合发展，落实中共中央办公厅、国务院办公厅《关于加强文物保护利用改革的若干意见》，结合公司制改制，调整内设机构职能和岗位设置，加强人才队伍建设和管理队伍配备。2019年度公开招聘13人，进一步壮大了报社采编队伍，为报社的改革发展提供了新动力、带来了新活力。

推进公司制改制工作。按照新闻出版署要求完成报、刊出版许可证的变更工作。根据工商管理单位要求提交相关材料，等待工商管理部门批准变更营业执照。

健全完善规章制度。根据相关主题教育专项整改要求并结合审计指出的问题，制定《中国文物报社关于"三重一大"事项集体决策制度实施办法》《中国文物报社职称评聘暂行办法（试行）》和《中国文物报社考勤管理办法（试行）》，对应修订了《中国文物报社财务收支管理办法》《中国文物报社固定资产管理办法》和《中国文物报社电子类办公设备配置标准》等相关制度文件。

【采编宣传】

按照中央统一部署要求，围绕国家文物局年度重点工作，各媒体平台精心组织策划，全力推进落实，圆满完成系列重大主题宣传任务和文物系统各项宣传报道任务。

坚持做到讲政治，强化责任担当，各媒体始终坚持正确方向。完成全国"两会"宣传报道任务，完成庆祝中华人民共和国成立70周年、纪念五四运动100周年等重大主题宣传任务，完成国家文物局"不忘初心、牢记使命"主题教育宣传任务，完成"弘扬莫高精神　坚守初心使命"主题宣传报道任务，完成良渚古城遗址申遗成功、第八批全国重点文物保护单位核定公布等重要宣传报道任务以及国际博物馆日、文化和自然遗产日等主题宣传任务，完成全国文物局长会议等重要会议的宣传报道任务。国家文物局机关报《中国文物报》、国家文物局官方微信等主要媒体和国家文物局政府网站精心组织策划，多端齐发，快速反应，加上《中国文物报》"强国号"的助力，形成了全方位、多层次、多角度、成系列的宣传高潮，报社新闻舆论传播力、引导力、影响力、公信力得到很大提升。

把内容为王落到实处。报社采编业务部门严把报刊网微各媒体内容方向关、质量关，严格执行编辑工作规则、编发流程规定，严格落实"三审三校"制度，加强协调，提高效能。自采稿件数量创下历史最高，采访报道过程中坚持融合创新、坚持移动优先。《中国文物报》在原有"考古专刊""展览专刊""保护专刊""图书专刊""鉴赏专刊"五大专刊基础上，根据形势发展和事业需要拓展新领域，新创"工艺专刊""文旅专刊""文创专刊""科技专刊"，并依托专刊发起成立行业联盟、举办行业论坛和相关推介活动，成为工作的一大突破和亮点。国家文物局官方微信全年编发近500条，数量创下历史新高，内容质量也大幅提升。国家文物局政府网站经过第四季度的集中整改工作有了明显起色，监测得分85.5分，进入"良好"行列。

完成《文物天地》月刊、《中国博物馆》季刊的编辑出版和"红楼橱窗"专题图片展的编辑制作展示工作。《文物天地》继续强化与博物馆界合作，并对栏目和版式进行调整，文物专题趋向精细化，重新定位为文物博物馆综合性文物刊物，聚焦博物馆重大展览，关注重大考古发现，配合时事记录人物，引导文物收藏，普及文物知识。《中国博物馆》以保持核心期刊地位为目标平稳发展。"红楼橱窗"围绕和配合中华人民共和国成立70周年及革命文物等重点工作完成全年展览任务。

积极完成《文物调研》编印工作。推进国家文物智库建设，充分发挥智库平台功能，依托文物智库力量做好文物事业发展"十四五"规划前期研究。以文物智库为智力资源、以《文物调研》为基础搭建文物政策研究咨询平台。开办"文物之声"微信公众号、《文物新闻专报》等，加大媒体平台建设。

完成"国家文物局新闻宣传全媒体采编管理系统与传播平台建设项目"建设任务。项目已通过专家验收，报社新闻宣传采编和管理能力显著提升。

【评选推介】

与有关行业协会联合组织开展"全国十大考古新发现评选活动""全国博物馆十大陈列展览精品推介活动""全国文化遗产十佳图书推介活动"等行业特色品牌活动。在承办过程中完善评选推介程序，充分利用网络、报刊、电视和新媒体等多渠道，通过文字、图片、视频、动漫、H5等多形式，直播、专题、消息、专访、特写等多样态，全方位发布、多维度解读、全媒体传播，构建起强大的传播场域。报社主要媒体第一时间快节奏发布，迅速抢占舆论高地，活动传播力、影响力都创下历史最高值。

【业务拓展】

创建国家文物局文博人才培训基地。报社通过国家文物局培训基地复核专家组实地复核，列入国家文物局第二批文博人才培训基地。依托局培训基地积极开展学术论坛活动、举办学术研修班，承办"2019年全国文物新闻宣传骨干培训班暨报社通联工作会议""西藏及青海等四省藏区讲解员培训班""天津2019年博物馆陈列展览研修班""2019年度博物馆照明培训班"等；举办"当代中国博物馆策展人论坛（2019）"；举办"全国革命文物保护利用优秀案例宣传推介活动"，推动革命文物宣传传播工程任务落地实施。

吸纳社会资本成立北京国文展文化发展有限公司和北京国文融创文化发展有限责任公

司。两个公司完成工商登记手续，召开股东大会，明确了公司发展目标、组织构成和主要职责，正积极开拓文博市场、创新经营。

着力构建"文博在线"全媒体传播体系。落实中共中央办公厅、国务院办公厅《关于加强文物保护利用改革的若干意见》中有关要求，着力搭建基于移动互联网、微信、微博、短视频、视频直播、H5等多种媒体形式的文物主题传媒平台。申请建立抖音、腾讯、学习强国、bilibili等网站官方账号，适应新媒体时代传播特色，突破传统纸媒壁垒，以更新更快的传播速度向公众传播文物信息。

根据国家文物局工作部署，完成革命文物"三个百集"名单遴选工作，试拍等相关后续工作正在抓紧推进。推出"红色中国——革命文物藏品图片展"、"长江文明与海上丝绸之路"展览、"2019博物馆数字技术展览会"、全国博物馆青少年教育活动和项目库总结、博物馆网上总结等活动。

积极探索发展创新。根据当前媒体发展趋势，在按照中央关于推进媒体深度融合发展的决策部署着力推进媒体融合建设的同时，充分发挥报社在文化遗产领域的行业资源和专业智力优势，拓宽业务工作范围，着手筹备成立世界遗产研究院和世界遗产学院。

【经营管理】

落实报刊发行精细化管理制度，开拓发行渠道，完成报刊发行征订工作。通过反复沟通洽谈，完成全年报刊发行出版工作以及印刷出版工作的调整等事项，降低了出版成本。

优化分类邮发渠道，努力降低邮发成本。与电子期刊合作，扩大报刊影响力和覆盖面，开拓报刊二渠道发行市场，积极与各文博单位联系。

梳理报刊赠阅数据库，对赠阅名单进行重新整理。制作新版《中国文物报1985—2018》全文检索系统，每期报刊接收入库，分类分期上架管理。

【其他】

积极落实扶贫工作安排。扶贫资金20万元落实到位。结合自身工作特点和文物宣传工作优势，邀请结对帮扶县相关工作人员参加报社举办的两场教育培训班，引导发挥当地文化资源优势。

中国文物交流中心

【概述】

2019年，中国文物交流中心在国家文物局党组的正确领导下，在局机关各司室及全国文博兄弟单位的大力支持下，以习近平新时代中国特色社会主义思想为指引，学习贯彻党的十九大和十九届二中、三中、四中全会精神，推进落实习近平总书记关于文物工作重要指示批示精神以及中共中央办公厅、国务院办公厅印发的《关于加强文物保护利用改革的若干意见》《关于实施革命文物保护利用工程（2018—2022年）的意见》，坚持稳中求进，聚焦业务转型发展，重点工作推进有成效有亮点，长期困扰中心可持续发展的痛点难点有所突破。

【内部建设】

加强制度建设，梳理修订党建、人事、奖励、职称、内控等相关规章制度，推进内部治理体系构建和能力提升。

深入思考制约中心生存和发展的无馆舍、无品牌、无拳头项目的"三无"问题，明确了"坚持展览主责主业，以文创文旅为两翼"的发展思路，调研提出了"总部（文博大厦13层）＋预展基地（天竺综保区A5楼）＋策展基地（悠唐国际中心16层）＋文创基地（天安门旅游商品服务中心）"的发展构想。按照局党组会议精神设立国文创公司。在局办公室指导下申请改变审计整改方式，盘活了槐荫山房公司（已申请办理更名事宜）。积极推进与北京市文物交流中心（原北京市文物公司）开展文物展览业务及办公场地合作。谋划购置天竺综保区业务用房，力求解决专属展厅、文物库房、培训教室等业务需求。

【文物展览】

全年共举办展览11项，包括出境展3项、来华展4项、国内展4项。

"亚洲文明展"发挥了主场文物外交的特殊作用。配合亚洲文明对话大会，文化和旅游部、国家文物局主办，中国国家博物馆与中国文物交流中心共同承办了"大美亚细亚——亚洲文明展"。该展览创造了亚洲大家庭全部47国与希腊、埃及等文明古国伙伴共同参展的奇迹，451件/组代表四大文明、古今文明的展品同场展出，三个月时间观众达到230余万人。在局领导、相关司室、前方使馆以及驻华使馆和国内文博单位的指导和支持下，中心全体"总动员、大练兵"，完成策展、调展和布展任务，克服了不同国家政策差异大、外事联络渠道信息不通畅、国际展品运输线路多风险大、国博展场协调难度大、设计施工时间短等重重困难，堪称文物展览领域的"奥林匹克"、亚洲国家的文化盛事。与清华大学艺术博物馆合作举办"亚洲文明联展"之"器服物佩好无疆——东西文明交汇的阿富汗国家宝藏"展。积极开发AVR智慧化展厅系统，将展览从线下带到线上，呈现"永不落幕的展览"。

"回归之路"展彰显了综合国力及文化软实力。为庆祝新中国成立70周年，中心配合国家文物局成功举办了"回归之路——新中国成立70周年流失文物回归成果展"和"跨越时空的文明对话——新中国出入境文物展览70年回顾"展。中心组织调集全国12个省市、18家文博单位的600余件珍贵文物，完美诠释了国家文物局博物馆司主导编写的展览大纲及精选的25个文物回归典型案例，极大激发了广大观众深深的爱国热情和强烈的民族自豪感，彰显了国家的文化软实力，观众达46万余人次。

"三国志展"助力构建新时代中日关系。在纪念中日文化交流协定签署40周年、恰值2019年在日本举办国际博协第25届大会之际，中心组织赴日本东京、九州举办"三国志展"，其中东京站观众达36万人次。展览的举办对于促进中日人文交流具有重要意义。

此外，引进阿富汗文物展、拿破仑展、日本平山郁夫藏丝路文物展等优秀文物展览来华巡展。赴日本长崎举办"呼伦贝尔民俗文物展"和"常熟博物馆藏文房珍玩展"，巩固海外文化交流阵地。配合洛阳二里头夏都遗址博物馆开馆，支持举办"鼎盛中华——中国鼎文化特展"，并与洛阳市政府合作举办"第二届世界古都论坛"。系列文物展览有力促进了文明交流互鉴。

【外事服务】

全力保障国家文物局委托任务高质量完成。充分发挥中心外事服务保障作用，圆满完成局委托的美国、意大利返还1157件中国文物工作、圆明园马首铜像澳门回运工作及国博捐赠仪式承办工作。组织编印《金色名片——全国文物进出境展览集粹》系列图书及"亚洲文明展""回归之路"展览图录。组织撰写"历史印记——百物鉴证中华民族复兴"展览大纲文本，并承担展览初审、外事团组接待、护照签证办理、翻译、速记等外事服务项目以及中华文物交流协会秘书处相关工作。

【文创文旅】

推进文博资源创造性转化、创新性发展。盘活文物资源，推进文博创意和资源授权。推动落实中共中央办公厅、国务院办公厅《关于加强文物保护利用改革的若干意见》精神，引导博物馆有序开放博物馆馆藏资源，起草《博物馆馆藏资源著作权、商标权和品牌授权操作指引》，策划举办"2019博物馆馆藏资源授权峰会"。与北京、甘肃、陕西等地文博单位合作举办文创开发运营和博物馆馆藏资源授权操作培训班，助力地方文博机构提升文物资源保护利用水平。组织国内文博单位赴国内外参加文创及授权展会，其中赴法兰克福展会被文化和旅游部列入2019年重点国际文化展会和"欢乐春节"项目。积极与文博单位、文化企业开展文创产品开发授权合作。承办国家艺术基金项目"中华文博共享服务平台建设"，促进文博信息传播和共享。

探索文物保护和旅游融合发展。加强文物旅游政策研究和顶层设计，组织专家赴云南、河南、四川、上海等地开展"新时代文物保护与旅游融合发展"专题调研。与国内博物馆、旅游研究机构等联合编制标准规范文件《文物旅游地研学旅行管理规范》《文物旅游地研学旅行导则》。举办研讨班，探索新形势下文物保护与旅游融合发展新路径。开发"中国风景线"项目，组织文博单位赴法国、意大利开展文物旅游地海外推介。与国内84家博物馆联合开展"博物馆参观护照"项目。策划实施中学生暑期研学活动。

【交流与合作】

加强与国内外文博机构交流合作，构建全方位、多层次、国内外战略合作关系。2019年共签署协议395个，其中战略合作协议17个，合作对象涉及政府部门、省市文物局、知名博物馆、高校、研究机构、文化企业以及国外文化机构等。在全国范围组建博物馆馆线联合体，选取45家博物馆签署共建联合体协议，努力搭建国家级文物交流合作平台。成功举办展览交流专业委员会年会，促进互联互通、合作共赢。

【人才培训】

2019年中心被列入国家文物局文博人才培训基地名单，中心发挥资源优势，共组织举办展览策划、文博创意、文物旅游等8个培训班和1个出境策展交流项目，培训学员1000余人。

【其他】

配合习近平总书记提出的"亚洲文化遗产行动计划"和粤港澳大湾区建设等国家战略，中心积极与深圳市政府探讨推进"亚洲文明互鉴博物馆""国际文物展品征集平台"项目。继续牵头推进国家南海文博产业园相关筹建工作。

发挥中心在文博行业的规范和引领作用。成功申报中国博物馆协会组织的"博物馆陈列展览设计甲级资质"，开展展览标准化研究和推广，制定中心展览展品包装运输标准，设计开发点交软件，积极推进文物点交培训、认证等工作。探讨新材料和物联网技术在文物保护中的应用，研究文物保险估价的评估标准以及数字博物馆建设等工作。

落实局党组关于扶贫工作决策部署，开展淮阳县（陈庄村）结对帮扶工作。组织专家对第八批全国重点文物保护单位双冢遗址进行调研，形成《陈庄村文物保护与旅游融合发展扶贫调研报告》。推进落实引导社会企业投资建厂，助力局党组脱贫攻坚"清零达标"。

国家文物局水下文化遗产保护中心

【概述】

2019年，国家文物局水下文化遗产保护中心在局党组的正确领导下，学习贯彻党的十九大和十九届二中、三中、四中全会精神，推进落实习近平总书记关于文物工作重要指示批示和中共中央办公厅、国务院办公厅《关于加强文物保护利用改革的若干意见》，凝神聚气，真抓实干，勇于进取，各项工作取得新进展。

【重要考古项目】

"南海Ⅰ号"沉船发掘与保护取得阶段性成果。截至2019年6月，"南海Ⅰ号"船舱内船货已基本清理完毕，文物共174600件/套，以瓷器、铁器为大宗，另有各类金属器、竹木漆器、人类骨骼、矿石标本、玻璃器、动植物遗存等。新发现的天平套件盛盒、完整人类颅骨等重要文物，为判断沉船性质、了解船员状况提供了重要依据。根据船体整体支护方案开展沉船外侧发掘，清理沉船外淤泥80—120厘米，发现沉船形态为略向左倾斜，在沉船左舷部发现大量倾倒出的船货。同时配合发掘工作，对船体隔舱板进行支护。《南海Ⅰ号沉船考古报告之二——2014—2015年发掘》荣获"2018年度全国文化遗产十佳图书"。

积极开展"一带一路"沿线国家联合考古，中沙联合塞林港遗址考古工作取得令人瞩目的成果。2018年12月—2019年1月，水下中心与沙特国家考古中心联合组队，对沙特塞林港（Al-Serrian）遗址开展了第二次联合发掘。本次考古工作的特点之一是田野考古、水下考古、遥感考古三位一体，从陆地、海洋、空中对塞林港遗址进行全面的调查、发掘与研究，发现并确认了古海湾、古航道和被流沙掩盖的季节河遗迹，解决了塞林港建港之缘由；发掘出大型建筑遗址，并清理出一批珊瑚石墓葬，为探究海港遗址的内涵提供了重要的考古证据；出土了包括中国瓷器在内的诸多文物，为海上丝绸之路研究提供了十分珍贵的考古资料。通过此次发掘，初步显现出红海之滨海港遗址的历史风貌。

上海"长江口二号"沉船调查取得突破性进展。2019年4—5月，水下中心与上海市文物保护研究中心合作，再次对"长江口二号"沉船遗址进行了水下考古调查，确认了沉船的形制及尺寸。测得沉船长度约38.6米，中部左右舷间宽约7.6米，船体左倾角度约为20°；船体型深约3.5米，最大埋藏深度约5米。沉船整体保存较好，船舷板、肋骨、隔舱板等结构较为清晰，初步探得不少于31个舱，隔舱间距多为1米左右。在沉船周边发现了桅杆、木板、木滑轮、铁锚、缆绳等重要的沉船属具。在船艏、船艉的船舱内均发现了大量码放整齐的瓷器堆积，有青花、淡青釉、粉彩、紫砂器等，器类多见配套、成组的日常生活用器，应为沉船载运的货物。经初步研究，"长江口二号"沉船应为清同治时期的沙船，是目前国内水下考古发现最大、保存最为完整的古代木船，也是此类船型首次被发现。这是清代晚期往来上海港的典型船型，不仅是沟通长江内河与海上航运的突出代表，也是上海作为近代东亚乃至世界贸易网络节点的实物见证，具有重要的学术价值。

山东威海湾甲午沉舰调查持续推进。为调查保护沉没在威海湾内的北洋海军沉舰遗址，2019年7—8月，水下中心与山东省水下考古研究中心等单位联合组队，继续开展威海湾甲午沉舰遗址水下考古调查工作，基本确认清代北洋海军旗舰"定远舰"的沉没位置。本次考古调查工作以2017年、2018年的成果为基础，采取抽沙揭露的方法了解残存舰体的保存情况。考古发现并逐步揭露出一段舰体遗迹，同时提取了部分沉舰遗物标本。发掘出的一块防护铁甲长286厘米、厚33厘米，尺寸与"定远舰"装备14寸厚铁甲的记载一致，是"定远舰"为铁甲舰的重要标志之一。调查还发现并提取出水文物150余件，涉及舰体构件、武器弹药、生活器具、个人物品等。通过分析铁甲、"第44—48横肋"铜牌、主炮引信等遗物信息，可判断残存位置位于"定远舰"的主炮台与弹药舱附近。本次水下考古调查对甲午海战史、海军史、舰船史的研究具有重要价值。

浙江舟山里斯本丸沉船调查成果初现。水下中心在浙江舟山海域开展青浜东北沉船水下考古调查，该沉船为铆钉结构蒸汽动力铁船，残长140米、宽18米，最高约10米，现存甲板高约7米。船首西南尾东北，船体正坐海底略向右倾斜，现存舱口4个，尾部保存较为完整的船舵，首尾各发现锚机2台，船首锚链孔高出海底处发现卷扬机5台。在最后一个舱口进行抽沙作业时采集到日本瓷片1枚，底款"岐461"。该沉船位置、尺寸、沉没姿态以及船体推进系统、舱口方位等与里斯本丸沉船档案记载完全相符。综合以上信息，推测青浜东北沉船即为里斯本丸号。

持续推进浙江、广西等地水下考古调查。水下中心与宁波市文物考古研究所联合组织实施宁波象山渔山列岛海域水下文化遗产资源考古调查（Ⅰ期）项目，完成北渔山岛海域22平方千米的物探调查，共计发现探测疑点150余处，采集铁质、木质文物标本10余件；完成渔山列岛所有岛礁的航空摄影，对重要岛礁及岛礁上的遗迹进行了三维建模；完成了北渔山岛海域所有岛礁地面、地下文物的考古调查。根据国家文物局南海水下文化遗产保护规划和合浦汉代遗址考古工作规划的整体要求，水下中心与广西文物保护与考古研究所合作对广西北部湾北海海域进行了水下考古调查。重点对南流江支流西门江入海口及冠头岭周边海域进行了物探扫测，通过多波束、浅地层剖面、侧扫声呐和磁力仪等设备，初步了解了该海域海底地貌情况，发现数处疑似水下遗存地点。

【文物保护】

根据文物保护原则，结合金属、陶瓷、木器、皮革、骨质、石质等文物保护的具体要求，水下中心编制了"致远舰"沉船出水文物保护修复方案、"经远舰"沉船出水文物保护修复方案。积极推动重要水下文化遗址的原址保护利用工作，选择价值较高、遗址条件基本具备、相关配套资源基本成熟的西沙珊瑚岛一号沉船遗址，编制遗址保护利用方案，以充分揭示和展示文物价值，让宝贵的水下文化遗址步入公众视野。与中国文化遗产研究院合作，完成了西沙甘泉岛遗址保护规划和甘泉岛遗址环境整治工程方案的编制工作。

重点依托北海基地，开展文物保护修复工作。完成90件/套"致远舰"出水文物的保护修复；对"经远舰"沉船遗址出水文物进行建档，完成43件/套文物的保护修复。在保护修复过程中逐渐完善北海基地实验室设施、设备、工具材料和保护技术方法。此外，开展并完成舟山地区馆藏铁质文物保护修复、大沽口炮台遗址博物馆馆藏铁器保护修复工作。

【课题研究】

2019年，水下中心继续推进"海上丝绸之路与西沙出水陶瓷"社科重大项目、海上丝绸之路遗迹考古调查与研究系列项目，持续开展水下文物保护基础与应用研究。

"海上丝绸之路与西沙出水陶瓷"各子课题研究有条不紊推进，按照社科基金委员会的要求及时上报年度成果与工作报告。

水下文物保护基础与应用研究围绕水下文物保护的技术难点，开展纳米纤维素对木质文物的加固应用研究、水下原址保护石质文物遗址表面清理方法研究、船体舱料科学分析与相关问题研究等。

积极牵头组织申报科技部国家重点研发项目"水下考古探测关键技术研发"和"海洋出水木质文物保护关键技术研发"两个专项，参与单位10余家。

【交流与合作】

2019年，水下中心牵头组织成立了中国考古学会水下考古专业委员会；与山东大学签署合作共建协议，在山东大学青岛校区开设水下考古学概论课程；与法国水下考古研究中心续签合作协议，与英国伦敦大学考古学院签署"海丝"研究合作协议。

学术交流频繁，组织了"国家文物局水下文化遗产保护中心系列讲座"、"水下考古青年论坛"（浙江宁波）、"2019海洋史研究青年学者论坛"（广东中山）等学术研讨会，并参加"海上丝绸之路国际学术研讨会"（澳门）等重要学术会议。赴台湾参加"第九届海峡两岸文化遗产保护论坛"，首次以"水下考古及水下文化遗产保护"为主题开展交流研讨。

北京市

【概述】

2019年，北京市文物局以习近平新时代中国特色社会主义思想和党的十九大及十九届二中、三中、四中全会精神为指导，深入贯彻落实中共中央办公厅、国务院办公厅《关于加强文物保护利用改革的若干意见》和《关于实施革命文物保护利用工程（2018—2022年）的意见》，加强制度建设，各项任务目标全面完成，文物事业实现持续健康发展。

【文物安全工作】

坚守安全底线，加强文物安全和执法工作。完成对全国重点文物保护单位的定期巡查和对北京市级文物保护单位的重点抽查。收到举报、信访、上级督办以及检查发现涉嫌违法案件84起，已办理70起，立案9起，作出处罚决定8起。协助中央和北京纪检监察、公安、海关等部门办理涉文物案件43起，鉴定可移动文物597件/套。高度重视文物防火安全工作，重要时间节点前和巴黎圣母院、日本首里城火灾后，均部署开展专项检查。督促人民大学落实清陆军部和海军部旧址火灾隐患整改文物保护责任。

【不可移动文物的保护与管理】

结合城市治理，积极推进中轴线申遗保护。中轴线南段御道整体"亮相"，天坛公园恢复坛庙"树海"景观，新增开放面积近3.2公顷；以皇史宬、五八二电台为代表的央产文物腾退取得突破。成功举办2019北京中轴线申遗保护国际学术研讨活动。推动设立首都文化遗产保护工作委员会。北京中轴线文化遗产保护立法工作取得一定进展。

注重规划引领，推进"一城三带"重点工作。北京市11处文物保护单位入选第八批全国重点文物保护单位，国保总数达到135处，文物保护单位保护范围及建设控制地带三期、四期（215处）修订工作完成征求意见稿。印发北京市长城文化带和西山永定河文化带保护发展规划。大运河文化带副中心首都博物馆东馆正式开工建设，路县故城遗址考古公园建设不断推进，万寿寺修缮工程完成总量的80%。长城文化带10个濒危点段抢险项目全部顺利完工并竣工验收，其中箭扣南段长城修缮工程始终坚持"最小干预原则"，首次引入考古工作，并实行设计驻场制度。西山永定河文化带颐和园福荫轩院和知春亭、北法海寺遗址二期、健锐营演武厅、云居寺断龙桥等保护工程基本完工，琉璃河遗址公园建设持续推进，董家林、黄土坡两村搬迁腾退及安置房项目进展顺利。

【革命文物保护利用】

实施革命文物保护利用工程，完成天安门城楼及城台、中共中央香山革命纪念地等文物保护修缮工程；梳理全市革命文物资源，开展革命文物专项巡查。

【考古工作】

助力城市建设,加快考古勘探和发掘工作。截至11月底,配合北京城市副中心、大兴机场、冬奥场馆建设等各类基建工程完成考古勘探项目153项,勘探面积1371万平方米;完成考古发掘项目94项,发掘面积11.8万平方米。

【博物馆工作】

坚持创新发展,提高博物馆公共文化服务供给能力。北京地区登记备案博物馆已达181家,其中徐悲鸿纪念馆完成展陈升级改造并对外开放。首都博物馆与各博物馆及文博单位合作推出"山宗·水源·路之冲——一带一路中的青海""锦绣中华""望郡吉安"等精品展览。围绕庆祝新中国成立70周年开展系列工作,国庆期间北京地区各博物馆筹备推出包括55项主题展览在内的各类展览和文化活动350余项,接待观众超过500万人次。

"北京市博物馆大数据平台"正式上线并持续推广。印发《关于推动北京市非国有博物馆发展的意见》,鼓励社会力量参与博物馆建设。编制试点方案,推进博物馆夜间开放工作。

【社会文物管理】

规范文物市场,完成165家文物拍卖企业年审。制定天竺综保区文物临时进出境审核办理流程,推进海外文物回流交易市场建设。完成128件海关罚没文物移交接收工作。举办第七届北京惠民文化消费季"金秋文物艺术品拍卖月"活动和"2019北京·中国文物国际博览会"。

【文创产品开发】

起草关于文博单位文创产品开发的实施意见,进一步完善北京文博衍生品创新孵化中心平台工作机制。圆满完成北京文创大赛文博赛区、2019年中国国际服务贸易交易会北京文博会"博物馆展区"、"2019北京(国际)文创产品交易会"的组织工作。

【其他】

优化营商环境,深化行政审批制度改革。实现全部审批服务事项全程零跑动,网办深度100%,达到5级(最高级);政务服务事项申报材料精简60%以上;市区两级政务服务事项办理时限总体压减55%以上。

天津市

【概述】

2019年，天津市文物系统干部职工面对复杂的文物保护形势和激增的工作量，坚持"补短板、打基础"，积极从"管脚下"向"管天下"转变，推动不可移动文物保护工作取得一系列新进展。深入落实中共中央办公厅、国务院办公厅《关于加强文物保护利用改革的若干意见》，制定《关于深入宣传贯彻习近平总书记文物工作重要论述的十项措施》和《关于加强文物保护利用改革的实施方案》两个文件，将贯彻落实习近平总书记文物工作重要指示精神和中央部署作为重点，紧密结合天津市文物工作实际，提出了一系列工作措施，为今后一个时期的文物工作提供了政策支撑和指导。

【不可移动文物的保护与管理】

强化认识、提升站位，增强做好不可移动文物保护工作的积极性和主动性。坚决落实中央和市委部署，积极推进大运河、长城两处世界文化遗产保护。配合市发展改革委编制天津市大运河文化保护传承利用相关规划。组织召开长城保护工作专题会议，编制完成天津明长城保护规划。完成第八批全国重点文物保护单位申报工作，6处不可移动文物成功入选第八批全国重点文物保护单位。启动北运河畔全国重点文物保护单位——北洋大学堂修缮。启动第五批市级文物保护单位申报工作。指导静海区编制完成原文化部"五七干校"旧址修缮方案。

配合市规划和自然资源局做好天津市双城间生态屏障规划编制工作，提供双城间42处不可移动文物基本信息。

组织开展国家文物保护专项资金申报工作，天津广东会馆修缮工程、千像寺造像保护工程、桑志华旧居修缮工程、亚细亚火油公司塘沽油库旧址办公楼修缮工程获国家文物局批复。

【考古工作】

主动性考古项目蓟州区杏花山朝阳洞旧石器遗址考古发掘取得重要考古发现。经国家文物局批准，天津市文化遗产保护中心联合吉林大学边疆考古研究中心、蓟州区文物保护管理所首次对朝阳洞旧石器洞穴遗址进行考古发掘，在两处洞穴遗址中出土包括旧石器时代石制品在内的各时期文物200余件。

配合房地产开发建设，天津市文化遗产中心对蓟州区塘坊遗址进行考古勘探并发现丰富的地下遗存。经国家文物局批准，天津市文化遗产保护中心联合蓟州区文物保护管理所对该遗址进行考古发掘，发现夏商、东汉和明清等不同时期遗存50余处，出土各个时期不同质地文物及标本数百件。

【博物馆工作】

2019年，天津博物馆相继推出"源·缘——天津博物馆纪念甲骨发现120周年特展""宝蕴庄严——周叔弢先生捐献文物与古籍特展"等一系列重要展览，平津战役纪念馆和天津市监狱管理局联合主办迎接新中国成立70周年"我和我的祖国"主题教育活动之"中国梦 我的梦"大型图片巡展，平津战役纪念馆推出"大地丰碑——庆祝新中国成立七十周年暨京津冀红色遗址遗迹展"，周恩来邓颖超纪念馆举办"时代先锋——周恩来邓颖超与五四运动"展览。

促进国有博物馆与非国有博物馆之间的交流合作，促进馆际优势互补、资源共享。由天津名车苑汽车文化博物馆、周恩来邓颖超纪念馆主办，长春雨萱汽车文化传播有限公司授权支持的"红旗汽车与祖国一路走来——红旗汽车模型文化展"在周恩来邓颖超纪念馆展出。在天津戏剧博物馆举行天津戏剧博物馆文庙博物馆管理办公室与天津名车苑汽车文化博物馆馆际交流合作签约仪式，这是天津市国有博物馆与非国有博物馆"结对子"全面合作的首次尝试。

天津博物馆对可移动文物预防性保护系统首次进行全面的系统整体更新升级，重点内容包括文物展览陈列和文物库房区域大环境与微环境的环境监测传感器硬件更新，网关、中继系统软件升级及文物预防性保护系统链路组网优化等。此次升级更新为天津博物馆馆藏文物的分级风险评估预控和环境监控管理提供了更为可靠的科学依据，达到了联合整治优化文物保存环境的目的。

"京津冀非国有博物馆协同发展合作论坛"在天津召开。在天津博物馆的积极推动下，首都博物馆、天津博物馆、河北省博物院联合签署倡议书，推进京津冀非国有博物馆协同发展；三地非国有博物馆积极响应，共同签署合作意向书。本论坛是京津冀地区举办的首次非国有博物馆专门论坛。

【文博宣传】

文化和自然遗产日天津市主场活动选在习近平总书记视察过的梁启超纪念馆，活动主题确定为"在保护中发展，在发展中保护"，通过丰富多彩的活动，加强文化遗产保护传承。

【其他】

针对部分区文物工作法规政策掌握不系统、文物部门力量薄弱等问题开展一系列调查研究，进一步强化工作统筹，特别是提升全市文物工作的规范化、制度化程度，连续向各区文物部门发出一系列通知。1月31日发出《关于进一步规范涉及文物保护相关行政许可事项的通知》和《关于做好2019年度文物巡查工作的通知》，4月17日发出《关于在全市开展不可移动文物安全隐患排查的通知》，4月28日发出《关于加强各区文物及博物馆管理队伍和机构建设的通知》，4月20日发出《关于加强我市尚未核定公布为文物保护单位的不可移动文物保护工作的通知》，从全市层面规范和统筹文物保护重点工作，强化对各区的业务指导。

河北省

【概述】

2019年，河北省文物系统深入学习贯彻落实习近平新时代中国特色社会主义思想，贯彻党的十九大精神，增强"四个意识"，坚定"四个自信"坚决做到"两个维护"，以强烈的时代责任感统筹谋划推进新时代文物工作。进一步推进全省文物保护利用改革工作，河北省委办公厅、省政府办公厅《关于加强文物保护利用改革的实施意见》印发执行，协调和推动各项工作有序开展，促进河北省文物事业发展再上新台阶。

【文物安全工作】

切实增强责任意识和安全意识，牢守文物安全底线、红线和生命线。召开文物消防工作专题会议，深刻汲取法国巴黎圣母院火灾事故教训，要求省直文博单位明确防范重点，加强培训、演练，明确责任清单、隐患清单和整改清单，全面提升省火灾防范能力。组织全省各设区市、雄安新区和文物重点县以及省直文博单位等60余名业务骨干参加文物安全与行政执法培训，切实提升基层文物行政部门和文物单位消防工作水平。联合省消防救援总队成立检查组，开展文物建筑和博物馆消防安全专项督查，重点针对文物建筑和博物馆单位用火、用电等安全隐患进行明查暗访，无法立行立改的隐患由河北省文物局挂牌督办，限期整改到位。

联合河北省公安厅刑警总队召开2019年打击文物犯罪专项行动推进会，就进一步推进全省打击文物犯罪专项行动进行部署。

【不可移动文物的保护与管理】

世界文化遗产保护工作成效显著。组织完成承德避暑山庄文化遗产保护项目现场整体验收评估，做好工程结项。指导清东陵、清西陵项目顺利推进。大运河文化带建设稳步推进。完成大运河永济渠段考古勘察，开展大名府故城遗址等考古勘探。梳理大运河文物名录，编制完成《大运河文化遗产保护传承利用实施规划》。配合河北省委宣传部、省发改委做好大运河国家文化公园建设前期相关工作。

全国重点文物保护单位管理日趋规范。国务院核定公布第八批全国重点文物保护单位，河北省13处单位入选，另有3处长城遗址并入第五批全国重点文物保护单位，全省国保单位达到291处，居全国第三位。重点文物保护维修工程加快实施。推动蔚县玉皇阁、腰山王氏庄园南园、晋冀鲁豫边区政府旧址等10余项保护工程完工，推动蔚县卜北堡玉泉寺、天齐庙以及保定淮军公所、秦皇岛电厂等维修工程实施。

落实《长城保护总体规划》，推动《河北省长城保护规划》编制工作。按照《长城国家文化公园建设方案》，配合做好河北长城国家文化公园建设工作。

秉持正确保护理念，积极推进正定古城文物保护工作。

【革命文物保护利用】

河北省文物局根据中共中央办公厅、国务院办公厅《关于实施革命文物保护利用工程（2018—2022年）的意见》以及河北省委办公厅、省政府办公厅印发的《河北省革命文物保护利用工程（2018—2022年）实施方案》，狠抓落实，全省19个县区列入第一批全国革命文物保护利用片区分县名单。深入推动革命文物集中成片保护利用工程，委托编制《河北省革命文物总体保护利用规划》。

开展革命文物资源调查，初步掌握全省革命文物资源家底。谋划2020年编制完成晋冀鲁豫、晋察冀、西柏坡及华北人民政府旧址保护利用总体方案。谋划实施革命文物保护利用工程，察哈尔民主政府旧址等13项工程项目具备实施条件或正在实施，八路军一二九师东进纵队司令部旧址等6项革命文物修缮工程启动前期工作，育德中学旧址等8项革命文物项目计划书或立项获得批复。

【考古工作】

涉冬奥文物保护进展顺利。组织完成太子城遗址考古发掘及保护利用规划设计的完善和核准工作，协调指导保护利用工程全面开工。张家口太子城金代城址入选"2018年度全国十大考古新发现"。

稳步推进雄安新区文物保护工作。编制完成雄安新区文物保护规划，开展南阳遗址考古勘探、发掘，启动鄚州城遗址及白洋淀区域的考古调查，实施宋辽边关地道保护利用工程。

大遗址保护考古工作稳步前进。赵邯郸故城、中山古城遗址等国家考古遗址公园建设稳步进行。继续推进泥河湾东方人类探源工程，冀西北地区新石器时代考古取得重要突破，正定开元寺南遗址、行唐故郡遗址等遗址考古工作取得新进展。

【博物馆工作】

2019年，河北省博物馆总数增至138家（其中免费开放119家），年接待观众3265.8万人次。各博物馆全年共举办展览864个、组织社会教育活动3377次，组织推出"新时代 新河北 新政协——庆祝中华人民共和国成立70周年暨人民政协成立70周年书画摄影展""我和我的祖国""脱贫攻坚路上的燕赵壮歌"等一批庆祝中华人民共和国成立70周年的精品陈列展览和主题活动等。

河北数字博物馆公共服务平台正式上线试运行。河北博物院与河北美术学院签署共建示范性实践教学基地协议。

【文博教育与培训】

积极开展人才培训。与中国文物交流中心共同承办国家文物局"2019年全国文物展览策划与实施培训班"，来自全国各省、自治区、直辖市文物局及相关博物馆、文博单位展览策划、陈列等业务工作负责人参加培训。在石家庄举办"全省文物保护利用改革培训班"，各设区市、雄安新区、重点县市的文物部门负责同志和省直文博单位主要负责同志，以及省文物局机关党员干部参加培训。

山西省

【概述】

2019年，山西省文物局坚持以习近平新时代中国特色社会主义思想为指引，深入贯彻党的十九大精神，全面落实中共中央办公厅、国务院办公厅《关于加强文物保护利用改革的若干意见》和《关于实施革命文物保护利用工程（2018—2022年）的意见》，重点加强黄河流域文化遗产保护利用、永乐宫壁画保护，推进重大考古研究项目和大遗址保护，圆满完成山西青铜博物馆筹建工作，各项工作有序开展。

【法制建设】

《山西省红色文化遗址保护利用条例》由山西省第十三届人民代表大会常务委员会第十三次会议通过，自2019年10月1日起施行，这是全国首部专门针对红色文化遗址保护利用的省级地方性法规。

《山西省社会力量参与文物保护利用办法》经山西省人民政府第20次常务会议通过，自2019年2月15日起施行，这是国内专门针对社会力量参与文物保护利用出台的第一部政府规章。

【文物安全工作】

贯彻落实国务院办公厅《关于进一步加强文物安全工作的实施意见》，在全省组织开展"防风险　保平安　护二青　迎大庆"专项行动，部署实施文物消防安全"百日专项行动"，有效落实了市县文化市场综合执法队伍的文物行政执法责任。组织召开全省文物安全平遥现场会，按期公示国保、省保文物单位安全直接责任人信息，组织实施文博单位安防、消防、防雷工程项目，为全省11个市3个县配备25台无人机用于安全巡查，全力确保文物安全形势持续稳定向好。

密切配合公安机关严厉打击文物犯罪行为。2019年，山西省文物局向省公安厅移送文物犯罪案件线索27条，鉴定涉案文物96133件/组，其中珍贵文物1054件/组（国家一级文物111件/组，二级文物194件/组，三级文物749件/组）。截至2019年12月，山西省公安厅已分两次向省文物局移交涉案文物25413件。

【不可移动文物的保护与管理】

天龙山石窟数字复原巡展作为代表"中华文化走出去"的重点推广项目，在法国圣但尼市进行了文化交流。云冈石窟第20窟复制窟亮相外交部蓝厅山西全球推介会，向世界展示了云冈石窟的文化魅力；第12窟3D打印项目在深圳完成上色总装，即将从浙江大学艺术与考古博物馆开启"行走"世界的第一步。

《石窟寺文物三维激光扫描数字化采集技术规程》《石窟寺文物近景摄影测量三维数字化采集技术规程》经山西省市场监督管理局审核批准，正式作为山西省地方性行业标准发布。

开展永乐宫壁画监测系统升级、壁画信息数据采集，启动龙虎殿壁画小范围修复试验和彩塑壁画修复方案规范编制，实施永乐宫文物保护智能安全综合防护体系建设等工作。

【革命文物保护利用】

《山西省革命文物保护利用工程实施方案》正式对外发布，明确了五项主要任务：一是摸清资源底数，梳理各种遗址遗迹、纪念设施、文物藏品，同时征集相关史料和口述资料；二是完善保护措施，实施革命旧址维修保护行动计划和馆藏文物保护修复计划；三是扩大开放范围，拓展利用途径，结合实际辟为文化教育场所、打造旅游精品线路、开发文化创意产品；四是挖掘文化内涵，更好地体现时代精神；五是创新传播方式，从宣传对象、传播手段入手，增强传播效果。

【博物馆工作】

高效建成山西青铜博物馆。筹建国家级青铜专题馆是山西省委、省政府的重大决策。山西省文物局在时间紧、任务重、人手少、要求严、质量高的情况下，克服各方面的压力和困难，圆满完成了山西青铜博物馆的筹建工作。建成的山西青铜博物馆展示面积1.1万平方米，展出文物2200余件，基本陈列"吉金光华"以青铜文明为主题，分"华夏印迹""礼乐春秋""技艺模范"三个部分。

大力推进智慧博物馆建设试点。山西博物院作为国家智慧博物馆建设试点，制定了《山西博物院信息化发展及智慧博物馆建设三年规划》。目前已完成一期项目，在智慧管理方面，构建了"数字资源信息管理系统"；在智慧保护方面，构建了国内首个文物知识图谱；在智慧服务方面，打造了文物数字化成果展示平台。

【学术科研】

落实山西省委、省政府与文化和旅游部、国家文物局就"山西围绕中华五千年文明加大重点田野考证"作出的安排部署，组织推进"考古中国"重大项目"晋南在中华文明进程中的地位与作用研究"，提出"5大课题、12个子项目"的工作思路，并对课题和项目进行细化分解。

《云冈石窟全集》历时七年正式面世，填补了学术空白，代表了"云冈学"研究的新高度。

【文博教育与培训】

继续深化人才培养新机制。与武汉大学、四川大学等联合办班，2019年安排培训班次14个。与北京大学深度合作，在文博领军后备人才培养方面实施导师制和课题制结合的新模式。

【交流与合作】

努力推动战略合作协议落地见效。3月16日，国家文物局与山西省人民政府在北京签署了《关于深化山西文物保护利用改革战略合作协议》。协议签署以来，山西省文物局围绕文物资源密集区体制机制改革、革命文物保护利用、社会力量参与文物保护利用、文物安全、博物馆建设等重点内容进行了任务细化分解，加大了指导推动力度，各项工作均取得进展。

积极探索国宝级文物特殊保护机制。报请山西省委编办先后组建成立了山西省古建筑、石质文物、彩塑壁画三个国宝级文物保护研究中心。积极协调中国文化遗产研究院与应县政府就木塔托管形成初步合作协议。主动对接北京大学考古文博学院和中国文化遗产研究院选派2名优秀年轻教师和1名专业干部到山西省考古研究所、山西省古建筑保护研究所和山西省永乐宫壁画保护研究院进行挂职。

【其他】

贯彻落实黄河流域生态保护和高质量发展座谈会精神，基本确定境内黄河文化区域范围和黄河文化文物类型，《山西黄河流域考古调查工作计划》上报国家文物局审批，《山西黄河文化文物保护利用专项规划》加紧编制。

持续实施"文明守望工程"，联合山西省税务局、省自然资源厅等四部门印发支持社会力量参与文物建筑认养、非国有博物馆发展、文物博物馆文化创意产品开发等30条政策。联合山西省工商联在河津市、高平市召开两次文物建筑认养推介会。截至2019年12月，全省社会力量认养或出资修缮文物建筑项目88个。

积极探索文物密集区体制改革，主要在晋城古堡文物密集区和武乡红色文物密集区开展试点。山西省文物局连续三年每年拨付1000万元支持晋城市对不同级别的文物统筹进行保护修缮。武乡县编制了八路军总部旧址片区整体保护利用规划和实施方案，加大力度进行了文物产权改革，集中力量推进了片区综合治理。

稳步推进涉旅文物单位"两权分离"改革，这是山西省委、省政府在旅发大会上安排由山西省文物局牵头实施的"三项重点工作"之一。山西省政府召开专题会议进行安排部署，印发《关于涉旅文物单位"两权分离"改革的指导意见》。截至2019年12月，涉及的62处文物保护单位"两权分离"改革任务已经完成60处。

内蒙古自治区

【概述】

2019年，内蒙古自治区文物局深入贯彻落实习近平总书记关于文物工作的重要讲话、重要指示批示精神和党中央决策部署，紧紧围绕中共中央办公厅、国务院办公厅《关于文物保护利用改革的若干意见》《关于实施革命文物保护利用工程（2018—2022年）的意见》和国务院办公厅《关于进一步加强文物安全工作的实施意见》，按照国家文物局和自治区党委、政府工作部署，认真落实自治区文化和旅游厅2019重点工作任务，结合"不忘初心、牢记使命"主题教育整改落实，扎实推进文物保护利用改革，《关于加强文物保护利用改革的实施意见》上报自治区政府审批，文物保护、文物安全、文物展示利用等各项工作取得明显成效，全区文物事业得到进一步发展。

【文物安全工作】

建立健全文物安全工作保障机制。积极推动自治区人民政府建立"自治区文物保护和安全工作厅际联席会议制度"，增强全区文物保护和文物安全工作的合力。为进一步压实文物安全主体责任，制定《内蒙古自治区长城长制》并报上级主管部门。继续推进和巩固与自治区纪委监委党风政风监督室、自治区党委统战部宗教事务局、自治区公安厅、自治区应急管理厅消防救援总队等单位安全协调工作机制。为充分发挥协调联动工作机制的作用，会同驻文化和旅游厅纪检监察组实地督察阿尔山市日伪飞机场保护范围内未经文物部门审批私自扩建机场案，与自治区消防救援总队联合开展全区文物建筑火灾隐患排查整治工作。建立全区文物安全联络员队伍及消防安全员队伍，登记备案文物安全联络员298人、消防安全员178人。配合全区公安机关开展打击文物犯罪专项整治行动，出具涉案文物鉴定22份，共立文物案件5起、破获5起，抓获犯罪嫌疑人23人，其中刑事拘留21人、取保候审2人，查扣冻结资金22.5万元，追缴文物116件，有效遏制了文物犯罪高发的势头。

扎实开展全区文物安全督察工作。召开全区文物安全工作视频会议，对全区文物安全进行了专项部署。加大文物安全督察督办力度，4—8月共督察90处全国重点文物保护单位、自治区级文物保护单位和56家备案博物馆，对发现的安全隐患进行了督办。按照国家文物局办公室、应急管理部消防救援局《关于开展文物建筑火灾隐患排查整治工作的通知》要求，8—9月联合自治区消防救援总队对全区45处全国重点文物保护单位、自治区级文物保护单位以及32家备案博物馆进行了督察。联合消防救援总队，对被国务院列为重点挂牌督办单位的四子王旗王爷府进行跟踪督办。开展违法违规私建"住宅式"墓地等突出问题专项摸排行动，摸排违法违规私建"住宅式"骨灰安放建筑35处、违法违规私建活人墓10座、违法违规私建硬化大墓87座。配合自治区"扫黑除恶"专项斗争，统计了2017—2019年自治区文物局备案的全区文物案件31起，其中法人违法案件6起、文物行政违法案件6起、文物安全案件19

起，经排查未发现涉黑涉恶情况。

▌【不可移动文物的保护与管理】

完成自治区第八批全国重点文物保护单位申报工作，哈民遗址、马鬃山墓群、昆都仑召等8处文物保护单位入选，全区国保单位增至149家。自治区人民政府公布了大青山革命抗日旧址等36处重点文物保护单位保护范围和建设控制地带。

加强文物保护项目申报和监管工作。完成2019年重点文物保护经费申报工作，向财政部、国家文物局、国家发改委申报2019年度文物保护项目专项补助资金1.7亿元，自治区文物保护专项资金2446万元。继续开展全区全国重点文物保护单位和自治区级文物保护单位立项规划、方案编制工作，推进项目库建设。推进文物保护工程项目、绩效申报监管平台建设，完成政府采购招投标。委托第三方机构对100余项文物保护方案、预算进行评审，对19个文物保护工程进行了验收。

继续做好申遗基础工作。继续开展辽上京和祖陵遗址、红山遗址群、阴山岩刻、万里茶道申遗基础性工作。在内蒙古博物院推出"茶叶之路八省区巡展"，协助武汉市开展万里茶道自驾车踏查活动。

持续做好长城保护基础工作。启动长城国家文化公园建设工作，成立自治区领导任组长的领导小组，建立专家咨询组，编制建设方案，开展资源普查。推动《内蒙古长城保护总体规划》的批复实施和全区盟市、旗县开展长城保护规划编制工作。推动典型长城保护展示工作，指导呼和浩特市清水河县北堡明长城文化公园建设，完成规划草案和资源普查。

完成300余处重点岩画资源的收集与整理工作。

▌【革命文物保护利用】

贯彻落实中共中央办公厅、国务院办公厅《关于实施革命文物保护利用工程（2018—2022年）的意见》，制定《内蒙古自治区革命文物保护利用工程（2019—2023年）实施方案》并上报自治区政府审批。配合自治区人大开展《内蒙古自治区革命文物保护条例》立法调研。

复查全区60余处全国重点文物保护单位和自治区级文物保护单位不可移动革命文物。

▌【考古工作】

持续开展中蒙联合"蒙古国古代游牧民族遗存研究"、"考古中国"重大项目"河套地区古代聚落与社会研究"、阴山北麓新石器早期考古学文化研究以及辽上京遗址、多伦县黄土沟辽代遗址等考古发掘与研究工作。组织制定《配合基本建设考古资金管理办法》，配合自治区100余项重点项目开展了考古调查工作。持续推动萨拉乌苏、和林格尔土城子、辽上京国家考古遗址公园建设工作。

▌【博物馆工作】

指导全区建设特色博物馆，审核备案鄂尔多斯市日兴红色文化博物馆、科左中旗哈民遗址博物馆等4家博物馆。策划推出一批具有内蒙古历史文化特色的陈列展览，在区内外开展巡展互展活动。其中内蒙古博物院推出"岁月如歌　廿载有痕——内蒙古社会主义建设二十年特别展"，在蒙古国举办"大辽契丹——中国内蒙古辽代文物精品展"。内蒙古博物院"天骄蒙古"展览荣获"第十六届（2018年度）全国博物馆十大陈列展览精品推介"精品奖。全区博物馆在国庆期间举办主题展览和社会教育活动136项、292场次，接待观众共51万人次。

完成2018年度全区博物馆、纪念馆信息备案工作，国家文物局公布内蒙古自治区173家博物馆备案信息。对全区95家备案博物馆免费开放补助资金落实情况进行调查，对其中存在问题的25家博物馆、纪念馆进行了督办。

完成博物馆信息统计备案工作。对全区37家非国有博物馆藏品进行备案，登记备案藏品52719件/套（129879件）；对全区52家收藏单位国有可移动革命文物藏品进行统计，登记可移动革命文物12403件/套。

开展全区博物馆青少年教育优秀案例评选活动。全区共25家博物馆参加本次评选活动，报送参评教育案例39个，其中23个案例入选全区博物馆青少年教育优秀案例。

与鄂尔多斯市人民政府共同主办2019年国际博物馆日自治区主会场活动。举办"新时代　新业态——智慧博物馆与社区"学术论坛，推广鄂尔多斯青铜器博物馆"互联网+中华文明进社区"项目，召开内蒙古博物馆学会第三次理事会暨博物馆馆际联盟会议。

推动博物馆文创产品研发工作。内蒙古博物院依托丰富的文物资源研发87款文创产品，"草原茶道系列产品"荣获"2019中国旅游商品大赛金奖"。

【文博教育与培训】

继续委托西北大学举办第二期全区文物业务骨干培训班和全区博物馆业务人员培训班，共培训盟市、旗县文物骨干业务人员30人、博物馆业务人员59人。举办全区博物馆策划展览和社会教育活动人员培训班、全区文物安全培训班、全区文物保护专项资金项目申报培训班。各类业务培训班的举办对提升全区文博人才的专业能力起到了积极的作用，取得了良好的成效。

【其他】

贯彻落实习近平总书记在黄河流域生态保护和高质量发展座谈会上以及在甘肃调研时的重要讲话精神，对自治区沿黄文物资源进行摸底调查，起草制定了促进黄河流域文物事业高质量发展和重点项目建设计划，着手启动编制《内蒙古自治区黄河流域文物保护规划》。

推进"放管服"工作，以改革促发展。完成"政务服务一体化平台"和"互联网+监管"事项梳理、认领与实施清单填报以及本部门证照信息和证照空样例模板报送、录入工作，启动文物局审批事项入驻自治区政务服务大厅集中办公工作。

辽宁省

【概述】

2019年，辽宁省文物工作以习近平新时代中国特色社会主义思想为指引，围绕党和国家工作部署，全面融入省委、省政府工作大局，全省文物系统解放思想、锐意改革、求真务实、砥砺奋进，文物保护主体责任有力落实，文物保护利用水平稳步提升，社会力量参与文物保护利用的深度广度不断拓展，党委领导、政府负责、部门协同、社会参与的文物保护体系更加完善。落实中共中央办公厅、国务院办公厅《关于加强文物保护利用改革的若干意见》，研究出台《辽宁省文物保护利用改革实施意见》。文物工作在推进文化强省建设、赋能辽宁老工业基地振兴中的作用更加突出。

【法制建设】

推进立法工作，开展《辽宁省文物保护利用管理条例》立法调研工作，为出台辽宁地方文物管理法规做好前期准备。

【文物安全工作】

严格落实文物安全工作相关规定，向各市文化和旅游行政主管部门及有关单位下发关于做好文物火灾防控工作的通知。

加强对全省省级以上文物保护单位的重点检查、抽查，会同相关业务处室并协调文化市场综合执法监督局组成3个联合检查组，赴沈阳、大连、锦州、葫芦岛等市开展抽查检查。

开展专项整改整治工作。对国家文物局来函指出的国家重点文物保护单位营城子汉墓群保护范围内违法发掘和建设有关情况进行调查处理。开展文物保护单位保护范围和建设控制地带内建设工程项目排查工作，整治8处违规建设问题。

【不可移动文物的保护与管理】

加强文物保护基础工作。组织第八批全国重点文物保护单位申报工作，19处文物保护单位成功入选。建立辽宁省文物保护工程项目储备库，省级储备项目百余项。加强省级及以上文物保护单位文物保护工程管理工作，确保文物保护工程项目规范操作、高效运行。规范文物保护工程档案管理，加强辽宁省文物保护工程档案管理系统建设。

开展部分省级文物保护单位"四有"档案编制工作，组织开展省级文物保护单位基础信息材料填报、修改和上报工作。开展市县级文物保护单位基础信息材料填报工作。指导推进第十批省级文物保护单位（长城类）保护范围和建设控制地带划定工作。办理葫芦岛市政府向省政府请示调整姜女石遗址保护范围和建设控制地带事宜。

安排部署辽宁省长城保护规划编制工作。配合中国古建筑研究所提供辽宁省中东铁路保护规划纲要材料。组织专家初审辽宁省地理信息院编制的省级以上文物保护单位保护范围和建设控制地带勘测界图。组织专家对"十三五"期间旅游提升工程牛河梁遗址、袁台子壁画墓、上古城子遗址保护性设施工程方案进行论证。

【革命文物保护利用】

贯彻落实中共中央办公厅、国务院办公厅《关于实施革命文物保护利用工程（2018—2022年）的意见》，按照辽宁省委办公厅、省政府办公厅《革命文物保护利用工程（2018—2022）实施意见》，启动全省革命文物保护工作。组织省内44家革命联盟和红色景区参加东北革命联盟会议。启动第十一批省级文物保护单位（革命文物类）申报工作，下发《关于开展第十一批省级文物保护单位（革命文物类）申报遴选工作的通知》。

【考古工作】

组织专业考古单位对21个省保以上文保单位保护范围和建设控制地带范围内涉建项目进行勘探。做好省政府重点建设项目"沈白客专"高铁项目、"沈飞搬迁"项目的文物调查工作。

【博物馆工作】

围绕宣传社会主义核心价值观，挖掘文物资源内涵，梳理地域文化特色，策划博物馆展览展示内容，大力宣传和传播辽宁优秀历史文化。以特色地域文化为重点，推出"古代辽宁"基本陈列、"查海文化展"等精品展览。以馆藏文物为重点，策划举办"又见大唐""又见红山"等精品文物展。以红色文化为重点，举办"东北十四年抗战史实展"等主题展。

全省博物馆馆藏珍贵文物做到抢救性保护、预防性保护和数字化保护相统一，文物保护水平全面提升。

【科技与信息】

开展第七批国家文物局重点科研基地申报工作，组织并推荐沈阳消防研究所和鞍钢博物馆等两家省内符合条件单位申报第七批国家文物局重点科研基地。

组织并完成全省2018年度文物信息统计填报和省级审核工作。

【文博宣传】

注重文物法律法规宣传，利用国际博物馆日、文化和自然遗产日等重要节点做好普法宣传，通过发放宣传册、媒体宣传等方式推广普及文物保护相关法律知识。

【文博教育与培训】

推动国家文物局金鼎工程在辽宁省的组织参训工作，圆满完成年度参训任务。

【其他】

坚决落实中央和省委、省政府文物管理"放管服"改革要求，整合文物行政审批内容，规范文物行政审批程序，不断完善面向社会的行政审批制度，提升文物管理能力和服务水平。

吉林省

【概述】

2019年，吉林省文物系统深入贯彻习近平总书记关于文物工作系列重要论述精神，认真落实中共中央办公厅、国务院办公厅《关于加强文物保护利用改革的若干意见》和《关于实施革命文物保护利用工程（2018—2022年）的意见》精神，以新中国成立70周年为契机，加大文物保护利用工作，促进文旅融合，破解文物事业发展难题，积极争取将出台吉林省改革意见列入省委全面深化改革发展委员会重点改革任务和2019年文化体制改革工作计划清单，文物保护改革利用取得重要进展；《长白山神庙遗址保护规划》编制完成，保护利用工作稳步推进；24处不可移动文物被公布为第八批全国重点文物保护单位，工作成果显著；公布《吉林省革命旧址名录（第一批）》《吉林省东北抗日联军旧址名录（第一批）》和《吉林省馆藏珍贵革命文物名录》，革命文物保护工作示范效果凸显；建设完成52家乡村博物馆，"吉林印记"乡村博物馆文化传承工程影响逐步扩大；文物安全责任进一步压实，未发生一起安全事故。各项工作均取得新的进展，在全省经济和社会发展中发挥了越来越重要的作用。

【文物安全工作】

文物安全管理能力进一步提升，执法督察有力有效。按照"文物安全纳入地方各级政府绩效考评体系"要求，吉林省政府对各市（州）政府文物安全进行了绩效考评，形成全省排名，进一步提升了各地落实地方主体责任的意识。委托第三方对全省50家建筑类全国重点文物保护单位和地市级博物馆进行安全评估，形成《吉林省文博系统消防与安全防范工作评估报告》。承接国家文物局"文物安全区域性网格化管理研究"课题，高质量完成《文物安全区域性网格化管理调研报告》《长春市文物安全网格化管理试点工作报告》和《国家文物局关于文物安全区域性网格化管理指导意见》工作成果，通过国家验收。围绕新中国成立70周年等重大节庆活动，全年印发加强文物安全类文件5个，组织开展文物安全检查12次。联合省消防救援总队对解放军第964医院、四平市博物馆、镇赉县博物馆进行现场督办检查，国务院安委会办公室挂牌督办的镇赉县博物馆于10月底完成所有整改项目。查处督办满铁综合事务所旧址、吉林大学院内弹药库房、丰满大坝部分老坝体拆除、洮南市三家子遗址等9起文物违法案件。

【不可移动文物的保护与管理】

完成第八批全国重点文物保护单位申报工作，启动第八批全国重点文物保护单位后续工作和第八批省级文物保护单位遴选工作。高质量完成全省文物资源核查工作，形成全国重点文物保护单位、省级文物保护单位、市县级文物保护单位名录，其中全国重点文物保护单位95处、省级文物保护单位371处、市县级文物保护单位2187处。完成全省重要文物调查，经中共吉林省委办公厅上报中央办公厅。

公布舒兰完颜希尹家族墓地和通化自安山城为第二批省级考古遗址公园，进一步丰富了全省考古遗址公园的类型。

持续开展世界文化遗产、全国重点文物保护单位、省级文物保护单位保护修缮工程，推进自安山城、万发拨子遗址、伪满综合法衙旧址、中东铁路建筑群、长春第一汽车制造厂早期建筑等全国重点文物保护单位和辉南民国四合院、辽北省政府旧址等省级文物保护单位保护修缮项目。

【革命文物保护利用】

全面贯彻落实《关于吉林省革命文物保护利用工程（2018—2022年）的实施意见》，基本形成特色鲜明的吉林革命文物保护利用体系。吉林省文化和旅游厅（吉林省文物局）会同中共吉林省委宣传部、吉林省委党史研究室，在全国率先公布了《吉林省革命旧址名录（第一批）》《吉林省东北抗日联军旧址名录（第一批）》和《吉林省馆藏珍贵革命文物名录》，共登记革命旧址269处、东北抗日联军旧址133处，馆藏珍贵革命文物724件/套。组织编制《吉林省革命文物保护利用规划纲要》和《吉林省东北抗日联军文物保护专项规划》，为全省革命文物保护利用提供基本遵循。谋划并组织开展红石砬子抗日根据地、七道江会议旧址等革命文物保护利用项目，规范引导老黑河遗址、寒葱岭战迹地保护利用管理。牵头组织召开东北革命文物保护利用联盟暨红色景区联盟成立大会，建立全国首个革命文物和红色旅游融合发展的区域性联盟。

【考古工作】

切实加强文物考古研究工作，深度发掘吉林省文化遗产价值。推动实施"考古吉林"工程，组织完成霸王朝山城及周边区域考古调查、长白山神庙遗址、大金山遗址、古城村1号及2号寺庙址、磨盘村山城、围子里遗址等6处遗址考古发掘工作，取得了丰富的考古成果。其中，磨盘村山城遗址发掘面积共计7000平方米，发现的密集础石建筑基址、多边放射状建筑基址形制独特，是东北亚地区石构建筑的新类型，对于探索渤海早期政权结构具有重要作用；古城村寺庙址是目前已经发现的东北地区最早的地面式寺院，为研究渤海国时期的佛教文化发展脉络提供了重要线索；大金山遗址性质属季节性渔猎捕捞居住点，处于农业文化区边缘地带，经济形态属于由原始狩猎、捕捞攫取性经济向初期生产性经济转变的混合型过渡经济类型，其发掘填补了东辽河中游考古学文化空白，有助于廓清东辽河流域考古学文化谱系，为探究东辽河流域青铜时代人群的聚落形态、生业模式、社会结构等提供了重要的考古资料。

【博物馆工作】

深化博物馆各项基础工作，推进博物馆事业健康发展。组织编制完成《吉林省可移动文物预防性保护和数字化保护五年规划》和《吉林省博物馆展览展示提升五年规划》，为全省可移动文物保护和展览展示的提升提供了依据。吉林省博物院和吉林省自然博物馆申报可移动文物预防性保护项目，获得专项资金753万元，完善了博物馆基础设施建设。长春市博物馆正式向社会开放，结束了省会城市没有博物馆的历史。

博物馆展览展示活动异彩纷呈，围绕庆祝新中国成立70周年，全省开展相关社会教育活动530多场次，举办主题展览近百项，吉林省博物院承办的"壮阔七十年奋进新时代——庆祝中华人民共和国成立70周年成就展"受到了社会各界高度关注。吉林省博物院推出"长白遗珠——吉林省博物院院藏古代书画精品展"，首次集中展示了苏轼《洞庭春色、中山松醪二赋》、张瑀《文姬归汉图》等25幅宋、元、明、清时期的书画精品。

实施"吉林印记"历史文化传承与保护工程，推进乡村博物馆建设。为了留得住"乡愁"，保护乡村文化遗产，2016年吉林省实施了"吉林印记"历史文化传承与保护工程，计划在"十三五"末期建设70家至100家乡村博物馆。截至2019年，全省已建设完成52家乡村博物馆，包括区域历史类12家，农耕养殖类5家，遗址、旧址（故居）类10家，民族民俗类14家，艺术技艺类11家。

【长白山神庙遗址保护展示】

长白山神庙遗址是近年来我国边疆地区最重要的考古发现，2019年被国务院公布为第八批全国重点文物保护单位。长白山神庙考古工作已基本完成对遗址内主要建筑要素的发掘，累计发掘面积4500平方米，出土各类器物5000余件。委托中国文化遗产研究院编制完成《长白山神庙遗址保护规划》，确立了全新的保护措施和展示理念；着手组织编制《长白山神庙遗址国家考古遗址公园规划》，高标准做好长白山神庙遗址展示工作，把长白山神庙遗址保护利用与长白山旅游发展紧密结合。

深入挖掘长白山历史文化资源，组织开展"圣山·神庙——首届长白山历史文化高峰论坛"活动，来自中国社会科学院、中国文化遗产研究院、中国人民大学、东南大学等国内知名科研院所、教育机构、相关文博单位的90多位专家学者、相关负责人和媒体记者参加了论坛。与会专家高度评价了长白山神庙遗址所蕴含的重大历史与现实意义，并就国家考古遗址公园的建设与发展、长白山神庙遗址考古发掘成果、长白山神庙遗址保护情况、长白山文化研究等主题进行了交流。吉林广播电视台全程转播了论坛开幕式，营造了良好的社会氛围。

【其他】

与吉林省财政厅共同印发《关于国家文物保护专项资金项目计划、方案和预算申报工作的通知》，理顺文物保护项目计划、方案和资金的申请流程。

黑龙江省

【概述】

2019年，黑龙江省文物系统深入贯彻落实习近平总书记重要讲话精神，围绕中共中央办公厅、国务院办公厅《关于文物保护利用改革的若干意见》《关于实施革命文物保护利用工程（2018—2022年）的意见》和国家文物局工作部署，推进金上京遗址申遗工作，完成重要文物调查上报，狠抓文物安全工作，加强不可移动文物管理和博物馆建设，各项工作有序开展。推进文物保护利用改革，黑龙江省委办公厅、省政府办公厅印发《黑龙江省文物保护利用改革实施方案》，进一步助力黑龙江全面振兴全方位振兴。

【文物安全工作】

开展全省文物领域部署开展文物建筑火灾隐患排查整治。成立由黑龙江省文化和旅游厅相关处室人员组成的整治工作督导组，与省消防救援总队密切配合，深入哈尔滨、齐齐哈尔、大庆、黑河等地开展督导工作。7—9月，全省各级文物、消防部门组成85个督导（检查）组，深入各级文博单位进行督导检查，共出动检查人员488人次，检查各级文物保护单位2242处、国家三级以上博物馆36家。

加大文物安全督导力量。在"五一""十一"前夕，组织开展文物保护单位安全督导，指导文保单位加强安全制度建设，提高安全防范意识，制定文物安全应急预案开展应急演练。加大文物安全宣传教育和培训力度，为各级文物部门和文博单位发放宣传材料200余套，培训文物管理人员180余人次，严守文物安全的红线、底线和生命线。

开展博物馆专项检查和"大体检"抽查工作。开展国家二级以上博物馆消防专项检查工作和国家三级以上博物馆"大体检"抽查工作，对检查过程中发现的问题及时提出整改要求。根据国家文物局检查组对阿城金上京历史博物馆、黑龙江省博物馆、侵华日军第七三一部队罪证陈列馆进行消防专项检查提出的意见，及时指导三家单位进行整改。

落实国家文物局督办案件。强力督办牡丹江市、宁安市、东宁市政府继续整改文物法人违法问题，与国家文物局督察司组成督察组，约谈市委、市政府主要负责人，17处文物违建已拆除12处，拟保留5处，拆除违建面积6000余平方米。

部署文物法人违法"回头看"专项整治行动。落实省领导批示，下发专项行政通知。指导牡丹江市文化市场综合执法支队处罚省级文物保护单位南城子古城违法施工案，罚款20万元。现场督察鸡东县整改省级文物保护单位半截河要塞违法采石案，将采石场停工并注销其采矿许可证。复查督办伊春市级文物保护单位新青贮木场工业遗产破坏案，责令在完成50万元处罚基础上加快恢复文物原状。

曝光一批文物法人违法典型案件。向各地市政府通报2016—2018年法人违法典型案件11个，并在网站上向社会曝光，达到警示教育目的。

【不可移动文物的保护与管理】

落实责任，推进金上京遗址申遗工作。按照黑龙江省委和省政府主要领导在省"两会"期间关于申报世界文化遗产的批示，省政府拟将金上京遗址作为黑龙江省申报世界文化遗产重点目标。7月，黑龙江省政府办公厅正式发文成立"黑龙江省金上京遗址申遗领导小组"，领导小组办公室设在哈尔滨市政府，开展申遗前期准备工作。

完成第八批全国重点文物保护单位申报审核工作。全省遴选出27处文物保护单位参评第八批全国重点文物保护单位，经国家文物局专家组现场复核，14处成功入选。按国家文物局要求完善第八批国保基础资料，形成黑龙江省文物资源总目录和数据资源库并上报国家文物局。在推进国保单位"两线"划定工作的同时，举办省级文物保护单位两线划定暨文物安全培训班，对全省各级文物部门管理人员进行培训，起草工作计划和工作方案。

做好大遗址保护工作。按照国家文物局关于开展大遗址保护"十三五"专项规划中期评估工作要求，组织渤海上京遗址、金上京遗址两处大遗址属地文物管理部门开展自查工作，完成省级评估总结和上报工作。指导两处大遗址所在管理部门争取国家资金开展文物本体保护展示和安技防项目申报工作，落实资金3900万元。

继续推进中东铁路建筑群整体保护工程。配合住房和城乡建设部、国家文物局联合检查组对哈尔滨市历史文化名城保护工作实地检查，对南岗区花园街区中东铁路历史文化街区保护工作提出意见和建议；作为省级推进专班成员单位，积极配合黑龙江省教育厅牵头的"在花园街区开展中俄联合校园区建设"工作。指导昂昂溪区开展历史文化街区环境整治和基础设施建设工作，做好文旅融合，打造地方文化品牌。争取国家资金开展绥芬河市、昂昂溪区、横道河子镇、一面坡镇等中东铁路建筑群部分建筑保护工程项目实施工作，文物安全和整体环境得到全面改善。

组织开展文物保护规划编制公布工作。组织开展十余项全国重点文物保护单位保护规划绘制上报和修订工作。其中抚远县《莽吉塔故城址保护规划》由省政府公布，安达市《侵华日军七三一部队安达实验场保护规划》报经省政府审核同意后由省文化和旅游厅公布。

【考古工作】

组织开展金上京遗址、饶河小南山遗址、富拉尔基洪河遗址、大庆九间遗址主动性考古发掘项目，取得重大科研成果。其中，金上京遗址2018—2019年度发掘成果为进一步了解上京城的布局、构筑时序，特别是认识上京城内道路、排水系统和低等级建筑等构筑情况增添了重要的考古资料；九间遗址的发掘揭露了当时与手工业生产有关的大规模非城类遗址，代表了辽金时期考古学文化遗存的一个新类型；小南山遗址的发掘使学界对小南山文化的内涵有了更加深入的认识，尤其是玉玦等大量玉器的发现为我国玉文化的起源和传播研究增添了资料；洪河遗址2018—2019年的发掘首次在嫩江流域揭露和明确了史前聚落的形态，环壕的出现、大型房址的使用说明嫩江流域新石器晚期渔猎文明存在定居模式，缩短了新石器晚期嫩江流域社会发展进程与同时期中华文明核心区的时间差，将嫩江流域进入文明社会门槛的时间提了千余年。

【博物馆工作】

推进"抗联精神陈列馆"工作。将哈尔滨市鞍山街23号抗联老战士陈雷和李敏同志的住房作为抗联文化宣传教育基地，设立"东北抗联精神陈列馆"，作为东北烈士纪念馆分馆，维修布展工作完成后正式对外开放。

推进博物馆公共文化机构法人治理结构改革工作。按照国家文物局要求，认真梳理具备理事会法人治理结构的博物馆名单并完成报送工作。

开展非国有博物馆藏品备案后续工作。根据国家文物局要求，按时间节点完成对全省未报送藏品数据及备案藏品数量不足300件的非国有博物馆整改工作，新增藏品备案数量11343件，完成补报数据工作。

【文博宣传】

国际博物馆日主会场活动在黑龙江省绥芬河市举办，多家媒体平台先后对绥芬河"博物馆之城"开展旅游宣传推介活动。文化和自然遗产日大型宣教活动主会场在哈尔滨市举办，组织近年来重点考古发掘成果以及重要文化遗产保护成果展，设置文物鉴赏台，丰富公众体验活动，对市民进行文物保护法规知识现场解答，取得良好的社会反响。

【其他】

完成重要文物调查上报工作。与相关部门就重要文物管理工作进行座谈沟通，拟定全省实施方案，组织召开重要文物信息调查协调会，整理、审核、汇总重要文物信息的准确性和代表性，上报不可移动文物4处、可移动文物12件/套。

坚持"放管服"原则，按照"四零标准"继续服务省内"百大工程"，做好基本建设开工前期考古勘探等文物行政审批事项。2019年共完成文物行政审批事项28项，其中涉及建设工程11项，完成率100%。开辟全省百大项目绿色通道，确定服务专员对基本建设工程涉及文物保护相关审批项目实行管家式服务，做到主动服务、随到随办、特事特办、限时办结。

上海市

【概述】

2019年是中华人民共和国成立70周年的大庆之年，也是全面深化文物保护利用改革的开局之年。在市委、市政府的坚强领导下，在国家文物局的指导下，上海市文物局以习近平新时代中国特色社会主义思想为指引，深入贯彻落实习近平总书记考察上海时的重要讲话精神和关于文物工作的重要指示批示精神，紧紧围绕习近平总书记交给上海三项新的重大任务落地落实，着力推动文物保护利用改革，积极推进长三角文物博物馆一体化高质量发展，扎实推进文物工作各项重点任务，文物事业发展取得新进步。《关于我市加强文物保护利用改革的实施意见》由上海市委办公厅、市政府办公厅印发，提出了8个方面56项具体任务和3个方面的保障举措，为上海全面深化文物保护利用改革提供了政策基础。

【文物安全工作】

文物安全长效机制进一步健全。与市消防局联合下发《关于建立全市文博单位消防安全长效机制的实施意见》，建立了文物消防安全联席会议制度、开展飞行检查、试点购买第三方技术服务等长效机制。

签订文物安全管理责任书。与各区文化和旅游局签订文物安全管理责任书，压实地方政府属地管理责任，确保本市各级文物保护单位的各项安全措施落到实处。

加大培训力度，提升专业能力。会同市消防局在市消防培训基地召开重点文博单位消防安全培训会，进行消防安全专题培训及消防演练。在中华艺术宫召开2019年全市文物安全工作会议，组织文物安全领域专家对各区文化和旅游局、文化执法大队等文物管理执法机构的主要负责人以及重点文物保护单位负责人和博物馆负责人进行安全培训。

【不可移动文物的保护与管理】

积极参与海上丝绸之路申遗工作，加强海上丝绸之路相关遗产保护力度。青龙镇遗址被列入海上丝绸之路申遗项目库，青龙镇遗址保护规划初稿编制完成。

夯实基础，落实责任，文物保护管理工作新机制得到完善。会同市规划和自然资源局划定新一批市级文物保护单位的保护范围和建设控制地带，保护范围和建设控制地带文本编制完成，并通过专家论证和意见征询。推动市级文物保护单位修缮工作，修道院公寓、夏衍旧居完成修缮并对外开放。

【革命文物保护利用】

贯彻落实《关于实施上海市革命文物保护利用工程（2018—2022年）的意见》，革命文物保护工作显成效。根据中共中央办公厅、国务院办公厅《关于实施革命文物保护利用工程（2018—2022年）的意见》，上海市委办公厅、市政府办公厅印发了《关于实施上海市革命文物保护利用工程（2018—2022年）的意见》。根据《意见》要求，上海市文物局重点做好三个方面工作：一是推进重要革命史迹的保护修缮。实施《新青年》编辑部旧址、中共"六大"以后党中央政治局机关旧址、澎湃烈士在沪革命活动地点、中共中央秘书处机关（阅文处）旧址修缮工程，团中央机关旧址、中国劳动组合书记部旧址完成修缮并对外开放。二是提升一批革命文物类文物保护单位的保护等级。经申报审批，中国共产党第一次全国代表大会宿舍旧址（博文女校）、中国共产党代表团驻沪办事处旧址（周公馆）、四行仓库抗日纪念地等入选第八批全国重点文物保护单位。三是协助中共一大会址新馆建设。中共一大会址新馆建设方案获国家文物局审批同意，于8月31日正式开工。

【考古工作】

积极推进福泉山大遗址专项保护规划的编制工作，完成福泉山大遗址专项保护规划和考古调查、发掘项目验收工作。为了更好地保护遗址，与青浦区政府会商建立考古工作站。

推动相关地区考古调查、发掘和埋藏区划定工作。油墩港航道考古调查和勘探工作取得阶段性成果；招贤浜遗址埋藏区划定工作完成，正在编制考古勘探报告；全市水下遗址埋藏区划定基本完成；柘林遗址考古调查、发掘项目验收工作全部完成。

开展古文化遗址保护规划编制工作。启动广富林遗址保护规划编制工作，与崧泽遗址所在地政府共同推进崧泽遗址保护规划编制工作，与金山区亭林镇政府积极做好亭林遗址保护工作。

推进"长江口二号"沉船考古调查工作。经水下考古确认，该船为清代同治年间的海上贸易商船，是目前国内发现体量最大、保存最为完整的古代木船。

【博物馆工作】

截至2019年年底，全市登记备案的博物馆共140家（新备案9家），年参观量超2000万人次，博物馆服务人群覆盖率明显提高。

加快推进博物馆设施建设和开放。进一步突出博物馆"孵化库"作用，指导一批比较成熟的博物馆进入备案程序。上海博物馆东馆建设工程持续推进中，展陈体系进一步优化。奉贤区博物馆新馆、闵行区博物馆新馆建成并正式对外开放。

提升非国有博物馆办馆质量。以项目为抓手，积极探索国有博物馆和非国有博物馆合作联动机制。指导中华印刷博物馆和上海科技馆联合举办"活字生香——中华印刷文化与科技成就展"。组织上海博物馆、上海市历史博物馆等国有博物馆和上海玻璃博物馆等非国有博物馆共同参与"江南文化概念展"。

进一步加大博物馆开放力度，试点博物馆夜间开放。组织上海博物馆、中共一大会址纪念馆、中国航海博物馆、上海电影博物馆等24家场馆作为夜间开放试点博物馆，7月至9月的每周五夜间延长开放。24家博物馆总计开放夜场221次，接待观众45125人次，夜间客流量约为日间的24%。

结合重要节点推出博物馆展览季，提升展览质量。5月，结合国际博物馆日推出全市博物馆"江南文化"展览季，在长宁来福士商圈举办"江南文化概念展"，集结长三角重点博物馆代表性展品，讲述江南文化故事。9月下旬起，推出全市博物馆"庆祝建国70周年"主题展览季，上海博物馆"花满申城——少数民族工艺馆新陈列"、中共一大会址纪念馆

"为了新中国的成立——馆藏烈士文物史料展"等一批主题展览掀起活动高潮。

推送"恒久记忆——老上海生活百物展"等至机场博物馆展出，在机场打造展示上海文化的窗口。落实红色文化展示项目进地铁，龙华烈士纪念馆"十六夜——庆祝上海解放70周年图片展"、上海电影博物馆"攀登70年——家·国·人的心灵史"特展在徐家汇地铁文化长廊展出。

以博物馆展品二维码制作为抓手，推动博物馆智慧化建设，为观众提供更多文物信息资源。全市23家博物馆完成3790件/套展品的二维码制作，其中珍贵文物1378件/套。

积极推动长三角文物博物馆一体化高质量发展。与江苏省文物局、浙江省文物局、安徽省文物局签署《长三角地区推动文物博物馆一体化发展战略合作框架协议》，着力推动长三角地区文物博物馆领域交流合作向更高水平、更深层次、更宽领域发展。上海博物馆、南京博物院、浙江省博物馆、安徽博物院签署长三角博物馆文创联盟合作协议，上海市博物馆协会、江苏省博物馆学会、浙江省博物馆学会和安徽省博物馆协会签署三省一市博物馆行业组织合作协议。继续发挥长三角博物馆教育联盟作用，提升博物馆教育专业人员水平。

【社会文物管理】

继续开展文物相关审核与鉴定工作。全年办理文物临时进境4240件，文物临时进境复出境1873件，文物复仿制品出境78件，文物禁止出境12件，总计6393件241批次；开展民间收藏文物公益性鉴定咨询的四家单位共鉴定器物15942件；对上海市公安局、各区公安分局、纪检委委托8起案件的涉案文物进行鉴定评估，包括瓷器、书画、杂项、佛像、钱币、青铜器等。

行业管理机制进一步健全。成立上海市社会文物行业协会，会员单位110余个。持续推进《上海市民间收藏文物经营管理办法》修订工作。积极推动文物艺术品市场人才培训，受国家文物局委托举办三期社会文物管理人员培训、交流活动，内容涵盖相关法律法规、文物市场管理、文物进出境审核管理、文物鉴定及流失文物追索返还等主要业务板块。

文物艺术品交易稳中有升。截至2019年年底，上海共审批新设立拍卖企业5家、新设立文物商店1家，举办文物艺术品拍卖会156场，审核文物105485件，成交额近30亿。

积极探索自贸区和新片区文物艺术品保税拍卖、展销等交易方式办法，争取相关配套政策落地，制定操作流程和监管规范，选定上海自贸区2号艺术品保税仓库开展艺术品展示、交易业务。

【文博宣传】

围绕国际博物馆日主题"作为文化中枢的博物馆：传统的未来"，组织全市126家博物馆在5月18日、19日向公众免费开放，开展220场面向社会的免费文化活动。活动期间，全市博物馆共接待观众224591人次，其中青少年观众53139人次。

文化和自然遗产日期间策划文物系列宣传活动，组织各区开展展览展示、讲座论坛、文化旅游等38项活动，组织全市100处文物建筑向公众免费开放，其中修道院公寓、旧上海市图书馆、静安新业坊为首次开放。

■【文旅融合】

　　成功打响"建筑可阅读"文化品牌。截至2019年年底，老建筑开放总量达1166处，二维码设置2180处，老建筑参观量超1400万人次。为丰富中外游客的参观体验，不仅建立了志愿者和专业讲解团队，还在二维码中增设英文导览、语音、视频播放、VR等功能，使建筑"能读""能听""能看""能游"。在静安公园举办首届"建筑可阅读"文创市集暨微旅行线路推介活动，展销200余种与"建筑可阅读"相关的文创产品，推出87条微旅行线路。上海旅游节期间，吸引179万人次驻足"阅读"老建筑。

　　文创产品开发工作取得新突破。强化政策支持，针对事业单位文创产品开发活力不足的问题，与市人力资源社会保障局、市财政局共同研究，拟定文创激励政策。二是搭建有效平台。组织上海博物馆等8家文创试点单位参加"第十二届中国艺术节演艺及文创产品博览会"，展会累计吸引5万多人次入场。配合市委宣传部在中华艺术宫试点设立上海首个长效常态文创产品博览交易基地，提升了上海文创产品的市场地位、竞争优势和品牌影响力。

　　参与临港新片区文旅专项规划编制工作。在临港新片区现有上海中国航海博物馆、上海天文馆、海昌海洋公园等文旅设施的基础上，重点聚焦"海洋"主题，突出青少年教育功能，提前谋划临港新片区内博物馆设施项目的规划落地。

江苏省

【概述】

2019年，江苏省文物系统坚持以习近平新时代中国特色社会主义思想为指导，紧紧围绕贯彻落实中共中央办公厅、国务院办公厅《关于加强文物保护利用改革的若干意见》和《关于实施革命文物保护利用工程（2018—2022年）的意见》，坚持抓主抓重、攻坚克难、改革创新、开拓进取，扎实推进全省文物事业高水平融合、高质量发展。

【文物安全工作】

深入贯彻各级安全生产工作会议精神，及时下发《关于加强全省文物消防安全工作的通知》，部署开展文物火灾隐患整治专项督查行动和文物安全大检查"回头看"。严密组织"防风险、保平安、迎大庆"文物安全大检查专项行动，对全省重点文博单位实施全覆盖、拉网式检查，为新中国成立70周年营造安全稳定的社会环境。深入实施文物平安工程，持续推进文物安全综合管理实验区建设，对全省20家文物安全综合管理实验区进行检查验收，梳理总结典型做法和先进经验，并在全省进行推广。

进一步加大打击文物违法犯罪力度，重点督办全国重点文物保护单位隆昌寺、城上村遗址、藤花落遗址以及南京市不可移动文物六朝古井等一批国家文物局交办、媒体曝光、群众举报、社会影响较大的文物违法案件。开展"文物法人违法案件专项整治行动"，加大文物法人违法案件查处和责任追究力度，共查处文物法人违法案件38起，1人被监察部门诫勉谈话，有效遏制了破坏文物的违法行为。

【不可移动文物的保护与管理】

大运河文化带建设扎实推进。启动《大运河江苏段文化遗产保护传承规划》编制工作，加强运河沿线重要遗产资源的调查、保护，实施苏州三里桥修缮等9项运河遗产保护工程，审核审批30项运河两线内建设工程。

联合申遗工作进展顺利。积极做好江南水乡古镇、海上丝绸之路、中国明清城墙等联合申遗。联合浙江省、上海市向国家文物局提交江南水乡古镇申遗申请与申遗文本初稿。做好海上丝绸之路相关遗迹的调查与保护工作，推动南京市完成浡泥国王墓神道石刻及碑刻保护修缮工程和环境整治工程，启动龙江船厂遗址和洪保墓保护与环境整治工程。指导南京市完成中华门保护展示工程方案并上报国家文物局，启动南京城墙监测预警平台建设。

文物保护单位遴选推荐工作顺利完成。认真做好第八批全国重点文物保护单位和第八批省级文物保护单位遴选推荐工作。第八批全国重点文物保护单位入选27处，其中新增25处、扩展2处。公布第八批省级文物保护单位122处，其中新增116处、扩展4处、调整公布2处。完成第一至七批全国重点文物保护单位本体核定集中校核、全省市县级以上文物保护单位基础信息整理工作。

文物保护工程有效实施。实施2019年红色遗产、名人故居维修保护和展示提升工程，在文物保护专项资金安排中优先、足额支持16项红色遗产保护项目。做好文保工程管理工作，审核审批省级以上文物保护方案103项，实施省级以上文物保护工程30项，组织完成竣工验收31项；完成省级以上文物保护单位建设控制地带内建设工程16项。南京长江大桥公路桥维修保护项目获评"2019年度全国优秀古迹遗址保护项目"。积极推进乡村文物古迹保护利用，助力乡村振兴，全省共安排相关项目200多个，其中文物本体保护类89项、展示利用类38项。

【考古工作】

基本建设考古制度不断完善。根据国家文物局《关于进一步加强考古管理的意见》组织各地自查自纠。将考古工作纳入省行政权力清单和省工程建设项目审批平台，推进大型基本建设工程考古前置工作。会同省商务厅等7部门联合出台《江苏省开发区区域评估工作方案（试行）实施细则》。

2019年全省共完成基本建设工程考古调查勘探项目93个，总面积715万多平方米；组织基本建设考古发掘项目132个，总面积36.5万平方米；组织实施省级开发区文物资源区域评估项目12个。张家港黄泗浦遗址发掘获评"2018年度全国十大考古新发现"。

完成考古遗址保护利用示范项目遴选工作，确定5个示范项目进行推广和宣传，引导考古遗址科学保护、合理利用。

【博物馆工作】

场馆建设品质不断提升。中国大运河博物馆（筹）奠基仪式顺利举行。组织召开江苏省非国有博物馆建设专题座谈会，组织11家未达标非国有博物馆完成藏品备案工作。完成南京博物院等多家博物馆近16万余件藏品定级工作。

展览策划精品层出不穷。江苏省文化和旅游厅参与策划的"水蕴华章——大运河文物精品展"入选国家文物局"弘扬优秀传统文化、培育社会主义核心价值观"重点推介项目。"南京大屠杀史实展""人民总理周恩来陈列"两个展览获"第十六届（2018年度）全国博物馆十大陈列展览精品推介"优胜奖。南京市博物总馆"国家记忆·南京长江大桥建成通车50周年档案史料展"等10个展览入选江苏省"2019年馆藏文物巡回展"。"翙静芳馨——南京博物院藏陈之佛作品展"赴澳门展出。"太湖石与文人生活：无锡博物院藏品精选展"赴美国交流展览。

组织召开深化博物馆、纪念馆免费开放改革工作座谈会，博物馆、纪念馆免费开放工作意见讨论会。完成《江苏省可移动文物修复资质单位管理评估办法》编制工作，开展博物馆陈列展览档案标准化研究。着力推进博物馆文创产品开发，组织召开全省文化文物单位文化创意产品开发座谈会，全面总结省级试点工作。

【社会文物管理】

改革创新举措亮点纷呈。开展文物流通领域登记交易制度试点，新增3家文物拍卖企业。全年审核文物拍卖场次34场，审核拍卖标的21042件／套，涉及文物拍卖标的9890件，撤拍3件，成交额6275.4万元。

【科技与信息】

文物科技支撑持续强化。督促指导第一批省重点文物科研基地完善运行机制。依托江苏省重点文物科研基地（东南大学）成功举办"预防性保护——第三届建筑遗产保护技术国际研讨会"，开展文物科研专题学术交流。加快推进文物信息化建设，完成全省文物数据库信息化平台整合工程，实现互联互通和整合利用。

【文博宣传】

成功举办国际博物馆日、文化和自然遗产日系列宣传活动，全省各地文物部门共策划举办约700项文物宣传展示和社会教育活动。加大新媒体建设与传播力度，江苏省文物局微信公众号全年发送文博信息44期204条。

【文博教育与培训】

积极配合国家文物局做好新时代人才培训工程相关工作，全年完成约30个培训项目。组织举办2019年全省文博干部研修班、文物安全培训班、省级文物保护单位管理使用人员培训班、博物馆馆长培训班，培训600余人次。苏州市文物鉴定评估服务中心（苏州文物商店）被国家文物局批准列入第二批文博人才培训基地名单。

加强文物专家库管理。全年邀请862人次参与工程验收、方案评审、绩效评价及授课辅导，专家智囊作用发挥明显。

【其他】

把握资金管理改革要求，制定《江苏省国家文物保护专项资金分配办法》《江苏省文物保护专项资金使用管理办法》。建立省级以上文物保护专项资金项目库。开展省级以上文物保护专项资金绩效评价，检查项目239个，力求专项资金投得准、用得好、效益高。

浙江省

【概述】

2019年，浙江省文物系统坚持以习近平新时代中国特色社会主义思想为指导，全面贯彻党的十九大和十九届二中、三中、四中全会精神，重点工作稳步推进，文旅融合效应初步彰显，圆满完成全年各项目标任务。贯彻落实中共中央办公厅、国务院办公厅《关于加强文物保护利用改革的若干意见》，文物保护利用改革加快推进，完成浙江省《关于进一步加强文物保护利用改革的实施意见》起草工作，提交省委深改委审议通过。

【文物安全工作】

文物安全主体责任进一步压实，推动文物安全纳入全科网格进行管理。部署开展为期6个月的博物馆、文物建筑消防安全大检查"回头看"行动。高频度、高强度持续开展博物馆、文物建筑消防安全大检查，截至10月10日，浙江省文物局共计出动234人次，先后赴51个市县检查文物单位112家次，发现消防安全隐患553处，印发文物安全督办函56件，完成整改409处，整改率达73.96%。对建德新叶村、嵊州市崇仁村、临海市桃渚城、缙云河阳村等"全国文物消防安全百项工程"开展中期专项评估和监管。对4起文物保护单位火灾事故进行督导，会同省消防救援总队等有关部门对被国务院安委会办公室挂牌督办的全国重点文物保护单位浦江郑义门古建筑群火灾隐患整改进行督促指导。提请浙江省安全生产委员会对宁波林宅等10处存在重大消防安全隐患的文物单位实施挂牌督办。督办文物违法案件12起。

【不可移动文物的保护与管理】

良渚古城遗址成功申遗，世界文化遗产及预备名单项目管理稳步推进。7月6日，在阿塞拜疆巴库举行的第43届世界遗产大会上，良渚古城遗址被正式列入《世界遗产名录》。8月2日，中共浙江省委召开常委会专题研究良渚古城遗址保护利用工作。良渚申遗成功后，后申遗时代的保护利用、宣传等工作持续推进，良渚古城遗址公园对外开放，在故宫博物院举办"良渚与古代中国——玉器显示的五千年文明"展。浙江省大运河文化遗产保护立法取得重要进展，完成了省人大立法调研及《浙江省大运河世界文化遗产保护条例》草案起草相关工作。与江苏、上海联名推荐江南水乡古镇申报世界文化遗产。推荐杭州天目窑遗址群及温州江心屿东、西塔申报海上丝绸之路建议申遗遗产点。海宁海塘·潮文化景观被列入中国世界文化遗产预备名单。

50处不可移动文物被列入第八批全国重点文物保护单位，至此，全省国保单位总数达281处，数量位列全国第四。"古月桥修缮工程"获"联合国教科文组织亚太地区文化遗产保护"优异项目奖。"古月桥修缮工程"和"泰顺廊桥——文兴桥、文重桥、薛宅桥灾后修复工程"参评全国优秀古迹遗址保护项目并获评特别推荐项目。审查上报涉及全国重点文物保护单位建设控制地带建设项目30个，审查国保单位保护工程设计方案14个，审查上报全国重点文物保护单位保护规划8个。加强文物保护工程资质规范管理，完成第七批文物保护工程资质申报评审工作，配合做好第二批（2007年）文物保护工程甲、一级资质单位证书换发工作。审批新增文物保护工程乙、二级资质单位6家，备案审核新增文物保护工程丙、三级资质单位5家、业务范围增项3家。

协同浙江省住房和城乡建设厅做好历史文化名城、名镇、名村（街区）的申报和保护工作，7个乡镇、16个村被列入第七批中国历史文化名镇名村，235个村被列入第五批中国传统村落名录。

【革命文物保护利用】

提请浙江省委办公厅、省政府办公厅印发《关于浙江省实施革命文物保护利用工程（2018—2022年）的意见》，组织召开全省革命文物保护利用工作座谈会，完成全省革命遗址调查整理工作，对全省拟实施的革命文物保护利用工程进行了摸底汇总。

【考古工作】

全面推行基本建设"考古前置"制度。组织实施考古调查勘探项目50个、考古发掘项目65个。德清中初鸣良渚文化制玉作坊群遗址入围"2018年度全国十大考古新发现"终评。义乌市桥头遗址发掘取得重大成果，发现了距今8000多年的"最早浙江人"完整遗骸；绍兴宋六陵考古勘探项目深入实施，为《宋六陵省级考古遗址公园保护规划》编制提供科学依据；安吉龙山越国贵族墓八亩墩考古工作进展顺利，发现成组的随葬器物。

持续推进考古遗址公园体系建设，完成嘉兴马家浜考古遗址公园博物馆建设，完成安吉古城遗址、龙山越国贵族墓考古遗址公园环境整治工程前期项目，指导完成余姚鲻山遗址等一批大遗址保护规划编制工作。

水下考古调查有序推进，对舟山青浜海域的沉船遗址进行探摸，确认该沉船为二战时期著名的"里斯本丸"号。启动全省海洋文化遗产专项调查项目，组织编制《全省海洋文化遗产保护利用规划纲要》。

【博物馆工作】

在国家文物局公布的2018年全国博物馆名录中，浙江博物馆总数达382家，位居全国第二。中国丝绸博物馆获评"2019年度全国最具创新力博物馆"。浙江自然博物院"博物馆奇妙夜之自然探索亲子之旅"研学课程项目获评"首届中国十佳科普研学品牌项目"。浙江自然博物院安吉馆正式对外开放并成立了理事会，浙江省博物馆之江馆区建设工作加快推进，浙江大学艺术与考古博物馆、武义博物馆、长兴（太湖）博物馆、慈溪市博物馆等建成开放。武义、松阳、安吉等地建成了一批特色博物馆（展示馆），其中武义累计建成特色博物馆（展示馆）71家。

良渚博物院基本陈列"良渚遗址是实证中华五千年文明史的圣地"和浙江省博物馆"越地宝藏——100件文物讲述浙江故事"分别荣获"第十六届（2018年度）全国博物馆十大陈列展览精品推介"精品奖和优胜奖。浙江自然博物院"绿水青山就是金山银山——从余村出发的生态文明践行"等4个展览入围国家文物局"弘扬优秀传统文化、培育社会主义核心价值观"主题展览推介项目。组织开展"第十三届（2018年度）全省博物馆陈列展览精品项目推介"申报评选工作。在故宫博物院举办的"良渚与古代中国——玉器显示的五千年文明展""天下龙泉——龙泉青瓷与全球化特展"，以及浙江省博物馆"越王时代——吴越楚文物精品展"、中国丝绸博物馆"丝路岁月：大时代下的小故事展"等一批重要展览获得良好社会反响。组织全省70多家博物馆举办纪念中华人民共和国建国70周年主题展览和活动百余场。组织开展"2019讲好浙江故事——全省博物馆优秀讲解案例推介"活动。

组织全省文物系统组团参加第十四届中国（义乌）文化产品交易会，举办浙江省文化文物文创产品设计大赛优秀作品展、"创意引领美好生活"浙江省文化文物文创试点单位成果展、文博创意论坛等活动。组织文澜阁博物馆商店联盟参加长三角文化产品博览会。

完成国家文物局2019年度"互联网+中华文明"示范项目申报工作，有序组织开展第六届世界互联网大会"互联网+中华文明"专题展览相关工作。

【社会文物管理】

做好社会文物管理工作，新增文物拍卖企业2家。全年审核文物拍卖经营活动51场，审核文物拍卖标的37399件/套。

【文博宣传】

围绕重要文博节点积极组织开展集中宣传活动，举办国际博物馆日主会场系列活动，举办文化和自然遗产日主场城市活动，组织召开全省文物宣传工作通联会议和文物工作媒体座谈会。浙江文物网完成改版并迁移至政务云平台。认真组织开展日常宣传，在浙江文物网发布各类文博信息3000余条，制作2019年文化和自然遗产日宣传专题。浙江省文物局官方微信公众号发布各类文博信息300余条。刊发《浙江文物》（双月刊）6期，编印《让文物活起来——浙江省不可移动文物保护优秀案例集萃》等文集。积极推进"最美浙江文物守望者"评选推介活动，评选产生"最美浙江文物守望者"26人。

【文博教育与培训】

组织开展"新鼎计划"文博人才评选推介工作，评选出第二届"新鼎计划"文博优秀人才10人，与浙江大学合作举办第二届"新鼎计划"文博优秀人才培训班。

【文旅融合】

诗路文化带建设持续推进，文旅融合效应初步彰显。

配合完成《大运河文化带浙江建设规划纲要》《浙江省诗路文化带发展规划》编制，完成四条"诗路"沿线历史遗存摸底调查，完成"浙东唐诗之路"申报世界文化遗产可行性研究，融合秀美山水、隐士隐居、佛宗道影、田园茶道等元素谋划确定一批文物资源保护利用项目，其中大运河文化带保护利用项目50个，其余三条诗路文化带保护利用项目137个。成立大运河（浙江）城市博物馆联盟。通过四条诗路文化带建设推进文物资源在文旅融合的大背景下串珠成链，实现创造性转化和创新性发展的成效初步彰显。

中国
文物年鉴
2020

安徽省

【概述】

2019年，在国家文物局的有力指导下，安徽省文物局认真学习习近平总书记关于文物工作系列讲话和批示，特别是习近平总书记在敦煌研究院文物保护座谈会上的重要讲话精神，围绕贯彻落实中共中央办公厅、国务院办公厅《关于加强文物保护利用改革的若干意见》和《关于实施革命文物保护利用工程（2018—2022年）的意见》，履职尽责，开拓创新、真抓实干，全省文物保护利用取得新成效。

【文物安全工作】

加强与省公安厅刑侦支队、省消防救援总队防火部、省气象局防雷电等部门工作联系，构建常态化协作机制。联合开展打击文物犯罪专项行动，组织消防安全大排查，加大文物安全系统工程质量的审定。

加大案件侦破力度。在打击和防范文物犯罪专项行动中，亳州市重拳出击，抓获盗掘盗挖古墓葬犯罪嫌疑人2名，追回文物7件；淮南市文物和公安部门联合行动，破获武王墩重大盗掘盗窃、倒卖文物案，抓捕犯罪嫌疑人21名，追回文物75件。

消防安全督察检查常态化。与省消防总队密切配合开展专项督察。全年出动200余人次，督察检查文物保护单位600余处、博物馆60余家，发现文物单位事故隐患和问题278项，下达整改通知书28份，限期改正。通过督察检查堵塞了漏洞，有效遏制了重大火灾事故。

抓好"三防"项目工程施工验收。全年确定"三防"立项37个，累计审批国保、省保方案41个，验收工程19处。

【不可移动文物的保护与管理】

开展第八批国保、省保单位申报工作。开展第八批全国重点文物保护单位申报工作，最终47处入选，全省国保单位数量达到175处，居全国第10位。经专家初审、复审、实地考察等程序，安徽省人民政府公布了第八批省级文物保护单位207处，公布了112处国保、365处省保单位的保护范围和建设控制地带。

推进国家考古遗址公园建设。完成双墩遗址公园、禹会村遗址公园规划编制，双墩遗址公园规划获国家文物局批复。《凌家滩国家考古遗址公园修建性详规》通过国家文物局专家评审。实施凌家滩环境整治、内环壕及明中都安防等工程。开展双墩遗址、禹会村遗址土地征迁和保护大棚建设。

推进大运河文化保护传承利用。《大运河安徽段文化保护传承利用实施规划》经安徽省委常委会研究通过。协同省发展和改革委员会启动安徽省大运河国家文化公园实施方案编制工作。开展柳孜运河遗址抢险加固工程。

加强文物保护项目申报和实施。实施许村双寿承恩坊等30多处国保单位、50多处省保单位的维修保护工程。推进西递、棠樾、查济、黄田等传统村落文物维修项目。组织开展30多项工程检查和竣工验收。

【革命文物保护利用】

积极争取安徽省革命文物纳入国家片区保护，25个县区列入《革命文物保护利用片区分县名单（第一批）》鄂豫皖片区和闽浙赣片区。争取3000余万元用于金寨县红十一军第三十二师成立旧址朱氏宗祠等36处革命旧址本体修缮和展示利用。

争取国家革命文物保护专项补助经费5733万元，通过逐年增加经费投入，革命文物保护状况不断改善。指导编制王稼祥故居王氏宗祠等8处革命旧址维修项目计划书和项目方案并上报国家文物局，申报芜湖县抗日烈士墓等8处市县级文保单位革命旧址维修项目经费。积极推进金寨、岳西等革命文物集中连片区文物保护利用，完成太湖刘邓大军刘家畈高干会议旧址陈列布展、屯溪区中共皖南特委机关旧址展陈提升工程。

【考古工作】

淮南武王墩抢救性考古发掘项目获国家文物局批复，开展明中都、寿春城、繁昌窑等主动性考古发掘。明中都外金水桥遗址入围"2018年度全国十大考古新发现"终评。

配合建设工程完成考古勘探项目27个、发掘项目34个，出土陶器、瓷器、玉器等各类文物和标本8300余件。引江济淮工程南线考古发掘工作全部完成。

【博物馆工作】

指导全省博物馆建设，安徽楚文化博物馆主体建筑封顶，安庆、阜阳及临泉、霍山等市县博物馆加紧建设。协调安徽博物院顺利推进"安徽文明史"明清部分和"徽州古建筑"陈列的提升。申报博物馆展览提升项目10个。协调推进安徽博物院法人治理结构改革工作。

博物馆陈列展览联盟作用进一步发挥，积极推进"皖声徽腔——安徽戏曲展"等原创展览，引进"故宫养心殿"等展览，输出"出走与归来——潘玉良的绘画艺术"（宁波）等展览。安徽博物院"向往——'我'与安徽改革开放四十年"荣获"第十六届（2018年度）全国博物馆十大陈列展览精品推介"特别奖。"向往——'我'与安徽改革开放四十年"与作为献礼新中国成立70周年的"烽火江淮——安徽革命史陈列"展览一起，在"不忘初心、牢记使命"主题教育中接待800多个团队，计10万余名观众，为全省开展主题教育提供了鲜活教材。

【社会文物管理】

审核批复6家公司10场次拍卖会共6913件/套拍卖标的。文物鉴定站开展馆藏文物、涉案文物鉴定等56次，鉴定各类器物26220件/套；开展鉴宝江淮行等活动5次，鉴定文化艺术品4000余件。

福建省

【概述】

2019年，福建省文物系统深入学习贯彻习近平新时代中国特色社会主义思想和习近平总书记关于文物工作重要论述精神，积极落实国家文物局和福建省委、省政府关于文物工作决策部署，按照"固强补弱打基础、改革创新谋发展"的思路，扎实抓好工作落实，圆满完成年度各项任务，文物工作水平迈上新台阶。切实做好文物保护利用各项工作，福建省委办公厅、省政府办公厅印发《福建省关于文物保护利用改革的实施方案》。

【文物安全工作】

开展文物安全隐患排查专项工作，检查文物单位4552处，发现隐患和问题3538项，督促整改2824项。开展文物安全宣传教育，编印下发文物安全"十不准""十必须"宣传海报5000份。完成文物安全App巡查系统建设。

开展文物安全志愿者福建试点工作，组建8支文物安全志愿者活动服务队，开展文物安全志愿者活动，永安市成功开发"互联网+文物安全志愿者"App。

【不可移动文物的保护与管理】

全力推进古泉州（刺桐）史迹申遗。与国际古迹遗址理事会（ICOMOS）开展专业合作，深度开展遗产价值研究。根据国际古迹遗址理事会咨询意见开展相关遗产点考古工作，补充完善申报文本和保护管理规划，做好申遗各项准备工作。

落实省委关于办好第44届世界遗产大会专题会议精神，向省委、省政府上报《关于成立福建承办第44届世界遗产大会筹备领导小组及办公室和近期工作建议》，向各地下发《关于办好第44届世界遗产大会 努力推动文化遗产保护新提升的通知》。

组织申报第八批全国重点文物保护单位，全省有33处单位入选。34个镇、村列入第七批全国历史文化名镇名村名单。

争取中央财政专项资金实施77个国家重点文物保护工程项目和25个涉台文物保护项目。完成三明万寿岩国家考古遗址公园配套项目并于2019年6月1日正式开园。在全省范围开展划定乡村建设历史文化保护线工作，制定印发了《福建省乡村建设历史文化保护线划定导则》。组织编制《武夷山城村汉城遗址监测系统方案》《福建土楼监测系统方案》《福建土楼修缮和保养维护技术导则》。完成文物保护远程在线视频系统试点项目建设。

印发《福建省鼓励社会力量参与文物保护利用实施意见》《福建省文物建筑认养管理规定》，指导各地开展文物认领工作。

【革命文物保护利用】

切实加强革命文物保护利用工作，贯彻中共中央办公厅、国务院办公厅《关于实施革命文物保护利用工程（2018—2022年）的意见》，福建省委办公厅、省政府办公厅印发《福建省革命文物保护利用工程实施方案》。

全省45个县（市、区）列入第一批革命文物保护利用片区分县名单。组织指导龙岩、三明等地区82项革命文物保护方案编制工作，完成26项革命文物修缮工作。

拍摄10个红色文化微视频并在"学习强国"App上发布。

【博物馆工作】

全省各级各类博物馆开展庆祝新中国成立70周年系列展览展示活动，举办"新时代 新福建——福建省庆祝中华人民共和国70周年大型主题展""苏维埃血脉——中央苏区红色交通线专题展""庆祝建国70周年红军标语专题展""华侨旗帜 民族光辉——百国百侨百物展""中国共产党在福建——福建省馆藏革命文物精品""华光溢彩——福建省非国有博物馆馆藏精品联展"等精品展览。

【学术科研】

完成"福建朱子史迹调查与整理研究"课题研究，编撰出版《朱子福建史迹图集》。"闽南红砖建筑（南安）"课题研究取得阶段性成果，为红砖建筑文化遗产保护传承、保护利用以及落实乡村振兴等提供了翔实的科学资料。

挖掘整理革命文物资源，编撰完成并出版《中国共产党在福建——福建省馆藏革命文物图集》《福建省革命旧址图录》。

由福建省文物保护中心参与编撰的《天有丰年——福建农业文化遗产综览》一书荣获"第33届华东地区优秀哲学社会科学图书奖"二等奖。

江西省

【概述】

2019年，江西全省文物工作紧紧围绕习近平总书记关于文物工作系列重要论述精神和对江西工作的重要要求，全面落实中共中央办公厅、国务院办公厅《关于实施革命文物保护利用工程（2018—2022年）的意见》《关于加强文物保护利用改革的若干意见》，贯彻落实全国文物局长会议等重要会议精神，紧密结合国家文物局工作安排，抓主抓重，攻坚克难，努力推动全省文物工作再上新台阶，以优异成绩庆祝中华人民共和国成立70周年。全面推进文物保护利用改革，江西省委办公厅、省政府办公厅印发《江西省关于加强文物保护利用改革的实施意见》，紧密结合江西实际，聚焦重点难点和改革发展问题，加强顶层设计、制度创新和精准管理等，体现了较强的针对性、可操作性、创新性。

【文物安全工作】

变被动监管为主动监管，启动全省文物安全监管系统建设。该系统主要包括文物安防预警信息、消防预警信息、防雷预警信息、违规建设预警信息、文物巡检信息五大系统，并预留全省文物资源数据中心系统。通过和各个国保单位"三防"工程的对接，分步完成128处国保单位的视频监控，逐步建立覆盖全省的全国重点文物保护单位、世界文化遗产地、省级文物保护单位和国有博物馆的安全监测预警系统。

联合相关部门下发《关于进一步加强全省宗教活动场所文物保护和安全工作的通知》《关于加强全省文物保护单位防雷安全工作的通知》等文件，对宗教活动场所文物安全、文物建筑防雷安全等工作进行了规范和明确。

【革命文物保护利用】

党的十八大以来，习近平总书记对江西工作提出了"新的希望、三个着力、四个坚持"重要要求。5月20—22日，习近平总书记在江西考察期间专程到于都县，向中央红军长征出发纪念碑敬献花篮，参观中央红军长征出发纪念馆，亲切会见于都县红军后代、革命烈士家属代表，并对江西提出了要推进红色基因传承等重要要求。

全面落实中共中央办公厅、国务院办公厅《关于实施革命文物保护利用工程（2018—2022年）的意见》，江西省委办公厅、省政府办公厅《江西省革命文物保护利用工程（2018—2022年）实施方案》印发执行，提出将大力实施江西党史文物保护展示、革命文物集中连片保护利用、革命文物主题保护展示、革命文物陈列展览精品、革命文物宣传传播、革命文物平安等六大工程。

实施革命文物宣传传播工程，讲好江西故事、传播江西好声音。策划"守初心 担使命——百件革命文物说江西"系列活动，广泛传播江西革命文物蕴含的文化精髓和时代价值，被评为"全国革命文物保护利用优秀案例宣传推介项目"。围绕"保护革命文物 传承红色基因"主题，组织全省文博系统开展文化和自然遗产日宣传活动。于都县博物馆被中国文物保护基金会评为第十一届"薪火相传——寻找红色基因传承者"杰出团队。

继续总结推广赣南等原中央苏区革命遗址保护利用工程经验，分享革命遗址保护利用的江西经验。《创新与启示——赣南等原中央苏区革命文物保护利用实践》由国家文物局编撰出版，系统介绍了赣南等原中央苏区革命遗址保护利用工程的保护理念、基本经验，以及保护利用的瑞金、金溪、宁都、青原模式和保护维修、管理监督、利用展示经验。在第三届国际建筑遗产保护与修复博览会"文化遗产活化利用管理与实践探索"论坛分享江西革命遗址保护利用经验，重点推介革命遗址与传统村落保护利用相结合的青原模式。

全面推进红色标语保护，力争再创革命遗址保护利用的江西样板。认真总结红色标语保护试点工作经验，组织力量制定《江西省红色标语保护利用工作规范（试行）》，在全省范围全面推进红色标语保护利用工作，力争打造红色标语保护利用的样板。于都县红色标语保护入选"全国革命文物保护利用优秀案例宣传推介项目"。

【考古工作】

不断刷新考古发掘多个"首次"，樟树国字山墓葬提取文物700余件，赣江新区七星堆墓群出土文物600余件，其中坞堡模型、鹦鹉杯、胡人俑等均为江西首次发现。

海昏侯刘贺墓出土文物漆木器保护推进顺利，第一轮竹简红外扫描结果交付北京大学进行初步释读。

【博物馆工作】

健全完善博物馆工作制度和规范，先后出台《关于推进全省博物馆融合发展的实施意见》《关于建立全省博物馆高质量发展专家库的通知》《江西省博物馆免费开放绩效管理办法》等文件。

成立江西省博物馆联盟，"博物江西"平台上线运行。新增芦溪县、龙南县、崇义县、井冈山市等一批博物馆，江西省博物馆新馆建设稳步推进。

以庆祝新中国成立70周年为主题，加强省、市、县博物馆之间联展、巡展等交流，激活博物馆资源共建共享。庐山博物馆"山语——庐山历代石刻陈列"获得"第十六届（2018年度）全国博物馆十大陈列展览精品推介"精品奖，并获江西省政府通报嘉奖。景德镇中国陶瓷博物馆"国家记忆·友谊使者·中国祝福——景德镇国家用瓷特展"等6个展览入选国家文物局"弘扬优秀传统文化、培育社会主义核心价值观"主题展览推介项目名单。江西省博物馆"饰代风华——江西省博物馆藏明代王妃首饰精品展"等10个展览获江西省"全省博物馆（2014—2017年度）陈列展览精品奖"。在北京首都博物馆举办"望郡吉安"文物精品展，组织海昏侯国遗址出土文物赴深圳博物馆、山东巨野县博物馆展出。

【文博宣传】

持续助力"海昏热"，讲述海昏侯国宝级文物及其背后的故事。围绕海昏侯文化，江西省积极推动包括展览、电影、书籍、VR、文创产品等在内的文化IP全内容开发，努力打造具有全国影响力的文化全IP产业链。2019年6月协助中央电视台中文国际频道拍摄《国宝档案——海昏侯》，将悠久灿烂的中华传统文化形象生动地展现给观众。海昏侯遗址管理局官方微博荣获"2018年度全国十大文博单位微博"第二名，粉丝数量超过80万。

【文博教育与培训】

9月4—6日，利用承办全国文物安全监管骨干培训班的有利时机，举办全省文物安全监管骨干培训班，来自全省11个设区市100个县（市、区）的120余名文物安全监管骨干人员参加了培训，首次实现培训人员县级区域全覆盖。

将文物和博物馆有关法律法规和规范性文件汇编成册，发至全省所有市（县、区）文物管理部门进行学习，形成在工作中学习、在学习中提高的良好氛围。

承办国家考古遗址公园专管机构负责人培训班，举办两期文物保护工程从业人员资质培训班。

【文旅融合】

积极推动江西省人民政府出台《江西省旅游产业高质量发展三年行动计划（2019—2021年）》，力求做"深"文化旅游，把更多的优质文化资源转为优质的旅游资源，以优质文化旅游资源为主线，精心打造特色旅游产品。在编制的《江西省旅游精品线路》中专门规划出"跟着名人游江西""跟着诗文游江西"以及书院使馆、陶瓷艺术、禅宗文化、道教文化等精品线路；积极探索古城、古村、古遗址中的文旅融合超级IP，探索打造"文物+展览""文物+旅游""文物+VR""文物+教育""文物+文创产品""文物+互联网""文物+电影书籍"等文旅融合发展的经典IP；准备出台《江西省文化和旅游产业融合发展示范区》创建办法及标准，已征求意见。

2019年10月，由江西省人民政府、湖南省人民政府联合主办，以"壮丽70年　奋斗新时代——红色旅游再出发"为主题的"2019中国红色旅游博览会"吸引了全国29个省、360多家单位、1000多家旅行社和30000多件红色文创及旅游商品参会参展，3天时间观展者逾12万人次，展品销售1.5亿元，签约意向金额达22亿元，取得了极佳的社会效益和经济效益。

【其他】

2019年7月26日，国务院批复同意《景德镇国家陶瓷文化传承创新试验区实施方案》。景德镇国家陶瓷文化传承创新试验区是国务院批复设立的首个文化旅游类试验区，肩负着为我国陶瓷及其他传统文化产业转型发展创经验、探新路的重任。《景德镇国家陶瓷文化传承创新试验区实施方案》明确了景德镇国家陶瓷文化传承创新试验区"两地一中心"的战略定位——国家陶瓷文化保护传承创新基地、世界著名陶瓷文化旅游目的地和国际陶瓷文化交流合作交易中心，提出了18项具体任务。按照江西省委、省政府的要求，江西省文物局积极指导景德镇市政府抓好方案的组织实施，着力推进陶瓷文化遗产保护，加大陶瓷文物保护力度，实施景德镇大遗址保护计划，推动列入国家大遗址保护规划，加快御窑厂遗址申报世界文化遗产，建设国家古陶瓷研究修复中心，推进陶瓷博物馆建设，重点推动部省共建景德镇中国陶瓷博物馆，建设国际一流的陶瓷文化交流中心和当代陶瓷艺术博物馆。

山东省

【概述】

2019年，山东省文物系统以习近平新时代中国特色社会主义思想为指导，在省委、省政府的正确领导下，在国家文物局的关心指导下，深入贯彻落实中共中央办公厅、国务院办公厅《关于加强文物保护利用改革的若干意见》《关于实施革命文物保护利用工程（2018—2022年）的意见》，以庆祝新中国成立70周年为契机，着力加强文物保护利用改革，推动文物事业高质量发展，各方面工作取得新成绩。《关于加强文物保护利用改革的实施方案》《山东省革命文物保护利用工程实施意见》印发执行，两个文件紧密结合山东实际，在文物保护机制、文物合理利用、传承红色基因、重大项目建设等方面提出了创新性的政策措施，是新时期山东文物工作的指导性文件。

【文物安全工作】

在全省组织开展文物法人违法案件专项整治行动（2019—2020年）。省文化和旅游厅督办临淄墓群保护范围内违法建设案、济南市历城区洺悦佳园项目未履行文物保护审批手续擅自施工案、枣庄市处理庄里水库建设损毁文物案等14起案件。

会同省公安厅开展全省打击文物犯罪专项行动，摸排和移交文物犯罪线索，为打击犯罪提供强有力专业支持。配合公安机关侦办嘉祥县倒卖文物重大案件，组织涉案文物鉴定，为依法惩处犯罪嫌疑人提供了有力证据。

与省消防救援总队联合印发《山东省文博单位消防安全评估导则（试行）》，委托专业机构完成国家三级以上博物馆的消防安全评估。共同组织开展"文物火灾隐患整改落实年"活动，进行消防安全大检查督导调研，全面整改文物单位火灾隐患。

开展迎接新中国成立70周年文物安全专项整治行动督导检查，进行深入细致的"解剖式"检查。制定《省文化和旅游厅文物安全领域突发敏感事件应对处置预案》。

推进"文物安全天网工程"。完成省文物安全天网工程省级监管指挥中心建设工程，制定《山东省文物安全天网工程（一期）实施方案》，组织开展工程重点县方案深化设计项目。配合国家文物局完成2019年度不可移动文物执法监测外业核查工作。

【不可移动文物的保护与管理】

世界文化遗产申遗取得新进展，"济南泉·城文化景观"列入《中国世界文化遗产预备名单》。组织开展海上丝绸之路山东申遗项目考古研究工作，配合国家文物局开展海上丝绸之路申遗项目考察活动。推动曲阜"三孔"、泰山世界文化遗产监测管理平台建设工作。

按照大运河、长城国家文化公园建设的部署要求，会同省委宣传部、省发改委等部门做好大运河（山东段）、齐长城国家文化公园建设规划编制工作，加强文物资源管理，建立文物保护利用重点项目库，推进实施重点项目。

考古遗址公园建设扎实推进。鲁国故城国家考古遗址公园取得新进展，南旺枢纽国家考古遗址公园建设基本完工。大汶口、城子崖、齐国故城国家考古遗址公园启动一批保护工程。定陶王陵黄肠题凑汉墓整体保护工程取得阶段性成果。指导地方开展省级文物保护单位大遗址的勘探、规划编制和方案落实。

加强重点文物保护单位的保护和管理。全省新增第八批全国重点文物保护单位35处，另有合并项目7处，国保单位总数达到226处。配合国家文物局开展第一至七批全国重点文物保护单位文物构成核定。开展第六批省级文物保护单位的申报遴选工作。启动全省省级以上文物保护单位保护区划勘定工作，开展省级文物保护单位清单目录编制和基础信息采集。按照国家文物局要求开展历史文化名城中文物保护评估工作。

【革命文物保护利用】

做好第二批革命文物保护利用片区分县名单遴选申报工作。组织编制《山东省革命文物保护利用总体规划》。统筹编制沂蒙、胶东、渤海、鲁西等片区革命旧址集中连片保护整体规划，已审批立项。

开展革命文物排查。在临沂市举办文化和自然遗产日山东主场活动，公布山东省不可移动、可移动革命文物资源情况。启动革命文物专题数据库建设，对革命文物进行本体数据、多媒体数据、三维模型数据采集和数字化加工处理，已收录可移动革命文物65282件/套。

落实《革命旧址保护利用导则》，推进革命文物保护利用项目。全年实施国家级项目11个，省级项目32个。开展2020年革命文物保护项目申报，完善重点项目库。

充分利用单命博物馆纪念馆、革命主题展览开展社会教育活动。在临沂市开展革命博物馆共建共享试点，指导临沂市博物馆举办"弘扬沂蒙精神"流动展走进驻地部队、中小学、监狱、敬老院。实施革命博物馆纪念馆展陈提升工程，组织专家对"徂徕山抗日武装起义主题展""海阳地雷战纪念馆展陈""中共鲁西北地委旧址纪念馆展陈""王杰纪念馆展陈""潍县集中营旧址展陈"展陈方案及大纲进行评估和完善。

【考古工作】

加强考古工作管理。严格执行主动性考古工作计划专家审核制，加强对考古工作的检查验收工作，全年检查验收考古发掘和大遗址勘探项目45个。

做好主动性考古工作。批复主动性考古发掘项目9个，发掘面积6000多平方米，苏家村遗址、大韩墓地等项目取得重要考古发现。组织评选2018年度山东五大考古新发现，并向社会公布。承担的中国、以色列合作弥河流域考古调查项目启动。

做好基本建设工程的文物保护工作。配合文莱高速、枣菏高速、京台高速改扩建等38个在建项目开展考古调勘和发掘，发掘面积25000平方米、清理墓葬近1000座，抢救保护了大量文化遗产，有力保障了建设工程开工建设。全年上报郑济高铁、济南至高青高速公路等14项涉及省级以上文物保护单位的建设项目设计方案，已批复同意7项。

【博物馆工作】

截至2019年10月，全省博物馆总数达到558家，其中国有文化文物博物馆158家、国有行业博物馆73家、非国有博物馆327家。492家博物馆、纪念馆实现免费开放，约占博物馆总数的90%。

组织协调有关方面支持孔子博物馆、中国教师博物馆等重点博物馆建设。孔子博物馆历经五年建成，整建制划归省文化和旅游厅管理，9月6日正式对外开放。"山东数字化博物馆济南国际机场分馆"落成，数字化博物馆再添亮点。山东自然博物馆建设扎实推进。

严格落实意识形态工作责任制，加强陈列展览备案审查和监督指导。配合省委宣传部、省发改委等部门在山东博物馆举办"奋进的山东——庆祝中华人民共和国成立70周年成就展"。根据省委海洋强省建设行动方案要求，在山东博物馆举办"海洋主题展"，并在省内巡展。组织"海岱朝宗——山东古代文物菁华展"在国家博物馆展出，社会反响热烈。

社会教育活动丰富多彩。完成第三届"全省博物馆十佳优秀社会教育活动案例"评选，涌现出临沂市博物馆"铭记家乡历史·传承红色基因"教育系列活动等一批优秀社会教育活动。

馆藏文物保护技术保护修复项目稳步实施，全省31家国有博物馆及文博单位的37个项目获中央和省级财政支持。完成全省非国有博物馆藏品备案工作，265家非国有博物馆备案藏品318744件／套（1118677件）。

在日照市成功举办"2019山东国际文物保护装备博览会"，参展单位82家，接待观众1.3万余人次，交易额1100余万元。期间举办了"新时代博物馆展览提升与发展"学术研讨会、文博企业供需座谈会等活动。

【文博宣传】

国际博物馆日期间，全省共举办专题展览80余个、互动体验活动40余项、主题公益讲座30余场，"流动博物馆"走进乡村、社区、学校、军营、企业，用心讲好博物馆故事。

【文旅融合】

围绕文旅融合发展，参与起草《山东省文化旅游融合发展规划》，推动文博单位对外开放。目前省级以上文物保护单位开放1180处，其中建成景区并开放的有620处。

【"七区三带"建设】

"七区三带"重点项目亮点频现。

争取国家文物保护资金数量居全国前列。全年争取国家资金项目142个，包括大运河台儿庄（月河）驳岸修缮工程、定陶王墓地M2考古发掘等重点项目56个。按照《国家文物保护专项资金管理办法》要求，分配临淄齐国故城齐景公墓殉马坑陈列馆改造工程、博兴县王文抗战旧址保护修缮工程等项目86个。全年安排省级项目199个，重点支持曲阜片区、临淄片区、革命文物、海上丝绸之路申遗、文物安全等配合全省重大战略项目。

曲阜片区文物保护持续推进。"三孔""三孟"以及泰山古建筑修缮和彩绘修复等重点工程顺利推进。

临淄片区文物保护取得突破。齐国故城、临淄墓群、田齐王陵、坊茨小镇等保护工程全面展开，淄博德日建筑群等近现代遗产保护项目启动。

文化遗产线性保护全面展开。齐长城本体保护修复项目加快推进。济宁市发挥通航优势打造运河历史文化廊道，德州市积极推动"运河文化遗产公园"建设，聊城中国运河文化博物馆、南旺分水枢纽遗址博物馆成为山东运河文化展示窗口。

提升项目管理信息化水平，项目申报、审核、审批基本实现平台化操作。配合山东省国土空间规划编制，参与开展省历史文化传承和国土空间特色塑造研究专题。

【其他】

召开省文物保护委员会（扩大）会议。会议贯彻落实全国文物局长座谈会和省委、省政府关于加强文物保护利用改革、实施革命文物保护利用工程的部署要求，总结"十三五"以来文物工作，明确今后工作思路和重点任务。

落实省委、省政府领导指示精神，经积极争取，国家文物局与省政府签署《合作实施"齐鲁文化遗产保护利用计划"框架协议》。

按照黄河流域生态保护和高质量发展、淮河生态经济带的部署要求，配合省发改委等部门做好规划编制工作，开展山东黄河流域、山东淮河流域文化文物资源的调查、梳理，以及重大工程和科研项目的策划、遴选等工作。

圆满完成《山东省志·文物志》第二轮修志及出版工作，省文化和旅游厅（省文物局）在《山东省志》第二轮修志工作经验交流会上作典型发言。

河南省

■【概述】

2019年，河南省文物系统深入学习贯彻习近平总书记调研河南重要讲话精神以及在黄河流域生态保护和高质量发展座谈会上的重要讲话精神，围绕中共中央办公厅、国务院办公厅《关于加强文物保护利用改革的若干意见》《关于实施革命文物保护利用工程（2018—2022年）的意见》，扎实抓好工作落实，推进夏文化及中原地区文明化进程研究，加强不可移动文物的保护管理利用，提升博物馆公共文化服务水平，实施"中原文物走出去工程"，圆满完成年度各项任务。全面推进文物保护利用改革，修改完善河南省《关于加强文物保护利用改革的实施方案》，由河南省政府办公厅正式印发。

■【文物安全工作】

做好元旦、春节文物安全督察，开展新年上香祈福文物古建筑等场所消防大检查、春季文物消防安全大检查工作，推进文物系统消防安全风险隐患双重预防体系建设。与省消防救援总队检查文物建筑和博物馆119处，发现隐患334处，立行立改99处，限期整改235处。组织编制《文物保护单位申报消防（改造）工程项目设计方案内容编制规范》，编制安阳高阁寺等73个省级以上文物保护单位及博物馆安全防护工程方案。

经省政府同意，与省公安厅联合制定《2019年全省文物安全深化活动方案》。指导安阳完成国家文物局安阳外业核查违法确认及整改工作，编制完成殷墟技防方案并获批复同意。新拆除殷墟范围内违建5处，新打掉文物犯罪团伙2个，打击处理78人，移送起诉21人，公诉87人，判决69人。7月17日，公安机关向安阳市博物馆移交34件文物。继续深化开展文物安全整治，重点督办洛阳隋唐洛阳城遗址西南角楼、大运河通济渠商丘南关段南海大道等违法案件。

■【不可移动文物的保护与管理】

加强世界文化遗产保护管理利用。推进大运河文化带建设，起草编制《大运河河南段文化保护传承利用规划（征求意见稿）》，河南"隋唐大运河通济渠郑州—开封段"遗产线路试点延伸至洛阳，大运河文物本体保护展示工程等顺利推进。组织完成2018年度河南省世界文化遗产点监测。推进登封"天地之中"历史建筑群等世界遗产保护管理规划编制工作。组织审核登封三皇寨索道、龙门石窟南侧中石化郭寨加油站、郑州轨道交通2号线二期工程等建设项目。会同山西、湖北开展"关圣史迹"联合申遗前期准备工作。

加强文物基础保护。加强大遗址保护利用，组织编制郑韩故城遗址、北宋东京城遗址2处大遗址规划，贾湖遗址、灵井许昌人、殷墟遗址等3个国家考古遗址公园规划。积极筹划长城、大运河国家文化公园建设。组织完成河南省第八批全国重点文物保护单位申报遴选推荐工作，老奶奶庙遗址等63处单位被公布为国保单位。做好第八批河南省文物保护单位申报遴选准备工作。全省省级以上文物保护单位的保护范围和建设控制地带空间位置实地勘测转换工作已完成80％。完成省级以上文物保护单位名录及基础信息的汇总、整理、核对工作。基本完成楚长城、赵长城和魏长城的档案建立工作。协同河南省住房和城乡建设厅在开封召开历史文化名城现场工作会，在全省开展历史文化街区资源普查工作，推荐省政府公布第一批省级历史文化街区。

加强文物保护工程管理。组织编制濮阳戚城遗址、石淙河摩崖题记等15个省级以上文物保护单位保护规划，隋唐洛阳城九洲池遗址二期保护展示、滑县宋代沉船异地迁移修复保护等59个省级以上文物保护单位保护工程方案。二里头遗址洛河故道模拟复原展示工程等48个文物保护工程开工建设，舞阳贾湖遗址、安阳市天宁寺塔等38处文物保护展示工程竣工。组织编制滑县县委县政府历史建筑、徐氏家祠等20余处传统村落、近现代文物保护修缮工程设计方案。

【革命文物保护利用】

草拟河南省《实施革命文物保护利用工程方案》。排查不可移动革命文物2581处，申报35个县（区）列入第一批革命文物保护利用片区，加快推进鄂豫皖革命文物保护利用战略规划、重点项目实施。制定《河南省红二十五军长征国家文化公园建设文物保护利用工作计划》，积极筹划长征国家文化公园建设。

【考古工作】

组织完成2018年度文物考古机构评估工作，检查评估33个主动性考古发掘项目。对西霞院水利枢纽及灌区工程等9个工程沿线区域开展文物调查，完成引江济淮工程新增工程等20个项目沿线文物保护工作，配合基本建设考古发掘项目203个。审查涉及市级以上文物保护单位保护区的建设项目71个。联合省移民办完成南水北调总干渠（河南段）文物保护技术性验收和备案工作，完成26个文物保护项目发掘资料的移交。

推进夏文化及中原地区文明化进程研究，联合陕西、山西、河北等周边兄弟省份，制定《中原地区文明化进程研究项目工作计划》与《夏文化研究项目工作计划》并列入"考古中国"重大项目；围绕中原地区文明化进程研究、夏文化研究以及大运河文化带建设等重点工作开展29个考古调查、勘探项目。

积极推动郑州、开封、洛阳等12个地市政府印发建设工程考古勘探前置实施文件。国家文物局和国土资源部在郑州召开了首届建设工程考古前置工作座谈会。

组织河南省文物考古学会举办"2018河南考古新发现论坛"，举办"再现华夏文明，走近河南考古——2018年度河南考古新发现公众报告会"。

【博物馆工作】

加强博物馆体系建设。积极推动二里头夏都遗址博物馆建设，10月建成并对外开放。推进河南博物院主展馆抗震加固工程土建、设备、装饰等项目进度。完成河南博物院陈列大纲和形式初步设计方案，陈列展览深化设计进入专家评审论证阶段。推进河南博物院新馆建设，召开专家咨询会。与中国文物信息咨询中心对接搭建河南省数字博物馆集群平台。

提升博物馆公共文化服务水平。支持郑州市成功申办2020年第九届"博博会"。修订完善博物馆免费开放绩效考评办法，开展2018年度博物馆、纪念馆免费开放绩效考评工作。新设立非国有博物馆6家，进一步加强非国有博物馆藏品备案工作。组织开展河南省博物馆优秀陈列展览推介活动，河南博物院"金字塔·不朽之宫展"和开封市博物馆的"八朝古都　千载京华——开封古代历史文化展"荣获"第十六届（2018年度）全国博物馆十大陈列展览精品推介"国际及港澳台合作奖和优胜奖。组织开展2019年度"纪念建国70周年"主题展览项目征集工作。

【文博宣传】

与河南报业集团联合指导开展"古都重宝耀中华"系列活动，四大古都各有9件共计36件珍贵文物被评选为"重宝"，同时开展专题讲座、文化创意等一系列特色活动。与河南省摄影家协会联合举办"河南文物之美"摄影大赛，与河南省广播电台联合开办《河南文物之窗》专栏。

做好国际博物馆日宣传活动，与中国知网共同主办"河南文博知识网络竞答活动"。与洛阳市人民政府共同举办文化和自然遗产日主题活动，各地组织主题活动200余项，300余家文博单位免费开放或优惠开放。

【交流与合作】

配合国家"一带一路"倡议和河南省"郑州—卢森堡空中丝绸之路"建设，实施"中原文物走出去工程"。由河南省政府和国家文物局主办，河南省文物局和洛阳市政府承办的"中国—中东欧文化遗产论坛"成功举办。赴卢森堡国家历史与艺术博物馆举办"华夏文明之源——河南文物珍宝展"，赴乌兹别克斯坦举办"梦回布哈拉——唐定远将军安菩夫妇墓出土文物特展"。配合国家文物局组织赴日本举办"三国志展"展览。赴台湾佛光山佛陀纪念馆举办"龙门佛光——河南佛教艺术展"。河南省文物局与香港特区政府康乐及文化事务署签署交流与合作意向书。经国家外国专家局批准，组织河南省文博系统18名相关专业人员赴意大利参加专业培训。与蒙古国乌兰巴托大学联合开展蒙古国后杭爱省的高勒毛都2号墓地M189大型匈奴墓葬的考古发掘工作。与肯尼亚国家博物馆联合开展吉门基石遗址考古发掘及研究工作。

【其他】

贯彻落实黄河流域生态保护和高质量发展座谈会精神，以保护、传承、弘扬黄河文化为中心，全面梳理黄河文化为代表的各类文化遗产资源，组成专家委员会，组织编制《黄河文化文物保护利用专项规划基础资料》《黄河文化保护传承弘扬规划》。

湖北省

【概述】

2019年，湖北省文物工作坚持以习近平新时代中国特色社会主义思想为指导，深入贯彻习近平总书记关于文物保护利用的重要论述精神，严格落实国家文物局和湖北省委、省政府决策部署，始终坚持"保护为主，抢救第一，合理利用，加强管理"的文物工作方针，确保了机构改革期间年度各项工作的圆满完成。

【文物安全工作】

研究分析文物安全形势，联合湖北省消防救援总队开展文物建筑火灾安全隐患大排查。组织文物安全培训，做好文物安全防护工程审批和检查。抓好重点和突发事件应急处置，积极指导古德寺重大火灾隐患整改，严肃处理武汉江汉饭店火灾事故。

严格文物执法督察，完成国家文物局交办事项3件，督办十堰市国保单位两线范围内25处地物变化等事项，对相关责任单位和个人立案查处。开展文物行政执法指导性案例遴选，推荐3个典型案例参加全国遴选。

【不可移动文物的保护与管理】

组织第八批全国重点文物保护单位申报，25个文物保护单位入选。报请湖北省政府公布第七批省级文物保护单位，公布所有国保、省保单位保护范围与建设控制地带。开展文物基础信息清理、工业园区"多审合一"等工作，圆满完成湖北国际物流核心枢纽鄂州机场文物保护任务。

由湖北牵头的"万里茶道"联合申遗项目成功列入《中国世界文化遗产预备名单》，联合山西、河南的"关圣史迹"申遗工作正式启动。顺利完成武当山"五龙天街"整改工作，成功举办武当山世界文化遗产国际研讨会，全年实施遗产保护与环境整治项目近20个。

报请湖北省政府印发《荆楚大遗址传承发展工程实施方案》，将40处大遗址和文化遗址纳入工程范围，召开荆楚大遗址传承发展工程座谈会，研究建设目标和分步推进计划。指导大遗址保护展示工程和考古遗址公园建设，9月盘龙城国家考古遗址公园建成并对外开放，11月屈家岭遗址博物馆建成并试运行。

深入贯彻文旅融合发展战略，重点实施国保、省保维修项目，消除结构隐患，为活化利用创造良好条件。认真做好历史文化名城名镇名村和传统村落中的文物保护工作。

【革命文物保护利用】

完成全省革命文物保护利用情况调研，形成专题调研报告，为整体推进4个片区革命文物保护奠定了基础。完成《鄂豫皖革命文物保护利用战略规划》编制。

【考古工作】

沙洋城河遗址成功入选"2018年度全国十大考古新发现"。荆州龙会河北岸墓地、胡家草场墓地、随州枣树林墓地3个项目纳入国家文物局"考古中国"重大项目。胡家草场墓地出土4546枚西汉简牍，为我国单座墓葬出土简牍数量之最。随州枣树林墓地出土较多带铭文青铜器，为曾国考古填补了多项空白。

【博物馆工作】

积极推进博物馆基础设施建设，湖北省博物馆率先实现5G网络全覆盖，三期扩建工程顺利推进，总投资7个多亿的宜昌市博物馆新馆正式对外开放，襄阳、荆门等市县博物馆新馆陆续封顶并进入布展阶段。

全省203家博物馆向社会免费开放，全年举办展览活动300余场次，年接待观众超过4000万人次。组织开展非国有博物馆调研，举办首届武汉市非国有博物馆馆藏艺术精品展。

围绕纪念新中国成立70周年、举办第七届世界军人运动会等重大活动，策划推出"壮丽70载 荆楚颂华章""与军运同行·中国近现代体育文化暨军事体育珍藏品特展"等主题展览，武汉革命博物馆"日出江城·庆祝武汉解放70周年展览"入选国家文物局2019年度"弘扬优秀传统文化、培育社会主义核心价值观"主题展览推介项目。

【文博教育与培训】

协助国家文物局在武汉中南民族大学举办全国"互联网+中华文明"培训班。

【文流与合作】

贯彻落实习近平主席与莫迪总理武汉非正式会晤关于加强鄂印博物馆合作交流的共识，于2019年11月—2020年1月在印度新德里国家博物馆举办"礼乐·华章——中国湖北文物特展"。

湖南省

【概述】

2019年，湖南省文物系统以习近平新时代中国特色社会主义思想为指导，深入贯彻落实习近平总书记关于文物工作重要论述和重要指示批示精神，紧密结合文物工作实际，加强组织领导，文物安全形势平稳向好，各项工作稳步推进。国家文物局、湖南省人民政府在长沙签署《关于深化湖南文物保护利用改革战略合作协议》，对文物保护利用改革的支持力度进一步加大。完成《关于加强文物保护利用改革实施意见》的起草，在文博创意产品开发业绩与绩效工资挂钩、文物保护利用关键技术研发纳入省科技创新计划项目申报指南、区域文物影响评估等方面取得突破。

【文物安全工作】

以落实文物安全责任为主要任务，突出重要节假日、"法人违法、盗窃盗掘、火灾事故"等重要安全隐患、重要安全制度建设、重要安全防护工程。发挥厅局协同合作机制，联合公安、消防等部门组织开展"今冬明春文物安全专项防控""大年三十文物安全巡查""博物馆和文物建筑消防安全整治工作回头看""打击文物犯罪专项行动""文物建筑火灾隐患大排查大整治专项行动"等重要专项行动。强化洪江古建筑群等37家重点安全隐患单位的检查、督察，发现并督促整改文物安全隐患48处。完成《湖南省文物行政执法案件责任追究制度》等文物安全制度的制定实施。抓实抓细文物博物馆单位"文物安全责任制落实、安全防护设施运行维护、应急演练处置、文物安全隐患整改"，确保文物安全形势平稳向好。

【不可移动文物的保护与管理】

文物资源申报取得新成绩。安化、资阳、云溪、岳阳楼、临湘、石门等县市区的23处文物点被列入万里茶道申遗范围；侗族村寨联合申遗推进会暨中国侗族村寨遗产价值论证会在通道召开，湘桂黔三省四州六县签署会议备忘录；长沙铜官窑遗址被列入"海上丝绸之路·中国史迹"预备名单。新增全国重点文物保护单位45处，与已有全国重点文物保护单位合并项目6个，全省国保数量增至228处。遴选公布第十批省级文物保护单位269处，总量达到1139处。新增中国历史文化名镇名村13处。新增中国传统村落401处，总量增至658处，居全国第三位。

文物保护项目申报管理量稳质优。争取到中央财政补助的项目68个。积极探索文物保护项目全过程管理，建立健全省级文物保护专项资金管理办法、文物保护项目预算管理、文物保护工程管理、文物保护工程竣工验收、文物保护利用专家库建设和管理使用办法等制度、规范，文物保护项目工程管理力度明显加强。

【革命文物保护利用】

完成全省革命类不可移动文物和国有可移动文物名录的编制、审核和上报，进一步廓清革命文物家底及其保存现状。入选《革命文物保护利用片区分县名单（第一批）》重点片区5个、重点县52个。新增革命类全国重点文物保护单位13处，与已有全国重点保护单位合并的项目5处，革命文物资源总量居全国前列。

贯彻落实中共中央办公厅、国务院办公厅《关于实施革命文物保护利用工程（2018—2022年）的意见》。召开全省革命文物保护利用工程推进会，完成《湖南省革命文物保护利用工程（2019—2022年）实施方案》和《湘赣边（湖南）革命文物保护利用示范区建设方案》的编制，组织完成"半条被子故事发生地"、陈树湘烈士相关文物保护展示工程，编制储备省级以上革命文物整体保护项目68个，审核审批备案革命文物保护规划和保护方案等项目91个。

组织指导全省66家革命类博物馆、纪念馆举办"不忘初心、牢记使命"主题教育宣讲员培训、提质优化专题陈列展览等，利用资源优势，发挥阵地作用，丰富宣传教育内容和形式，讲好革命文物故事，传承红色基因，服务主题教育取得实效。

百集革命文物故事微视频、百集革命遗址短片、百集革命人物传记片暨红色文物数字展示工作大力推进，共有11家单位推荐14件作品参评"三个百集"、6家单位推荐11件革命文物在红色文物数字展厅线上展示。韶山毛泽东同志纪念馆荣获"第十一届薪火相传——红色基因杰出传承者（团队）"奖。

【考古工作】

抓住工程建设项目审批制度改革机遇，制定实施《关于做好我省工程建设区域文物影响评估工作的通知》，进一步建立健全工程建设区域文物影响评估机制，基本建设中文物考古和文物保护工作管理力度明显加强。全年申报获批主动发掘项目6个、抢救性考古发掘项目24个，审批考古调查勘探项目110个，其中配合"气化湖南"工程和高铁、高速公路等重点工程开展考古调勘和发掘项目27个，考古调查勘探面积35万平方米、考古发掘面积2万平方米，出土文物1万余件/套。

援助孟加拉国联合考古项目进一步推进，越南考古合作项目逐步实施。

【博物馆工作】

博物馆陈列展览主题鲜明、精品纷呈。157家博物馆共推出陈列展览400余个，其中原创展览200余个。湖南省博物馆基本陈列"湖南人——三湘历史文化陈列"荣获"第十六届（2018年度）全国博物馆十大陈列展览精品推荐"精品奖。湖南省博物馆"根·魂——中华文明物语"展入选国家文物局"弘扬优秀传统文化、培育社会主义核心价值观"主题展览重点推介项目，长沙市博物馆"玉出河山——南阳地区出土古玉精品展"、刘少奇同志纪念馆"共和国主席刘少奇"入选推介项目。湖南省博物馆、韶山毛泽东同志纪念馆、长沙市博物馆等博物馆围绕庆祝中华人民共和成立70周年主题策划推出展览63个，"创新湖南、融入世界——新中国成立70周年湖南发展成就专题展""中国出了个毛泽东——庆祝中华人民共和国70周年暨澳门特别行政区成立20周年大型图片展""时光：我和我的祖国——中华人民共和国成立70周年特展"等展览社会反响强烈。

免费开放接待人数和观众满意度创新高。77家博物馆、纪念馆免费开放接待观众人数4800万人次，观众满意度创历史新高。湖南省博物馆编制的《博物馆开放服务规范》由国家市场监督管理局、国家标准化管理委员会公布实施，对推动博物馆行业标准化工作，提高博物馆社会服务功能和社会效益将起到十分重要的作用。

文化创意产品开发取得新进展。湖南省博物馆研发、引进和升级121个品种、300余款产品，销售额近1000万元；韶山毛泽东同志纪念馆荣获"第14届中国义乌文化产品交易博览会"优秀组织奖、优秀参展企业（单位）、优秀展台奖；刘少奇同志纪念馆开发"花明集"等4类10余项原创产品。湖南省博物馆学会设立文化创意产品专业委员会，加强行业文创产品开发的指导和协同。长沙市博物馆、里耶古城（秦简）博物馆等25家省级文化创意产品开发试点有序推进、成果丰硕，其中里耶古城（秦简）博物馆开发生产文创产品100余种。

【社会文物管理】

成功举办2019湖南（金秋）文物博览会，成交额近8亿元，品牌知名度和影响力显著提升。

【文博宣传】

成功举办国际博物馆日中国主会场活动，在全国首创文物多维度诠释陈列模式、"博物馆之夜"文物全媒体传播、文物全媒体宣传矩阵等。"国际博物馆日"相关话题总点击量突破7.35亿次，总留言讨论超过60万条。

【其他】

贯彻落实机构改革部署，争取到省委省政府支持，内设机构升格为正处级，并完成内设机构负责人选拔任用和"三定"规定的实施，人员队伍保持稳定，干部干事创业精神面貌显著改善。

积极推进文物领域行政审批制度改革和文物行政执法机制改革，完成"互联网+政务服务""互联网+监管"所涉部门责任清单、权力清单的梳理和优化，行政审批效能显著提升。探索推进省级文物保护行政审批改革，加大市级文物行政审批权重，支持市级文物行政部门加强力量建设。省直管县经济体制改革试点有序推进，16个项目市级经济社会管理权限的下放和承接稳定有序，管理效能提升。贯彻落实文化和旅游部、国家文物局部署，指导和推进市县明确文物行政执法部门及其职责、建立健全文物行政执法协同机制，明确职责、压实责任，推动文物行政执法有序稳定过渡。

广东省

【概述】

2019年是新中国成立70周年，是全面建成小康社会关键之年，也是广东省文化和旅游融合发展的全面开局之年。全省文物系统以习近平新时代中国特色社会主义思想为指导，深入学习贯彻习近平总书记视察广东重要讲话和重要指示批示精神及党的十九届四中全会精神，重点围绕贯彻落实《关于加强文物保护利用改革的若干意见》《关于实施革命文物保护利用工程（2018—2022年）的意见》《粤港澳大湾区发展规划纲要》，按照中央和省委、省政府关于文化建设的决策部署，在国家文物局的指导下，与时俱进，开拓创新，抓关键抓重点，全面推进全省文物博物馆事业发展。

【文物安全工作】

加强文物安全防护，守住文物安全底线。切实抓好文物安全。认真抓好《国务院办公厅关于进一步加强文物安全工作的实施意见》的贯彻落实。认真组织全省博物馆和文物建筑消防安全大检查。广东省文化和旅游厅、广东省消防总队联合下发《关于开展博物馆和文物建筑消防安全大检查"回头看"活动的通知》，进一步巩固消防安全大检查工作成效，督促落实主体责任，强化防范措施，提高火灾防控能力，有效预防和遏制火灾事故发生。全省各级文物行政部门共组成检查组349个、出动5209人次，检查文物单位2991处。

【不可移动文物的保护与管理】

积极推进世界文化遗产申报工作。按照国家文物局的统一部署和指导，加强与其他申遗城市的协作，出台实施《海上丝绸之路保护和联合申遗三年行动计划（2019—2021）》、设立面向国内外的海上丝绸之路史迹保护管理研究中心、吸纳澳门等城市加入"海丝"申遗城市联盟，加强与"海丝"沿线城市、地区的历史交往和文化交流研究，举办海上丝绸之路国际学术研讨会，多层次开展海上丝绸之路文化旅游国内国际合作与交流。

完成第八批全国重点文物保护单位和第九批省级文物保护单位申报遴选工作。广东省新增国保单位33处，与现有国保单位合并项目2处，其中新增近现代重要史迹及代表性建筑数量位居全国第一。新增第九批省保单位174处，与现有省保单位合并项目1处。

稳步推进广东省十件民生实事"实施100个文物保护利用项目"。探索建立广东省文物保护利用示范区，印发《广东省文化和旅游厅关于组织开展文物保护利用示范区（试点）创建工作的通知》，将汕头市金平区、韶关市南雄市、江门市开平市、潮州市湘桥区、云浮市郁南县等5个县（市、区）列为首批广东省文物保护利用示范区创建工作的试点单位。

实行文物保护工程乙、二级以下资质审批，完成98家资质单位的年检审核工作。与广东省住房和城乡建设厅联合指导广东省建设工程标准定额站、广东省文物考古研究所等多家单位编制《广东省传统建筑保护修复工程综合定额》。

【革命文物保护利用】

提升革命文物保护级别，新增革命类国保单位14处、省保单位25处。广东省委办公厅、省政府办公厅出台《广东省实施革命文物保护利用工程行动计划》。起草《广东省革命遗址保护条例（草案建议稿）》。推动实施杨匏安旧居、三罗民众抗日指挥部旧址、阮啸仙旧居等革命文物保护修缮和陈列展示工程。杨匏安旧居于4月30日正式对外开放，成为各级党组织开展"不忘初心、牢记使命"主题教育活动现场教学点。

加大革命文物宣传教育，以传承红色基因为主线，遴选出广东省100个红色革命遗址，串连成9条传承红色基因学习体验线路。举办"2019年广东红色故事讲解员大赛"和展演晚会。结合"不忘初心、牢记使命"主题教育，深入挖掘红色文物内涵，讲好红色故事、传承红色基因、弘扬革命精神，把红色"老"故事讲出新时代的新内涵，用红色故事滋养时代新人。

【考古工作】

加大"放管服"改革，取消配合基本建设工程涉企项目的考古收费。推进区域评估制度，组建区域考古工作站。配合文物保护项目的考古工作为文物保护单位的活化利用添砖加瓦。水下考古成果丰硕，"南海Ⅰ号"保护发掘项目取得重大进展，国家文物局"考古中国"重大研究项目新进展工作会推介了"南海Ⅰ号"保护发掘成果。英德市青塘遗址入选"2018年度全国十大考古新发现"。

【博物馆工作】

截至2019年11月，广东省登记备案博物馆共320家，其中国有博物馆227家，非国有博物馆93家；国家一、二、三级博物馆57家，其中一级博物馆6家、二级博物馆24家、三级博物馆27家。2019年，中央财政及省财政共补助240多家博物馆、纪念馆免费开放工作，省财政补助博物馆攻坚做强、宣传推广、陈列展示等重点项目22个。

组织广东省博物馆等省内12家博物馆陆续实行夜间开放，提供参观、讲解服务，并推出适合夜间开展的文化艺术活动，为社会公众奉上高品质的夜间文化菜单，让广大观众体验博物馆"奇妙夜"。广州鲁迅纪念馆、"左翼文化运动潮州英杰"系列纪念馆、中国左翼作家联盟成立大会会址纪念馆缔结姐妹馆，共同打造"左联"红色品牌。

广东省博物馆推出"臻于至美——广珐琅特展""瞻彼星辰——希腊珠宝首饰文化展"等展览，广州鲁迅纪念馆推出"红的文学——广东左翼作家点将录"展览，均取得良好社会反响。深圳博物馆"大潮起珠江——广东改革开放40周年展览"、广东省博物馆"金漆辉映：潮州木雕展览"分别获评"第十六届（2018年度）全国博物馆十大陈列展览精品推介"特别奖、国际及港澳台合作入围奖。广东省博物馆"大海道——'南海Ⅰ号'沉船与南宋海贸"等5个展览入选国家文物局2019年度"弘扬优秀传统文化、培育社会主义核心价值观"主题展览推介项目。

完善非国有博物馆扶持政策，规范非国有博物馆管理。进一步加强对非国有博物馆的服务和管理，与省民政厅联合印发《关于进一步规范广东省非国有博物馆备案和登记管理工作的通知》，解决文物部门和民政部门的衔接问题，落实非国有博物馆双重管理制度，明确未依法登记备案的博物馆不得挂牌对外开放。印发《广东省民办博物馆工作指引》，引导社会力量积极参与民办博物馆事业。印发《广东省文物局关于国有博物馆对口帮扶非国有博物馆的通知》。起草《广东省非国有博物馆管理办法》。

推进博物馆文创产品研发。联合广东省自然资源厅等单位举办中国南粤古驿道第三届文化创意大赛，面向高校、企业和文博单位征集文化创意设计方案，挖掘南粤古驿道文化元素，打造一批文创品牌，培育一批文创开发人才。广州红色文创文化发展有限公司、韶关市博物馆等单位的12件/套红色旅游文创产品入围全国红色旅游文创产品和红色旅游演艺创新成果征集活动，其中4件/套入围全国优秀红色旅游文创产品和全国优秀红色旅游演艺名单。

【社会文物管理】

针对广东省假借文物实施诈骗的高发多发态势，勇于担当，主动作为，召集省委政法委、省高院、省公安厅等12个部门和单位，召开联合打击假借文物进行诈骗协调会议，研究对策措施。针对一些冠以"博物馆"登记注册公司涉嫌假借文物进行诈骗的问题，促成在全国范围内不得冠以"博物馆"登记注册企业，既维护了博物馆的公益性、非营利的性质和宗旨，又防止对公众造成更多的欺骗和误导。

加大信息公开力度，在广东省文化和旅游厅官网公开广东省文物拍卖企业名录，接受社会监督。

【文博宣传】

办好国际博物馆日广东省主会场活动。5月18日，与珠海市人民政府在珠海联合举办2019年度国际博物馆日广东省主会场活动，粤港澳三地的60多家博物馆、文博单位和企业参加活动。广东各大博物馆为市民奉上丰盛的"文博盛宴"，共举办展览416个、活动237项。为加强宣传，制作并发布《广东省博物馆展览活动指南》。

与中央电视台、南方报业传媒集团合作推出《国宝档案——红色经典（广东）》及《宝览南粤——文物看湾区》等系列宣传栏目，社会反响热烈。

做好"传承·2019清明祭英烈"、中秋节和国庆节等节点活动宣传，利用文物讲好广东故事，传播广东声音。国庆节期间，全省各大博物馆围绕庆祝新中国成立70周年的主题举办了一系列内容丰富、形式多样的展览和活动。

【文旅融合】

粤港澳大湾区文化遗产游径和广东省历史文化游径保护利用初显成效。联合省自然资源厅、省住房城乡建设厅印发《关于印发粤港澳大湾区文化遗产游径建设工作方案的通知》，计划建成孙中山文化遗产游径、海上丝绸之路文化遗产游径、华侨华人文化遗产游径和古驿道文化遗产游径，通过三年左右时间形成系列粤港澳大湾区文化遗产游径。全省将建设63条广东省历史文化游径并对外发布。

南粤古驿道保护利用工作有序开展。持续开展古驿道本体和沿线各级文物的修缮及活化利用。联合南粤古驿道网拍摄5集古驿道沿线文旅资源宣传片。办好艺道游学南粤古驿道第三届少儿绘画大赛特色体验赛。把活化南粤古驿道线路作为文旅融合的重要抓手，将南粤古驿道作为重要节点列入广东乡村旅游精品线路评比推荐，指导各地开展古驿道精品旅游线路宣传推广。

【其他】

进一步加大文物资源利用转化。推动岭南传统优秀文化创造性转化、创新性发展，提高建筑遗产活化利用水平，加大各级文物保护单位的开放力度。各地因地制宜，创设生态博物馆、参观旅游场所、教育基地、教学基地、体验基地、产业园区、旅游景区等多种多样的历史文化街区保育、乡村振兴和文物建筑利用的典型案例。如按照"政府主导、企业承办、居民参与"的形式实施修缮维护的广州市荔湾区永庆片区微改造，政府、社会力量共同参与的潮州"百家修百厝（祠）"工程，政府、市场、社会结合的佛山传统村落保护利用模式等。

坪石华南教育历史研学基地稳步推进。联合广东省自然资源厅、韶关市政府、"三师"志愿者开展坪石华南教育历史文化遗存的保护利用，安排抢修资金进行坪石文物修缮。积极做好韶关乐昌坪石华南教育历史研学基地国庆期间文旅产品开发和推广工作。

广西壮族自治区

【概述】

2019年，在国家文物局和自治区党委、政府的正确领导下，广西壮族自治区文物局以习近平新时代中国特色社会主义思想为引领，深入学习贯彻落实党的十九大和十九届二中、三中、四中全会精神，按照中共中央办公厅、国务院办公厅《关于加强文物保护利用改革的若干意见》和《关于实施革命文物保护利用工程（2018—2022年）的意见》，健全政策体系，紧盯目标任务，加大革命文物保护力度，切实加强文物安全监管，自治区文物博物馆事业迈入新台阶。积极适应文物保护利用改革新形势新要求，广西壮族自治区党委办公厅、自治区政府办公厅印发《关于加强文物保护利用改革的若干措施》。

【法制建设】

指导和支持设区市、民族自治县起草和编制《北海市海上丝绸之路史迹保护条例》《河池市铜鼓保护条例》《富川瑶族自治县传统村落保护条例》，完善地方法规，强化文物管理手段和措施。

【文物安全工作】

全面加强文物安全工作，积极申报国家文物保护专项资金，推进全国重点文物保护单位安防、消防、防雷工程。下发《全区文化和旅游系统开展"防风险 保平安 迎大庆"消防安全检查整治行动和文物火灾隐患整治督查年活动方案》《检查发现问题整改责任清单》，组织督促检查"回头看"单位、企业152家，整改问题169项；排查发现博物馆火灾隐患问题79项、整改77项，发现文物建筑火灾隐患和问题298项、整改158项。重点挂牌督办完成来宾博物馆消防隐患整改事项。

完善应急预案，加强文博单位应急演练和培训宣传。印发实施《文物和博物馆安全管理突发事件应急预案》。在桂林组织举办博物馆和文物安全管理培训班暨约谈会，并在桂林市博物馆召开全区文物建筑消防安全标准化管理工作现场会，邀请自治区应急管理厅和消防总队防火部专家进行专业培训。印发《广西壮族自治区博物馆和文物消防标准化管理工作制度（试行）》《博物馆及文物建筑雷电预警公共安全服务措施》。

【不可移动文物的保护与管理】

加强世界文化遗产左江花山岩画文化景观保护管理工作。完成上报国家文物局《左江花山岩画文化景观保护状况决议（42 COM 7B.4）》《崇左市关于贯彻落实第42届世界遗产委员会会议决议有关情况的报告》。组织完成2018年度左江花山岩画文化景观监测年报审核上报工作。完成花山岩画污染物清理项目——花山岩画污染物清理试验，实施宁明花山岩画危岩体抢险加固工程第一期——花山、高山、龙峡山施工工程。完成宁明县花山岩画保护监测站（展示中心）陈列展览设计方案。继续加强对遗产区域巡查监管和新建设项目报审、监督工作。

加快推进海上丝绸之路·北海史迹保护和申遗工作。成立"海上丝绸之路·北海史迹"联合申报世界文化遗产工作小组。召开文旅厅、北海市及合浦县三次厅市县申遗会商会，统筹推进各项工作。5月13日，自治区文物局和北海市共同出席了国家文物局在南京召开的"2019年海上丝绸之路保护和联合申报世界文化遗产城市联盟联席会议"。6月27日，合浦县人民政府与中国文化遗产研究院签订委托编制《合浦县海上丝绸之路文化遗产保护与申遗总体方案》合同。认真办理全国政协十三届二次会议《关于共同推进"丝路古港"史迹申遗的提案》、自治区政协十二届一次会议《关于进一步加强广西海丝文化遗产保护与利用的建议》。争取国家文物保护专项资金用于草鞋村遗址、合浦汉墓群文昌塔区墓葬保护展示、环境整治工程。实施合浦汉墓群文昌塔区墓葬保护展示、环境整治工程。开展北海海上丝绸之路文化与民族繁荣发展的关系研究、南流江航运发展与海上丝绸之路关系研究、北海廉政历史文化在海上丝绸之路的地位和作用研究3个课题研究。

继续推进灵渠、三江侗族村寨保护和申遗工作。建成并对外开放兴安县博物馆（兴安县灵渠展示中心），完成灵渠（南渠）三期保护工程计划上报工作，实施灵渠（南渠）一期、二期修缮工程，开展灵渠与秦城遗址关系研究以及黄龙提、大湾陡考古发掘专题研究工作。高度重视侗族村寨保护和申遗工作，派员参加在湖南省通道县召开的"2019·中国侗族村寨联合申遗推进会暨中国侗族村寨遗产价值论证会"和在三江县召开的"2019·桂湘黔侗族村寨申报世界文化遗产学术研讨会"，指导和里三王宫、程阳永济桥等全国重点文物保护单位文物保护利用设施项目建设，审批亮寨鼓楼、平流赐福桥等文物修缮工程设计方案。林溪镇冠洞村、独峒镇玉马村等10个村寨入选《第五批中国传统村落名录》，为申遗提供了有力支持。

提前筹划并科学组织实施第八批全国重点文物保护单位申报工作，广西新增全国重点文物保护单位15处、合并项目2处，全区全国重点文物保护单位增至81处。

加强全国重点文物保护单位和自治区文物保护单位"四有"和保护范围、建设控制地带划定工作。自治区人民政府公布江头村和长岗岭村古建筑群等4处全国重点文物保护单位和桂林抗战名人旧居等67处自治区文物保护单位的保护范围，进一步筑牢和延伸了文物保护单位的保护"红线"。

实施柳州白莲洞遗址、田东高岭坡遗址等一批文物保护利用设施建设项目。实施灵山县大芦村古建筑群、河池市宜州区会仙山摩崖石刻一期等20多项维修保护工程。完成合浦汉墓群风门岭保护区等25项2020年度保护项目计划上报国家文物局。审批桂林石刻普陀山石刻、田东布兵盆地洞穴遗址群、容县近代建筑——容县中学旧教学楼、崇左太平府孔庙等近100个全国重点文物保护单位、自治区文物保护单位文物保护工程方案。受国家文物局委托，完成资源县晓锦遗址、合浦县大浪古城遗址、合浦汉墓群望牛岭一号墓、浦北县越州故城、环江县凤腾山古墓群等一批文物保护利用设施建设项目方案的审批工作。

完成桂林市靖江王府及王陵——桂林市靖江王府（二期）、容县近代建筑、连城要塞遗址和友谊关——宁明县镇思炮台、镇陵炮台、镇明炮台和镇宁炮台、合浦县文昌塔等一批重点修缮工程验收，对工程台账的搜集、整理、归档工作进行重点检查。

以自治区文化和旅游厅名义印发《广西文物建筑认养管理办法》，鼓励社会力量参与文物建筑的保护和管理，鼓励县级以上相关部门和乡镇政府等参与组织开展文物建筑认养工作。

【革命文物保护利用】

贯彻落实中央文件精神，以广西壮族自治区党委办公厅、自治区政府办公厅名义印发《关于实施广西革命文物保护利用工程（2019—2022年）的意见》，全面加强革命文物工作。

按照自治区党委、政府的工作部署，确保9月12日红军长征湘江战役烈士纪念设施落成仪式和湘江战役红军遗骸安葬仪式。配合自治区党委宣传部制定湘江战役红军遗骸收殓保护工作总体规划和10个工作组的工作方案及进度安排表。指导桂林市起草编制《长征（广西段）国家文化公园建设规划》，指导全州县编制《湘江战役旧址文物保护规划》。组织自治区和桂林市考古力量开展湘江战役红军遗骸抢救性发掘保护、烈士遗骸收殓、战场遗址考古发掘及清理工作，指导完成红军长征湘江战役纪念馆、红军长征突破湘江纪念馆、新圩阻击战史实陈列馆新建迁建和布展工作。全面完成湘江战役遗址遗迹、档案资料普查工作。联合自治区财政厅争取国家文物保护专项资金支持全州、兴安、灌阳湘江战役旧址文物保护修缮工程，争取陈列布展资金支持红军长征湘江战役纪念馆、红军长征突破湘江纪念馆、新圩阻击战史实陈列馆实施布展工程。

南宁、防城港、百色、河池和崇左5个设区市32县（区）列入国家《革命文物保护利用片区分县名单（第一批）》左右江革命文物保护利用片区。开展百色、崇左等左右江革命文物保护利用片区调研，组织编制保护总体方案，重点实施柳州旧机场及城防工事群旧址、浦北县香翰屏将军故居等一批革命旧址维修保护工程。

【考古工作】

配合南宁至玉林高速铁路、南宁六景至宾阳高速公路、松旺至铁山港东岸高速公路、贺州市大湾水库、来宾市大藤峡、贵港市滨江公园等30多项重大基本建设工程开展考古调查、勘探和发掘，抢救保护勒马古城、贵城遗址等。

广西文物保护与考古研究所和国家文物局水下文化遗产保护中心共同编制《2019年广西北部湾合浦海域水下考古调查工作方案》，联合开展北部湾合浦海域水下考古调查工作。

配合全区工业园区的规划建设，起草编制《广西区域考古工作站工作规程》，在源头上解决基本建设项目的考古调查、勘探因专业机构人员力量不足而导致完成时限不能确定的问题。

【博物馆工作】

积极贯彻落实自治区《关于推进特色博物馆建设的实施意见》文件精神，全力推动自治区博物馆改扩建项目、广西自然博物馆新馆建设项目，支持各级博物馆、纪念馆和村史馆建设、提升项目44个。完成广西民族博物馆"壮美家园"基本陈列及桂北红军长征湘江战役三馆三园、兴安灵渠展示中心（兴安博物馆）、柳州白莲洞古人类遗址博物馆的陈列布展和对外开放工作。支持和指导柳州博物馆等23家单位开展展品征集工作。

调集全区珍贵革命文物和展品资料，组织举办"八桂烽火　涅槃新生——广西革命文物展""八桂清风——广西廉政文化展"在南宁、玉林、桂林、百色等8家博物馆、纪念馆巡展，庆祝中华人民共和国成立70周年，纪念中央红军长征突破湘江封锁线85周年、百色起义90周年。

深入挖掘博物馆藏品的地域特色、民族特色，创新展陈形式，举办一系列特色鲜明、内涵独特的主题陈列展览。崇左市壮族博物馆"瓯骆传承　壮家欢歌——壮族历史文化展"荣获"第十六届（2018年度）全国博物馆十大陈列展览精品推介"优胜奖，并与"八桂清风——广西廉政文化展"共同列入2019年国家文物局"弘扬优秀传统文化、培育社会主义核心价值观"主题展览推介项目。

新增全国爱国主义教育示范基地3处，为广西民族博物馆、合浦县博物馆、冯子材旧居。

【文博宣传】

成功举办2019年国际博物馆日广西（玉林）主会场城市活动，全区举办主题陈列展览、广西十佳红色故事讲解员大赛、广西十佳文创精品评选、"享文化　乐旅途——广西文创精品进景区"等257个宣传活动。

【其他】

强化"放管服"改革，加强事中事后监管。根据自治区党委编办统一部署和要求，梳理、优化和完善政务服务事项，公布自治区文物行政部门行政许可事项清单及办事指南，除文物保护单位建设控制地带内建设工程设计方案审核、文物保护工程资质证书核发（权限内）两项行政权力事项外，其他15项文物行政权力事项实现了"最多跑一次"，缩短了办理时限，降低了企业和群众办事成本。按照国家关于开展"互联网+监管"工作的统一部署，主动认领涉及不可移动文物监管事项5项，编制监管事项检查目录清单和监管事项检查实施清单，进一步明确了监管依据、对象、方式、内容及结果，有效拓宽了行政审批事项事中事后监管渠道。

海南省

【概述】

2019年，在省委、省政府的正确领导下，在各级党委、政府和各有关部门的共同努力下，海南省文物系统深入贯彻落实习近平总书记在庆祝海南建省办经济特区30周年大会上的重要讲话精神和中共中央、国务院《关于支持海南全面深化改革开放的指导意见》，全面落实中共中央办公厅、国务院办公厅《关于加强文物保护利用改革的若干意见》《关于实施革命文物保护利用工程（2018—2022年）的意见》，坚持"保护为主，抢救第一，合理利用，加强管理"的方针，攻坚克难，开拓创新，各项工作稳步推进。

【文物安全工作】

根据国务院安委会办公室印发《关于挂牌督办博物馆和文物建筑重大火灾隐患单位的通知》要求，省安委会、省消防部门及儋州市相关职能部门协同指导东坡书院火灾隐患问题整改工作。汲取巴西国家博物馆、巴黎圣母院等火灾事故惨痛教训，严格督促各市县和博物馆单位加强火灾隐患排查整治，并组织"回头看"。每逢重大节假日，厅领导分组带队赴市县明查暗访，抽查对外开放的文物和博物馆单位，确保消防安全。

分步骤推进文物平安工程，安排专项补助资金推进消防项目，全面提升全省省级文物保护单位消防设施防护水平。指导推进陵水苏维埃旧址消防、安防、防雷，秀英炮台安防，崖城学宫安防等项目方案编制并完成审核，督促项目施工。指导推进甘泉岛、北礁沉船遗址远程监控项目方案编制并完成审核。指导推进藤桥墓群安防工程、文昌学宫安防升级改造工程等项目方案编制。

坚持把消防安全教育培训作为提高预防火灾事故能力的重要途径，重点加强文物消防理论知识集中教育，组织开展实地观摩学习。

【不可移动文物的保护与管理】

国务院公布第八批全国重点文物保护单位，海南省11处文物保护单位入选。遴选推荐30处不可移动文物提请省政府公布为第四批省级文物保护单位。

为确保文物本体及周边环境得到有效保护，划定公布205处省级以上文物保护单位保护范围和建设控制地带，积极推进保护范围和建设控制地带GIS数据纳入省"多规合一"平台，为依法保护奠定基础。

【革命文物保护利用】

依据中共中央办公厅、国务院办公厅《关于实施革命文物保护利用工程（2018—2022年）的意见》，海南省委办公厅、省政府办公厅印发《海南省实施革命文物保护利用工程

中国
文物年鉴
2020

（2019—2022年）实施意见》。根据中央宣传部、财政部、文化和旅游部、国家文物局关于公布《革命文物保护利用片区分县名单（第一批）》的通知，对海南省第一批革命文物保护利用片区给予资金扶持。

制定海南省革命文物保护利用工作方案。实施秀英炮台展览馆修缮及布展项目、中共琼崖一大旧址展馆展陈提升等一批革命文物保护利用工程。依托革命旧址和革命博物馆、纪念馆，配合"不忘初心、牢记使命"主题教育活动，组织开展具有庄严感和教育意义的系列主题活动，传承革命传统，弘扬革命精神。

【考古工作】

有序推进水下文化遗产保护工作，完成2019年度西沙群岛海域水下考古调查项目的前期相关筹备工作。

协同做好基本建设中的考古工作，完成2019年度内角遗址的考古发掘工作。积极开展配合基本建设工程考古调查勘探工作，完成大唐海口天然气发电项目、海南昌江小堆示范工程项目、南渡江引水枢纽改造工程项目建设用地的考古调查勘探工作。推进海南省牛路岭水库水资源配置工程项目、海南陵水黎安国际教育创新试验区项目建设用地考古调查勘探工作。配合自贸区（港）建设，积极筹划开展海口江东新区考古调查和勘探工作。

【博物馆工作】

制定《海南省博物馆夜间开放实施方案》，海南省博物馆自2019年10月1日始在国家重大法定节假日以及每周五、周六延时开放至21：00点闭馆。为丰富夜间开放活动氛围，举办"海上生明月，天涯共此时"中秋之夜、周末夜间露天电影等活动，助力海南"夜游"经济发展。海南省博物馆、中国（海南）南海博物馆被评定为4A级旅游景区。

组织开展全省各级博物馆历年征集、收藏的文物藏品鉴定定级工作，定级文物1318件／套，其中拟定二级文物293件／套、三级文物1025件／套。

2019年前三季度海南省各级各类博物馆推出基本陈列和临时展览90多个，其中中国（海南）南海博物馆基本陈列展览"南海人文历史陈列"荣获"第十六届（2018年度）全国博物馆十大陈列展览精品推介"精品奖。推出"观香——海南沉香文化展""技夺天工 艺韵流芳——黎族世界非遗展"到长春、宁夏、呼伦贝尔、青岛、南京等地展出。引进"大美亚细亚"展览以及"共产党人的光辉榜样——刘少奇史料展""长白遗珠——吉林博物院藏'海上画派'精品展"等精品展览，提升公众服务质量。推出"旅途即归途——一个德国人与海南岛的故事"展赴德国展出。

积极推动文化创意产品开发工作，海南省博物馆创立"南溟子"即"南海之子"文化IP品牌，采取以博物馆IP品牌与企业授权等模式开展文创工作。中国（海南）南海博物馆挖掘馆藏文物资源，与40多家公司对接合作，完成200多种产品的设计生产，并注册"南海礼物""潭门故事"系列商标，文创产品销售形成线下线上同步运营。编制文化创意资源目录，建立文化创意资源信息数据库，搭建文化资源信息共享平台。

【文旅融合】

积极开展"文物+旅游"行动工程，推动文物旅游融合发展。以《海南省文物+旅游三年行动工程实施方案》为纲，相关厅局密切配合，各市县主动作为，推动"文物+旅游"项目有序实施。美舍河沿岸重要历史文脉发掘和修复，秀英炮台、蔡家宅、溪北书院、符家宅等20多个文物保护修缮和提升项目有序实施，一批文物保护单位保护状况有效改善，海口、儋州、琼海、文昌等市县积极策划主题丰富、形式多样文物旅游专题线路，文物与旅游融合效应逐步显现。

■【交流与合作】

与俄罗斯莫斯科罗蒙诺索夫国立大学动物学博物馆签署战略合作协议，加强在展览交流、学术研究，以及中俄两国文化交流中的合作与联系。前往马来西亚开展文化交流、文物征集工作，拟建立长期文化交流关系。

■【其他】

贯彻落实海南自贸区（港）建设要求，积极推动重点任务落实。深入贯彻落实习近平总书记在庆祝海南建省办经济特区30周年大会上的重要讲话精神和中共中央、国务院《关于支持海南全面深化改革开放的指导意见》对文物工作的要求，着力夯实基础，以中国（海南）南海博物馆、海南省博物馆试点先行，分阶段、分步骤推动数字博物馆建设。着力融合创新，与国家文物局密切协作，共同推进国家南海文博产业园建设。着力对外开放，依托省内文博单位，深化与东南亚国家的文化交流，加快建设21世纪海上丝绸之路文化交流平台。助力国家旅游消费中心建设，落实海关总署、国家文物局《关于优化综合保税区文物进出境管理有关问题的通知》，揭牌成立国家文物进出境审核海南管理处（海口综合保税区工作站）。充分利用现有资源，推动海口依托琼山大成殿、澄迈依托澄迈学宫、定安依托定安县衙开展小型博物馆建设工作。

中国
文物年鉴
2020

重庆市

【概述】

2019年，重庆市文物系统聚焦贯彻落实中共中央办公厅、国务院办公厅《关于加强文物保护利用改革的若干意见》和《关于实施革命文物保护利用工程（2018—2022年）的意见》这一中心任务，强化文物事业顶层设计，着力建机制、促改革、抓落实，将文物工作纳入对区县党委和政府经济社会发展考核，将发生重大文物违法案件、文物建筑火灾事故、盗窃盗掘文物案件和不可移动文物大规模消失情况作为全国文明城区"负面清单"测评指标，将博物馆建设和免费开放纳入对区县政府公共文化服务考核，为文物工作提供了坚强保障。重庆市委办公厅、市政府办公厅出台《关于加强文物保护利用改革的实施意见》，提出到2025年基本建成全国一流的革命文物保护传承体系、全国一流的文物博物馆公共服务体系、全国一流的文物旅游融合发展体系的"三个一流"目标。

【文物安全工作】

认真贯彻落实习近平总书记关于文物安全重要指示批示精神，健全文物安全责任落实机制，在全国率先开展区县政府履行文物保护责任检查评估，各级文物保护单位安全责任书签订率达100%。健全文物安全巡查检查机制，会同市消防部门开展博物馆和文物建筑消防安全大检查"回头看"，排查文物博物馆单位1390家，整改安全隐患980条，完成国务院安委办督办的梁平双桂堂火灾隐患整改。健全文物安全专项行动机制，配合公安部门破获文物犯罪案件10起、抓获犯罪嫌疑人21人。完善文物事故案件督办机制，会同文化执法部门督察法人违法案件等，实行清单管理、挂牌督办、挂单销号，全市文物总体安全。

【不可移动文物的保护与管理】

加强文物保护法定工作，全市新增全国重点文物保护单位11处，总量达64处；新公布市级文物保护单位103处，总量达372处。

实施石窟寺及石刻、三峡后续文物、大遗址、巴渝古建筑等重点文物保护项目248个，市级以上文物保护单位重大险情排除率达96.4%。

川渝石窟重大示范项目——世界最大半身卧佛造像大足石刻卧佛修缮工程正式启动，老鼓楼衙署遗址保护展示项目完成方案设计。湖广会馆、国民政府警察局旧址入选国家文物局文物建筑开放利用案例。钓鱼城遗址、白鹤梁题刻申遗进入国家重点培育项目。

【革命文物保护利用】

贯彻落实中共中央办公厅、国务院办公厅《关于实施革命文物保护利用工程（2018—2022年）的意见》，重庆市委办公厅、市政府办公厅出台《关于推进革命文物保护利用工程（2018—2022年）的实施方案》。

认真贯彻习近平总书记关于弘扬红岩精神的重要指示精神，实施红岩革命文物保护传承工程，以红岩革命文物统揽革命文物保护利用片区整体提升，讲好红岩故事。

【考古工作】

合川钓鱼城范家堰衙署遗址考古项目荣获"2018年度全国十大考古新发现"。《大足石刻全集》正式出版，填补了石窟寺考古和科研成果空白。

【博物馆工作】

重庆工业博物馆、重庆抗战戏剧博物馆、巴蜀古建博物馆等6家博物馆建成开放，全市博物馆总量达到103家。全年推出各类专题展览超过200个，开展社会教育活动4000余场次，开展流动博物馆巡展活动1973场次。三峡博物馆原创展览"盛筵——见证《史记》中的大西南"荣获"第十六届（2018年）全国博物馆十大陈列展览精品推介"精品奖。

三峡博物馆成为国家文化和科技融合示范基地及西南地区首个国家文物局重点科研基地。

由国家文物局、重庆市文物局联合主办的智慧文博展区继续亮相中国国际智能产业博览会，智慧博物馆展区日均参观人流量达12万人次，"智慧文博高峰论坛"吸引国内外文博行业、知名科技企业以及英国驻渝总领馆、瑞士驻成都总领馆代表等300余人参会，为智慧博物馆建设注入了新的活力。

【文博宣传】

开展第十届重庆文化遗产宣传月活动，推出文化惠民、专题展览、走进文化遗产等8大板块215项活动，重庆文博宣传品牌效应持续放大。

【其他】

强化文物部门机构建设，重庆市文物局与重庆市文化旅游委实行"两块牌子、一套班子"运行体制，保留4个业务处室，其中新设立革命文物处。全市39个区县均设立文物行政部门和事业性质的文物管理所。

深化"放管服"改革，出台《重庆市工程建设区域整体文物影响评估体系》，文物保护项目审批实行一站式服务，审批时间缩短30%。

中国
文物年鉴
2020

四川省

【概述】

2019年，四川省文物系统认真学习习近平总书记关于文物工作系列讲话和批示，强化政策举措，提高文物保护传承能力，提升文物保护利用水平，强化文博公共服务功能，全省文物事业扎实推进。认真贯彻落实中央《关于加强文物保护利用改革的若干意见》，四川省委办公厅、省政府办公厅印发《关于加强文物保护利用改革的实施意见》，结合实际规划了17项重点任务，包括构建巴蜀文化标识体系、创新文物价值传播推广体系、完善革命文物保护传承体系、推进三星堆文物保护利用改革、大力推动考古工作、推进博物馆建设等。

【文物安全工作】

报请省政府将文物安全工作纳入市州政府目标考核。贯彻四川省《关于进一步加强文物安全工作的实施意见》，督促指导科学稳妥处理江油云岩寺火灾等文物安全事故。

【不可移动文物的保护与管理】

认真做好第八批全国重点文物保护单位的遴选推荐工作，新增国保单位32处，全省国保单位数量增至262处。报经省政府核定公布第九批省级文物保护单位196处，省保单位增至1165处。

与省委宣传部、文化和旅游厅出台《古蜀文明保护传承工程实施方案》，组织审核批复各类文物保护技术方案100余个，组织验收全国重点文物保护单位维修工程8个、省级文物保护单位维修工程10个。

推动建设三星堆国家文物保护利用示范区。起草三星堆国家文物保护利用示范区机构设置方案并上报省委，推动建立新的管理体制和管理机构。示范区编制规划、考古发掘、科学研究、保护展示等工作有序推进。

指导建设一批遗址公园。积极开展城坝、罗家坝、宝墩考古遗址公园规划编制。依托抗日战争期间故宫文物迁藏乐山史实，指导乐山建设故宫文物南迁遗址公园，已完成项目策划转规划和核心区深化设计。

【革命文物保护利用】

贯彻落实中共中央办公厅、国务院办公厅《关于实施革命文物保护利用工程（2018—2022年）的意见》，四川省委办公厅、省政府办公厅印发《四川省革命文物保护利用工程实施方案》，明确四川革命文物保护利用的指导思想、总体目标、主要任务、重点工程和保障措施。

起草完成《四川省革命文物保护条例（草案）》。启动《川陕苏区革命文物保护利用总体规划》编制，联合陕西、重庆召开川陕苏区革命文物保护利用工作座谈会，签署《川陕片区革命文物保护利用合作协议》。

启动建设长征文化公园（四川）项目。启动编制《四川长征国家文化公园总体规划纲要》，开展长征文化线路资源调查，重点推动阿坝州长征文化线路示范段建设。

【考古工作】

推动地方经济建设，大力推进配合基本建设的考古调查。组织开展文物考古调查、勘探发掘项目100余个，其中基本建设项目考古调查、勘探项目32个，发现文物点254处；考古发掘项目28个，成昆铁路复线、乌东德水电站考古发掘工作全部完成。

古蜀文明考古取得重大进展。开展三星堆遗址及周边遗址群调查、勘探，已在三星堆周边考古发现商周遗址14个、遗迹点11处。持续开展巴文化遗址主动性考古发掘，开展川西北高原地区史前调查，填补了川西北高原旧石器考古的空白，对讨论本地区文化面貌及源流，并进一步理解青藏高原隆起背景下的古人类迁徙交流及人地关系演化具有重大学术意义和研究价值；完成城坝遗址阶段考古工作，为全面了解汉晋时期国家对郡县的治理以及百姓的生活提供了新材料。

文物考古科研工作取得新进展。持续开展四川古代石刻文字调查整理，初步建成四川省拓片资料管理系统。

【博物馆工作】

启动实施博物馆提升行动。丰富博物馆门类，重点指导罗家坝、彭山江口古战场遗址博物馆建设，支持成都自然博物馆、成都张大千艺术博物馆、税西恒水电博物馆、川陕革命根据地博物馆新馆以及宜宾、遂宁等市县综合性博物馆建设，全省登记备案博物馆达到272家。指导7家博物馆和2家纪念馆完成功能优化和展陈提升。推进博物馆区域协作，指导宜宾、自贡、泸州、内江四市组成川南博物馆联盟。加强智慧博物馆建设，推动构建四川省数字博物馆展示平台。

文物展陈亮点多，博物馆开放服务取得新成效。全省博物馆面向社会开放陈列展览720个，举办各类公众教育活动3000余场次。成都博物馆"花重锦官城——成都历史文化陈列·古代篇"获评"第十六届（2018年）全国博物馆十大陈列展览精品推介"精品奖。

【文博宣传】

打造四川文物全媒体传播体系。与中国文物报社、四川日报报业集团签订战略合作框架协议，实施四川文物全媒体传播计划，在活动策划、宣传报道、舆情监控等方面开展常态化合作，建立文博公共数据共享机制，合作开展文博大数据报告整理编制和联合发布。

【交流与合作】

进一步深化与意大利在文化遗产保护领域的合作。与意大利文化遗产活动和旅游部办公厅、那不勒斯国家考古博物馆及坎皮佛莱格瑞考古公园分别签署合作备忘录，与罗马文化遗产监管局签署合作协议。组织省内8家文博单位共145件/套文物精品赴意大利举办"神与人的世界——四川古蜀文明特展"，组织考古专家赴意大利佛罗伦萨参加"考古及文化旅游大会"。指导成都博物馆与意大利驻重庆总领事馆联合举办"第三届意大利全球设计日成都站"活动。

组织四川博物院、绵阳博物馆、广汉市文物管理所携18件/套文物参与中国文物交流中心赴日本东京国立博物馆、九州国立博物馆举办的"三国志展",用文物宣传展示中国优秀传统文化。引进"大师：澳大利亚树皮画艺术家""彩绘地中海——一座古城的文明与幻想"等特色展览,推动国际文博领域的交流互鉴。

贵州省

【概述】

2019年，贵州省文物系统深入贯彻落实习近平总书记关于文物保护工作的重要论述和指示批示精神，贯彻落实国家文物局及省委、省政府决策部署，全力守住文物安全底线，全力推动文物保护利用各项工作，努力保护和传承好文化遗产。

【文物安全工作】

紧盯文物消防安全、田野文物安全、法人违法三大风险，全力抓文物安全监管。筹办全省文物安全工作会议，印发《贵州省文物包保责任制工作方案》，签订《2019年度文物安全责任书》。压实文物安全责任，全省各地国保、省保单位实现由县处级干部包保文物安全。多次组织开展全省文物消防安全排查和暗查暗访。全力做好新中国成立70周年期间全省文物安全工作，联合省消防救援总队开展全省文物建筑火灾隐患排查整治。

对云山屯古建筑群重大消防安全隐患进行重点督办，对大方周雨生墓、纳雍怀远将军墓被盗案进行督察指导，对仁怀市仁胡屯毛泽东旧居文物建筑垮塌、华严洞违建等进行重点督察，对遵义市申请撤销遵义碱厂旧址、遵义钛厂旧址省级文物保护单位进行妥善处理。全力做好铜仁市陈公馆、镇远县杨家大院火灾事故督察处置工作，按照"四不放过"要求依法依规进行处理，督促各地深刻汲取事故教训，坚决防范和遏制文物火灾事故再次发生。

印发《贵州省文化和旅游厅文物督察工作规则》，建立文物督察专员制度，分片督察指导各市州、贵安新区文物保护工作。下文要求各市（州）、县（市、区）文化和旅游部门以委托执法方式，将文物行政执法权委托给同级文化旅游市场综合执法机构。

【不可移动文物的保护与管理】

组织申报第八批全国重点文物保护单位，贵阳市达德学校旧址、遵义市凤冈县玛瑙山营盘遗址等10处文物保护单位入选，此外杨辉墓并入第二批全国重点文物保护单位杨粲墓，更名为杨氏土司墓群。

积极做好文物保护项目申报、评审、验收、行政审批及文物保护单位"四有"等基础工作。

开展棚户区改造中文物保护排查整改，督促各地切实做好棚户区改造中的历史街区、文物建筑保护工作。联合省粮食和物资储备局开展全省"老旧粮仓"文物保护摸底调研工作。指导各市州申报全国重点文物保护单位和省级文物保护单位文物修缮、保护设计等项目47个。向国家文物局上报全国重点文物保护单位保护项目计划书。

【革命文物保护利用】

深入推进革命文物保护利用，配合省委宣传部编制《贵州省革命文物保护利用工程实施方案》。申报第八批全国重点文物保护单位重点向革命文物倾斜。

对损坏的革命遗址保护维修情况进行核查并建立工作台账，对消失的革命遗址进行核查并提出可恢复性名单。督促各地编制维修和恢复方案报批，按照方案全面实施好维修、恢复工作。

加强全省重要革命遗址价值研究，启动文物"三普"资料整理利用、《贵州红色史料集成》整理编撰等工作。督促提升革命遗址展陈水平，加大开放利用力度，启动黔东三县重要革命遗址保护维修和展陈提升暨黔东红色旅游创新区建设工作。

建立革命类博物馆、纪念馆展陈提升整改工作清单和台账，督促各地规范解说体系，进一步发挥和传承好革命精神。积极推进长征国家文化公园贵州重点建设区建设，开展相关基础工作及规划编制工作。

【考古工作】

积极做好贵州省全面开展工程建设项目审批制度改革工作领导小组安排部署的相关工作任务，做好大型基本建设项目用地范围内考古调查勘探项目审批工作。

配合"山湖海·上城"项目施工，贵州省文物考古研究所组织考古工作人员对八角岩遗址实施发掘工作。该遗址的发掘工作有助于研究黔中地区商周时期自然环境和早期人类活动，为黔中地区史前考古研究提供了新的材料。

贵州省文物考古研究所于务川仡佬族苗族自治县三坑村干溪组老虎沟、高家湾两地抢救性发掘5座汉墓。发掘的汉墓位于务川汞矿带核心区域，墓中出土了大量朱砂，为务川汉代开采朱砂补充了重要材料、提供了有力证据，弥补了文献记载的缺失。

贵州省文物考古研究所对把往寨遗址进行考古发掘。从遗址出土遗物及对照清水江流域已发掘遗址情况初步判断，把往寨遗址年代在新石器时代晚期。该遗址的发现和发掘为了解清水江上中游新石器时代晚期文化面貌，构建清水江流域文化序列和贵州早期文化提供了重要资料。

【文博宣传】

围绕"作为文化中枢的博物馆：传统的未来"这一主题开展国际博物馆日系列活动。贵州省博物馆举办"贵博课堂·传统手工艺"系列体验课堂、"闯关夺宝"手机有奖答题等活动，免费放映4D动画短片《赞鸟历险记》，推出主题展览"贵州省博物馆馆藏名家书画展"，并与贵州日报当代融媒体集团携手推出"小记者博物馆奇妙夜体验活动"，吸引了大批观众走进博物馆感受历史文化。

【文博教育与培训】

组织召开全省文物行政管理干部培训暨重点工作推进会，开展文物业务知识培训，编印发放《文物工作政策法规汇编》供学习使用。

云南省

【概述】

2019年，云南省文物局坚持文化和旅游"宜融则融，能融尽融，以文促旅，以旅彰文"的指导思想，积极开展文物保护利用改革，努力探索博物馆发展建设新思路，不断开拓革命文物利用新途径，推动全省文博事业在有序发展中取得新成绩。贯彻落实中共中央办公厅、国务院办公厅《关于加强文物保护利用改革的若干意见》，经云南省政府常务会、省委深改委研究同意，向全省印发《云南省文化和旅游厅落实〈关于进一步加强文物保护利用改革若干意见〉任务分工方案》等重要文件，完成省委深改委关于2019年制定出台加强文物保护利用改革意见的议题任务。

【文物安全工作】

完成对全省16个州市人民政府2018年度的文物安全工作考评，推动完成省政府与各州市人民政府和省级各职能部门签订《2019年文物安全目标责任书》。配合国家文物局文物安全突查暗访组对昆明、大理等地部分文博单位进行突查暗访，对发现的安全隐患和违法行为进行限期整改，特别是昆明真庆观、大理三塔、昆明黑龙潭龙泉观违法建设的拆除整改效果明显。以云南省政府文物安全工作领导小组办公室的名义向各成员单位和各州市通报国保单位袁滋题记摩崖石刻保护范围和建控地带违法建设、楚大高速改扩建伪造文物保护意见书等5起文物违法和文物法人违法典型事件，并对大理、昆明、昭通、临沧等地发生的多起文物安全和行政违法案件进行督察督办。针对文物违法、文物保护工程问题开展专项督察和约谈，先后督察约谈10余家文物保护工作不力的地方政府部门和文物保护工程质量不佳的文保工程企业。

会同省消防救援总队对全省博物馆和文物建筑消防安全大检查工作进行"回头看"复查验收。会同省消防救援总队、省住房和城乡建设厅、省民宗委联合组成检查督导组，对部分文博单位、历史文化名城（镇村街区）和文物建筑集中的中国传统村落进行实地检查，下发隐患整改建议书、通知书，督促各责任部门和责任单位整改落实。全年组成525个检查组，出动5246人次，对全省5025处各级文物保护单位、有消防安全隐患的7000余处不可移动文物点和140家博物馆、纪念馆进行消防检查和隐患排查整治，对90个历史文化名城（镇、村、街区）和709个中国传统村落中部分文物建筑密集单位进行消防安全检查和隐患整治。

【不可移动文物的保护与管理】

2019年，云南省文物保护单位结构体系建设取得显著进步。国务院核定公布的第八批全国重点文物保护单位中，云南省新增39处。云南省政府核定公布第八批省级文物保护单位100处，各州市陆续新增一批州市级文物保护单位。会同省住房和城乡建设厅、自然资源厅组织完成云南省第六、七批全国重点文物保护单位和省级文物保护单位保护范围及建控地带划定方案，经省政府审定后印发全省执行。

继续推进红河哈尼梯田和丽江古城两处世界文化遗产的实时监管、动态监测和保护管理，积极开展红河哈尼梯田老虎嘴灾后恢复修缮工程、传统村落环境整治和梯田景观保护，指导丽江古城重点开展安全整治和古城景观恢复工程。景迈山茶林文化景观申报世界文化遗产取得重大突破，国家文物局审查同意将其作为2021年中国世界文化遗产申报推荐项目上报国务院；成功举办"景迈山茶文化国际景观研讨会"，全力做好申遗复核的首次"路演"。

配合国家文物局联合调研组，完成云南省避免传统村落"乱打造"问题联合调研任务，抓好问题整改落实工作。组织召开国保单位茶马古道保护与利用专家咨询会，并向国家文物局汇报相关建议及意见。

完成2019年国家文物保护专项资金申报工作。审查出具昆明长水机场改扩建项目、孟定民用机场等20余项重大建设工程文物保护工程意见书。完成福林堂修缮工程、永仁中和传统民居建筑群等40余项文物保护工程技术方案审批。陆良大觉寺、孟连宣抚司署古建筑群等20项文物保护工程竣工。完成文物保护工程资质单位的年检、换证、变更、新设等审批管理30余项。开展2019年度文物保护工程立项工作。

陆续实施乌东德、白鹤滩、溪洛渡水电站等重大基本建设中的文物保护及搬迁复建工程。建水县、石屏县和沧源县翁丁村积极推进"拯救老屋行动"计划。加强传统村落和历史文化名城名镇名村管理，推动传统村落民居建筑群入选第八批云南省级文物保护单位和第八批全国重点文物保护单位。联合省住房和城乡建设厅考评推动通海县申报国家历史文化名城，并根据国家文物局批复的整改意见督促通海县抓好整改落实。

【革命文物保护利用】

贯彻落实中共中央办公厅、国务院办公厅《关于实施革命文物保护利用工程（2018—2022年）的意见》，云南省委办公厅、省政府办公厅印发《关于实施革命文物保护利用工程（2018—2020）的实施意见》，启动实施革命文物保护利用五大任务、六大工程，全面推进云南革命文物的挖掘、保护、利用。

完成可移动革命文物资源调查，云南省14个州市、54个县的73家单位（其中一级博物馆2家、二级博物馆4家、三级博物馆5家）共收藏革命文物20551件／套，为革命文物的保护利用提供了资源保障。

【考古工作】

继续深入开展太和城遗址、石寨山遗址、海门口遗址等大遗址的考古调查发掘及研究工作。抢救性实施乌东德水电站、白鹤滩水电站和溪洛渡库区考古发掘工作和一批重大建设工程考古发掘工作。完成石寨山遗址河泊所片区年度考古发掘工作。

【博物馆工作】

2019年全省新建成开放博物馆、纪念馆和陈列馆、展示馆21家，登记备案博物馆8家，基本形成了以国有博物馆为主体、以专题和民办博物馆为补充、分布地域遍及全省的发展格局。为进一步提高博物馆行业的服务质量和水平，联合省财政厅制定印发《云南省博物馆、纪念馆免费开放绩效评价管理暂行办法》。完成2018年度云南备案博物馆绩效评价工作，为国有博物馆免费开放经费计划制定提供科学依据。

制定并印发《云南博物馆群建设计划》，启动实施云南博物馆群建设，构建博物馆发展新体系。整体规划建设历史文化类、民族自治地区类、人口较少民族类、边境县市类、工业遗产类、非遗技艺类、线性遗产类和革命纪念类等8类博物馆集群，集中推进翠湖片区近现代历史博物馆群、官渡古镇民俗博物馆群、龙头街近现代文化名人博物馆群、碧色寨火车站工业遗产博物馆群、会泽会馆商会博物馆群、腾冲侨乡博物馆群等6个博物馆群落建设。全面启动翠湖片区近现代历史博物馆群建设工作，卢汉公馆改建成云南起义纪念馆、陆崇仁故居改建成云南解放纪念馆，王九龄故居、袁嘉谷旧居由云南大学改建成纪念馆并对外开放。

进一步加强对非国有博物馆的指导扶持和监督管理。对已建成和拟建的非国有博物馆及时给予扶持帮助和文物认定，指导举办者端正办馆宗旨、明确业务范围、登记馆藏藏品、设立法人财产，有条件的建立理事会制度。建立国有博物馆和非国有博物馆"一对一"的帮扶机制，加强对非国有博物馆的指导和扶持，提升非国有博物馆运营管理水平，支持非国有博物馆健康发展。

大力建设智慧博物馆，启动智慧博物馆建设试点，推动全省博物馆整体网络上线。充分利用"一部手机游云南"平台，推动博物馆与腾讯公司等信息科技企业合作，共同搭建"游云南"博物馆数字开放平台。云南文博数字开放平台和"腾讯博物馆"开放平台已上线发布，第一批110个省内博物馆上线运行。完成国家文物局"互联网+中华文明"示范项目"昆明翠湖区博物馆群落OTO融合展示项目"，实现首批12个博物馆网上联动开放。

全省博物馆系统深入宣传中华人民共和国成立70周年建设成就，重点推出"金沙水拍云崖暖——红军长征过云南""我与国旗同框""百年军校　将帅摇篮""西南联大80周年陈列展览""红河哈尼梯田世界文化遗产展示"等10个主题展览。国庆节期间全省博物馆、纪念馆共举办展览393个，开展宣教活动278次，较好地宣传了革命历史和建设成就，极大地激发了民众的爱国热情。

【文旅融合】

联合中国文物交流中心等单位完成"文物保护展示与旅游融合发展调研"工作，提出文物保护和旅游融合发展的新思路、新举措。重点总结翠湖片区文物保护展示和旅游融合发展经验做法，在国家文物局"新时代文物保护与旅游融合论坛暨首届高级研讨班"上进行经验交流。

贯彻落实《云南省文旅融合发展实施方案（2019—2022年）》和《2019年全省"旅游革命"九大工程实施方案》，重点提升皎平渡红色旅游景区、会泽县水城红军扩军旧址红色旅游经典景区、柯渡红军长征纪念馆等一批红色旅游示范项目，大力推进太和城、石寨山、江川李家山等六大考古遗址公园建设和太和城遗址文化旅游提升工程，推动蒙自碧色寨滇越铁路历史建筑群、石屏县和建水县"拯救老屋行动"等重点文旅品牌塑造工程；以昆明翠湖片区、剑川县城片区等一批博物馆群建设为重点，建设一批文旅融合示范博物馆和重点旅游区域特色博物馆、主题博物馆。

配合"一部手机游云南"、腾讯网上博物馆、"艺斗云"历史文化遗产数字化平台等项目建设，研究推动文物资源与数字技术、互联网传播相结合，探索深度开发文化遗产旅游文化产业的新途径和新模式。

【交流与合作】

参加中意文化合作机制第二次全体会议，成功推进红河哈尼梯田与意大利朗格罗埃洛和蒙菲拉托葡萄园两处世界文化遗产地正式缔结友好合作关系。积极研究落实及评估滇越铁路人字桥与欧洲国家五座铁路拱桥联合申遗倡议，与法方代表举行座谈。10月22—25日，与普洱市人民政府、中国古迹遗址保护协会成功主办"茶文化景观保护研究和可持续发展国际研讨会"。

云南省文物考古研究所深入实施缅甸蒲甘震后佛塔修复援助工作；与四川大学历史文化学院及老挝国家文化遗产局合作，在老挝境内继续深入开展考古调查，推进老挝沙湾拿吉省色蓬矿区青铜时代遗址考古发掘。

西藏自治区

【概述】

2019年，西藏自治区文物系统按照中央和自治区党委的部署、国家文物局的通知精神，把深入学习贯彻落实习近平总书记在敦煌研究院座谈时重要讲话精神与贯彻落实习近平总书记关于文物工作重要论述结合起来，与贯彻落实中共中央办公厅、国务院办公厅《关于加强文物保护利用改革的若干意见》《关于实施革命文物保护利用工程（2018—2022年）的意见》精神和自治区党委、政府关于文物工作的部署要求结合起来，与"不忘初心、牢记使命"主题教育结合起来，准确把握实质，紧密结合工作，推进文物事业稳步发展。为进一步加强文物工作的领导，自治区党委、政府成立了布达拉宫文物保护利用工作领导小组，主要职责为贯彻落实党中央、国务院关于文物保护利用工作的方针政策和自治区党委、政府的决策部署，研究协调全区文物保护利用工作重大问题。

【文物安全工作】

贯彻落实习近平总书记关于治边稳藏重要论述和自治区一系列维稳部署要求，紧盯重点单位、要害部门，聚焦薄弱环节、敏感节点，抓好安全维稳工作，确保全区文物系统的安全稳定。积极落实国务院办公厅《关于进一步加强文物安全工作的指导意见》，召开自治区文物安全工作联席会议，研究部署文物安全领域重大问题。自治区人民政府与地市行署（政府）签订2019年度文物安全工作目标责任书，明确责任目标，逐级落实文物安全责任，同时将文物安全责任制的考核成果纳入政府综合考评体系。

加强文物安全制度建设。与宗教、公安、消防、电力等部门联合印发《西藏自治区文物单位和博物馆安全管理制度》，下发《关于加强寺庙文物建筑消防安全工作的通知》和《关于加强全区文物建筑消防安全隐患排查治理工作的通知》，规范安全管理制度，细化安全工作部署。

扎实开展"防风险、保平安、迎大庆"工作，推进"文物消防安全排查整改督查年"行动和文物、博物馆单位消防安全自查自改及文物火灾隐患排查整治工作，多次联合应急管理和消防救援部门深入各地市开展联合检查，下发《督促整改通知书》13份、《文物安全情况通报》2份，及时消除安全隐患。各级各类文物单位和博物馆认真开展自查自改工作，859处文物单位、9家博物馆发现各类安全隐患471个，整改率达90%以上。

加强文物安全防护设施建设，完成布达拉宫、罗布林卡安防提升工程，推进文博单位智慧用电项目建设，布达拉宫智慧用电项目完成投用。

积极配合公安等部门依法打击文物犯罪，组织开展15起101件/套涉案文物的鉴定评估工作。有序推进文物进出境审核西藏管理处各项工作，受理43批次96件/套复仿制品出境工作。

【不可移动文物的保护与管理】

加快推进重点文物保护项目。全年在建项目87个（其中续建38个、新开工36个），竣工验收13个。

编制完成布达拉宫、罗布林卡、大昭寺、敏珠林寺、昌珠寺等文物保护规划和《西藏自治区边境地区文物保护规划》。

【革命文物保护利用】

贯彻落实中共中央办公厅、国务院办公厅《关于实施革命文物保护利用工程（2018—2022年）的意见》，自治区党委办公厅、自治区政府办公厅印发《关于革命文物保护利用工程（2018—2022年）的实施意见》，全面部署西藏革命文物保护利用工作。

组织开展全区革命文物复查和调研工作，组织编制《西藏自治区革命文物保护利用专项规划》。组织开展中央人民政府驻藏代表办公处旧址保护维修和陈列展览、中共阿里分工委旧址文物保护和展示利用工作，完成波密扎木中心县委红楼保护和展示利用工作。

【考古工作】

继续组织开展丝绸之路南亚廊道（西藏段）考古调查工作，阿里地区的梅龙达普史前洞穴遗址、皮央东嘎遗址、曲龙遗址、格布赛鲁墓地、桑达隆果墓地考古发掘项目完成田野发掘工作，正在进行室内整理和简报编写。

加强基本建设中的文物考古和保护工作，完成国道318线拉萨至日喀则机场段公路新改建工程沿线、改建铁路青藏线格尔木至拉萨段电气化工程（西藏境内）建设区等18个项目的考古调查、勘探评估工作。完成"曲孔石室墓"墓葬抢救性发掘、樟村顶恩布墓地抢救性清理发掘、扎迥俄玛墓地抢救性考古发掘工作。

【博物馆与可移动文物】

加快推进西藏博物馆改扩建工程建设，主体建筑已经完工，进入内部装修阶段。根据自治区人民政府的部署，甄选西藏文博单位珍藏的200多件精品文物举办"历史的见证"文物专题展，用文物的故事和展览的语言为中华人民共和国成立70周年献礼。完成西藏自治区文物局、扎什伦布寺与故宫博物院文物联展"须弥福寿——当扎什伦布寺遇上紫禁城展"，12月8日该展在故宫博物院午门开幕，拉开了纪念紫禁城建成600年系列活动的序幕。

加强文创产品研发，设立"布达拉宫文创体验馆""布达拉宫文创馆""西藏博物馆文创体验店"，提升文化展示供给能力。组织文博单位参加第十五届中国（深圳）国际文化产业博览交易会和第十二届中国艺术节演艺及文创产品博览会。

完成拉萨市部分县（区）文物收藏单位4354件/套文物的鉴定和那曲市168处国有文物收藏单位8955件/套寺藏文物的数据审核工作。

加快推进布达拉宫文物（古籍文献）保护研究工作。组织编制布达拉宫文物（古籍文献、贝叶经）保护利用项目总体规划。财政部、国家文物局先后下达专项补助资金实施项目前期工作和布达拉宫文物（古籍文献、贝叶经）预防性保护、抢救性保护、数字化保护项目。布达拉宫管理处组建布达拉宫古籍（贝叶经）保护研究中心，完成馆藏464部29000

多页贝叶经的登录工作，完成32册14400页贝叶经的扫描数据采集工作，完成1758函22151册古籍文献的登记建档及数据录入工作。

【文博宣传】

利用国际博物馆日、文化和自然遗产日等节庆时间点，采取多种形式广泛宣传西藏文物事业取得的成绩。举行西藏民主改革60年文物工作情况新闻发布会，央视新闻中心与西藏自治区文物局、布达拉宫管理处合作拍摄并播出《守护布达拉宫千年珍宝》，充分展示西藏文物保护事业的发展历程和辉煌成就。

陕西省

【概述】

2019年，在国家文物局的指导和支持下，陕西省文物局坚持用习近平总书记对文物保护工作系列重要指示批示精神开展工作，不断增强责任感、使命感和紧迫感，努力将中华民族的精神标识保护好、传承好、弘扬好。推进中共中央办公厅、国务院办公厅《关于加强文物保护利用改革的若干意见》在陕落地，陕西省文物局代拟陕西省《关于加强文物保护利用改革的实施方案（审议稿）》通过省深改委专题会议审议。

【法制建设】

《延安革命遗址保护条例（修订草案）》通过陕西省人大常委会第一次审议，启动《陕西省文物保护条例（修订草案）》和《陕西省秦始皇陵保护条例（修订草案）》修订工作。

汉中和渭南分别颁布《张骞墓保护管理条例》和《渭南市仓颉墓与庙保护条例》。

【文物安全工作】

联合省公安厅于6月举办为期一个月的打击文物犯罪、保护文化遗产宣传月活动，全省各市公安机关联合文物部门，分别在本地博物馆、古文化遗址或地标建筑等地设立分会场，开展集中宣传活动。联合省公安厅持续开展"鹰"系列打击文物犯罪专项行动，有效扭转了陕西省文物犯罪活动猖獗的势头。

加强消防检查督查力度。通过组织召开专题会议、现场检查的方式，明确要求各文物单位加强消防安全管理，做好教育培训和日常巡查，人防、技防相结合，遏制重大文物火灾事故发生。

提升文物安全监管能力和水平。完成全省文物综合平台建设工作的前期调研工作。延安革命旧址安全监督综合平台建设规划通过专家评审。

【不可移动文物的保护与管理】

以丝绸之路申遗成功为契机，提升大遗址保护水平。石峁遗址、西汉帝陵、唐代帝陵列入《中国世界文化遗产预备名单》。

遴选申报第八批全国重点文物保护单位，刘家洼遗址、石鼓山墓地、西安二龙塔、金川湾石窟等35处古遗址、古墓葬、古建筑及近现代重要史迹等最终入选，另有战国魏长城黄龙段和合阳段并入第四批全国重点文物保护单位魏长城遗址、西汉江村大墓并入第五批全国重点文物保护单位西汉帝陵，陕西省全国重点文物保护单位增至270处。

【革命文物保护利用】

组织召开川陕苏区革命文物保护利用工作会，建立联席会议制度，与有关省市签署合作协议。创新革命文物传播方式，全国首个基于5G网络的"互联网+革命文物"平台在陕西上线。

【考古工作】

"河套地区聚落与社会研究"成为国家文物局"考古中国"唯一批准立项的示范性课题。澄城刘家洼、延安芦山峁两项重大考古发现获评"2018年度全国十大考古新发现"。雍山血池祭祀遗址、杨官寨遗址分获"中国考古学会田野考古奖"田野考古奖一等奖和三等奖。

"文勘前置"，将建设用地出让前开展文物保护评估和考古工作列入陕西省政府《进一步深化工程建设项目审批制度改革的实施方案》，切实解决文物勘探和考古发掘等制约项目开工建设的实际问题。

【博物馆工作】

着眼打通公共文化服务"最后一公里"，推进"优秀文化传承基地、社区博物馆、省级文化遗址公园"建设。为17家社区博物馆授牌，全省博物馆总数达到315家。

三大博物馆改扩建工程有序推进。陕西历史博物馆浐灞馆概念设计正在深化，可行性研究报告编制已经启动。秦始皇帝陵博物院改造提升项目中铜车马馆博物馆主体建筑及兵马俑二、三号坑展厅中央空调及设备中心等项目有序推进。西安碑林博物馆改扩建土地征迁工作推进有序。陕西考古博物馆开工建设。

法人治理结构改革持续深化，陕西历史博物馆、西安碑林博物馆成立理事会、监事会；秦始皇帝陵博物院启动理事会理事、监事会监事遴选。

指导全省博物馆举办"平天下——秦的统一""巍乎盛景——汉阳陵考古陈列馆基本陈列"等各类展览700余个，参观人数突破4000万。9月10日，由国家文物局指导、陕西省文物局与清华大学共同主办的"与天久长——周秦汉唐文化与艺术特展"开幕式在清华大学艺术博物馆举行，展览共展出陕西省提供的311件/组展品及清华大学艺术博物馆的4件展品，是陕西文物规模最大、等级最高的一次出省展览。陕西历史博物馆基本陈列"陕西古代文明"展获"第十六届（2018年）全国博物馆十大陈列展览精品推介"精品奖。

【文博宣传】

由国家文物局、陕西省人民政府主办，陕西省文物局、延安市人民政府承办的2019年文化和自然遗产日主场城市活动在陕西省延安市举行，紧扣"保护革命文物　传承红色基因"的主题，举办了丰富多彩的活动。鲁迅艺术学院旧址暨革命文艺家馆开放，全国革命文物保护利用论坛、青少年主题教育活动、文化遗产公开课举行，"丹青记忆　守望家园——中国文化遗产美术展（2019）""2019年华为·神州杯文化遗产主题儿童及青少年画展"开展，《开讲啦》革命文物保护利用专题播出，延安书院学习调研等系列活动举办，传播了文化遗产保护理念，激发了人们对文化遗产的关注和热爱。

【交流与合作】

指导陕西省考古研究院、西北大学等继续在"丝绸之路"沿线国家深入开展联合考古。受国家文物局委托，陕西文物保护研究机构联合承担援助缅甸蒲甘他冰瑜寺修复项目，先后派出30余位相关专家和现场技术管理人员赴缅甸蒲甘开展他冰瑜寺紧急加固工作，前期工作顺利实施。陕西省文化遗产研究院承担援助尼泊尔努瓦科特杜巴广场王宫修复一期项目管理任务前期调研进展顺利。

发挥陕西文物精品优势，"秦始皇兵马俑：永恒的守卫"分别在新西兰和澳大利亚展出，在英国举办的"秦始皇与兵马俑"展荣获"第十六届（2018年）全国博物馆十大陈列展览精品推介"国际及港澳台合作奖。

根植文化源脉，连续六年承办的"台湾历史教师中华文化研习营"成为国台办品牌项目，"香港学生来陕文博单位实习项目"被列入香港特别行政区行政长官林郑月娥施政报告。

甘肃省

【概述】

2019年，甘肃省文物局在国家文物局的有力指导下，坚持以习近平新时代中国特色社会主义思想为指导，以习近平总书记视察甘肃重要讲话和指示精神为统揽，认真贯彻党的十九大和十九届二中、三中、四中全会精神，始终坚持文物工作方针，贯彻落实中央决策部署不折不扣，文物保护利用改革有序推进，文物安全态势持续向好，保护利用齐驱并进，博物馆活力逐步迸发，文旅综合效应不断放大，各项工作取得显著成效。甘肃省委发出向敦煌研究院先进群体学习的决定，"莫高精神"成为全国文物行业不忘初心、牢记使命、继续前进的宝贵精神财富。认真落实中共中央办公厅、国务院办公厅《关于加强文物保护利用改革的若干意见》文件精神，结合省情和全省文物保护利用工作实际，制定并由甘肃省委办公厅、省政府办公厅印发《关于加强文物保护利用改革的实施意见》，牵头抓好落实见效，明确16项35条改革任务。

【法制建设】

持续加强文物地方性法规体系建设，报请甘肃省人大常委会颁布全国首部长城保护省级专项法规《甘肃省长城保护条例》，于2019年7月1日起正式施行。

【文物安全工作】

以打造升级甘肃文物平安工程为引领，加强硬件、软件、力量建设及督查督导，狠抓《甘肃省文物安全管理办法》和文物安全目标责任制落实。加强文物消防力量建设，推进国家文物局、应急管理部《关于进一步加强文物消防安全工作的指导意见》落实，指导各级各类文博单位向社会公示文物安全责任信息，向社会公开作出消防安全承诺。坚持问题导向，组织开展文物安全大排查大整治大提升专项行动、文物建筑火灾隐患排查整治省级督察，督导国、省两级挂牌督办的张掖西来寺、天水玉泉观和秦安县博物馆等3处文物单位基本完成整改工作。调查核实涉及文物安全的举报案件线索14起，其中国家文物局转办11起、群众举报2起、网络线索1起，确保妥善解决和查处及时。通过多管齐下，严查严管，全省全年文物安全态势保持平稳。

【不可移动文物的保护与管理】

与国家文物局进行专题对接，达成共识，确定省部共建敦煌研究院，推动文化遗产领域国家研究中心、国家石窟监测中心、莫高窟游客服务体验中心、研究生培养教育基地、《敦煌莫高窟保护规划》修编等重大项目实施，努力把敦煌研究院建成世界文化遗产保护典范和敦煌学研究高地；确定共同实施河西走廊国家遗产线路保护利用行动计划，适时召开启动推进会，积极探索国家遗产线路保护利用展示传承示范体系，引领中华文明标识体系构建。

甘肃省22处文物保护单位入选第八批全国重点文物保护单位，全省国保单位增至152处。指导酒泉、庆阳等9市州完成市县级文保单位保护范围和建设控制地带划定公布工作。加大保护规划编制力度，指导推进哈达铺会议旧址、玉门关及长城烽燧遗址等15处省级以上文物保护单位保护规划编制工作；根据国家文物局审核意见，对榜罗镇会议旧址、东灰山遗址、崆峒山古建筑群、果园—新城墓群、雷台汉墓等5处文物保护单位保护规划进行了修改完善。全年实施不可移动文物保护维修项目53个，完成骆驼城遗址、榜罗镇会议旧址等不可移动文物保护工程8个，全省文物抢救性保护成效显著。

根据《长城、大运河、长征国家文化公园建设方案》，结合甘肃长城、长征文物资源禀赋，协同相关部门抓紧编制实施方案，积极开展全省长城、长征类文物资源梳理和项目立项申报实施工作。

健全行业管理规范体系建设，印发实施《甘肃省文物保护工程管理办法》《甘肃省乙、二级及以下文物保护工程资质管理办法》《甘肃省文物保护工程资质年检工作管理办法》，进一步规范文物保护工程管理和资质管理工作。

【革命文物保护利用】

甘肃省委办公厅、省政府办公厅印发《关于革命文物保护利用工程的实施意见》，组织召开全省革命文物保护利用工作座谈会，深入学习文件精神，安排部署贯彻落实工作。及时向社会公布全省革命文物资源名录，其中不可移动文物483处、可移动文物12536件/套。指导庆阳市编制革命文物保护利用规划，启动陕甘片区庆阳7县革命文物保护利用工程建设。与陕西、宁夏联合召开陕甘片区革命文物保护利用工作会，签订合作协议，促进协同创新、组团发展。精心指导玉门市依托红色资源、工业遗产和历史建筑，开展铁人王进喜纪念馆文物保护修缮和展览提升改造，并在此基础上建成铁人干部学院，充分发挥革命文物服务大局、资政育人和推动发展的独特作用。

【考古工作】

围绕中华文明探源工程实施，继续协调推进早期秦文化调查研究、漳河流域调查研究等重大课题，着力开展阳关遗址、石家墓群、锁阳城遗址等重点考古发掘项目，全年开展各类考古勘探发掘项目16个，完成重大基本建设工程中的文物考古调查工作40余项。

天祝县唐代吐谷浑王族墓葬是吐谷浑墓葬考古研究的重要发现，为探明吐谷浑"大可汗陵"提供了重要线索，被列入2019年"考古中国"重大项目。

坚持考古研究中的合作交流，协调推动国家博物馆携手兰州大学、甘肃省文物考古研究所共同启动陇东地区周秦文明研究。

【博物馆工作】

狠抓博物馆高质量发展，甘肃简牍博物馆开工建设，平凉市、武威市博物馆新馆建成开放，一批重点馆成为城市"金名片"和"会客厅"。在敦煌研究院和甘肃省博物馆探索建立策展人制度，推动以丝绸之路和敦煌文化为龙头的甘肃文化品牌建设。

深化绩效考评，促进博物馆免费开放，全年推出新陈列展览15个，举办专题展览330多个，累计接待观众近3000万人次。在国家博物馆举办"丝路孔道——甘肃文物菁华展"，展出全省42家文物收藏单位的精品文物516件／套，全面展示了甘肃历史人文图景。积极配合庆祝新中国成立70周年系列活动，举办"壮丽70年·奋斗新时代——新中国成立70周年甘肃省发展成就巡礼展"。

指导成立甘肃博物馆联盟，加强文博单位行业合作交流和共商、共享、共同发展，推出20个优秀社会教育示范项目。敦煌研究院把世界遗产青少年教育纳入社会教育的重要内容，被联合国教科文组织相关机构确定为"世界遗产青少年教育基地"。

完成金昌市、庄浪县等市县级博物馆11个可移动文物保护修复和预防性保护项目。

【学术科研】

推动文物资源社会共享，引导全社会扩大甘肃历史遗存研究，积极建议将敦煌文化保护传承、甘肃长城、河西走廊、少数民族历史文化、红色文化研究课题纳入甘肃社会科学界联合会和甘肃社会科学学术活动基金会资助范围，"敦煌中外关系史料的整理与研究"等4个课题入选国家社科基金项目。

支持省内外文博单位和高校成立专门学术机构，共同开展以少数民族历史和民族政权等为重点的综合研究，对国家重大战略实施形成坚实学术支撑。

全省文物系统国家工程研究中心、国家文物局重点科研基地及各类省级科技平台和重点实验室健康运转，科研课题及技术标准编制工作顺利开展，科技成果在文物保护利用和监测管理中积极转化运用，有效发挥了支撑作用。全国首个文物保护多场耦合实验室完成所有设备、设施调试并通过验收，第一台足尺模拟实验顺利进行。依托敦煌研究院并联合兰州大学、甘肃省文物考古研究所、中铁西北科学研究院提出组建"甘肃省文化遗产研究中心"，组建方案进入评审程序。敦煌研究院与北京大学、故宫博物院、西北大学签署合作协议，在遗产价值阐释、保护理论构建、保护技术研发、数字化保护及传承利用等方面开展密切合作，并以科研项目为依托开展创新人才培养。

【文旅融合】

在确保文物安全的基础上，坚持融合发展，放大文旅综合效应，全力支持武威市依托文庙、钟楼、雷台汉墓等文保单位推进历史文化街区保护和文化旅游综合体建设，文物工作助推社会经济发展的特殊作用愈加显著。

【交流与合作】

大力促进中华优秀传统文化弘扬传播，在奥地利、以色列举办以敦煌文化、丝绸之路为主题的文物精品展览和敦煌古乐主题的中国新年音乐会，扩大了敦煌文化在世界的影响。甘肃省文物局和希腊贸易委员会就2019—2020年在中国和希腊互办展览及举办文化高峰论坛签署合作备忘录。完成中国首部亚洲文明对话题材纪录片《莫高窟与吴哥窟的对话》摄制工作，在"丝绸之路（敦煌）国际文化博览会和丝绸之路国际旅游节"闭幕式上举办首映式，并在央视纪录频道播出。敦煌研究院受外交部邀请参加金砖国家人文交流论坛，围绕"金砖国家人文交流与民心相通"作专题发言，为金砖国家友好关系的发展注入人文力量。承办"世界文化遗产保护与旅游可持续发展国际论坛"。与柬埔寨、阿富汗、伊朗等国相关机构积极开展合作交流，在巴西召开国际岩石力学与岩石工程学会古遗址保护专业委员会会议及第12次古遗址保护学术研讨会，联合英国罗斯福国家实验室、牛津大学在英国召开中英文化遗产论坛。

【其他】

全面部署和启动黄河文化遗产保护利用工作，甘肃、河南等黄河流域9省区的省博物馆成立"黄河流域博物馆联盟"，共同讲好"黄河故事"，延续历史文脉，坚定文化自信，助推黄河流域生态保护和高质量发展。

青海省

【概述】

2019年，青海省文物局坚持以习近平新时代中国特色社会主义思想为指引，深入贯彻党的十九大精神，立足省情实际，全面落实中共中央办公厅、国务院办公厅《关于加强文物保护利用改革的若干意见》《关于实施革命文物保护利用工程（2018－2022年）的意见》精神，加大文物保护力度、提高文物保护管理能力，强化文物安全，各项工作进展顺利，积极助力全省"一优两高"战略和文化旅游名省建设取得新成效。《青海省关于加强文物保护利用改革的实施意见》经青海省政府和省委深改办审核通过，该实施意见立足青海省文物保护利用改革实际，是对全省文物保护利用改革全方位、战略性、制度性的设计，对走出一条具有青海特色的文物保护利用改革之路具有重要意义。

【文物安全工作】

将文物安全工作纳入全省年度工作计划，积极开展文物安全督察、文物火灾隐患排查整治和文物安全"回头看"工作。《青海省文物安全管理办法》报请省政府审核。

强化文物行政执法督察，与公安、消防等部门协调建立联合执法机制。

【不可移动文物的保护与管理】

组织完成第八批全国重点文物保护单位申报推荐工作，6处文物保护单位入选，全省国保单位达到51处。组织完成第十批省级文物保护单位申报审核和公布工作，省政府公布第十批省保单位68处，全省省保单位达到466处。全面启动第一至九批省级文物保护单位保护范围和建设控制地带划定工作，报请省政府公布第二至六批全国重点文物保护单位以及34处省级文物保护单位的保护范围和建设控制地带。

做好长城保护管理工作。报请省政府办公厅发布《关于加强青海明长城保护管理工作的意见》。修改完善《青海省明长城保护规划》。积极争取财政资金对全省127名长城保护员落实保护经费补助。

积极推进喇家国家考古遗址公园建设。遗址公园博物馆和馆内展陈工程等已基本完工，安防工程已完成工程量的80%。环境整治、游客接待中心项目正在建设中。

加强文物保护工程管理工作。完成11个全国重点文物保护单位、23个省级文物保护单位工程实地查验和验收工作，合格率为100%。完成全省文保企事业单位进青备案和两批文保企事业单位资质审批的公示、公布。

【考古工作】

配合基本建设工程项目区域的考古调查和勘探工作，完成34项文物调查和考古勘探工作。

都兰县热水2018血渭一号墓、乌兰县泉沟墓葬完成阶段性考古，首次发现完整的墓园建筑和青藏高原唯一一座吐蕃时期壁画墓，对于探讨古代汉藏文化融合进程和青海丝绸之路的文化交流盛况具有重大的学术价值。11月22日，国家文物局主持召开"考古中国"重大研究项目新进展工作会，此次会议聚焦我国西部地区古代丝绸之路沿线包括乌兰泉沟吐蕃时期壁画墓、都兰热水墓群2018血渭一号墓等4项重要考古发现，研究部署下一步工作。

成功举办"2019年青海文化旅游节——丝绸之路南亚廊道青海段考古调查成果论坛"，这是开展丝绸之路南亚廊道考古调查以来首次举办南亚廊道沿线五省区考古成果论坛。

积极推进热水墓群考古和文物保护研究基地建设工作。6月，国家文物局、中国社会科学院和青海省政府在北京签订《共建热水墓群考古和文物保护研究基地框架协议》。热水墓群安防二期工程、综合防控系统工程均已开工建设。

【博物馆工作】

不断提高博物馆公共服务水平。全省博物馆、纪念馆共举办陈列展览90个，观众235万人次，其中未成年观众42万人次。全年组织参与外展12个、巡展10个。

在首都博物馆举办的"山宗·水源·路之冲——"一带一路"中的青海"展览取得巨大成功，观众47万余人次，网络评论点赞3500余万条。结合庆祝青海解放70周年活动，该展览以"壮丽70年 奋斗新时代——"一带一路"中的青海"为主题，于9月20日起在青海藏文化博物院续展。

【文博宣传】

利用国际博物馆日、文化和自然遗产日举办丰富多彩的活动。通过文艺演出、成果展览、文创产品展示、免费参观、彩陶彩绘体验、专题报告、文物鉴定咨询、知识竞赛等系列宣传活动，为公众呈现丰富多彩的文化盛宴。

加大媒体宣传力度，为文物事业发展营造良好社会氛围，新华社、中央电视台等130余家省内外媒体进行相关报道650余篇次。

【机构建设】

积极推进各级文物部门机构改革。青海省文物局综合处加挂督察处牌子，文保处加挂考古处牌子，博物馆处加挂科技处牌子。西宁市等8个市州在文化和旅游局加挂文物局牌子。

宁夏回族自治区

【概述】

2019年，宁夏回族自治区文物局以习近平新时代中国特色社会主义思想为指导，在自治区党委、政府的正确领导和国家文物局的帮助指导下，深入贯彻中共中央办公厅、国务院办公厅《关于加强文物保护利用改革的若干意见》《关于实施革命文物保护利用工程（2018—2022年）的意见》，严格落实《国家文物局2019年工作要点》《2019年全区文化和旅游工作要点》，强举措、促落实、转作风、抓发展，全区文物工作稳中有进，文物与旅游进一步融合。《关于加强全区文物保护利用改革的实施方案》已通过自治区党委深化改革委员会审定，为确保全区文物保护利用改革工作全面展开、有序推进打下了坚实的基础。

【文物安全工作】

开展文物安全责任公示和消防安全承诺活动，进一步健全文物安全责任体系。联合自治区消防救援队开展全区文物火灾隐患排查整治，通报、整改一批消防安全隐患。

【不可移动文物的保护与管理】

推进西夏陵和丝绸之路（宁夏段）申遗。组织申报项目资料，督促指导西夏博物馆新馆按期开馆对外开放，指导完成驻宁空军部队在建工程建筑物拆除、地表恢复工作，指导实施遗址区展示利用工程、考古发掘、基础设施建设等项目。实施丝绸之路（宁夏段）重要文物点固原古城抢险加固工程（二期）和须弥山石窟壁画保护及基础设施建设工程。

夯实文物保护基础，编制完成长城、鸽子山、宏佛塔等全国重点文物保护单位保护规划，柳州城址保护规划获得国家文物局批复。完成第八批全国重点文物保护单位遴选申报工作，姚河塬遗址、大麦地岩画被国务院核定公布为第八批全国重点文物保护单位。依法划定第五批自治区文物保护单位保护范围和建设控制地带，并经自治区人民政府公布。配合自治区住房和城乡建设厅开展县域非历史文化名城历史建筑普查确定和保护利用工作。印发《宁夏回族自治区文物保护区域评估工作规程（试行）》，指导各市、县（区）文物部门开展相关工作。

实施重点文物保护工程。完成战国秦长城彭阳白岔村段、明长城大武口兴民村段修缮保护工程及银川海宝塔、将台堡革命旧址加固修缮工程。完成省嵬城址、明长城中卫姚滩段、水洞沟遗址和红山堡城址的保护利用基础设施建设项目设计方案审批工作。战国秦长城西吉段、明长城红寺堡区段等修缮保护工程稳步推进。开展2020—2022年全区文物保护项目计划储备工作，完成全区2020年度文物保护项目计划评审。

【革命文物保护利用】

制定《宁夏回族自治区实施革命文物保护利用工程（2019—2022年）方案》，并由宁夏回族自治区党委办公厅、自治区政府办公厅印发。吴忠市盐池县、同心县，固原市彭阳县、隆德县、泾源县、西吉县列入第一批革命文物保护利用片区分县名单。开展革命文物普查，建立全区革命文物名录。指导编制《小岔沟毛泽东长征宿营地设计方案》，完成将台堡革命旧址加固修缮工程。

【考古工作】

开展基本建设工程考古调查、勘探审批，审批工程项目9个。

【博物馆工作】

制定《全区博物馆免费开放绩效考评办法》，开展博物馆"双随机一公开"检查和"问题地图"整改工作，提升博物馆服务质量。实施智慧博物馆建设，组织申报2019年度"互联网+中华文明"示范性项目。完成西夏博物馆珍贵文物数字化保护项目及西夏博物馆、吴忠博物馆、西北农耕博物馆馆藏文物预防性保护项目。宁夏回族自治区博物馆民俗展陈改造工程、珍贵文物数字化保护项目和固原博物馆珍贵文物数字化保护项目持续进行。

引进推出"唐蕃古道——七省区精品文物联展""丝路古忆——西夏文物特展"等62个精品展览，接待观众120余万人次。宁夏回族自治区博物馆赴澳门举办"西夏文物特展"，固原博物馆赴浙江、福建举办精品展览。

【文博宣传】

指导宁夏回族自治区博物馆、固原博物馆在国际博物馆日、文化和自然遗产日期间举办文物知识讲解、"博物馆奇妙夜"体验活动、文化遗产宣传展示等系列活动。

【文博教育与培训】

承办国家文物局主办的全国文物新闻宣传培训班，与福建省文物局联合举办闽宁昌文物保护高级研修班。

新疆维吾尔自治区

【概述】

2019年，在自治区党委、政府的坚强领导下，在国家文物的大力支持下，新疆文物部门坚持以习近平新时代中国特色社会主义思想为指导，深入贯彻落实党的十九大精神，增强"四个意识"，坚定"四个自信"，做到"两个维护"，发挥文物"史证实证、正本清源、守正出新"作用，自觉在思想上、政治上、行动上同党中央保持高度一致，自觉服务于新疆社会稳定和长治久安总目标，全力保障意识形态领域绝对安全，同时深入学习贯彻中央重大决策部署，激发改革活力，激励干部作为，奋力推进新时代新疆文物事业改革发展。

【文物安全工作】

联合新疆军区妥善处理塔什库尔干县自治区级、县级文物保护单位被破坏事宜。与全疆14个地州市、4个文博单位签订2019年度文物安全、文物系统安全生产消防安全责任书，在全疆范围内建立健全"党政同责、一岗双责、齐抓共管"的文物安全生产和消防安全责任体系。开展巡查、专项检查和跟踪督办，在全疆范围部署2019年度文物安全巡查工作，主动联合自治区消防救援总队开展系列日常、特殊时段、专项文物消防隐患排查工作，配合自治区消防救援总队、自治区应急管理厅对国务院挂牌督办的两家博物馆进行跟踪督办工作，进一步强化文物行业安全工作。研究编制《新疆维吾尔自治区野外文物看护人员管理办法》，加强文物保护队伍的建设和管理。全区文物安全工作形势持续向好，全年未发生重大文物安全事故。

【不可移动文物的保护与管理】

加强遗产地保护管理。实施新疆世界文化遗产地监测年报、定期评估，审核报送《2018—2019年世界文化遗产地保护管理状况报告》等相关工作报告。柳中古城遗址、新老惠远古城遗址、唐王城遗址等3项文化和自然遗产地设施建设项目获得国家发改委资金支持。组织完成惠远新老古城遗址、库车县唐王城遗址等6项保护利用设施建设方案。组织完成坎儿井、柏孜克里克千佛洞、吐峪沟石窟等3处全国重点文物保护单位2020年度文化和自然遗产地保护设施建设项目资金申报工作。

积极申报第八批全国重点文物保护单位，通天洞遗址、吉仁台沟口遗址、石河子军垦旧址、玉尔滚军垦旧址等20处文物保护单位最终入选。持续推进自治区全国重点文物保护单位、自治区级文物保护单位、长城资源保护范围及建设控制地带的划定公布工作，53处未划定公布"两线"的文物保护单位全部完成划定工作。

组织实施文物保护工程项目。实施惠远新老古城遗址——新城北城墙保护加固工程、乌鲁木齐陕西大寺大殿修缮工程、速檀·歪思汗麻扎修缮工程、营盘古城及古墓群保护性设施、夏塔古城遗址防洪工程、伊犁将军府屋面维修工程、八路军驻新疆办事处旧址修缮工程、昭苏圣佑庙环境整治工程等28项全国重点文物保护单位保护工程。实施库车县林基路纪念馆修缮工程、库车女子第一学校修缮工程、昌吉古城遗址修缮工程等10项自治区级文物保护单位保护工程。开展克孜尔千佛洞、库木吐喇千佛洞、克孜尔尕哈石窟、阿克苏地区烽燧遗址、小洪纳海石人墓、达勒特古城遗址等10余项遗产地设施建设项目。

组织评审库木吐喇千佛洞防洪三期项目、新疆人民剧场修缮工程、吐峪沟W66窟与沟口新发现洞窟壁画抢救性保护修复工程、石城子遗址保护性设施建设工程等20余项全国重点文物保护单位保护工程设计方案，以及乌鲁木齐文庙大成殿屋面保护修缮工程、新疆玛纳斯县楼南古城烽火台抢险加固工程、新疆巴里坤满城东城墙抢险加固工程等10余项自治区级文物保护单位保护工程设计方案。

组织实施自治区2017—2018年文物保护工程资质单位年检工作，完成全区23家文物保护工程资质单位证书的续期换证工作。

【考古工作】

组织实施国家文物局批准的吉木乃县通天洞遗址、尼勒克县吉仁台沟口遗址、温泉县呼斯塔遗址、哈密地区黑山岭绿松石采矿遗址、吉木萨尔县北庭故城遗址、奇台县石城子遗址、奇台县唐朝墩遗址、轮台县卓尔库特古城遗址、轮台县奎玉克协海尔古城遗址、塔什库尔干县石头城遗址、喀什市伯什克然木乡汗诺依古城遗址、巴里坤海子沿遗址、尉犁县克亚克库都克烽燧遗址等16个主动性考古发掘项目，开工率达100%。组织实施G216线北屯至富蕴公路工程、昭苏机场项目、塔什库尔干机场项目及巴里坤县群众文化活动中心项目等配合基本建设考古发掘项目7个。

【博物馆工作】

博物馆基本建设取得重大进展，新疆维吾尔自治区博物馆二期主体建设已经完成，喀什地区博物馆新馆、和田地区博物馆新馆、克州博物馆新馆、伊犁州博物馆新馆即将启用。持续推进全区博物馆基本陈列展览改造提升。完成新疆维吾尔自治区博物馆基本陈列提升工作；审核论证和田地区博物馆、吐鲁番博物馆、克拉玛依博物馆、温泉县博物馆、和静县博物馆、伊吾县博物馆等18家博物馆的展陈大纲及形式设计方案。开展博物馆、纪念馆免费开放绩效考评工作。做好全区博物馆与开放文物景点讲解词及展陈整改工作。对全区博物馆和纪念馆"五进"活动进行实地调研和检查，开展流动博物馆巡展600余场，发放折页、光碟等宣传资料60余万份。

先后举办26项临时展览，如哈密博物馆举办"丝路锦绣"展、"丝路霓裳——哈密清代维吾尔服饰展"，博州博物馆举办"见盏——寻味千年造盏工艺展"，吐鲁番博物馆举办"2019年'春雨工程'新疆行——湘西土家族苗族自治州书画作品展览"等。在中国国家博物馆举办"万里同风——新疆文物精品展"、在北京大学赛克勒考古与艺术博物馆举办"千山共色"、在广西柳州博物馆举办"触摸丝路重镇上的文明密码"等新疆文物展。

组织专家赴吐鲁番博物馆、伊犁州博物馆、和田地区博物馆、喀什地区博物馆、拜城县博物馆、玛纳斯县博物馆、和静县博物馆等18家博物馆完成可移动文物本体修复、预防性保护、数字化保护等19个项目的验收工作。

促进文创研发，丰富博物馆服务内容。通过整合文创产品研发与博物馆陈列展览资源、充实骨干力量、扩大合作范畴等多种方式激发文创工作活力。新疆维吾尔自治区博物馆文创产品年销售额200余万元，同比增长300%。

【文博宣传】

开展国际博物馆日、文化和自然遗产日活动，通过展览、发放宣传单、专家宣讲等灵活多样的形式开展"新疆四史"宣传普及。和传媒公司合作在乌鲁木齐国际机场、乌鲁木齐红山商业区地段的LED大屏播放新疆六处世界文化遗产地的宣传片，向国内外游客展示新疆丰富瑰丽的文化遗产。协助支持中央电视台、自治区党委宣传部涉及文化遗产纪录片的拍摄工作。

【文博教育与培训】

举办2019年全疆文博单位宣传讲解培训班，对自治区14个地州市、20个重点县市的文物局局长、博物馆馆长、讲解员及有关业务人员100余人进行讲解培训。把《新疆的若干历史问题》白皮书作为政治教科书，抓好全疆博物馆、纪念馆全员学习，要求人人明确政治方向，强化"五个认同"，确保阵地绝对安全。

【机构建设】

2019年8月，中央编办批复同意设立新疆维吾尔自治区文博院，挂龟兹研究院牌子，为自治区政府直属正厅级事业单位。根据自治区党委第191次常委会议精神，研究起草自治区文博院"三定"规定草案，并于10月24日由自治区党委召开专题会议进行研究，原则同意自治区文博院（龟兹研究院）核定事业编制65名，下设克孜尔石窟研究所、博物馆、文物考古研究所、文化遗产保护中心4个事业单位。组建后的自治区文博院将成为全区文物博物工作的核心机构，深化考古研究、扩大对外交流、培养专业人才的核心平台。同时稳步推进文博分院筹建工作，进一步充实文博事业机构队伍力量，阿克苏地区已率先成立文博院（正处级事业单位）。

中国
文物年鉴
2020

其他 >>>

新疆生产建设兵团

中国
文物年鉴
2020

【概述】

2019年，新疆生产建设兵团文物局坚持以习近平新时代中国特色社会主义思想为指导，贯彻党中央治疆方略和对兵团的定位要求，落实党中央、自治区党委和兵团党委的决策部署，紧紧围绕兵团深化改革和向南发展，贯彻落实中共中央办公厅、国务院办公厅《关于加强文物保护利用改革的若干意见》，制定下发《新疆生产建设兵团文物局关于加强文物保护利用改革工作的通知》，切实加强兵团文物保护利用工作，推动兵团文物管理和保护工作更好地适应兵团经济社会事业发展要求。

【不可移动文物的保护与管理】

组织开展第八批全国重点文物保护单位申报工作。经过各师市申报，专家评审，共申报文物保护单位17处。经国家文物局评审、国务院公布，石河子军垦旧址、玉尔滚军垦旧址被列入第八批全国重点文物保护单位。

开展兵团文物保护项目申报工作。经申报评审，对八师陶峙岳张仲瀚等领导办公居住旧址修缮工程、二十二兵团招待所修缮工程、十一师五团玉尔滚军垦旧址抢险加固工程三个项目予以经费补助。三个项目均进行了公开招标，正在施工中。

【革命文物保护利用】

贯彻落实中共中央办公厅、国务院办公厅《关于实施革命文物保护利用工程（2018—2022年）的意见》，以兵团文物局名义制定下发《新疆生产建设兵团文物局关于加强革命文物保护利用工作的通知》。

【博物馆工作】

开展兵团军垦博物馆改陈工作。起草完成兵团军垦博物馆改陈大纲，督导八师石河子市制定经费预算和设计方案。

【科技与信息】

建立兵团文物资源数据库，启动《兵团文物志》编纂工作。通过多方论证，完成兵团文物资源数据库方案设计，经公开招标，确定由中国文物信息咨询中心负责该数据库建设工作。目前数据库平台已搭建完成，正在录入文物信息基本数据，并同步整理《兵团文物志》所需基础材料。数据库拟于2020年2月上线运行。

大连市

【概述】

2019年，在国家文物局和省、市领导的指导关心下，大连市文物系统围绕习近平新时代中国特色社会主义思想、习近平总书记关于文物工作系列重要论述和中共中央办公厅、国务院办公厅《关于加强文物保护利用改革的若干意见》《关于实施革命文物保护利用工程（2018—2022年）的意见》，积极落实国家和省、市工作部署，强化理论学习，狠抓建章立制，注重沟通协调，摸清了文物资源底数，文物管理基础不断夯实，全市文物保护利用能力和水平逐步提升。

【文物安全工作】

督促履行好属地文物安全监管责任，确保文物安全，开展文物安全自查、文物建筑火灾隐患排查工作，堵塞管理漏洞，提升安全管理水平，确保文物安全稳定。

下发《关于尽快划定辽长城保护范围和建设控制地带的通知》，配合省文物局完成对辽长城保护范围和建设控制地带划定工作的督导检查。就加强牧城驿周围建设项目监管、依法保护牧城驿调查新发现的城墙及旅顺口区的文物安全隐患等先后发函或督办通知，要求及时消除隐患。全年按计划开展文物执法巡查工作，及时发现解决问题。

研究推进在连城数控二期项目用地中发生营城子汉墓群保护范围内未批先建案件查处工作。该案于3月18日立案调查，3月19日提请文物鉴定，已依法依规完成前期调查取证工作，案件正依法推进中。吸取营城子汉墓群发生的文保工程未批先建案件教训，起草并下发通知，在全市开展大排查工作。组织完成大黑山山城案件的整改工程专家论证，已进行结案程序。与大连海关进行罚没文物的验收移交工作，使国有文物资产得到妥善保护。

【不可移动文物的保护与管理】

依法做好历史文化名城、街区等申报工作中涉及的文物保护工作。积极参与协调保护规划专家评审会，提出文物保护意见。开展专项问题研究，与相关部门商议推动东关街历史文化街区等的创建工作。做好历史文化名城申报配合工作。组织专家对相关规划进行论证，提出并反馈意见。

积极组织辽宁省文保工程储备库的入库申报。召开专门会议，多次实地指导，积极推进市文保工程申报辽宁省文保工程储备库工作，汇总上报各区市县推荐的"文物保护利用和革命文物工程（2019—2022）"申报项目27个。经省文物局审核立项评审，入库项目22个，其中3个国保工程项目通过国家文物局的立项审核、3个省保工程通过国家文物局和财政部审核。

依据文保工程项目实施各项规定开展相关论证、检查、验收等工作。组织专家完成项目论证指导2次、工程检查2次、工程验收8次，有力推进和提高了文保工程项目的实施进度和质量。

【考古工作】

配合做好社会经济发展中的文物保护工作，就部分建设项目进行考古勘探工作上报省文物局并做好后续情况沟通。结合大连市实际，完成《关于在我市落实土地储备考古前置工作的可行性报告》，为推进土地储备考古前置工作制度的建立奠定了基础。

【博物馆工作】

加强文物展示利用，丰富博物馆文化产品供给，加强馆藏资源的文化价值挖掘，提升博物馆展陈水平。2019年全市博物馆举办展览52个，开展教育及公益活动近4000次。

开展非国有博物馆相关政策调研工作，结合福建、山东、四川、上海、重庆等省市出台的促进非国有博物馆发展的地方性文件，草拟《大连市促进非国有博物馆发展暂行办法》。

配合省文物局完成市国有文物收藏单位馆藏文物的认定、定级工作。大连市申请认定、定级文物共3273件/套，经专家认定市拟推荐国家一级文物2件、国家二级文物29件、国家三级文物365件。

完成2020年可移动文物保护项目申报工作，"旅顺博物馆馆藏文物预防性保护项目""旅顺博物馆珍贵文物数字化保护项目""大连博物馆文物数字化保护与利用实施项目"获得国家专项资金支持。三个项目的实施将大幅提升大连市博物馆馆藏文物预防性保护能力和数字化建设水平，提高博物馆服务社会水平。

【科技与信息】

做好文物保护基础工作，完成228个市级以上文保单位保护范围和建设控制地带数字化信息采集工作。完成文物项目库系统的建设和初步上线运行工作。

在第一次全国可移动文物普查工作基础上，配合省文物局做好满族碑石信息采集工作，进一步完善可移动文物登录制度，加强满族碑石地域性文物的保护力度。

【文博教育与培训】

举办全市文物保护管理和执法工作培训班，各区市县行政管理人员和文物执法骨干等60余人参加培训。培训期间安排课堂教学、现场教学，并组织了研讨交流。

青岛市

【概述】

2019年，在国家文物局、山东省文化和旅游厅的领导和支持下，青岛市文博系统深入学习贯彻习近平总书记关于文物工作重要论述精神，大力践行"莫高精神"，紧紧围绕国家和省、市重大决策部署，解放思想、创新改革、锐意进取、狠抓落实，全市文物保护利用传承体系不断完善，依法保护水平显著提高，成果更多惠及人民群众。深入贯彻执行文物保护利用改革任务，切实增强新时代文物工作的责任感和使命感，深入区市调研，根据实际着手制定青岛市《关于加强文物保护利用改革的实施意见》。

【法制建设】

推动制定《青岛市文物保护条例》。代表青岛市政府向市十六届人大第十七次会议报告文物保护利用工作情况，《青岛市文物保护条例》纳入市十六届人大常委会立法调研项目。

【文物安全工作】

建立健全文物安全工作机制，文物、公安、消防等部门工作联动，共同开展文物安全检查、安全隐患整改等工作。在7—9月国家文物局组织的火灾隐患排查整治活动中，文物与消防部门密切配合，共组成18个检查组、出动225余人次，检查文博单位336家，发现隐患问题66个、整改64个。坚持文物安全巡查制度，注重利用新媒体发现线索，根据新浪微博群众反映，查处未取得文物保护工程资质擅自修缮义聚合钱庄旧址（省保单位）等案件3起。

【不可移动文物的保护与管理】

稳扎稳打抓申遗，不断提高城市文化品质。按照习近平总书记2018年上合峰会视察青岛时的要求，积极推进青岛老城区申报世界文化遗产工作。成立以市长任组长的工作领导小组，全面启动老城区申遗各项工作。制定《青岛老城区申报世界文化遗产工作方案》，争取市财政设立专项资金，完成老城区申遗可行性研究报告，确定老城区申遗的范围和文物价值要素，提出申遗策略和工作路径，组织全市申遗培训，开展相关视频宣传片的制作和展示工作。

切实抓好重点文物保护修缮。先后对青岛德国建筑、八大关近代建筑等16处文物保护单位进行保护性修缮，对齐长城2个区段、琅琊台大台基抢救性修缮工程进行了验收。

将文物保护工作纳入全市控规，实现与城乡规划、国民经济和社会发展规划、土地利用规划等"多规合一"。八大关近代建筑、青岛德国建筑等保护规划获国家文物局批准。

多渠道探索文物保护利用模式。青岛德国总督府旧址、老舍故居、胶澳邮政局旧址等辟建为文博场馆。青岛啤酒厂早期建筑、水师饭店旧址建成文化旅游场所。原国棉五厂、六厂等老厂房作为文化创意产业园区使用，在保护城市历史文脉的同时有效推动了城市经济发展。

【革命文物保护利用】

着手制定青岛市《关于实施革命文物保护利用工程的实施意见》，编制《青岛市革命文物保护利用规划》。

革命文物保护稳步推进，完成中共即墨县委成立旧址、中共袁家屯支部旧址的修缮。协调即墨区、平度市、莱西市等区市完成革命文物保护修缮和合理利用。

【考古工作】

扎实推进大遗址保护与考古工作。琅琊台遗址年度考古工作计划获得国家文物局批复，发现秦汉时期夯土建筑基址、陶水管道等遗迹，出土"千秋万岁"铭文瓦当等珍贵文物。完成黄水东调承接工程、董家口至沈海高速段高速公路项目等前期考古勘探工作，保证了重大项目的实施。

大力提升水下文化遗产保护水平。国家文物局水下文化遗产保护中心北海基地积极做好相关工作，参加了全国水下文化遗产保护工作会议、黄渤海海域水下文化遗产保护工作联席会议，参与了浙江舟山近现代沉船、山东威海湾甲午沉舰遗址、烟台庙岛群岛海域等水下考古调查。

【博物馆工作】

全面推进"博物馆城"建设。出台《关于进一步鼓励社会力量兴建博物馆的实施意见》，社会力量兴建博物馆热情高涨，10家博物馆经山东省文物局同意备案。目前全市注册登记博物馆100家（国有博物馆30家、非国有博物馆70家），其中83家免费开放，45家成为中小学生"社会课堂"，20家被列为科普教育基地，19家入选各级爱国主义教育基地。全年各博物馆共举办陈列展览405个，观众超过840万人次，文博场馆公共文化服务功能日益显现。

【科技与信息】

推动新技术在文物保护中的应用。根据山东省文物局"海疆廊道"建设部署，对海防遗迹开展激光三维测量建模工作，建立数字档案，使海防遗存准确、全面、清晰地展示在大家面前。

【文旅融合】

积极探索"文物+旅游"新模式，推出名人故居游、工业遗产游、海洋文化博物馆游等文化旅游线路。引入故宫博物院文创中心展示项目，改造海上皇宫，利用高科技手段展示青岛特色文创产品。

宁波市

【概述】

2019年，宁波市文物工作坚持以习近平新时代中国特色社会主义思想为指导，全面贯彻党的十九大和习近平总书记关于文物工作系列重要论述精神，全面落实中央关于文物保护利用改革和实施革命文物保护利用工程等重大决策部署，紧紧围绕"文化浙江""名城名都"建设和市委、市政府"六争攻坚、三年攀高"目标要求，聚焦保护利用重点难点、深化文化旅游结合融合，牢牢把握文物安全"一个底线"，大力实施文物平安工程、革命文物保护利用工程、"美丽乡愁"文化遗产保护利用工程等"三大工程"，积极推进平安文博、美丽文博、智慧文博、红色文博、惠民文博等落地见效，各项工作有序、有力落实。

【文物安全工作】

文物安全责任全面落实。深入贯彻"保护文物也是政绩"的科学理念，落实地方政府主体责任、行业部门监管责任、管理使用者直接责任，逐级签订文物安全责任书1500余份。规范建立区县（市）、乡镇（街道）、村（社区）三级文物安全管理网络，充分发挥乡镇综合文化站作用，加强业余文保员队伍建设，落实文物安全直接责任单位和责任人向社会公示1230处，安全责任体系进一步健全清晰。

安全监管方式有效转变。从对具体文保单位点的监管转为对地方政府履行主体责任的督导，先后对一个区进行了约谈、给一个县发了安全督导函。从单纯依靠人力监管转为借助科技力量监管，改造、提升了15家文保单位智能监控系统。从文物部门孤军作战转为引导借助社会力量加强文物安全监管，江北区对大运河（宁波段）的巡查、余姚市文物消防安控等采取购买社会服务方式效果明显。

隐患排查整治成效明显。始终把确保文物安全放在首要位置，深化博物馆和文物建筑消防安全大排查、文物建筑电气火灾隐患大排查活动效果，全面整改各类安全隐患。吸取法国巴黎圣母院火灾事故教训，扎实开展"防风险、保平安、迎大庆"消防安全执法检查专项行动，联合市消防救援支队等职能部门，加强对各类文博场所安全检查，全市先后出动文物安全巡查检查126人次，处理涉文物安全网上信访事件6起、涉文物安全问题2起，办理市委领导关于"革命文物保护"等批示督办件4件，开展文物专项执法检查6次，排查整治文物领域消防隐患问题6类47个，发出安全整改通知书13份，文物安全底线进一步夯实。

文物平安工程扎实推进。进一步完善文博单位安全防护设施，加强文物建筑日常维护，重点落实岁修，减少大修。督导消防器材配备，检验维修博物馆、文物建筑防雷设施80余处，调整补充文物安保人员63人次，检查各类文博公共场所消防演练、安全应急预案演练50余次，人防、物防、技防基础进一步稳固。

重点风险防范有效加强。聚焦法人违法、盗窃盗掘、火灾事故三大风险，采取多种举措，凝聚各方力量，深化与公安、住建、环保、水利、消防等部门协作，主动打赢文物安全防范持久战。严厉打击文物犯罪，积极协调配合公安机关持续开展打击文物领域犯罪专项行动，编制全市文物领域突发安全问题应急预案，文物安全长效机制进一步健全完善。积极防范突发性自然灾害对文物影响，把重点文物保护单位、文物开放单位、文物保护工程工地、考古发掘工地等作为防灾重点，有效配置安全设施，加强人员值班看守。对存在脱落、倾倒、泥石流等潜在危险隐患的古桥、古塔、古墓、古建筑墙体等进行重点排查并设立警示标志，采取加固、支顶、围挡、排水、防渗等措施，有效控制险情发展。在防抗超强台风"利奇马"期间，做到预有准备严密组织、领导驻点一线督导、专人值班昼巡夜查、区分类别重点防范，实现全市文物系统人员、文物"双安全"。

【不可移动文物的保护与管理】

世界遗产保护利用持续推进。持续做好"海丝"申遗工作，强化"海丝联盟"城市间的合作交流，持续推进"海丝"各申遗点环境整治、保护修缮、陈列展示和监测管理。深化"海丝"价值研究，完成"宁波与东亚海上陶瓷之路""从明州到京都——宁波古建筑历史情状及其对日韩的影响研究"等研究课题。

大运河（宁波段）保护管理不断加强。全面完成大运河宁波段界桩二期工程安装和大运河（宁波段）监测预警系统监测设备修缮更换工作。强化对大西坝高桥镇菜场拆除重建、官山河防洪维修等工程和沪嘉甬铁路可行性研究等项目的相关文物监管。协同推进加强大运河文化带建设，启动大西坝等运河重要遗产考古调查勘探及保护利用方案编制，积极推进"一馆二带三公园"有关工作，实施宁波大运河重要水利工程遗产调查，开展大运河（宁波段）水系变迁课题研究、中国大运河（宁波段）流域建筑文化演变研究。

文物保护基础工作全面落实。积极做好第八批全国重点文物保护单位推荐申报工作，两处文物保护单位入选。大力加强文保单位"两划""四有"工作，组织开展大遗址保护"十三五"专项规划实施情况中期评估，协调推进望京门城墙遗址保护与展陈方案可行性研究。全面完成第七批29处省级文物保护单位记录档案审查工作，编制完成并公布10处市级文保单位的保护范围和建设控制地带。大力加强上林湖越窑、河姆渡等考古遗址公园建设，望京门遗址、朱家山遗址等配合城市建设新近发现的考古遗址保护、利用、展示工作有序推进。

"美丽乡愁"文保工程有序实施。高起点推进天一阁未来百年发展计划，推动天一阁·月湖5A级文化旅游景区配套建设，启动天一阁博物馆新馆建设工作，完成概念方案和可行性研究工作；完成河海博物馆可行性研究工作；指导完成望京门城墙遗址公园考古、遗址保护与展示方案，协助建设单位完成前期工作。完成镇海口海防遗址炮台抢险加固、宁波府城隍庙修缮等20余处文保单位整治、修缮工程。

【革命文物保护利用】

革命文物家底情况进一步摸清。加强革命文物调研论证，征询市、县两级宣传、党史部门意见，全面掌握70处文物保护单位和105处尚未核定公布为文保单位的不可移动革命文物基本信息，摸清家底情况。

保护力度进一步加大。结合实际推动革命文物保护利用工程，加强革命旧址维修保护和陈列展览改进提升工作，实施大革命时期宁波总工会旧址周边环境整治和陈列布展提升工程，对浙东抗日根据地旧址群进行防雷设施改造，进一步完善提升新四军浙东游击纵队政治部旧址陈列展示等。

利用途径进一步拓宽。深化文旅融合，积极打造红色文旅精品项目。依托余姚、慈溪区域浙东抗日根据地旧址等革命文物，引导推出"红色四明山、难忘横坎头"为主题的红色文化主题线路。依托演武巷总工会旧址、镇海口海防遗址炮台、各县区烈士陵园等，引导推出"美丽宁波、英雄城市"为主题的红色文化旅游项目。依托大革命时期中共宁波地委旧址纪念馆和丰纱厂工人运动旧址等，积极打造红色文化党建示范基地。

展示水平进一步提升。全面改进柔石、殷夫等"左联"烈士故居陈列展览，社会影响力进一步提升。大力提升沙氏故居陈列布展，着重加强浙东抗日根据地旧址群文创产品开发，积极打造张人严党章学堂，全面完成中共浙东区委成立旧址、杨贤江故居等革命文物的环境改造和展陈提升。

传播方式进一步创新。联合市交通广播积极开展革命文物保护利用融媒体探访活动，革命文物传播方式进一步创新。大力支持革命旧址、革命博物馆纪念馆与周边学校、党政机关、企事业单位、驻地部队、城乡社区等共建共享，组织开展具有庄严仪式感和教育意义的红色系列主题活动，革命文物社会教育功能进一步加强。

【考古工作】

完善基本建设考古制度，积极对接土地出让"考古前置"和"标准地"工作。开展配合工程建设抢救性考古调查项目73个、抢救性考古勘探项目26个，实施完成或正在进行抢救性考古发掘项目11个，涉及土地出让地块171宗，涉及重点文物保护单位、文物保护点的考古项目11个，面积549212平方米。

加强主动性考古研究，持续推进"宁波地区古代城址考古工作计划"，完成鄞县故城野外考古、"宁波象山渔山列岛海域水下文化遗产资源考古调查（Ⅰ期）"等项目。启动镇海口海防遗址（江南部分）之镇远、靖远、平远炮台遗址第二阶段发掘工作。

积极借助现代科技考古手段开展抢救性、主动性考古工作，验收通过"小白礁Ⅰ号"保护修复一期项目，编制完成二期方案；持续开展上海"长江口一号""长江口二号"部分出水文物、福建"碗礁Ⅰ号"出水木质文物保护工作；指导开展慈溪潮塘江元代沉船日常保护维护工作；完成年度田野考古出土金属类、木质类文物现场保护处理工作。

【博物馆工作】

全力推进天一阁博物馆新馆建设，做好宁波博物馆扩建前期研究工作，以天一阁、宁波博物馆、保国寺等为重点积极打造"城市会客厅"。大力推进西塘河公园"塘河文化陈列馆"移交及展陈布展前期工作。

围绕新中国成立70周年策划系列主题展览，宁波博物馆"岁月如歌——1949年以来宁波经济社会发展变迁物证展"社会反响良好。积极引进精品展览，"走进西域——新疆丝绸之路文物精品展"等20场临、特展览从不同角度满足了社会大众对传统文化的需求。

充分发挥博物馆社会教育功能，组织青少年社教活动和传统节庆文化活动，探索文旅结合的博物馆研学课程，4家博物馆入选首批浙江省中小学生研学实践教育基地。

【科技与信息】

组织召开余姚"智慧文保"现场会,积极推广余姚、鄞州"智慧文保"做法,借助科技力量提升文保质量效益取得明显成效。实施宁波文化遗产云平台建设(一期)项目,整合市级文化遗产(含文保单位)各管理平台资源,以数字化与云计算为技术支撑,实现文物信息公众服务、文化遗产预防性保护、文物保护工程管理、文物档案数据库等综合、实时一体化管理。文物"二维码"系统内容进一步丰富,景区文物身份标识、智能导游等功能进一步完善。智慧博物馆建设有序推进,完善三家等级以上博物馆视频监控、防盗报警、门禁系统硬件建设以及楼宇对讲、声音复核、保卫巡更等技术支撑。加强信息资源共享,加大文物资源基础信息开放力度,文物博物馆单位文物资源信息逐步实现开放共享。

"互联网+中华文明"行动计划有效实施。充分运用互联网、大数据、云计算、人工智能等信息技术,推动文物展示利用方式融合创新。宁波博物馆与央视"发现之旅"栏目合作拍摄宣传片并于6月20日在"发现之旅"栏目和央视各大合作新媒体同步发布;与新浪宁波合作直播暑期夏令营、国庆快闪、东方讲坛等活动,观看人数超百万。

【文博宣传】

组织开展国际博物馆日系列活动,举办40余场展览、讲座与活动,其中天一阁博物馆"阁主大大"进地铁、中国港口博物馆集装箱移动体验店和市文物保护管理所文保宣传进地铁、进学校、进社区等活动社会反响强烈。

【其他】

深入推进"放管服"改革,按照省、市跑改办统一部署,重新审核权力事项135个,更新权力事项31个,细化公共服务事项4个,推动权力服务事项入库工作,逐步实现由"跑一次"向"跑零次"升级。

厦门市

【概述】

2019年，厦门市文物系统认真贯彻习近平总书记关于文物工作重要论述精神，按照党中央、国务院和福建省委、省政府部署要求，在国家文物局和福建省文物局的大力指导下，坚持紧贴实际，扎实开展文物保护利用工作，研究制定《厦门市关于加强文物保护利用改革的实施方案》《厦门市革命文物保护利用工程工作方案》，全市文物保护利用工作再上新台阶。

【法制建设】

《厦门经济特区鼓浪屿世界文化遗产保护条例》于2019年7月8日正式实施，该条例从规划与管理、传承与利用、共享与保障、法律责任等方面作出立法规范。

《厦门经济特区闽南文化保护发展办法》进入市人大审议阶段。

【文物安全工作】

加强文物监控平台建设，新增10处文物保护单位纳入市文物和旅游市场综合执法支队监控平台。深化与公安、消防部门协作机制，开展经常性检查和"双随机"检查，保障文物安全。

指导思明区开展的"文物保护志愿者联盟""文物守护认领"做法被福建省文物局推荐并入选中国福建文物安全志愿者试点区，文物保护志愿服务总队入选中国文物安全省级示范队。

【不可移动文物的保护与管理】

突出加强鼓浪屿保护管理。认真落实世界遗产大会对鼓浪屿保护管理四项意见，严格实行日均上岛最高承载量5万人次规定，开展噪音、垃圾和业态整治以及经常性安全检查，16处世界文化遗产核心要素获批第八批全国重点文物保护单位。编制上报《鼓浪屿世界遗产保护状况工作报告》，完成鼓浪屿文物修缮工程3个，备案文物保护单位保养项目9个，实施历史风貌建筑小修保养项目31个。《鼓浪屿重点文化发展扶持暂行办法》《鼓浪屿公益性文体项目"以奖代补"暂行规定》等相继出台，进一步规范遗产地管理。

持续巩固文物保护基础。为尚未核定公布为文物保护单位的不可移动文物设立保护标识标志，完成全市不可移动文物定线、定点落入"多规合一"一张图。《厦门市闽南红砖建筑保护规划》《鼓浪屿历史建筑保护与利用导则》等一批专题规划完成编制。组织开展全市濒危、急需维修不可移动文物尤其是低等级、私人产权文物保护状况逐处摸底调查，分类落实年度修缮计划。开展胡里山炮台保护规划修编和整体维修方案编制，组织南普陀寺、破狱斗争旧址和陈嘉庚墓（鳌园）保护规划评审。报审各类文物保护修缮、"三防"、小修保养项目12个，实施同安孔庙、陈化成祠等文物修缮工程26个，组织文物保护单位保养项目11个。

挖掘文物资源，讲好文物故事。结合主题教育和申报历史文化名城，开展鼓浪屿、中山路、集美学村文物保护利用情况调研，梳理存在的问题，研究保护利用对策措施。配合乡村振兴战略，利用乡村文物建筑或历史建筑开展村史示范馆建设。

【考古工作】

完成轨道4号线、6号线和闽南戏曲艺术中心考古调查勘探。

【博物馆工作】

2019年，全市各国有、非国有博物馆共接待观众400余万人次。各博物馆围绕"中华人民共和国成立70周年"开展多项主题展览。厦门市博物馆"金砖国家领导人厦门会晤"展陈完成大纲编制和设计方案评审，进入招标阶段。

【文博宣传】

积极策划组织，扩大文物影响。举办国际博物馆日、文化与自然遗产日活动，编印《文物保护宣传册》《厦门红色文化图录》，组织红色文化遗产旅游宣传推介，"五进"和"快闪"等活动受到市民欢迎。

【文旅融合】

坚持文物与旅游能融则融、宜融则融。主动向上对接，推进央地合作。推动中国文物交流中心、中国文物报社与厦门市文化和旅游局、相关博物馆签订4个文物博物馆领域战略合作和具体合作协议。举办全市博物馆馆藏资源著作权、商标权和品牌授权操作培训班，着力激活全市文物资源存量，调动文创开发各方力量优势互补、资源整合。

【其他】

调整充实厦门市文物管理委员、鼓浪屿世界文化遗产管理委员领导和成员单位，开展文物保护领域"解难题化积案"专项行动，制定实施《厦门市历史文化遗产集中保护修缮专项工作方案》和《第44届世界遗产大会厦门市"六个一批"文化遗产保护工作方案》，下发《关于在征地拆迁和项目建设中加强文物保护工作的通知》。

深圳市

【概述】

2019年，深圳市文物系统坚持以习近平新时代中国特色社会主义思想为指导，紧紧围绕中共中央办公厅、国务院办公厅《关于加强文物保护利用改革的若干意见》和《关于实施革命文物保护利用工程（2018—2022年）的意见》文件精神，落实中央和省、市关于文物工作的决策部署，组织编写《关于加强文物保护利用改革的若干措施》，文物保护与利用、博物馆建设等各项工作取得明显成效。

【文物安全工作】

开展文物安全专项检查工作。于5月、7月、9月开展"深圳市2019年度文博单位安全隐患及应急能力抽查工作"等4次专项检查，重点加强文物安全防范及监管力度。共发现安全隐患180处，其中国保单位8处、省保单位13处、市保单位57处、博物馆102处。

开展文物建筑消防安全标准化管理单位创建工作。联合市消防救援支队，组织全市文博单位开展文物建筑安全标准化管理单位创建和评选工作，并在11月中下旬对市属示范单位及各区上报区属示范单位进行实地检查和验收，不断提升文博单位消防管理标准化水平。

开展文博系统安全演练及培训工作。6月，在深圳博物馆开展全市文博系统消防安全教育培训和消防演练活动，不断提升文博行业从业人员消防及应急管理能力。

【不可移动文物的保护与管理】

开展第八批全国重点文物保护单位申报工作，大鹏新区土洋村东江纵队司令部旧址及盐田区中英街界碑两处文物保护单位列入选。

持续推进文物保护控制线落实至"多规合一"平台工作。组织开展未定级不可移动文物保护单位深圳地理坐标点的测量及核准工作，分批划定全市文物保护单位两线（含本体范围线）、全市地下文物埋藏线及未定级不可移动文物本体范围线，确保在城市规划研究前期避让文物保护红线，缓解城市建设与文物保护矛盾。

积极推进重大文物保护工程进度。推进国保单位大鹏所城整体保护项目二期工程，开展省保单位元勋旧址、南头古城南城墙修缮工作。组织编制国保单位大鹏所城、省保单位铁仔山古墓群的文物保护专项规划，推动开展规划报审工作。

【革命文物保护利用】

进一步强化革命文物基础工作，组织各区文物行政部门对革命遗址进行梳理，向市宣传部报送全市红色革命遗址名单，目前归口文物部门管理的红色革命遗址共37处。

中国
文物年鉴
2020

在深圳与烟台两地政协的推动下，有序推进东江纵队红色文化保护弘扬工作。与烟台合作举办的"北撤烟台——东江纵队革命历史专题展"于12月23日在烟台开幕，纪念性群雕设计方案同时公布。

【考古工作】

加强考古调查与研究工作。开展500kV坪山变电站工程先期等项目的考古调查与勘探，整理西丽水库周边遗址考古试掘文物资料并编写报告。成立深莞惠文物考古工作站，筹建粤港澳大湾区文化遗产联合实验室。

【博物馆工作】

全面推动博物馆数量、规模增长，优化博物馆结构布局，发展完善具有深圳特色的现代博物馆体系，印发《深圳市博物馆事业发展五年（2018—2023）规划暨2030远景目标》。

加大对非国有博物馆的扶持力度，2019年新设立非国有博物馆3家。推动非国有博物馆规范化运行，提升非国有博物馆的公共服务水平和社会影响力。鼓励并指导非国有博物馆申请认定为慈善组织，深圳市依波钟表文化博物馆成为深圳市第一家被认定为慈善组织的非国有博物馆。

加强非国有博物馆与国有文博机构的合作交流。深圳市金石艺术博物馆与深圳市文物考古鉴定所签订战略合作协议，联合举办考古及艺术类系列公益讲座"金石文化大讲堂"，力争将该系列公益讲座打造成深圳公共文化服务的新品牌项目。深圳望野博物馆策划的"煌煌·巨唐——六至九世纪的唐代物质与器用展"在深圳博物馆展出。

研究建立全市非国有博物馆评估体系。充分发挥深圳市博物馆协会的行业服务职能，委托深圳市博物馆协会组织开展全市非国有博物馆的评估体系研究，并具体实施评估工作，进一步加强对全市非国有博物馆的管理。

整合国内外收藏资源，引进举办"吉金铸史——青铜器里的古代中国""大师：澳大利亚树皮画艺术家""大汉海昏侯——刘贺与他的时代"等24个国内外精品文物展。推进"改革开放前的宝安（1949—1978）"和"深圳改革开放史"展览的改陈工作。深圳改革开放展览馆"大潮起珠江——广东改革开放40周年展览"荣获"第十六届（2018年度）全国博物馆十大陈列展览精品"特别奖。

启动"深圳文物走出去"系列活动，推动深圳市金石艺术博物馆馆藏文物2020年赴日本美秀博物馆展出事宜，启动"圳馆之宝——深圳市博物馆馆藏文物精品展"赴拉脱维亚、立陶宛展出的筹备工作。组织博物馆优秀展览、精美藏品赴国内各博物馆展出，如深圳博物馆"寻陶问瓷——深圳博物馆藏陶瓷精品展"赴河源展出、深圳望野博物馆"江南烟雨里的长安——圆珍眼中的大唐世界"赴温州展出，金石艺术博物馆藏"翟门生的世界"系列文物先后参加湖南省博物馆"根魂·中华文明物语展"、苏州博物馆"画屏：传统与未来"展。

【文博宣传】

组织开展庆祝新中国成立70周年、深圳建市40周年主题活动及各类革命文物宣传活动，大力弘扬以爱国主义为核心的民族精神。

　　举办国际博物馆日系列活动，启动粤港澳大湾区13家博物馆馆际合作行动，共同开展重大文化遗产保护、各类精品展览策划等活动。开展"第二届深圳收藏文化月"系列活动，举办古典家具、竹器、砚台、陶瓷等民间收藏精品展，邀请国内外收藏家交流座谈，举办各类活动近30场。

　　举办"盛世收藏"等免费文物鉴定活动，累计接待市民近2000人次，鉴定物品4000余件。在春节、元宵节、端午节、中秋节等传统节日期间开展主题活动300余场。

　　与百度深圳分公司签订合作协议，运用"文化+科技"手段提升文化传播力和影响力。提升宣传力度，邀请媒体对国际博物馆日、文化和自然遗产日等活动进行跟踪报道。

【其他】

　　贯彻落实中共中央、国务院《关于支持深圳建设中国特色社会主义先行示范区的意见》及《粤港澳大湾区发展规划纲要》，积极推进与国家级博物馆的合作及重点场馆建设，组织开展跨界文化遗产保护及交流。积极与国家博物馆、陕西历史博物馆等沟通洽谈，推进合作事宜。参与"粤港澳大湾区文化遗产游径"建设，开展相关线路遗产点的实地调研、资源普查、线路规划及宣传推广等，加强与港澳的文化文物交流。全面推进深圳改革开放展览馆等场馆的建设工作。

　　国家文物局、广东省人民政府于12月5—7日在深圳举办了"人文涵养·湾区繁荣——粤港澳大湾区文化遗产合作研讨会"，邀请国家部委、粤港澳大湾区代表及部分专家学者深入探讨，搭建粤港澳大湾区文化遗产对话平台，深度挖掘和阐释弘扬文化遗产资源，促进湾区文化交流合作，塑造湾区人文精神，推进中华优秀传统文化传承发展。

中国
文物年鉴
2020

故宫博物院

【概述】

2019年，故宫博物院在文化和旅游部党组的领导下，深入学习贯彻习近平新时代中国特色社会主义思想和党的十九大以及十九届二中、三中、四中全会精神，学习领悟习近平总书记在敦煌研究院座谈时的讲话精神，认真开展"不忘初心、牢记使命"主题教育活动，不断加强党建工作，严格落实意识形态工作责任制。

围绕平安故宫、学术故宫、数字故宫及活力故宫"四个故宫"建设，努力探索构建故宫作为博物馆的公众服务体系和文化教育传播体系，努力推动故宫作为世界文化遗产的保护研究传承，努力打造故宫作为5A级景区的一流服务质量和设施。积极弘扬优秀传统文化，持续创新发展思路，让禁宫中的文物活起来，不断浸润大众心田。

【安全工作】

消防机制进一步健全。针对消防安全的严峻形势，故宫博物院调整了防火安全委员会成员，由院长任防火安全委员会主任，其他领导班子成员任副主任，夯实故宫博物院消防工作责任制。以法国巴黎圣母院和日本首里城重大火灾为鉴，紧盯重点环节抓整治，对全院展开消防自查和复查，对违规行为给予严肃处理。修订完善《故宫博物院施工现场消防监管标准》《故宫博物院防火巡查、检查制度》等。

"平安故宫"工程建设稳步推进。召开北院项目推进会，重点协调土地相关问题，完成土地利用总体规划调整、人防规划设计方案论证以及第一阶段地下管线探测、考古调查勘探等工作。完成编制可行性研究报告并上报文化和旅游部。地库改造工程不断推进，已开挖土方8000余立方米。基础设施维修改造一期（试点）工程完成48%，二期工程召开了地质专家咨询会。世界文化遗产监测项目在持续常规监测的同时开展展厅室内遗产病害、建筑结构安全评估等重大风险监测研究，完成Wi-Fi探测观众分布的技术探索项目。安防系统功能提升项目交付使用，端门区域火灾自动报警系统改造完成，文物藏品技术防范系统软件开发工作完成90%，应急指挥平台建设进入系统试运行。文物防震工作稳步推进，继续推进陶瓷文物库房密集柜加囊匣、阻尼减震改造工作，推进宁寿门外西院库房区域47间文物库房改造升级工作。实施院藏文物抢救性科技修复保护，全年修复保养文物711件。

做好古建修缮保护，确保文化遗产安全。养心殿研究性保护项目施工工作继续进行，奉先殿区完成主体建筑彩画信息采集和主体建筑、院落勘察测绘等工作。怡情书史、延庆殿、西城墙、慈宁宫东跨院南房、鸟枪三处、筒子河围房（东华门一区）等修缮工程竣工。与北京中轴线申遗密切相关的大高玄殿（三期）修缮工程持续推进。南三所、长春宫、延庆殿等多区域修缮保养工程开工。

【陈列展览】

钟表馆展室改造提升工作完成并对外开放，钟粹宫古琴馆11月开放，奉先殿原状陈列展厅改造项目招标工作完成，武英殿陶瓷馆展厅改造项目招标工作完成。

全年完成院内临时展览17个，包括春节期间"贺岁迎祥——紫禁城里过大年展"，以多年学术研究为支撑的"天下龙泉——龙泉青瓷与全球化"，配合良渚申遗成功举办的"良渚与古代中国——玉器显示的五千年文明"，庆祝新中国成立70周年的"万紫千红——中国古代花木题材文物特展"等。尤其是"须弥福寿——当扎什伦布寺遇上紫禁城"特展，拉开了紫禁城建成600年纪念活动的序幕。

赴境外举办、参加展览和引进展览12个。如"传心之美：梵蒂冈博物馆藏中国文物展"是故宫博物院与梵蒂冈博物馆共同策划的中国文物主题展，这是国内首次展出梵蒂冈博物馆藏中国文物，意义非凡。再如"天下龙泉——龙泉青瓷与全球化"展，是故宫博物院首次同时向多个国家借展，对"一带一路"沿线国家间的文化交流发挥了重要作用。

【文化创意产品】

截至2019年，故宫博物院文创产品历史研发总量为13000余种，合作机构15家。2019年，故宫博物院文化创意产品研发新品逾千种，其中合作经营单位研发600余种、故宫文化传播公司研发200余种，并随展研发了众多产品。不断推进与北京天街集团有限公司等院外单位的重大合作项目。

【学术科研】

故宫研究院以"学术故宫"为宗旨引领全院学术发展，积极对外开展合作，制定科研规划，考评学术成果，努力实现故宫学术研究、人才培养、学术出版的持续协同发展。先后与北京大学、敦煌研究院、清华大学、中科院高能物理研究所等高校、科研院所签署战略合作协议。新成立玉文化研究所、文物保护科技研究所、古书画鉴藏研究所、建筑与规划研究所、知识产权研究所，形成"一室一站二十六所"的发展格局，推动故宫学术初步呈现专业化、体系化、多元化发展的新面貌。故宫博物院专家学者于2019年前三季度发表学术论文200余篇，呈现出老中青专家结合、多学科融合、成果系列化的局面。

院内专家学者申报并立项包括国家社科基金重大项目"故宫文物南迁史料整理与史迹保护研究"等5个国家级课题，院课题项目立项21个。积极申报国家科技"十三五"专项，完成两个牵头项目和三个参与项目的答辩。

【科技与信息】

完善基础数据采集，推进网络信息系统建设。2019年拍摄文物27194件，完成131件超高清文物三维数据的生成工作。拍摄古籍文献69种445册59967拍，整理古籍影像3376册。完成古建修缮视频素材采集6396分钟。完成无线网络三期建设项目，基本实现办公区及开放区Wi-Fi信号全覆盖。档案管理系统和服务集成系统正式上线运行，完成档案管理和网络服务的系统升级。

加强VR技术应用研究，促进资源活性转化。2019年，故宫博物院对外发布上线7款数字产品，包括数字文物库、数字多宝阁、故宫名画记、全景故宫、紫禁城600、口袋宫匠和

"玩转故宫"微信小程序。V故宫·数字多宝阁于7月16日正式上线与公众见面，超过26万人次点击体验。V故宫·线上展示平台和内容持续建设，完成角楼互动全景视频和体感互动展项的开发制作。首次以故宫考古为主题，完成第八部虚拟现实节目《地下寻真》，获评"典赞·2019科普中国十大网络科普作品"。故宫博物院数字产品获"2019年世界VR产业大会世界VR／AR创新金奖"和科技部、中国科学院颁发的"2018年全国优秀科普微视频作品奖"等多个奖项。

【宣传与出版】

2019年，故宫博物院网站访问量近3000万次，访问人数超800万。除中文主站外，新上线的"数字文物库"4个月网页访问量达到3000万次。官方社交平台新浪微博粉丝数量850万人，微信粉丝数量近170万人。新浪微博总阅读量15.24亿，在政务风云榜文旅类中蝉联第一。微信公众号"微故宫"共推送图文63篇，总阅读量1426万。

《上新了，故宫》第二季上映，收视率为同类别榜首。《故宫新事》第三集上线，浏览量超1500万次。

《谜宫·如意琳琅图籍》获"2019年金竹奖年度大奖"，《中国考古学》系列图书获"2018年度全国文化遗产十佳图书"。《故宫日历》连续第11年出版，印数达到130万册，继续引领日历图书出版潮流。

【文博教育与培训】

故宫学院积极开展各类主题业务培训，助力院内外博物馆人员的业务提升。面向故宫博物院员工举办藏文高级培训班，举办故宫学术专题系列讲座8讲；面向全国文博业界举办官式古建筑木构保护及木作营造技艺培训班、北京高校博物馆策展培训班等培训班6个。以故宫学院分院为依托，面向公众推出"故宫讲坛"，在苏州、西安、深圳、徽州、重庆、开封、沈阳等地举办讲座35讲。

作为国际博协唯一的海外培训中心，国际博协培训中心举办两期培训班。来自多个国家的16位专家授课，59名学员参训。国际文物保护修复学会培训中心成功举办第五期专题培训班。

【国际交流与合作】

10月27—30日，"太和论坛：第三届古国文明论坛部长级会议学者论坛"成功举办。本次论坛以"保护人类文明遗产，促进遗产可持续发展"为主题，研究和探讨人类文明遗产的保护和可持续发展问题。来自中国、玻利维亚、埃及、希腊、伊朗、伊拉克、意大利、秘鲁、亚美尼亚九个"文明古国论坛"成员国、多个观察员国及国际组织文化遗产领域的学者出席论坛，交流对于当下人类文明遗产处境的认识，探讨保护和传承人类文明遗产的有效途径。

与阿联酋、肯尼亚等多国展开联合考古。与瑞士阿贝格基金会、洛杉矶盖蒂艺术中心、希腊研究与技术基金会等多个国家的专业机构就文物修复的理念和前沿技术展开合作。

中国国家博物馆

【概述】

2019年，在党中央的正确领导、文化和旅游部党组直接指导下，中国国家博物馆高举中国特色社会主义伟大旗帜，以习近平新时代中国特色社会主义思想为指导，认真贯彻落实党的十九大以及十九届二中、三中、四中全会精神，深入开展"不忘初心、牢记使命"主题教育，按照中央决策部署和部党组工作安排，自觉围绕党和国家事业发展全局，坚持稳中求进工作总基调，着眼于发挥行业"头雁"作用，锐意进取、开拓创新，改进质量、提高水平，各项工作不断迈上新台阶，行业影响力、凝聚力、引导力进一步提升。

【制度建设】

坚持以改革为动力切实加强自身建设，支撑中国国家博物馆高质量发展的制度保障更加有力。坚持民主集中制，每周例行召开馆务会议，行政班子和党委会成员共同参加，及时传达中央重要文件和党组部署，研究决定重大事项，决策机制更加科学。发布实施《重大任务专项奖励办法》《科研成果评奖办法》《策展人制度实施办法》《聘任专家管理办法》《藏品征集鉴定委员会管理办法》《近现当代国史文物征集实施细则》等系列制度性文件。加强文物库房管理，实行全年365天24小时库房轮值制度。

【安全工作】

中国国家博物馆始终把安全工作摆在首位，积极构建包括政治安全、文物安全、维稳安全、观众安全、消防安全、财产安全等在内的大安防体系，多层次全方位构建"平安国博"。圆满完成"庆祝改革开放40周年""两会""庆祝新中国成立70周年"等重要时间节点的安保工作，全年查获违禁物品182件、禁限带物品4384件，及时排除安全隐患。切实加强消防安全建设，协调北京市应急救援总队设立国博消防站，首创专业消防队伍成建制进驻博物馆驻守，在全国消防日举办大规模消防安全演练活动，消防安全保障能力实现质的飞跃。加强空间管理，对存有重大隐患的区域进行封闭处理，下决心清除地下环廊322吨闲置物品，顺利完成地下二层夹层改造工作，消除长期存在的重大安全隐患。确保设备安全，及时排除4113起设备运行故障，解决新馆北侧四层展厅结构渗水问题，完成9000平方米的1B地下夹层库房工程。切实增加安全工作人人有责、人人为确保安全作贡献的安全意识，加强库房安全制度建设，全年没有发生重大安全事故，充分保障了观众、文物、馆舍安全。

【开放管理】

坚持以人民为中心的工作导向，观众服务精细化水平不断提升。针对春节期间35.8万

中国
文物年鉴
2020

观众涌入中国国家博物馆"过大年"、单日参观最高近7万人次的复杂形势，新辟西北两通道分流减压，增设老幼快速通道，简化安检流程，确保观众在半小时内进馆参观。实施全员网上预约参观机制，根据观众反馈不断优化预约系统，系统上线半年来，观众对全员分时段预约的接受程度越来越高，网络预约率从最初的18%升至60%以上，基本实现预约观众入馆参观不排队。着力提升观众服务水平，开辟2000多平方米观众饮食区及咖啡厅，可容纳600余人同时就餐，有效满足观众饮食需求；主动关注老年人、妇女、婴幼儿等的特殊需要，新设母婴室，旺季增设休息座椅、爱心坐垫，服务更加人性化；实施周六延时闭馆制度，从8月开始每周末开放夜场，10月开始夜场常态化运营，方便外地游客、上班族等群体错时参观，旺季夜场观众达万人以上。

【陈列展览】

着力提升展览水平和策展能力，推动形成以基本陈列为基础、专题展览为骨干、临时展览为支撑的立体化展览体系。推动"古代中国"基本陈列优化设计，加强专题展览研究和改陈设计，推出"中国古代佛造像""中国古代书画""国色初光——甘肃彩陶艺术"等新的专题展览，扎实推进"科学与工业""中国古代瓷器""中国古代钱币""民族文物"等专题展览策划实施工作。成功举办一系列高水平临时展览，展览结构进一步优化："回归之路——新中国成立70周年流失文物回归成果展""屹立东方——馆藏经典美术作品展""行远同梦——华侨华人与新中国特展"等主题展览广受好评，其中"现代化之路——共和国七十年"得到香港社会各界充分肯定，成为国家文物局2019年"弘扬优秀传统、培育社会主义核心价值观"主题展览重点推介项目；探索践行"展览扶贫"理念，为甘肃、新疆、湖南策划推出"丝路孔道——甘肃文物菁华展""万里同风——新疆文化精品展""小城故事——湖南龙山里耶秦简文化展"等精彩展览，合计扶贫支出超过4000万元；策划"只立千古——《红楼梦》文化展""证古泽今——甲骨文文化展""海宇会同——元代瓷器文化展""高山景行——孔子文化展"等历史文化展和"文华衡水——河北衡水文化展"等地域文化展，开辟新的展览系列；举办"陕西澄城县刘家洼东周遗址文物展"等考古发现展，推动考古成果展示；推出"丹心铸魂——吴为山雕塑艺术展""艺道长青——石鲁百年艺术展"等经典美术展，引进"新考工记——中法手工之美""云鬓珠翠——弗吉尼亚美术馆藏二十世纪珍宝艺术展"；向澳大利亚、克罗地亚等国推出"士人情怀——中国古代士大夫的人生追求和精神世界"等国际交流展，举办"吉金铸史——青铜器里的古代中国""笔墨文心五百年——中国国家博物馆藏明清书画展"等国内巡展以及"第五届艺术与科学国际作品展"等科技创新展，在社会上引起强烈反响。

坚决落实中央重大决策，圆满完成"伟大变革——庆祝改革开放40周年大型展览"承办工作和"庆祝中华人民共和国成立70周年"支持配合工作。成功举办"归来——意大利返还中国流失文物展"，顺利完成亚洲文明对话大会重要展览"大美亚细亚——亚洲文明展"以及"殊方共享——丝绸之路国家博物馆文物精品展"。

【藏品管理】

突出征藏研究重点，藏品征集研究工作明显加强。加大文物征集力度，2019年共征集古代文物、近现当代文物等2500余件/套。加强国史文物征集工作，入藏王继才守岛珍贵遗物、器官移植技术创始人之一夏穗生教授的手稿遗物及学科科研实物、潘建伟手稿及墨子号仪器等重要代表性物证。积极推动非正式出版物征集工作，截至12月底共征集非正式出版物30301册。积极开拓外国文物征集工作，共征集华人华侨文物、民国外交文献等藏品1300余件/套。

■【学术科研】

召开全馆科研工作会，表彰奖励84项优秀科研成果，立项100个馆级科研项目，其中重点项目11个、一般项目54个、青年项目35个。积极开展国家重大课题申报工作，2019年全馆3项科研课题获国家级立项，13项获省部级立项，出版论著38部，发表论文318篇。启动博士后科研工作站，32名博士后进站开展研究工作。

成功举办首届"中国博物馆五十人论坛"，牵头成立"博物馆学名词审定委员会"，创办《博物馆管理》杂志，学术引领力和行业"头雁"作用不断提升。

■【科技与信息】

扎实开展"智慧国博"细化设计研究工作，有序推进业务、数据资源整合服务和基础设施建设，大数据基础平台技术架构体系即将进入实质建设阶段。积极动员社会力量参与"智慧国博"建设，与华为签署战略合作协议，深化双方在大数据、云计算、物联网、5G、人工智能等领域的实质性合作。

切实推进藏品数字化建设，制定实施文物三维数据采集标准，扎实开展三维数据采集工作。推进文物资源数字化共享，落实馆藏藏品总目的公开上线工作，累计公开藏品超过80万件/套，进一步满足了公众鉴赏、学习、研究文物的多元化需求。

在展览策划中强化智慧科技理念，将设计语言与新技术有机融合，充分运用VR、AR、全息投影等新技术手段优化文物动态展示效果，准确表达展览主题，增强展览的互动性和趣味性，观众的观感体验显著提升。

■【社教活动】

推进分众化教育服务，面向亲子家庭观众、成年观众、社区以及残障群体开发丰富多彩的社会教育活动，对接2019年北京市教委"四个一"活动，接待各个区县中学生12万人次。努力提升讲解服务水平，全年提供讲解、课程服务13150批次，惠及观众约50万人次，包含青少年观众约22万人次。

■【宣传推广】

截至2019年12月底，围绕重大活动、重点展览召开新闻发布会60场，组织人民日报、新华社、中央广播电视总台等媒体采访拍摄约80次，中国国家博物馆影响力、凝聚力、引导力持续提升。

创新媒体合作模式，与中央广播电视总台等媒体强强联手，与央视联合策划的"今天是你的生日"中国国家博物馆国庆快闪活动引起广泛关注，网络阅读量超6亿，短视频播放量3900多万次，形成新媒体传播现象级事件，中国国家博物馆在重大主题宣传推广中更具主动性和话语权。

打破传统传播格局，抓住春节等重大时间节点和"全球博物馆馆长论坛"等重要事件节点，全面展示中国国家博物馆新形象，形成从中央媒体到地方媒体、从传统媒体到全媒体的全方位立体化传播格局。精心打造"地铁1号线国博专列",摄制全新形象片和"国博24小时"纪录片,完成大兴新机场国博文化墙策划设计,展现了中国国家博物馆在新时代的新气象、新作为。

【机构与人员】

加强人才队伍建设,努力锻造结构合理、专业精湛的人才队伍。研究出台《关于加强人才工作的决定》等系列文件,加大人才成长激励力度。创新人才管理机制,建立聘任专家和专家联系制度,聘请馆外优秀专家担任兼职研究馆员,持续开展领军人才引进工作,返聘孙机、王宏钧、苏东海、夏燕月、王秋仲、铁付德、黄燕生等退休专家担任终身研究馆员。实施策展人制度,在全馆范围内研究确定30位高级专业技术人员为策展人,着力提升策展水平。拓宽人才引进途径,2019年公开招聘高校应届毕业生28人、非应届和优秀归国人员9人,引进博士后研究人员32名,人才结构持续优化。健全完善人才激励机制,实施管理人员和专业技术人员职级晋升制度,解决长期以来专业技术人员和管理人员岗位不能正常晋升的问题。

【交流与合作】

秉持"不求所藏、但求所展,开放合作、互利共赢"的理念,不断加强与国内博物馆、高校、科研院所、企业等机构合作。与上海交通大学、兰州大学、北京科技大学、山东工艺美术学院等高校院所签署战略合作协议,在展览、文保、文创等方面开展务实合作。持续深化中国梦研究宣传教育,与复旦大学、浙江大学、兰州大学合作建立"中国梦研究中心",举办"新时代深化中国梦研究宣传教育"主题研讨会。

切实加强国际合作。与美国弗吉尼亚美术馆、列支敦士登国家博物馆、阿曼国家博物馆、法国阿拉伯世界中心、阿联酋阿布扎比文化与旅游局等7家博物馆、机构签署战略合作协议或备忘。成功举办"全球博物馆馆长论坛",来自24个国家的40余位国际博物馆馆长代表和国内50余位博物馆馆长、专家学者出席会议,共同签署了《国博共识》,在业内引起强烈反响。与阿联酋阿布扎比文化与旅游局交换合作备忘录,开创中国国家博物馆与海湾国家交流合作先河。积极发挥"金砖国家博物馆联盟""丝绸之路国际博物馆联盟"平台作用,构建多层次立体化对外合作交流格局。

做好外事接待工作。全年完成逾280批次、4257人次的外事活动及港澳来访团组接待任务,其中接待国际政要24次。

恭王府博物馆

【概述】

2019年，恭王府博物馆以习近平新时代中国特色社会主义思想为引领，深入学习贯彻落实党的十九大和十九届二中、三中、四中全会精神，在部党组正确领导下，不断增强"四个意识"、坚定"四个自信"、做到"两个维护"，扎实推进"不忘初心、牢记使命"主题教育，立足以王府文化为研究、展示传播核心的社区博物馆的定位，着手推进"平安王府""学术王府""数字王府""公众王府"建设，各项工作稳步开展。

【制度建设】

成立馆规小组，全面梳理修订完善恭王府规章制度，制定《恭王府博物馆藏品征集工作制度》《恭王府博物馆馆藏征集经费使用管理暂行办法》等8项规章制度。

在"平安王府"建设目标下，强化意识形态安全，严把政治关，按照《恭王府博物馆活动暂行管理办法》强调部门审批责任，制定《恭王府博物馆网络管理办法》和《恭王府博物馆自媒体发布管理办法》，提高网络安全防范能力和自媒体应急处置能力。

【安全工作】

启动"平安王府"项目可行性研究报告和项目申报书编制起草工作。

注重日常预防排查和安全培训。举办60余次全员和专员培训，4次安全专题会议，1次消防演练。启动为时两个多月的强电整改，制定《恭王府博物馆强电管理规定》，落实完成地插全部改墙插、外露明线全部加装金属套管。进行内电源、门禁系统升级改造，加快推进外电源、空调设备、室外管线及热力站更新改造工程。租用通州一处库房，用于存放书籍、资料、展具、画框等非日常用品，腾退清空原有古建区内库房，杜绝安全隐患。

全面展开古建、古树排查，检测出受损树木35棵，占比58.3%，其中危险树木7棵。清理拆除存在安全隐患的管廊电缆1700余米，去除古建、假山上对文物古建有所破坏的标识标牌。

恭王府建筑和园林在2008年全面修缮完成后十多年没有系统保养维修过，部分瓦件、彩画脱落，下架油饰斑驳，针对这一问题，从古建文物保护和景区环境治理、改善方面入手，修订完善《恭王府及花园文物保护规划》，划分短中长三个时期分阶段计划。

【开放管理】

以"公众王府"理念为核心，从细节入手，出台相关整改方案，整合规划各个区域功能和服务设施，优化导览地图，统一规划符合恭王府身份的标识系统，炎炎夏日为游客在前广场搭起长约100米遮阳棚通道，增加30多套休息座椅，更新销售网点8处，在大戏楼东门处搭建紫藤架，制作景观竹栏1000余米。科学扎实筹备安检设施北移事宜，增加验票机和安检仪，调整安检验票顺序，归集安检验票流程，创造良好候检环境。园内新增五处AED除颤仪，暑期引入120急救全天候服务。

2019年国庆期间取消线下售票，试行全网售票，每天限售3.2万张。节日期间接待观众总量16万人次，同比2018年减少26%，参观秩序井然有序，安全无事故。2020年元旦前夕向社会发布公告，自2020年1月1日起调整开放时间及正式实行全网售票。

【展览展示】

精减展览数量，提升展览质量，重新定位"王府文化展""非遗研究展""特色艺术展"三大展览体系，举办"清代艺术珍宝展""恭王府出土、流失、回流文物研究展"等。着力突出以王府文化为核心的展览总基调，推出"博山琉璃艺术作品全国巡展"等工艺美术展览10项，"中国美术家协会新文艺群体推介展""种文化——浙江衢州柯城余东农民画进京展"等涉及新文艺群体及其他选题的各类展览32个。

非物质文化遗产展览展示工作全面推进。先后联合山西、陕西、河北、辽宁、广东有关单位推出非遗展览7项。在北京、山西举办"年画重回春节"主题展览活动3场。品牌活动"锦绣中华——中国非物质文化遗产服饰秀"首次走出恭王府，在景山公园演绎14场服饰秀，展示了少数民族地区传统服装服饰和苏绣、广绣、缂丝等多项非物质文化遗产代表性项目在新时代绽放的光彩，27家网络平台进行全程同步直播，七天观看量达5680万人次。此外，服饰秀活动之苏绣精品展还受邀亮相德国柏林中国文化中心。

推出"河北省手工技艺创业就业成果展"和"山西忻州文化遗产精品展示月"等文化扶贫展，将展销活动融入展览当中，带动当地经济效益，非遗长廊中忻州非遗传承人文创产品销售161万元。

【学术科研】

联合全国各地王府打造王府联盟，牵头成立中国紫禁城学会王府文化研究委员会，举办文博学术期刊发展恭王府论坛，开放科研课题招标。清理和规范内设学术研究机构，撤销学术机构8个。着手恢复水法楼，出版《清恭王府研究》《中华传统技艺》等学术论著，举办学术研讨25场，大力推动以王府文化为核心的学术研究。

启动恭王府花园园林数字化、府邸园林、历史原貌景观植被研究等专题研究。

【科技与信息】

引进数字技术参与博物馆内部业务建设和对外展示，在OA办公系统、安防监护系统、景区管理系统、文化展示手段等方面进行推广应用。完成《数字王府建设项目一期可行性研究报告》编写工作。利用物联网技术建立电气监测系统，用科技手段提高景区安全防护能力。建立和完善电子票务系统，推行讲解器免押金服务。加快藏品管理系统建设，借助科技力量完善藏品档案归集管理。通过网站、微信、微博、App产品等多种数字技术手段挖掘王府文化内涵，打造"互联网+恭王府"，展示和推广王府文化，全面助推博物馆发展。

【社教活动】

利用优势资源，活化古建空间，展现文化自信。一年一度的"园林之光""春分析

"福福文化节"丰富了周边居民生活，展示了中国传统文化魅力，传递了美好祝愿。第十二届"恭王府非遗演出季"使用唐琴、宋琴等历史名琴演奏，演出近年挖掘整理的古本昆剧《红楼梦传奇》，四天直播观看总量累计近245万人次。

以公众文化需求为导向，立足什刹海社区，打造覆盖全年龄段的公共教育活动，走进社区、幼儿园开展活动10余次，配合展览和非遗推广走进十三中、陈经纶中学附小等20余所中小学，全年接待大中小学生3000余人次走进恭王府接受公共教育。建设面积近3000平方米的研学基地，以特色课程、趣味方式、学游结合、全年龄覆盖原则策划系列主题项目，制定完成《研学管理办法》和研学活动三年规划。通过研学基地活动积极推广"共建"理念，鼓励社区居民、社会群众加入博物馆建设当中，共同策划公教、展览、研学等活动。组织"游园竞猜——恭王府答题快闪"活动，线上线下积极联动，打造满足公众精神文化需求的"公众王府"。

■【文化创意产品】

以学术研究为基础，文创产品开发思路由对主体文化的"拿来主义"向研究"福文化是什么"转变和延伸，深入挖掘王府文化和福文化内涵，提取重要元素，开发独具创意的文创产品。拓宽文创产品序列，全年开发文创产品400余种，通过内涵化、品质化、生活化的文创产品，将研究成果转化为文化IP。

创新经营手段，拓宽销售渠道，府邸内启动布局王府特色咖啡馆、文创体验店，府墙外联合相关机构多渠道多形式合作，参加8次文创博览会，应邀参加法兰克福国际文具及办公用品展览会。在第十二届中国艺术节演艺及文创产品博览会中获评"优秀展示单位"。

■【交流与合作】

大力拓宽合作渠道，与故宫博物院、北京市文化和旅游局、河北省文化和旅游厅签订战略合作协议，与北京语言大学、中国文物报社、歌华集团、腾讯等洽商合作，与世界建筑文物保护基金会（WMF）积极联动举办大戏楼"关注日"活动，提高人们对遗产保护的认知。

中国文物学会

【概述】

2019年，中国文物学会深入学习贯彻习近平总书记关于文化遗产保护系列重要指示精神，开展"不忘初心，牢记使命"主题教育，增强"四个意识"，坚定"四个自信""两个维护"，坚定走符合国情的文物保护利用之路的信心和决心，推动学会建设和各项工作不断取得新成绩。

【制度建设】

坚持按规定召开理事会和常务理事会。在9月2日召开的常务理事会上，审议通过《中国文物学会关于分支机构管理办法》《中国文物学会关于加强党风廉政建设、规范"三重一大"事项的决策制度》《中国文物学会关于规范离退休领导干部在学会兼职列支确属需要的工作经费的制度》《中国文物学会人事管理制度》《中国文物学会工作人员薪酬制度》等，促进管理制度健全完善，坚持用制度管事、管人、管钱，推进学会工作制度化、规范化。

【专委会工作】

6月13日成立盐业文物专业委员会，11月20日成立工匠技艺专业委员会，12月27日成立文化创意发展委员会。古村镇专业委员会、玉器专业委员会、漆器珐琅器专业委员会、信息化专业委员会、法律专业委员会进行了换届改选。

【学术研讨活动】

全年开展学术研讨活动18场。

2月14日，中国文物学会纺织文物专业委员会主办以弘扬传统服饰文化为主题的学术研讨会在福建省泉州市召开，探讨中国传统服饰文化特点，展望纺织服饰文化发展方向。

3月7日，中国文物学会召开大运河文化保护传承利用座谈会，围绕学习贯彻中共中央办公厅、国务院办公厅印发的《大运河文化保护传承利用规划纲要》进行研讨。

3月26日，中国文物学会按照司法部办公厅的要求，召开《水下文物保护管理条例（修订草案送审稿）》征求意见座谈会。文物界专家学者对送审稿发表中肯的意见和建议，既有水下文物保护实践的总结，也有法学法理方面的分析，体现出对《水下文物保护管理条例》修订工作的热情关注和期望。

4月3日，中国文物学会20世纪建筑遗产委员会举办《悠远的祁红——文化池州的"茶"故事》首发式，推介中国20世纪建筑遗产项目活态研究的文化成果，表达对中国文化遗产的坚守。

4月13日，中国文物学会青铜器专业委员会在扬州博物馆召开青铜器专委会2019年度扬州年会，听取考古学术报告，考察扬州甘泉山汉墓、仪征联营汉墓考古工地。

4月27日，中国文物学会与山西省阳城县人民政府联合主办"东西方古堡文明论坛"，对太行古堡的历史价值、社会作用等唯一性进行充分的研究和论证。

5月12日，中国文物学会会馆专业委员会组织部分省、直辖市明清会馆负责人和专家学者20余人，深入江苏省扬州市考察会馆保护工作。

6月14日，中国文物学会传统建筑园林委员会、中国文物学会20世纪建筑遗产委员会、中国文物学会盐业文物专业委员会联合四川省自贡市举办"新时代·新征程——中国建筑遗产保护70年学术论坛"，研讨建筑遗产保护成果与面临的挑战、建筑遗产保护从业者的文化自觉与文化自信、建筑文化的广泛传播、华夏传统文明的创新与创意之径的探索等问题。

8月2日，中国文物学会古村镇专业委员会、泸州市文化广电旅游局、泸县人民政府联合主办"文旅融合背景下古村镇保护利用泸县论坛"，对文旅融合背景下古村镇保护利用提出意见建议。

8月30日，中国文物学会玉器专业委员会在故宫博物院主办"良渚玉文化论坛"，文博考古界专家学者热烈讨论近年良渚玉器考古新发现、出土与传世良渚玉器等前沿问题。

10月12日，由江西省文化和旅游厅指导，江西省旅游协会、中国文物学会历史文化名楼保护专业委员会在江西省南昌市滕王阁旅游区举办"旅游景区高质量发展·滕王阁高峰论坛"。论坛以助力旅游景区高质量发展、引领旅游业创造美好生活为主题，为推动江西省旅游景区高质量发展献计献策。次日，中国文物学会历史文化名楼保护专业委员会第十四届年会在江西省宜春市铜鼓汤里举行，同时举办第六届"中国历史文化名楼杯"讲解员大赛第六届"中国历史文化名楼杯"讲解员大赛。

10月16日，中国文物学会纺织文物专业委员会、湖南省博物馆主办的"楚风汉韵——中国文物学会纺织文物专业委员会第五届学术研讨会"在湖南省长沙市开幕。纺织服饰专家学者就楚墓出土纺织物技艺研究、马王堆汉墓出土服饰研究、丝织物传统工艺研究等专题，探讨楚汉时期纺织物的工艺与技法、服饰的保护与传承等问题。

10月26日，中国文物学会工业遗产委员会、中国文物学会20世纪建筑遗产委员会、中国建筑学会工业建筑遗产学术委员会等联合主办的第十届中国工业遗产学术研讨会在河南省郑州市召开。研讨会主题是"砥砺奋进、铸就辉煌——新中国工业建设的发展历程、伟大成就、记忆及遗产"，会场设在第二砂轮厂车间旧址。专家学者在研讨会上就郑州第二砂轮厂旧址文物保护、活化利用的方案建言献策，提出咨询意见。

10月30日，中国文物学会文物修复专业委员会主办的第十七届全国文物修复技术研讨会在宁夏回族自治区银川市召开。会议提出要充分利用专业委员会多年来集聚的行业优势，发挥专业技能和特长，以匠心唤醒文物，弘扬大国工匠实干创新精神，在传承和弘扬中华优秀传统文化方面发挥出应有的作用。

11月15日，中国文物学会文物仿复制专业委员会在北京召开2019年年会。会议探讨新形势下文物传承、保护和文化创意产品等方面的工作新思路，交流高科技手段在文物保护和传承方面的探索实践。

11月22日，中国文物学会会馆专业委员会2019年年会在江苏省苏州全晋会馆举行，围绕开创会馆保护与利用工作新局面进行交流讨论。会议提出要着眼于基础研究工作，包括

中国
文物年鉴
2020

会馆文化研究、建筑保护和社会化利用、编撰全国会馆名录等。

11月28日，中国文物学会民族民俗文物专业委员会2019年年会在山东省平阴县举行。与会人员探讨民族民俗文物事业的发展与未来，交流馆际藏品巡展设想和建议。

12月3日，中国文物学会、中国建筑学会联合主办"致敬百年建筑经典——第四批中国20世纪建筑遗产项目公布暨新中国70年建筑遗产传承创新研讨会"。会议推介20世纪建筑遗产98项，通过《中国20世纪建筑遗产传承创新发展倡言》。

12月15日，中国文物学会历史文化名街专业委员会、青岛市市北区人民政府主办的中国文物学会历史文化名街专业委员会2019年年会暨清控遗产DIBO联盟论坛在山东省青岛市召开。研讨会的主题是"保护利用与城市创新——历史文化名街的十年"。会议探讨了保护历史街区文化价值与真实性、遗产地运营理念、通过互联网生态和人工智能提升主题商业价值、文化传播的艺术实践等问题，围绕历史文化名街保护与城市创新的关系、历史文化名街活化利用与新模式新内容等话题交流观点、分享经验。

【社会文化活动】

2月11—14日，中国文物学会、北京博成文化遗产保护中心联合举办首届"大国工匠出少年"文物修复冬令营活动。30名热爱中国传统文化的中小学生进行了一次文物修复技艺的探索之旅，学习了中国古书画文化知识及装裱、青铜器修复知识和技艺手法课程。

5月31日，中国文物学会和中国文物报社主办、人文考古书店协办的"2018年度全国文化遗产十佳图书推介活动"终评会在北京召开。由评审专家组成的评委会，经过综合评议和投票推荐，评选出十佳图书10种、优秀图书11种。

7月，中国文物学会文物安全专业委员会联合山西省文物局文物质监站组建文物建筑安全隐患排查工作组，对山西省晋中市太谷县文物古建筑进行消防安全排查，并针对发现的问题进行文物古建筑消防安全技术培训。

9月5日，中国文物学会法律专业委员会深入北京沈家本故居纪念馆开展调研，考察沈家本故居的腾退、修缮和开放。

12月2日，中国文物学会世界遗产研究委员会、清华大学国家遗产中心、人民政协报社、宜宾市人民政府共同在四川省宜宾市举办"重走罗哲文文化遗产保护之路"活动。出席活动的人员参观罗哲文先生故居，参加罗哲文纪念馆揭牌仪式和纪念罗哲文先生诞辰95周年座谈会。

12月14日，中国文物报社、中国博物馆协会、中国文物学会主办的"全国革命文物保护利用优秀案例宣传推介活动"结果揭晓，评选出十佳案例和优秀案例共20项，涵盖革命文物维修保护、展示传播、社会教育、文创旅游等门类，是革命文物保护利用不断创新发展、取得累累硕果的缩影。

【学术出版】

继续与故宫博物院联合编辑出版《中国文物科学研究》杂志。编印《传统建筑园林》刊物，编辑出版学术论文汇编4册。

中国古迹遗址保护协会（ICOMOS/China）

【概述】

2019年，中国古迹遗址保护协会按照文化和旅游部、国家文物局的统一部署，全面贯彻意识形态领导责任制，在国家文物局的指导与支持下，按照协会领导要求，在加强机构及能力建设、开展会员服务、配合国家文物局业务工作、提供世界文化遗产申报与咨询、与国际古迹遗址理事会和其他国家交流合作等方面取得了一系列工作成绩。

【机构建设】

进一步完善秘书处挂靠中国文化遗产研究院工作模式。参照文研院基本制度，制定人事、财务、会议等相关管理规定；将协会日常工作纳入或参照文研院相关规定统一管理，进一步提升工作效率；借助文研院专业平台，充分发挥协会优势，共同推动中国世界文化遗产事业发展。

【重要活动】

1. "中国文化遗产活化利用与可持续发展"论坛

1月12日，由协会主办的"中国文化遗产活化利用与可持续发展论坛"在北京召开。文化和旅游部、国家文物局等部门领导，知名专家学者，乡村遗产酒店示范项目代表、活化利用优秀项目代表、地方政府代表等百余人出席。论坛旨在分享文化遗产活化利用与可持续发展的多种模式、实践经验，探索文旅融合新形势下文化遗产保护活化利用的途径，积极推动文化遗产融入现代生活，满足人民群众日益增长的美好生活需要。

2. 第五届（2018年度）全国优秀古迹遗址保护项目评选推介

受国家文物局委托，主办完成第五届（2018年度）全国优秀古迹遗址保护项目评选推介，4月2日在北京召开终评会，获奖项目和特别推荐项目名单在国际古迹遗址日庆祝活动上正式公布。上海武康路100弄1-4号文物建筑修缮项目、南京长江大桥公路桥维修文物保护项目、贵州海龙屯海潮寺修缮项目、福建东山关帝庙维修项目、山西灵丘县觉山寺塔修缮项目获评优秀保护项目，浙江泰顺廊桥—文兴桥、文重桥、薛宅桥灾后修复工程和古月桥修缮工程获评特别推荐项目。

3. 国际古迹遗址日系列活动

2019年国际古迹遗址日主题定为"乡村景观"（Rural Landscapes）。协会与清华大学建筑学院、建筑设计研究院联合主办"多元视野中的乡村景观"沙龙，来自文物、建筑、农业遗产、旅游、新媒体等多个领域的专家和实践者向参会者讲述对乡村景观的理解。

4. 第三届国际建筑遗产保护与修复博览会

10月31日—11月2日，由协会与中国文物保护技术协会主办的第三届国际建筑遗产保护与修复博览会在上海展览中心开幕。本届博览会以"齐心遗产保护,协力社会发展"为主题,吸引故宫博物院、中国文化遗产研究院、中国文物信息咨询中心等近120家机构、企业参展。展会展示了我国不可移动文物保护领域取得的成就,宣传和表彰了优秀遗产地的保护、利用、管理工作。

5.第二届(2019年度)乡村遗产酒店示范项目评选

受国家文物局委托,启动第二届(2019年度)乡村遗产酒店示范项目评选活动,由协会主办,协会历史村镇专业委员会、北京清华同衡规划设计研究院、大地风景文旅集团、清华同衡清控遗产城市复兴与社区发展联盟、北京大地风景文化遗产保护发展有限公司联合承办。11月14日召开评选征集新闻发布会。

6.中国古迹遗址保护协会会员大会

12月7日,中国古迹遗址保护协会2019年度会员大会在浙江杭州召开。本次大会由协会主办,浙江省文物局协办,浙江省古迹遗址保护协会、杭州市园林文物局承办。协会理事、团体和个人会员,中国考古学会、中国博物馆协会等兄弟协会代表参会。同时,协会作为国际古迹遗址理事会(ICOMOS)中国国家委员会,邀请韩国ICOMOS、日本ICOMOS代表参会交流,期间举行中日韩三国ICOMOS学术分享会。

【资质资格管理】

开展文物保护工程专业人员资格考试。2019年文物保护工程专业人员资格考试于6月22日、23日举行,考试成绩于8月13日正式公布,成绩合格共1259人(其中隶属第七批资质申报单位的有228人)。公布成绩的同时,协会发布《关于2019年度文物保护工程专业人员资格证书申请材料审核有关事项的通知》,于8月14日起开始接收申请材料,11月7日、8日进行首批申请人员现场复核,通过15名合格人员的申请。

开展单位资质评审工作。经过两次审核,最终建议拟授予文物保护工程勘察设计甲级资质单位2家,建议授予增加业务范围的勘察设计甲级资质单位6家,建议授予文物保护工程施工一级资质单位3家,建议授予增加业务范围的施工一级资质单位19家。

开展文物保护工程资质单位日常管理工作,包括文物保护工程甲、一级资质单位证书的印发、注册、变更及更新等工作。完成20家文物保护工程甲、一级资质单位信息变更、证书制作与分发、相关数据库数据更新与管理工作。完成102名资质专业人员的信息变更并出具相关证明,同步完成数据库相关人员信息的变更工作。

【世界遗产相关工作】

为中国世界文化遗产项目良渚古城遗址申遗持续提供专业支持。参加在阿塞拜疆首都巴库举办的联合国教科文组织第43届世界遗产委员会会议,为国家文物局提供全程专业支持。受国家文物局委托,积极承担世界文化遗产申报项目培育及年度专业审核工作。组织召开2021年中国申报世界文化遗产项目专家评审会,并形成专家意见。联合承办2019年北京中轴线申遗保护国际学术研讨活动,为北京中轴线研究保护和申遗提供支持。

在国家文物局指导下,协会秘书处积极组织国内文化遗产领域专家参加在巴黎UNESCO总部召开的"联合国教科文组织—中国—非洲世界遗产能力建设与合作论坛",此次论坛是中国全方位开展对外合作承担国际责任与义务的重要体现。

经文化和旅游部社团办批准,协会与法国世界遗产协会签署《关于世界遗产合作谅解备忘录》，标志着ICOMOS China与法国世界遗产领域的合作进入新的阶段。根据备忘录工作内容，秘书处邀请法国世界遗产协会代表团来华访问，并赴闽浙木拱廊桥·泰顺廊桥、海宁海塘·潮文化景观两处中国世界遗产预备名录项目开展调研，赴杭州西湖文化景观交流世界遗产的监测与管理。

参加由联合国教科文组织世界遗产中心、联合国教科文组织驻德黑兰办事处与联合国教科文组织伊朗全国委员会和伊朗文化遗产手工艺和旅游部共同主办的"丝绸之路跨国申报世界遗产协调委员会第六次会议"，全面跟进各方关于丝绸之路申遗后续工作的相关构想，全面跟进丝绸之路中亚、南亚各廊道申遗工作进展情况。

【团体会员合作】

9月6—8日，协会主办的国际古迹遗址理事会乡土建筑科学委员会和土质建筑科学委员会联合年会在山西平遥举行，主题为"面向地方发展的乡土与土质建筑保护"。协会与UNESCO亚太遗产中心、同济大学共同开展筹备工作，会议共有近200位国内外参会者注册，提交专业论文百余篇。

9月8—12日，协会参与承办的"第四届国际泉水文化景观城市联盟会议暨济南泉·城文化景观保护国际研讨会"在济南召开。协会为研讨会提供研讨策划、专家邀请、论文集整理相关技术支持，希望通过遗产资源保护利用推动历史城市的可持续发展。

9月27—28日，协会主办的"2019沈阳·ICOFORT古代战争与城防古迹遗址保护世界研讨会"在沈阳建筑大学召开。研讨会收到来自9个国家的40余篇学术论文，涉及军事遗产保护的基础研究和应用研究。

10月17—20日，协会协办的"首届国家考古遗址公园文化艺术周—暨国家考古遗址公园十周年"活动在浙江良渚与广西合浦两地举行。

10月22—25日，协会主办的"景迈茶文化景观保护与可持续发展国际研讨会"在云南景迈召开。作为全球首次茶文化景观主题的国际研讨会，会议的成功举办为景迈茶文化景观申报世界文化遗产奠定了坚实基础。

【会员管理】

批准165位个人和75家团体成为协会新会员，对159位个人的申请材料进行审批。对往年个人会员材料进行梳理，完成中国古迹遗址保护协会会员卡、团体会员铜牌制作，整理并更新会员数据库。截至2019年12月，协会共有个人会员1251名（其中国际会员231名），团体会员单位223家。

【人才培养】

推动文物行业人才培养和可持续发展，协会相继与首都师范大学、澳门旅游学院开展人才培养和科学研究等领域的学术与专业技术合作，为两大院校提供全职实习名额6个、兼职实习名额3个。

【国际交流与合作】

10月12—18日，2019年ICOMOS年度会议暨科学研讨会在摩洛哥世界遗产城市马拉喀什召开。协会代表团与ICOMOS国际总部及相关科学工作组、其他国家委员会就海上丝绸之路主题研究、中国参与2020年ICOMOS大会事务、茶文化景观及水相关遗产主题研究、ICOMOS西安国际保护中心相关事项、国家委员会间专业交流等进行了工作对接，并参加了"乡村景观遗产"科学研讨会。

11月3—9日，由协会承接的国际古迹遗址理事会和国际自然保护联盟（IUCN）的国际合作项目——"文化与自然融合联合实践计划——红河哈尼梯田文化景观调研"在哈尼梯田开展。该项目旨在重点关注有机演进类文化景观，并探讨如何在世界遗产框架内最有效地支持和维持传统管理方法，以长期保护和维持生物文化的复原力。

11月14—15日，2019年国际古迹遗址理事会历史村镇科学委员会亚太地区学术研讨会暨中国古迹遗址保护协会历史村镇专委会论坛在北京召开。研讨会以"历史城市保护与更新——历史性城镇景观可持续管理方法"为主题，围绕城市历史景观的理论与实践、城市历史景观重要案例研究、城市历史景观的管理、城市历史景观的管理方法与工具等五部分展开。

11月14—17日，一年一度的地中海考古旅游国际交流展会在意大利世界遗产地帕艾斯图姆考古遗址公园举行。应主办方邀请，在国家文物局的支持下，协会首次组织中国观察团前往参会交流。

11月30日—12月1日，乌兹别克斯坦ICOMOS成立大会于乌兹别克斯坦布哈拉举行，其组建及成立大会的组织得益于中国向ICOMOS总部提供的资金捐助。

中国博物馆协会

【概述】

2019年，中国博物馆协会继续贯彻落实习近平总书记关于文物、博物馆的重要指示精神，秉承"学术为本、服务为先、依法办会、开放办会"的原则，紧密围绕国家文物局的重点工作，立足博物馆事业发展的新要求，求真务实，探索创新，推动协会各项工作稳中求进。

【国家文物局委托工作】

配合国家文物局举办国际博物馆日主会场活动。中国博物馆协会与湖南省文化和旅游厅、湖南省文物局、长沙市人民政府合作承办2019年国际博物馆日中国主会场活动开幕式。中国博物馆协会与中国移动咪咕平台联合推出的"博物馆在移动"项目启动上线。

由中国博物馆协会、中国文物报社组织开展第十六届（2018年度）全国博物馆十大陈列展览精品推介活动于3月25日启动。初评于4月初完成，终评于5月中旬完成，终评结果于5月18日发布。

配合国家文物局完成《博物馆定级评估办法》《博物馆定级评估标准》的修订工作。

【重点工作】

1. 第九届"博博会"

确定2020年第九届"博博会"申办城市，启动博博会筹备工作。经国家文物局批准，中国博物馆协会与郑州市人民政府于10月25日签署合作举办第九届中国博物馆及相关产品与技术博览会的协议，第九届"博博会"筹备工作正式启动。12月13日经正式磋商谈判，确定第九届"博博会"会务服务商。

2. 中国最具创新力博物馆推介活动

按照《全国最具创新力博物馆评选推介办法（暂行）》的相关规定，中国博物馆协会决定2019年最具创新力博物馆推介单位为北京汽车博物馆、中国丝绸博物馆、天津博物馆，结果在国际博物馆日主会场活动上正式发布。

3. 全国博物馆学优秀学术成果评选推介

全国博物馆学优秀学术成果评选推介活动由中国博物馆协会主办，中国博物馆协会博物馆学专业委员会、《中国文物报》和《中国博物馆》杂志联合承办。根据《全国博物馆学优秀学术成果评选办法（试行）》规定，经过初评和终评，最终评选推介论文8篇（含硕博士学位论文1篇）、著作2部、译著1部。

4. 博苑掇英——全国博物馆陈列艺术成果交流展（2009—2019年）

中国博物馆协会、中国人民革命军事博物馆共同举办"博苑掇英——全国博物馆陈列艺术成果交流展（2009—2019年）"，以总结过去十年博物馆陈列艺术设计的成功经验，促进理论提升，加强学术交流，助力我国博物馆陈列艺术在新时代的创新发展。经过专家评委认真审核各馆项目申报材料，遴选产生参加展览的50个博物馆陈列项目。该展览于12月9日在中国人民革命军事博物馆开幕。

【培训工作】

中国博物馆协会于中国博协西安培训中心举办2019年第一、二期讲解员高级研讨班；于故宫博物院举办国际博协培训中心第十二期常规培训班，即2019年春季培训班，主题为"当今博物馆藏品之挑战"；于江苏省宜兴市博物馆举办国际博协培训中心2019年秋季培训班，主题为"营造博物馆学习环境：开发相关公众项目"。

由中国博物馆协会主办，上海博物馆承办，上海市宣传系统人才交流中心协办的第九期、第十期全国博物馆系统新入职员工培训班在上海举办。

由中国博物馆协会、美国盖蒂领导力学院主办，苏州博物馆承办的"2019年中国青年领导力培训"在故宫学院（苏州）举办。

【学术出版】

编辑出版《中国博物馆》杂志4期，主题分别为"博物馆与风险防范""博物馆与近现代遗产""作为文化中枢的博物馆：传统的未来""现代博物馆制度建设"。编辑出版《中国博物馆通讯》12期。

继续推进《中国大百科全书（第三版）》博物馆学科编纂工作，中国博物馆协会按照工作计划督促编纂办公室完成交接工作，并协调各分支学科主编按照要求积极推进编纂工作。6月在北京召开交接工作会议，编纂办公室正式转移至上海大学，11月在上海召开编辑工作会议，明确了工作时限和具体工作方案。

【会员和专委会工作】

2019年，秘书处共为167家新入会团体会员和994名个人会员办理了入会手续。

秘书处按照要求收取2018年中国博物馆协会资助各专委会开展申报项目的结项报告和财务单据。继续鼓励协会各专业委员会结合自身特点在相关专业领域开展各类活动，向专委会发布出资支持专委会开展相关活动的通知。经专委会申报、秘书处整理、理事长会评审，协会共支持15个专委会申报的项目。

按照民政部和国家文物局的相关要求和最新规定，进一步加强对专委会的管理，聘请财务顾问对专委会财务相关问题拟定《专委会项目管理办法》作为内部制度。

审批专委会近30个培训班、论坛及研讨会，如安全专委会主办的"全国博物馆安全技术及管理培训班"，博物馆图文典籍与金石拓片专业委员会主办的"博物馆图文典籍保护利用及人才成长计划培训班"，博物馆学专委会主办的"新时代博物馆专业能力建设"学术研讨会，登记著录专业委员会主办的"2019年智慧文博论坛"等。

【国际交流与合作】

1. 国际博协藏品保护委员会（ICOM-CC）第十九届大会

配合ICOM-CC组织协调相关博物馆和机构完成大会论文摘要征集工作，积极推进大会筹备工作，与国家文物局财务部门、北京市文物局财务部门积极沟通确保大会相关政府资助费用的落实。中方组委会参加了4月在芬兰赫尔辛基举行的ICOM-CC第十九届大会组委会会议，向大会报告筹备工作进展。

2．与法国展望与创新基金会签署合作备忘录

经国家文物局批准，协会于4月与法国展望与创新基金会签署合作备忘录，双方将开展项目合作，进一步促进中法双方博物馆之间的交流互鉴、合作共赢。

3．文化遗产火灾风险管理国际研讨会

经国家文物局批准，国际博协副主席、中国博协副理事长兼秘书长安来顺作为国际博协主席和国际博协的官方代表，于6月24日—7月1日赴巴西里约热内卢参加文化遗产火灾风险管理国际研讨会。

4．国际博协京都大会

国际博协第二十五届大会于9月2—7日在日本京都举行。此次大会共吸引了来自世界五大洲近130个国家的4100余名博物馆专家和管理者，300余名中国博物馆界的专家、学者与会。中国博物馆协会理事长会议资助了50名国内青年博物馆人参加京都大会。

在同期举办的第34届国际博协全体大会上，安来顺连任国际博协副主席，任期至2022年。

5．完成并出版《中国博物馆发展》英文版

中国博物馆协会按照计划完成了与加拿大洛德文化资源有限公司共同主编《中国博物馆发展》的工作。该书的编辑工作于2019年5月完成，出版工作于8月完成，新书发布会于9月2日在国际博协京都大会期间举行。

6．国际博协战略资源配置审核委员会资金评审会、国际博协执委会会议

按照惯例，国际博协副主席、中国博协副理事长兼秘书长安来顺于2月10—15日赴巴黎参加国际博协战略资源配置审核委员会资金评审会，于12月7—12日参加在巴黎召开的国际博协执行委员会第141次会议及其他相关会议。

7．美国克拉克艺术学院访学项目

经过中国博物馆协会的协调、组织和推荐，2019年共推选6名中国博物馆优秀学者参加美国克拉克艺术学院访学项目的初次面试。经积极协调，2020年访问学者项目由2个名额增至3个，3名中国博物馆学者将于2020年4—6月访美学习。

纪事篇

1月1日	财政部、国家文物局联合制定的《国家文物保护专项资金管理办法》正式施行。
1月3日	中国社会科学院中国历史研究院在北京成立。
1月8日	全国文物局长会议在北京召开。 2018年度国家科学技术奖励大会在北京召开。由中国科学院寒区旱区环境与工程研究所（中国科学院西北生态环境资源研究院）牵头，敦煌研究院参与完成的"风沙灾害防治理论与关键技术应用"项目荣获2018年度国家科学技术进步奖二等奖。
1月10日	"中国社会科学院考古学论坛·2018年中国考古新发现"在北京举行。广东英德市青塘遗址、湖北沙洋县城河新石器时代遗址、陕西延安市芦山峁新石器时代遗址、陕西澄城县刘家洼东周遗址、四川渠县城坝遗址、河北张家口市太子城金代城址入选2018年中国考古六大新发现。中国社会科学院考古研究所、洪都拉斯人类学与历史局联合开展的洪都拉斯玛雅文明科潘遗址8N-11号贵族居址入选中国2018年国外考古新发现。
1月12日	由中国古迹遗址保护协会主办的"中国文化遗产活化利用与可持续发展论坛暨乡村遗产酒店2018年示范项目授牌仪式"在北京召开。
1月15日	国家文物局印发《革命旧址保护利用导则（2019）》。
1月16日	国家文物局文博书画院在北京成立。
1月17日	国家文物局党组召开2018年度党建述职评议考核会。 中央美术学院圆明园研究中心成立暨揭牌仪式在北京举行，这是圆明园首次与艺术院校合作成立研究中心。
1月18日	国家文物局向江苏省文化和旅游厅发出公函，敦请督办扬州市桑树脚地块考古工地发生冲突致使考古工作人员受伤事件。
1月21—22日	由新疆维吾尔自治区文物局主办、新疆文物考古研究所承办的2018年度新疆文物考古成果汇报会在新疆乌鲁木齐召开。
1月23日	文化和旅游部、国家文物局联合印发《长城保护总体规划》。

中国
文物年鉴
2020

1月25日	国家文物局党组召开2019年党的工作会议、党风廉政建设工作会议。 国家文物局在北京召开2018年度文物好新闻推介暨媒体座谈会。 钓鱼城古战场遗址悬空卧佛造像保护工程竣工并通过专家验收。
1月26日	山西省公安厅对外公布，山西警方已从境外成功追回被盗墓犯罪集团盗掘贩卖的春秋时期晋国青铜重器、国家一级文物"晋公盘"。
1月26—28日	国家文物局副局长宋新潮一行赴河南省淮阳县调研定点扶贫工作。
1月26—29日	由国家文物局指导，中国文物交流中心组织承办的"中国文博创意"主题活动在德国法兰克福国际文具及办公用品展成功举办。
1月28日	故宫博物院和外交部礼宾司联合主办的驻华使节"紫禁城里过大年"活动在故宫博物院举行。
1月29日	中国国家博物馆主办的"虎鎣：新时代·新命运"展览开幕，流失海外百余年后回归祖国的圆明园旧藏西周青铜虎鎣与普通观众见面。
1月31日	中国人民解放军军事法院印发《军事法院涉案文物移交办法（试行）》。

2月

2月1日	国家文物局印发《国家文物局2019年工作要点》。 国家文物局在北京召开新闻发布会，通报2018年度文物消防安全工作和春节前组织的突查暗访情况。
2月2日	湖北省政府印发《荆楚大遗址传承发展工程实施方案（2019—2023年）》。
2月6—14日	由中央电视台少儿频道原创推出，国家文物局博物馆与社会文物司（科技司）、中国文物报社联合制作的大型原创青少年文博体验系列节目《赢在博物馆》第二季在中央电视台少儿频道播出。
2月12日	山西省公安厅通缉19名盗掘陶寺北墓地古文化遗址、古墓葬的犯罪嫌疑人。
2月15日	《山西省社会力量参与文物保护利用办法》正式施行。

2月19—21日	由中国主推的澜湄国家文化遗址管理培训班在缅甸蒲甘开班。
2月20日	原文化部党组成员、国家文物局原局长、党组书记张文彬同志逝世，享年82岁。 北京电影制片厂近现代建筑群保护修缮工程正式启动。
2月22日	国家文物局在广东广州召开文物立法工作座谈会。
2月24日	中央文史研究馆馆员、中国文字博物馆馆长、中国先秦史学会名誉理事长、国际欧亚科学院院士、清华大学文科资深教授、出土文献研究与保护中心主任李学勤先生逝世，享年86岁。
2月25日	国家文物局在山东青岛召开2019年全国水下文化遗产保护工作会议。
2月27日	国家文物局党组理论学习中心组组织学习贯彻《中共中央关于加强党的政治建设的意见》和《中国共产党重大事项请示报告条例》。 浙江省文化和旅游厅、莫斯科中国文化中心共同主办，浙江省博物馆承办的"东方生活美学展"在俄罗斯莫斯科开幕。此次展览是中俄建交70周年纪念的启动项目、2019年莫斯科"欢乐春节"活动之一，也是2019·俄罗斯浙江文化旅游年开幕大展。
2月28日	中国流失文物艺术品交接仪式在美国印第安纳波利斯举行。中国国家文物局与美国联邦调查局代表签署并互换文物返还证书。这是中美签署限制进口中国文物政府间谅解备忘录以来，美方第三次返还中国流失文物，也是规模最大的一次。

3月

3月2日	黄廷方慈善基金捐资故宫博物院签约仪式在北京举行。文化和旅游部部长雒树刚、香港特别行政区行政长官林郑月娥出席签约仪式并致辞。 吉安市人民政府、北京市文物局、江西省文化和旅游厅主办的"望郡吉安"文物精品展在首都博物馆开幕。
3月6日	中央宣传部、财政部、文化和旅游部和国家文物局共同公布《革命文物保护利用片区分县名单（第一批）》。
3月11—12日	国家文物局副局长宋新潮率国家文物局、农业农村部、住房和城乡建设部相关人员赴湖南省郴州市板梁村、庙下村和坳上村就传统村

落保护等问题开展专题调研。

3月12日 　国家文物智库建设工作正式启动。

3月13—14日 　国家文物局办公室组织专家赴浙江省松阳县开展"拯救老屋行动"典型项目绩效考评工作。

3月15日 　故宫博物院和克里姆林宫博物院共同主办的"繁盛的中国18世纪"故宫珍宝展在俄罗斯莫斯科开幕。本次展览是纪念中俄建交70周年文化交流活动的重要项目。
中国文化遗产研究院与北京科技大学签署战略合作框架协议。

3月16日 　国家文物局与山西省人民政府在北京签署《关于深化山西文物保护利用改革战略合作协议》。
匈牙利驻华大使白思谛一行在北京鲁迅博物馆（北京新文化运动纪念馆）举行向裴多菲铜像献花仪式暨纪念1848—1849年匈牙利自由革命171周年相关活动。

3月20日 　由中央宣传部、中央改革办、中央党史和文献研究院、国家发展改革委、商务部、新华社、中央军委政治工作部和北京市联合主办的"伟人的变革——庆祝改革开放40周年大型展览"圆满闭幕。

3月20—23日 　国家文物局副局长顾玉才一行赴陕西延安、铜川、咸阳调研革命文物保护利用工作情况，并召开座谈会研究推进2019年"文化和自然遗产日"相关活动筹备工作。

3月22日 　国家文物局召开学习贯彻《长城保护总体规划》工作会。
陕西省文物局和陕西省公安厅联合召开全省打击防范文物犯罪工作会议，部署2019年度打击文物犯罪"战鹰"专项行动。

3月23日 　中意签署《中华人民共和国文化和旅游部与意大利共和国文化遗产和活动部关于796件中国文物艺术品返还的证书》《中华人民共和国国家文物局与意大利共和国文化遗产和活动部关于防止文物盗窃、盗掘、非法进出境、过境和走私以及促进文物返还的谅解备忘录》《中华人民共和国国家文物局与意大利共和国文化遗产和活动部关于中意两国在联合国教科文组织世界遗产地之间开展缔结友好关系项目旨在推广、保护、了解、开发和利用世界遗产地的谅解备忘录》《云南红河哈尼梯田世界文化遗产管理委员会与朗格罗埃洛和蒙菲拉托葡萄园景观协会旨在对中意两国联合国教科文组织世界遗产地进行推广、开发和共享缔结友好关系的协议》及《中国杭州市与意大利维罗纳市在各自被列入联合国教科文组织世界遗产地名录的遗产地之间进行推广、开发和共享的友好关系协议》。

3月25日	中法签署《中华人民共和国国家文物局与法兰西共和国文化部关于在防止和打击非法贩卖文化财产领域加强交流和专业人士培训的联合声明》。

由四川省文物局指导,三星堆博物馆联合金沙遗址博物馆、四川博物院、成都博物馆、四川省文物考古研究院等8家文博单位共同策划的"三星堆:人与神的世界——四川古蜀文明特展"在意大利罗马的图拉真市场及帝国广场博物馆开幕。

山西省国宝级古建筑研究保护中心和省彩塑壁画保护研究中心举行挂牌仪式。

3月27日	为纪念国家主席习近平在法国巴黎联合国教科文组织总部发表重要演讲五周年,由国家文物局主办、《文明》杂志社和中国文物报社承办的"文化遗产与文明交流互鉴"纪念宣传活动在北京举行。

3月29日	2018年度全国十大考古新发现在北京揭晓。广东英德青塘遗址、湖北沙洋城河新石器时代遗址、陕西延安芦山峁新石器时代遗址、新疆尼勒克吉仁台沟口遗址、山西闻喜酒务头商代墓地、陕西澄城刘家洼东周遗址、江苏张家港黄泗浦遗址、河北张家口太子城金代城址、重庆合川钓鱼城范家堰南宋衙署遗址、辽宁庄河海域甲午沉舰遗址(经远舰)水下考古调查十个项目当选。

国家文物局发布关于2018年度文物安全与行政执法情况的通报。

中国博物馆协会、中国文物报社主办的"新时代博物馆定义研究"学术研讨会在常州博物馆召开。

4月

4月8日	国家文物智库建设工作座谈会在北京召开。

4月9日	山西公安机关打击文物犯罪行动追缴文物移交仪式在山西博物院举行。山西省公安厅向山西省文物局移交了2018年以来山西公安机关打击文物犯罪专项行动中追缴的第一批文物12633件。

4月10日	由国家文物局、河南省人民政府主办,中国文化遗产研究院、河南省文物局、洛阳市人民政府承办的"第二届中国—中东欧国家文化遗产论坛"在河南洛阳开幕。

4月11日	中国国家博物馆与12个"一带一路"沿线国家的国家级博物馆联合举办的"殊方共享——丝绸之路国家博物馆文物精品展"在中国国家博物馆开幕。

4月11—12日　全球博物馆馆长论坛在中国国家博物馆举办，达成《国博共识》成果性文件。

4月12—14日　北京鲁迅博物馆（北京新文化运动纪念馆）与中国鲁迅研究会主办的"在文学与历史之间——纪念五四运动100周年"学术研讨会在北京召开。

4月16日　国家文物局、北京市文物局和北京市怀柔区政府在怀柔区箭扣段长城共同举办长城保护修缮工作媒体日宣传活动。
国家文物局通报2019年以来发生的四川省绵阳市江油市云岩寺东岳殿、福建省南平市建瓯市步月桥、江西省南昌市安义县京台曦庐民宅的刘氏宗祠、江西省抚州市乐安县金竹江西保卫局侦察科旧址、浙江省温州市文成县谢林大宅院、福建省泉州市晋江市钱头状元第等6起文物火灾事故。

4月17日　国家文物局副局长宋新潮、北京市消防救援总队总队长曹奇一行到故宫博物院检查文物消防安全工作。

4月17—20日　国家文物局局长刘玉珠一行赴安徽就文物保护利用和"十四五"规划编制开展专题调研。

4月18日　由国家文物局主办，中国文物报社和北京国文琰文化遗产保护中心共同承办的"留住乡愁记忆　助力乡村振兴——全国重点文物保护单位省级文物保护单位集中成片传统村落保护工程成果展"在北大红楼橱窗展出。
中国古迹遗址保护协会、清华大学建筑学院和清华大学建筑设计研究院主办的"4·18国际古迹遗址日主题活动"在清华大学召开。活动公布了2018年度全国优秀古迹遗址保护项目，分别为山西省灵丘县觉山寺塔修缮项目、福建东山关帝庙维修项目、贵州海龙屯海潮寺修缮项目、上海武康路100弄1-4号文物建筑修缮项目、南京长江大桥公路桥维修文物保护项目；特别推荐了浙江泰顺廊桥——文兴桥、文重桥、薛宅桥灾后修复项目，以及浙江古月桥修缮两个项目。
中共一大会址纪念馆举办"伟大觉醒：五四新文化运动与中国共产党的创建文物史料展"。

4月18—20日　国家文物局副局长顾玉才一行赴重庆调研革命文物工作，并召开座谈会研究推进重庆红岩革命文物保护传承工程。

4月22日	国家文物局召开文物安全工作部署会，对进一步汲取文物火灾教训，切实加强文物消防安全工作，遏制重大文物火灾事故发生作出部署。
4月23日	北京鲁迅博物馆（北京新文化运动纪念馆）主办的"五四现场"展览在北大红楼开幕。
4月24日	由文化和旅游部、国家文物局联合主办，中国国家博物馆承办的"归来——意大利返还中国流失文物展"在中国国家博物馆开幕。
4月25日	在国家文物局的指导下，由丝绸之路文物科技创新联盟主办的"一带一路"文化遗产保护与可持续发展高峰论坛在中国丝绸博物馆召开。 北京鲁迅博物馆（北京新文化运动纪念馆）与香港特区政府康乐及文化事务署联合举办的"动与醒：五四新文化运动"展览在香港孙中山纪念馆开幕。 安徽省界首市委、市政府及北京鲁迅博物馆（北京新文化运动纪念馆）共同主办的"新时代的先声——纪念五四运动100周年图片展"在界首市博物馆开幕。
4月26日	国家文物局副局长胡冰在北京会见尼泊尔考古局局长达莫达尔·高塔姆，就进一步加强中尼文化遗产合作进行深入交流。 国家文物局副局长胡冰在北京会见沙特阿拉伯国家考古中心主任扎哈尼一行。
4月28日	国家文物局局长刘玉珠在北京会见国际标准化组织（ISO）主席约翰·沃尔特，双方就进一步加强和推动文化遗产保护领域国际标准化工作进行了深入交流。
4月29日	在国家主席习近平和尼泊尔总统班达里的共同见证下，《中华人民共和国政府和尼泊尔政府关于防止盗窃、盗掘和非法进出境文化财产的协定》在北京签署。 中国社会主义青年团中央机关旧址完成修缮，重新对外开放。

5月

5月5—9日	由国家文物局主办、福建省文物局承办的"互联网+中华文明"展览在第二届数字中国建设峰会成果展览会展出。

5月6日	国家文物局在北京召开"考古中国"重大研究项目重要进展工作会，公布了湖北荆州龙会河北岸墓地、湖北荆州胡家草场墓地、陕西西安长安区北里王汉代积沙墓、陕西西安南郊焦村墓地等4项重要考古成果。
	国家文物局直属机关党委召开座谈会，机关各司室、各直属单位青年代表畅谈学习习近平总书记纪念五四运动100周年大会讲话精神的收获和体会。
5月7日	国家文物局与福建省人民政府在第二届数字中国建设峰会中联合召开"数字海丝"论坛。
5月8日	文化和旅游部、国家文物局联合印发《关于加强地方文物行政执法工作的通知》。
5月9日	国家文物局党组理论学习中心组召开第三次集体学习会，传达学习习近平总书记在纪念五四运动100周年大会上的重要讲话和新修订的《党政领导干部选拔任用工作条例》。
	国家文物局副局长胡冰在北京会见英国数字、文化、体育和媒体部常务秘书莎拉·希利一行。
5月10日	根据国家文物局党组统一部署，国家文物局党组第一巡视组、第二巡视组分别召开巡视工作动员会，进驻北京鲁迅博物馆（北京新文化运动纪念馆）、中国文物信息咨询中心（含北京国文信文物保护有限公司）、中国博物馆协会。
	国家文物局公布《博物馆馆藏资源著作权、商标权和品牌授权操作指引（试行）》。
5月10—11日	由中国古迹遗址保护协会、中国旅游景区协会、四川省文物局指导，四川省古迹遗址保护协会、武胜县文物办主办"中国文化遗产活化利用与可持续发展论坛——宝箴塞民众防御建筑群峰会"在四川广安召开。
5月11日	在陕西省文物局指导下，由西北工业大学发起的"一带一路"文化遗产国际合作联盟在陕西西安成立，来自14个国家的53个初始成员单位参会。
5月13日	由文化和旅游部、国家文物局主办，中国国家博物馆与中国文物交流中心共同承办的"大美亚细亚——亚洲文明展"在中国国家博物馆开幕。
	由国家文物局指导，海丝联合申遗办（广州）和南京市人民政府联

合主办的"2019海上丝绸之路保护和联合申报世界文化遗产城市联盟联席会议"在江苏南京召开。会议审议并通过澳门、长沙加入海上丝绸之路保护和联合申遗城市联盟和《海上丝绸之路保护和联合申报世界文化遗产三年行动计划（2019—2021年）》。

住房和城乡建设部、国家文物局通报关于历史文化名城名镇名村保护工作评估检查情况。

5月14日　　　　国家文物局组织召开资产财务管理工作会。

5月15日　　　　国家主席习近平在北京国家会议中心出席亚洲文明对话大会开幕式，并发表题为《深化文明交流互鉴　共建亚洲命运共同体》的主旨演讲。中外领导人共同参观文物展，观赏了来自中国、斯里兰卡、新加坡、希腊、柬埔寨、亚美尼亚的精品文物。

5月16日　　　　国家文物局与湖南省人民政府在湖南长沙签署《关于深化湖南文物保护利用改革战略合作协议》。

由中国国家博物馆与甘肃省文物局、甘肃省博物馆联合主办，敦煌研究院协办的"丝路孔道——甘肃文物菁华展"在中国国家博物馆开幕。

5月17日　　　　中国博物馆协会、中国文物报社、中国文物交流中心共同主办的"当代中国博物馆策展人论坛（2019）"在长沙市博物馆召开。

5月18日　　　　国家文物局和湖南省人民政府共同主办的2019年国际博物馆日主会场活动在湖南省博物馆举行，主题是"作为文化中枢的博物馆：传统的未来"。开幕式上公布了2018年度"全国最具创新力博物馆"和"全国博物馆十大陈列精品展览"获奖名单，并推出"博物馆网上展览"、"博物馆在移动"、"百城、百台、百馆、百物、百人"全国交通广播融媒体传播推介、"中国国宝大会"电视节目4个项目。由湖南省博物馆联合全国22家文博单位举办的"根·魂——中华文明物语"特别展览以及"齐白石绘画作品展""潇湘古琴文化展"等专题展览同时开幕。湖南省博物馆当日下午举行"博物馆·文化中枢"高峰论坛，晚上推出"博物馆之夜"活动。

"望故乡——于右任书法三原故里特展"在陕西咸阳开幕，这是国家文物局、中国文联、中国书协联合主办的近现代七位书法巨匠系列展览的首展。

5月20—24日　　国家文物局副局长胡冰一行应邀率团访问尼泊尔开展工作。

5月21日	联合国教科文组织《关于禁止和防止非法进出口文化财产和非法转让其所有权的方法的公约》第五届缔约国大会在法国巴黎召开，中国当选新一届附属委员会委员国，任期四年。 国家文物局举办的2019年度文物行政执法骨干人员培训班（晋鲁豫片区）在河南淮阳开班。 由中国国家博物馆主办、汇聚国内11家博物馆馆藏文物精品的"海宇会同——元代瓷器文化展"在中国国家博物馆开幕。
5月22日	由国家文物局主办、中国文化遗产研究院承办、河北省文物局支持、河北省文物研究所协办的2019年度考古发掘项目负责人岗前培训班在河北雄安新区开班。
5月27日	国家文物局与应急部消防救援局就深入贯彻落实习近平总书记关于文物安全工作重要指示批示精神，深刻吸取巴黎圣母院火灾事故教训，进一步加强文物消防安全工作作出研究部署。
5月28日	国家文物局主办、福建省文物局承办的全国革命文物保护利用工程实施研修班在福建龙岩举办。 国家文物局委托中国文化遗产研究院主办的2019年度陶瓷文物保护修复技术高级培训班在永州市博物馆开班。
5月30日	山西晋中世界文化遗产地平遥古城内县级文物保护单位武庙发生火灾，国家文物局高度重视，第一时间派出督察组赶赴现场督察。 北京市文物局和中国版权保护中心共同主办的北京文博版权授权交流培训会在中国人民革命军事博物馆举行。
5月31日	国家文物局印发《关于进一步加强考古管理的意见》。 中国文物学会和中国文物报社主办、人文考古书店协办的2018年度全国文化遗产十佳图书推介活动终评会在北京召开，从入围终评的49种图书中评选出十佳图书10种、优秀图书11种。

6月

6月3日	国家文物局党组书记、局长刘玉珠主持召开局党组理论学习中心组学习会，专题学习习近平总书记在"不忘初心、牢记使命"主题教育工作会议上的重要讲话精神。
6月3—4日	"联合国教科文组织—中国—非洲世界遗产能力建设与合作论坛"在巴黎联合国教科文组织总部开幕。与会人员围绕"世界遗产与可

持续发展"的主题,聚焦"世界遗产保护工具和机制、世界遗产与社区、共同保护中国和非洲的遗产"进行交流,形成关于中国与非洲世界遗产能力建设与合作的建议书与行动计划。

6月3—6日 国家文物局邀请应急管理部消防救援局高级工程师、中国文化遗产研究院专家组成督察组,赴江西南昌市、九江市、景德镇市就文物安全工作进行"回头看"。

6月5日 由中国文物保护基金会主办,杭州市园林文物局协办的第十一届"薪火相传"活动在浙江杭州正式启动。

6月6日 "推进文化和自然遗产保护工作座谈会"在国家博物馆召开。
由国家文物局指导,中国文物信息咨询中心、西北大学主办,西北大学文化遗产学院承办,陕西历史博物馆协办的全国第十一届青少年文化遗产知识大赛在陕西西安开幕。

6月8日 2019年文化和自然遗产日主场城市活动在陕西延安举行,主题为"保护革命文物 传承红色基因"。活动期间,鲁迅艺术学院旧址暨革命文艺家馆开放,全国革命文物保护利用论坛、青少年主题教育活动、文化遗产公开课举行,"丹青记忆 守望家园——中国文化遗产美术展(2019)""2019年华为·神州杯文化遗产主题儿童及青少年画展"开展,《开讲啦》革命文物保护利用专题、延安书院学习调研等系列活动同时举办。国家文物局策划推出的"踏寻红色足迹 传承红色基因"微信小程序也正式启动上线。
首都博物馆与文物出版社有限公司共同举办的"文化瑰宝 学海方舟——新中国文物出版70周年展"开幕。

6月11日 国家文物局召开局系统"不忘初心、牢记使命"主题教育动员部署会。

6月12日 西夏博物馆新馆举行开馆仪式,这标志着西夏陵申报世界文化遗产又向前迈出了一大步。

6月18日 国家文物局在北京新文化运动纪念馆(北京大学红楼)开展"不忘初心、牢记使命"主题教育党日活动。

6月18—19日 由国家文物局、重庆市文物局、重庆市大足区人民政府指导,中国文化遗产研究院、大足石刻研究院共同主办的中国世界文化遗产监测2019年年会在重庆大足召开。本次年会以"规范遗产监测、优化保护管理"为主题。

6月20日	由中国博物馆协会、中国文物报社、广州市文化广电旅游局联合主办，广东民间工艺博物馆承办的"传统的未来：民间工艺与文化创意"主题论坛在广东广州举行。 全国文物保护标准化技术委员会年会在北京召开。
6月21—23日	中国丝绸博物馆举办丝绸之路申遗成功五周年系列活动，包括"丝路岁月：大时代下的小故事"展览开幕式、国际丝绸之路与跨文化交流研究中心揭牌仪式以及"丝绸之路博物馆策展人论坛"等。
6月22—23日	2019年度文物保护工程专业人员资格考试在北京、南京、西安三地进行。
6月24日	国家文物局办公室、应急管理部消防救援局联合印发《关于开展文物建筑火灾隐患排查整治工作的通知》。 国家文物局、中国社会科学院、青海省人民政府在首都博物馆举行《共建热水墓群考古和文物保护研究基地框架协议》签约仪式。
6月25日	国家文物局督察司安全监管处获得第九届全国"人民满意的公务员集体"称号。
6月29日	"高层次文博行业人才提升计划"学员座谈会在西北大学召开。 国家文物局批准立项的川渝石窟保护示范项目大足石刻宝顶山卧佛、小佛湾造像保护修缮工程正式启动。

7月

7月1日	《甘肃省长城保护条例》正式施行。
7月2日	国家文物局指导、敦煌研究院与美国普利兹克艺术合作基金会主办的"丝绸之路上的文化交流：吐蕃时期艺术珍品展"在敦煌莫高窟开幕。 著名文物保护专家，敦煌研究院原副院长、研究馆员李最雄先生逝世，享年78岁。李最雄先生是我国古代壁画和土遗址科技保护的开拓者和奠基人之一。
7月3日	由国家文物局主办，陕西省文物交流协会、沈春池文教基金会承办的"第六届台湾历史教师中华文化研习营"活动在陕西西安举行开营仪式。 国家文物局部署开展革命文物宣传传播工程有关工作。

| 7月5日 | 中国与英国文化遗产代表团在第43届世界遗产委员会会议期间联合举办了关于中国长城和英国哈德良长城保护管理合作的"双墙对话"边会。 |

| 7月6日 | 中国良渚古城遗址在阿塞拜疆巴库举行的第43届世界遗产大会上获准列入《世界遗产名录》。至此，中国世界遗产总数达55处，位居世界第一。 |

| 7月8日 | 财政部、海关总署、国家税务总局印发《关于享受国有公益性收藏单位进口藏品免税政策的第三批国有公益性收藏单位名单的公告》。
由中国人民对外友好协会联合国内多家省级博物馆和阿富汗国家博物馆共同主办的"金色阿富汗——古代文明的十字路口"展览在南京博物院开幕。
为纪念《中日文化交流协定》签署40周年，在国家文物局、中国驻日本大使馆的支持下，由中国文物交流中心与日本东京国立博物馆等主办的"三国志展"在日本东京国立博物馆开幕。 |

| 7月9日 | 中国文物保护基金会和中青旅控股有限公司战略合作协议签约仪式在北京举行。 |

| 7月11日 | 国家文物局党组书记、局长刘玉珠主持召开局党组理论学习中心组学习会，深入学习习近平总书记在中央政治局第十五次集体学习时重要讲话精神。
国家文物局党组书记、局长刘玉珠主持召开局党组"不忘初心、牢记使命"主题教育专题调研成果交流会。 |

| 7月13日 | 国家文物局在北京组织召开"纪念习近平总书记关于文物保护工作重要批示三周年座谈会"。
由中华文物交流协会、中华翰维文化推广协会主办，国家文物局水下文化遗产保护中心协办的"第九届海峡两岸文化遗产保护论坛"在台北举行。 |

| 7月15日 | 国家文物局党组书记、局长刘玉珠以"守初心　担使命　奋力推动新时代文物事业高质量发展"为题，为局系统党员干部讲授"不忘初心、牢记使命"主题教育专题党课。 |

| 7月16日 | 由国家文物局指导，浙江省人民政府与故宫博物院主办的"良渚与古代中国——玉器显示的五千年文明展"在故宫博物院开幕。 |

中国
文物年鉴
2020

7月17—18日	国家文物局、财政部组成联合调研组，赴甘肃敦煌开展推动中华优秀传统文化创造性转化、创新性发展专题调研活动。
7月19日	国家文物局在江苏南京召开文物经营企业代表座谈会。
7月20日	国家文物局水下文化遗产保护中心、山东省水下考古研究中心、中国甲午战争博物院和威海市博物馆联合开展的"2019·山东威海湾甲午沉舰遗址第一期调查项目"在山东威海刘公岛举行启动仪式。
7月21—27日	由国家文物局主办、上海市文物局协办、上海市文化和旅游局人才培训交流中心承办的社会文物管理骨干人员培训班在上海举办。 由国家文物局主办、广州市文物局和广州市建筑遗产保护协会承办的国家历史文化名城文物保护培训班（第一期）在广东广州举办。
7月22日	中国戏曲百戏博物馆在江苏昆山奠基。该馆建成后将成为全国唯一收集齐全348个剧种资料的戏曲博物馆。
7月24日	国家文物局、香港特区政府发展局、澳门特区政府文化局共同主办的"第三届内地与港澳中学生文化遗产暑期课堂"在云南省博物馆举行开班仪式。 中国、哈萨克斯坦、吉尔吉斯斯坦三国联合编制"丝绸之路：长安—天山廊道的路网"保护管理状况报告协调工作会议在陕西西安召开。 中国文物交流中心与甘肃省文物局在甘肃兰州签订战略合作协议。
7月25日	2019年全国文物局长座谈会在新疆乌鲁木齐召开。 全国文物援疆工作座谈会在新疆乌鲁木齐召开。
7月27日	中国首座省级青铜博物馆——山西青铜博物馆正式开馆，同日还举行了"中国青铜器保护研究中心"揭牌仪式和《中国出土青铜器全集》捐赠仪式。
7月28日	"福州古厝保护与文化传承论坛"开幕式暨主论坛在福建福州举办，福州、北京、广州等33个城市代表就保护文化遗产达成一系列共识，并发表《福州宣言》。
7月29日	由中国文物交流中心、常熟博物馆、长崎孔子庙中国历代博物馆主办，中国驻长崎总领馆、长崎华侨总会协办的"风雅江南——常熟博物馆藏文房珍玩"展在日本长崎孔子庙中国历代博物馆开幕。

| 7月31日 | 公安部和国家文物局在京召开电视电话会议，部署开展打击文物犯罪专项行动。 |

8月

8月4日	安徽淮南破获一起盗掘战国楚墓大案，抓获犯罪嫌疑人29人，追回国家一级文物26件。其中"虎座凤鸣鼓"等漆木器十分罕见。
8月6日	国家文物局召开"考古中国"重大研究项目新进展工作会，发布"南海Ⅰ号"保护发掘项目、湖北随州枣树林墓地等2项重要考古工作成果。
8月9—13日	甘肃省文物局、张掖市甘州区政府和中国考古学会秦汉考古专业委员会主办的"丝绸之路与秦汉文明"国际学术研讨会在甘肃张掖召开。
8月13—15日	国家文物局局长刘玉珠一行赴安徽刘铭传旧居和中国科学技术大学等地调研文物科技工作。
8月17日	由国家文物局主办，景德镇市文化广电新闻出版旅游局承办的国家考古遗址公园专管机构负责人培训班在江西景德镇开班。
8月19日	习近平总书记赴甘肃考察调研，在敦煌研究院主持召开座谈会，就文物保护和研究及传承创新等发表重要讲话。 由中宣部指导，中央广播电视总台、国家文物局共同实施的国家涵养工程百集纪录片《如果国宝会说话（第一、第二季）》荣获"五个一工程"特别奖。
8月20日	习近平总书记到嘉峪关关城考察情况，听取河西走廊长城、关隘历史文化情况介绍。
8月22日	国家文物局与审计署签署《关于支持审计博物馆建设发展的合作协议》。
8月26—29日	由国家文物局主办，重庆市文物局承办的"智慧博物馆"展亮相2019中国国际智能产业博览会。
8月27日	由国家文物局、2019中国国际智能产业博览会组委会主办，重庆市文物局、重庆中国三峡博物馆承办的智慧文博高峰论坛在重庆举办，论坛以"智慧博物馆建设"为主题。

8月28日	中国文物报社、文物保护装备产业化及应用协同工作平台、中国文物保护技术协会主办的第五届全国十佳文博技术产品及服务推介活动终评结果揭晓。 由中国博物馆协会、上海市文化和旅游局指导，中国文物报社、上海市历史博物馆、中国博物馆协会博物馆数字化专业委员会联合主办的"2019数字化时代的博物馆学术研讨会暨2019博物馆数字技术展"在上海开幕。
8月30日	京津冀非国有博物馆协同发展合作论坛在天津召开。

9月

9月2日	国际博物馆协会第25届大会在日本京都开幕。
9月3日	国家文物局召开"不忘初心、牢记使命"主题教育总结会。 中国文物学会第八届理事会第二次会议在北京召开。 国家海洋博物馆联合中国文物报社举办的"无界——海上丝绸之路的故事"开展。
9月4日	北京大学红楼二层旧址复原陈列展览开幕。 国家文物局主办的2019年度全国文物安全监管骨干人员培训班在江西鹰潭开班。
9月6日	国家文物局与山东省人民政府在山东曲阜共同签署《合作实施"齐鲁文化遗产保护利用计划"框架协议》。
9月7日	由文化和旅游部、国家文物局主办，国家图书馆（国家古籍保护中心、国家典籍博物馆）承办的"中华传统文化典籍保护传承大展"在国家典籍博物馆开幕。
9月9日	学习强国平台正式开通"中国文物报"专号。
9月10日	国家文物局召开新闻发布会，正式公布流失日本多年的曾伯克父青铜组器被成功追索。
9月12日	中共中央总书记、国家主席、中央军委主席习近平前往中共中央北京香山革命纪念地，瞻仰双清别墅、来青轩等革命旧址，参观香山革命纪念馆，观看"为新中国奠基"主题展览并发表重要讲话。

9月16日	习近平总书记在河南考察调研期间，来到位于新县的鄂豫皖苏区首府烈士陵园，向革命烈士纪念碑敬献花篮，瞻仰革命烈士纪念堂，并参观了鄂豫皖苏区首府革命博物馆。 中宣部新命名北京新文化运动纪念馆等39个全国爱国主义教育示范基地。 故宫博物院和腾讯公司共同签署深化战略合作协议。
9月17日	国家主席习近平签署主席令，授予42人国家勋章和国家荣誉称号。其中樊锦诗获得"文物保护杰出贡献者"国家荣誉称号。 由文化和旅游部、国家文物局主办，中国国家博物馆、中国文物交流中心承办的"回归之路——新中国成立70周年流失文物回归成果展"在中国国家博物馆开幕。该展是我国首次对流失文物回归工作进行全景式展现。 吉林省、辽宁省、黑龙江省文化和旅游厅联合主办的"东北革命文物保护利用联盟暨红色景区联盟"成立大会在吉林长春召开。 由中国文物报社主办，国家海洋博物馆协办的2019年博物馆陈列展览研修班在天津开班。
9月18日	全国文物安全工作部际联席会议联合执法人员文物保护知识培训班在河北遵化开班。 公安部A级通缉令通缉的文物犯罪在逃人员张世刚向陕西澄城警方投案自首。至此，公安部2017年以来发布的32名文物犯罪A级通缉令在逃人员已全部到案。
9月19日	由国家文物局指导的"2019博物馆馆藏资源授权峰会"在北京召开。
9月21日	全国省级博物馆馆长座谈会在山西太原召开。
9月23日	"伟大历程　辉煌成就——庆祝中华人民共和国成立70周年大型成就展"在北京展览馆开幕。 国家文物局在北京召开"亚洲文化遗产保护行动"工作推进会。
9月25日	在国家文物局指导下，由中国文物报社和中国人民革命军事博物馆共同主办的"红色中国——革命文物藏品图片展"在中国人民革命军事博物馆开幕。
9月25—26日	由国家文物局指导，陕西省文物局主办，陕西、甘肃、青海、宁夏、新疆西北五省（区）文物局联办的"2019丝绸之路文化遗产保护工匠技能竞赛"在陕西渭南举办。

中国
文物年鉴
2020

9月25—27日	由人力资源和社会保障部、国家文物局主办，中国文化遗产研究院承办的"新型技术在文化遗产保护中的应用与研究研修班"在山西太原举办。
9月26日	由国家文物局主办、中国文物交流中心与北京市颐和园管理处承办的"跨越时空的文明对话——新中国出入境文物展览70年回顾"展览在颐和园开幕。
9月29日	文化和旅游部系统国家荣誉称号获得者交流座谈会在北京举行。会议旨在深入学习贯彻习近平总书记在国家勋章和国家荣誉称号表彰仪式上的重要讲话精神，学习被授予"文物保护杰出贡献者"称号的樊锦诗等同志的先进事迹。
9月30日	文化和旅游部、国家文物局印发《关于深入学习贯彻落实习近平总书记在敦煌研究院座谈时重要讲话的通知》。

10月

10月1日	在国家文物局、中国驻日本大使馆的支持下，由中国文物交流中心与日本东京国立博物馆、九州国立博物馆等合作主办的"三国志展"在九州国立博物馆展出。
10月7日	国务院发布《关于核定并公布第八批全国重点文物保护单位的通知》，核定文化和旅游部、国家文物局确定的第八批全国重点文物保护单位（共计762处）以及与现有全国重点文物保护单位合并的项目（共计50处）。
10月8日	在国务院总理李克强和巴基斯坦总理伊姆兰·汗的共同见证下，国家文物局副局长顾玉才与巴基斯坦驻华大使哈什米在北京签署《中华人民共和国国家文物局与巴基斯坦伊斯兰共和国国家遗产部关于加强文化遗产领域交流与合作的协议》。
10月10日	国务院新闻办举行政策例行吹风会，国家文物局介绍第八批全国重点文物保护单位相关情况并回答记者提问。
10月12日	国家文物局在中国国家博物馆举办"莫高精神"宣讲报告会，"文物保护杰出贡献者"国家荣誉称号获得者、"文物有效保护的探索者"改革先锋称号获得者、"最美奋斗者"称号获得者、敦煌研究院名誉院长樊锦诗作"莫高精神"专题报告。

国家文物局与云南大学在云南昆明签署"高层次文博行业人才提升计划"合作协议。

全国文物与博物馆专业学位研究生教育指导委员会工作交流暨培养单位教学研讨会在云南大学召开。

10月13日	国家"万人计划"领军人才、文化名家暨"四个一批"人才，西北大学文化遗产学院院长段清波教授逝世，享年55岁。
10月14—18日	由国家文物局主办，江苏省文物局、东南大学协办，东南大学建筑学院承办的文物保护项目管理培训班在江苏南京举办。
10月17—18日	国家文物局局长刘玉珠一行赴河南周口、淮阳调研文物保护和脱贫攻坚工作。
10月18—19日	纪念甲骨文发现120周年国际学术研讨会在河南安阳召开。
10月19日	国家"十三五"重大文化工程，展示夏朝中晚期都城遗存的二里头夏都遗址博物馆开馆仪式在河南偃师举行。
	第二届世界古都论坛暨纪念二里头遗址科学发掘60周年国际学术研讨会在二里头夏都遗址博物馆开幕，研讨会主题为"古都保护与城市生活"。
10月20日	中国博物馆协会、中国文物报社、洛阳市文物局共同主办的"曲高亦和众——文化遗产大众化传播论坛"在河南洛阳举行。
10月20—21日	国家文物局副局长顾玉才一行赴宁夏调研文物工作。
10月20—27日	由国家文物局主办、重庆市博物馆协会承办的2019年度全国非国有博物馆馆长培训班在重庆举办。
10月21日	国家文物局副局长胡冰与国际文化财产保护与修复研究中心（ICCROM）总干事韦伯·恩多罗共同签署《国家文物局与ICCROM关于文化遗产保护合作的框架协议》。
10月21—25日	由国家文物局主办，中国文物报社承办，宁夏回族自治区文化和旅游厅（文物局）协办的2019年全国文物新闻宣传培训班在宁夏银川举办。
10月22日	中央宣传部、教育部、文化和旅游部、科技部、国家语言文字工作委员会、国家文物局、中国社会科学院、河南省人民政府和中国国

家博物馆联合主办的"证古泽今——甲骨文文化展"在中国国家博物馆开幕。

| 10月30日 | 由国家文物局、北京市人民政府主办,北京市文物局和中国古迹遗址保护协会承办的2019年北京中轴线申遗保护国际学术研讨活动在北京举办。 |

10月30—31日　中国文物学会文物修复专业委员会主办的第十七届全国文物修复技术研讨会在宁夏银川召开。

10月31日—11月2日　中国古迹遗址保护协会、中国文物保护技术协会主办的"2019上海国际建筑遗产保护与修复博览会"在上海举办。

11月

11月1日　　由中宣部、教育部、文化与旅游部、科技部、国家语委、国家文物局、中国社会科学院、河南省人民政府等八部委联合举办的"纪念甲骨文发现120周年座谈会"在北京人民大会堂召开,中共中央政治局委员、国务院副总理孙春兰出席并主持会议,宣读了中共中央总书记习近平的贺信。
　　　　　　"书写与传承——文博系统70年书画作品展览"在北京鲁迅博物馆(北京新文化运动纪念馆)开幕。

11月1—2日　中国文化遗产研究院主办的"析情探路——符合国情的文物保护利用与改革发展"学术研讨会在北京召开。

11月4日　　由国家文物局指导、四川省文物局主办的川陕片区革命文物保护利用工作座谈会在四川巴中举行。陕西、重庆和四川三省市文物局签署《川陕片区革命文物保护利用合作协议》。

11月4—6日　由国家文物局指导,中国文化遗产研究院、英格兰遗产委员会和长城保护联盟主办的"第二届双墙对话研讨会暨长城保护联盟第二届年会"在河北金山岭召开。

11月5日　　由国家文物局指导,中国文化遗产研究院、重庆市文化和旅游发展委员会主办,中国岩石力学与工程学会古遗址保护与加固工程专业委员会、大足石刻研究院承办的"中国岩土文物保护传承与发展国际学术研讨会暨中国岩石力学与工程学会古遗址保护与加固工程专业委员会青年论坛"在重庆大足开幕。

北京周口店遗址第1地点（猿人洞）保护建筑工程荣获2019年亚洲建筑师协会保护类建筑金奖。

11月6日	在习近平主席和马克龙总统的共同见证下，国家文物局局长刘玉珠和法国文化部部长里斯特在北京签署《关于落实双方在文化遗产领域合作的联合声明》，为双方开展巴黎圣母院修复和秦始皇陵兵马俑保护研究合作作出框架安排。 国家文物局与澳门特别行政区政府社会文化司在澳门共同主办"海上丝绸之路国际学术研讨会"并签署《国家文物局与澳门特区政府社会文化司关于推动海上丝绸之路文化遗产保护与申报世界遗产的协议》。 人力资源社会保障部、国家文物局联合印发《关于进一步加强文博事业单位人事管理工作的指导意见》。
11月7日	国家文物局、香港特别行政区政府发展局、澳门特别行政区政府文化局共同主办的"内地、香港与澳门历史建筑活化再利用研讨会"在澳门开幕。 中国文物报社、中国博物馆协会登记著录专业委员会、常州市文化广电和旅游局、江苏省博物馆学会藏品保管专业委员会共同主办的"2019智慧博物馆论坛"在江苏常州举办。
11月8日	国家文物局、应急管理部联合印发《关于进一步加强文物消防安全工作的指导意见》。
11月9日	由中国文物保护基金会主办、杭州市园林文物局承办的第十一届"薪火相传——红色基因传承者"暨杭州"红色记忆"宣讲会在浙江杭州举办。
11月10日	中国文物报社、江苏省张家港市人民政府共同主办的"长江文明物语——长江文明与海上丝绸之路"展览在张家港博物馆开幕。
11月11日	国家文物局党组举办局系统学习贯彻党的十九届四中全会精神培训班。 由国家文物局主办、中国文物信息咨询中心和孔子博物馆联合承办的2019年全国文博系统专业人员杂项文物鉴定培训班在山东曲阜开班。 由国家文物局指导，中国文物交流中心、中国文物报社、四川省文物局、成都市文物局、大邑县人民政府主办的"新形势下文物保护与旅游融合发展"研讨班在四川成都开班。
11月13日	文化和旅游部、国家文物局在中国国家博物馆举行圆明园马首铜像捐赠仪式。文化和旅游部部长雒树刚为圆明园马首铜像揭幕，并为

中国
文物年鉴
2020

马首铜像捐赠者何鸿燊先生的代表何超琼女士颁发荣誉证书。

公安部发布第四批A级通缉令，公开通缉10名重大文物犯罪在逃人员。

国家文物局副局长胡冰出席金砖国家人文交流论坛相关活动。

厦门市文化和旅游局与中国文物报社、中国文物交流中心战略合作签约仪式在厦门市博物馆举行。中国文物报社所属北京国文展文化发展有限公司和厦门市博物馆签署《关于厦门市博物馆文化资源开发与公共文化服务的战略合作协议》。

联合国教科文组织亚太地区世界遗产培训与研究中心（苏州）"遗产培训实践基地"授牌仪式在四川阆中古城举行。

11月14日	国家文物局公布2019年度"弘扬优秀传统文化、培育社会主义核心价值观"主题展览征集结果。
11月14—15日	2019年国际古迹遗址理事会历史村镇科学委员会亚太地区学术研讨会暨中国古迹遗址保护协会历史村镇专委会论坛在北京召开。
11月15日	内蒙古自治区额济纳旗人民法院对被列为公安部督办案件的"1·28盗掘古文化遗址案"正式宣判，8名嫌疑人分别被判处有期徒刑6—12年。
11月16日	国家文物局重点科研基地工作会议在南京博物院召开。
11月19日	中国文物信息咨询中心、湖南省文物局、中国文物学会信息化专委会、中国博物馆协会登记著录专委会、湖南省博物馆主办的2019年智慧文博论坛在湖南长沙召开，会议通过《长沙宣言》。
11月19—20日	由国家文物局及中国博物馆协会指导、海南省旅游和文化广电体育厅支持、中国文物交流中心主办的2019年中国博物馆协会展览交流专业委员会年会暨会员代表大会在中国（海南）南海博物馆召开。
11月19—21日	国家文物局局长刘玉珠一行赴福建调研文物工作。
11月22日	国家文物局在北京召开"考古中国"重大研究项目新进展工作会，发布古代丝绸之路沿线四项重要考古成果：甘肃天祝岔山村墓葬、青海都兰热水墓群2018血渭一号墓、青海乌兰泉沟一号墓、新疆尉犁克亚克库都克烽燧遗址。 国家文物局召开"不忘初心、牢记使命"主题教育整改落实情况"回头看"座谈会。
11月23日	澳门特区政府设立的冼星海纪念馆举办开馆典礼，作为庆祝新中国

成立70周年和澳门回归祖国20周年献礼。

11月25日　　　　土耳其首都安卡拉安纳托利亚文明博物馆举行流失文物返还仪式，向中国移交两件非法流失文物。

11月26日　　　　人力资源社会保障部、国家文物局联合印发《关于深化文物博物专业人员职称制度改革的指导意见》。

11月26—27日　　北京、河北、河南、山西、陕西五省市文物局共同举办的第十二届博物馆理论与实践研讨会在河北石家庄召开。由五省市文物局共同主办，河北博物院承办的"金银曜烁，美熠四方——京冀豫晋陕五省市金银器展"同时开幕。

11月27日　　　　国家文物局局长刘玉珠在北京会见希腊文化和体育部长斯帝利亚尼·门佐尼，双方就进一步加强中希文化遗产交流与合作交换意见。中国文化遗产研究院主办的"世界文化遗产保护与可持续发展"研讨会在北京召开。

11月27—30日　　第三届文明古国论坛部长级会议在北京举办，会议通过《北京宣言》。

11月28日　　　　陕西省文物局、甘肃省文物局、宁夏回族自治区文物局共同主办的陕甘片区革命文物保护利用工作会在陕西延安召开。

12月

12月2—6日　　　中国文物报社、深圳博物馆主办的2019年博物馆照明培训班在广东深圳举办。

12月5日　　　　中共中央办公厅、国务院办公厅印发《长城、大运河、长征国家文化公园建设方案》。

12月5—6日　　　第七次全国文物保护工程会在浙江杭州举行，全国文物保护工程资质单位数据库和甲、一级资质单位在线管理系统开通试运行并首次对外发布《文物建筑开放利用案例指南》。

12月6日　　　　国家文物局副局长关强在北京会见香港特区政府康乐及文化事务署署长刘明光一行。
国家文物局与广东省人民政府主办的粤港澳大湾区文化遗产合作研讨会在广东深圳召开。

12月7日	中国古迹遗址保护协会2019年度会员大会在浙江杭州召开。
12月7—8日	2019年度文物保护装备产业化及应用协同工作平台理事会暨会员大会在广东珠海召开。
12月9日	国家文物局副局长胡冰在北京会见澳门文物大使协会和澳门文遗研创协会代表团。 由中国博物馆协会、中国人民革命军事博物馆主办，中国博协陈列艺术委员会承办的"博苑掇英——全国博物馆陈列艺术成果交流展（2009—2019年）"在军事博物馆开幕。
12月10—13日	全国打击文物犯罪工作培训班在陕西西安举办。
12月11日	中国国家文物局与美国国务院代表团在北京会谈，就2019—2024年文化遗产合作《行动计划》达成共识。
12月14日	由中国文物报社、中国博物馆协会、中国文物学会主办，中国博物馆协会纪念馆专业委员会协办，北京天图文化创意产业集团支持的"全国革命文物保护利用优秀案例宣传推介活动"终评会在北京举行。沈阳"九一八"历史博物馆等单位申报的"沈阳抗战联线"等20项案例被分别推介为全国革命文物保护利用十佳案例和优秀案例。 由中国社会科学院和上海市人民政府主办，中国社会科学院考古研究所、上海市文物局、上海研究院和上海大学承办的"第四届世界考古论坛·上海"在上海大学召开。美国亚利桑那州立大学教授白简恩被授予终身成就奖。江西南昌西汉海昏侯墓等10个考古项目被授予重大田野考古发现奖。东南亚青铜技术起源与金属贸易等9个考古研究项目被授予考古研究成果奖。
12月16日	国家文物局办公室向浙江省文物局正式发函，要求核查西泠印社拍卖有限公司拟拍卖疑似出土文物一事。 国家文物局、应急管理部消防救援局联合印发《关于加强冬春文物火灾防控和第八批全国重点文物保护单位消防安全工作的通知》。
12月18日	中铁大桥局集团有限公司投资建设的桥梁博物馆在湖北武汉正式开馆，这是我国首家综合性桥梁博物馆。 北京天竺综合保税区国际文物交流平台发布暨揭牌仪式在国家对外文化贸易基地（北京）举办。
12月19日	国家文物局与四川省人民政府在四川成都签署《深化四川文物保护利用改革战略合作协议》。

12月20日	由中国考古学会、四川省文化和旅游厅、四川省文物局、四川大学、德阳市人民政府主办,广汉市人民政府、四川省文物考古研究院承办的纪念三星堆发现90周年大会在四川广汉召开。
12月23日	国家文物局主办的中外联合考古项目工作会在北京召开。 黄河流域博物馆联盟在河南郑州揭牌成立。该联盟由河南博物院提出倡议,由青海省博物馆、四川博物院、甘肃省博物馆、宁夏回族自治区博物馆、内蒙古博物院、陕西历史博物馆、山西博物院、河南博物院和山东博物馆共同发起成立。
12月24日	国家文物局印发《文物建筑开放导则》。
12月25日	由中国国家博物馆联合甘肃省文物局、甘肃省博物馆等十几家文博单位共同举办的"国色初光——甘肃彩陶艺术展"在中国国家博物馆开幕。
12月26日	文化和旅游部、国家文物局在中国国家图书馆举行"郑振铎等抢救流散香港文物往来信札捐赠划拨仪式"。仪式后,由文化和旅游部、国家文物局主办,国家图书馆(国家古籍保护中心)承办的"凡是国宝都要争取——郑振铎等抢救流散香港文物往来信札入藏纪念展"在中国国家图书馆开幕。 国家文物局发布第三批共14个全国文物行政执法指导性案例。 中国博物馆协会、文化和旅游部恭王府博物馆、中国文物报社共同主办的文博学术期刊发展恭王府论坛暨《中国博物馆》创刊35周年纪念座谈会在北京召开。 殷墟国家考古遗址公园正式开工建设。
12月27日	国家文物局印发《国家文物保护利用示范区创建管理办法(试行)》 国家文物局在天津召开全国文物进出境审核管理工作会议。 中国文物学会文化创意发展委员会成立大会暨揭牌仪式在中国紫檀博物馆召开。
12月30日	故宫博物院举行"纪念紫禁城建成600年暨故宫博物院成立95周年"重点活动发布会。

中国
文物年鉴
2020

附录

2019年全国各类文物机构数量构成情况

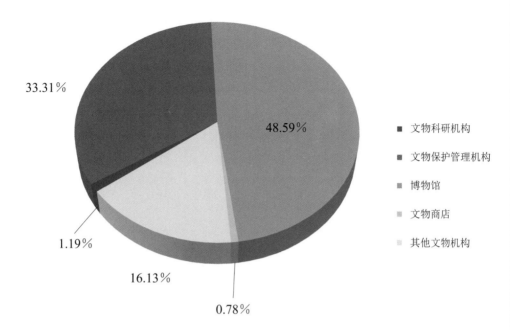

33.31%

48.59%

1.19%

16.13%

0.78%

■ 文物科研机构

■ 文物保护管理机构

■ 博物馆

▦ 文物商店

▦ 其他文物机构

2019年全国各类文物机构从业人员数量构成情况

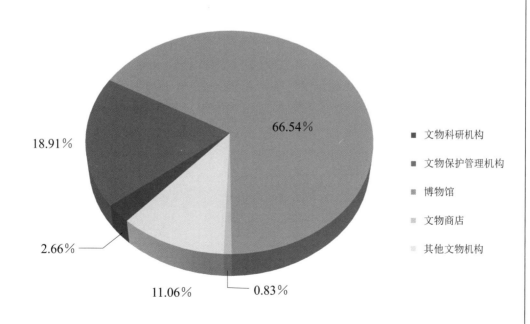

18.91%

66.54%

2.66%

11.06%

0.83%

■ 文物科研机构

■ 文物保护管理机构

▦ 博物馆

▦ 文物商店

▦ 其他文物机构

中国
文物年鉴
2020

文物业基本情况

	机构数（个）	从业人员（人）				安全保卫人员	登记注册志愿者（人）
			专业技术人才				
			正高级职称	副高级职称	中级职称		
总　计	10562	162285	52717	2652	7460	21149	33944	197321
按单位类型分							
文物科研机构	126	4313	2727	329	613	1001	323	354
文物保护管理机构	3518	30689	9004	173	982	3766	5849	10236
博物馆	5132	107993	39312	2047	5647	15657	27548	186502
文物商店	83	1344	542	14	52	223	—	—
其他文物机构	1703	17946	1132	89	166	502	224	229
按隶属关系分							
中　央	12	3092	1999	207	507	818	528	799
省区市	328	18526	9263	777	1868	3579	2904	20321
地　市	1809	49093	17476	809	2704	7582	9817	70118
县市区	8413	91574	23979	859	2381	9170	20695	106083
按部门分							
文物部门	8750	134959	44995	1903	6324	18417	27714	146149
其他部门	1812	27326	7722	749	1136	2732	6230	51172

	本年修复藏品数（件/套）				基本陈列（个）	临时展览（个）
		一级品	二级品	三级品		
总　计	90965	424	3022	11266	15024	15678
按单位类型分						
文物科研机构	21389	18	511	2066	13	15
文物保护管理机构	19385	4	108	706	1167	806
博物馆	48504	398	1535	8368	13844	14857
文物商店	—	—	—	—	—	—
其他文物机构	1687	4	868	126	—	—
按隶属关系分						
中　央	2464	32	192	1895	47	131
省区市	24471	225	2333	4078	524	1068
地　市	26289	66	314	3175	3970	5461
县市区	37741	101	183	2118	10483	9018
按部门分						
文物部门	83287	395	2987	10789	10200	12835
其他部门	7678	29	35	477	4824	2843

综合年报（一）

文物藏品（件/套）				在藏品数中(件/套)		
					本年新增藏品	
	一级品	二级品	三级品		本年从有关部门接收文物数	本年藏品征集数
51293830	90551	604796	3209814	877606	81498	358400
1522789	1589	4172	28717	167110	5136	11
1659712	8177	25054	140769	66367	5361	12382
39548334	79265	563792	2985829	627190	70779	329731
7904158	185	662	7893	—	—	—
658837	1335	11116	46606	16939	222	16276
3338663	14941	282778	780118	4426	1010	2959
18475183	31201	153633	1223544	173841	3643	21931
10235089	17652	82738	628059	281236	59927	137264
19244895	26757	85647	578093	418103	16918	196246
38698042	84942	583107	3128436	732623	79485	244975
12595788	5609	21689	81378	144983	2013	113425

中国文物年鉴2020

参观人次（万人次）		门票销售总额（千元）	本年收入合计(千元)		
	未成年人参观人次			财政补助收入	
					基建拨款
131669.829	31642.524	8911587	62119252	48698331	3134703
308.759	9.047	155139	3894947	2087024	17273
19135.911	2980.546	3480534	9895190	6799883	270091
112225.159	28652.931	5275914	33763420	27662129	2309891
—	—	—	775583	14265	—
—	—	—	13790112	12135030	537448
2953.316	347.721	841533	2773411	1965250	11752
13868.323	3112.628	1867793	11780360	8934945	1736788
43051.530	9492.384	2761909	20043928	16349817	740211
71796.660	18689.791	3440352	27521553	21448319	645952
107071.400	26029.940	7118469	55243103	44457420	2916991
24598.429	5612.584	1793118	6876149	4240911	217712

文物业基本情况

	本年收入合计（千元）						本年支出	
	上级补助收入	事业收入	经营收入	附属单位上缴收入	其他收入		基本支出	项目支出
总　计	**1697930**	**5256619**	**2838585**	**13677**	**3614110**	**61083492**	**21351353**	**33829723**
按单位类型分								
文物科研机构	1247	1545194	133589	—	127893	3689529	890414	2685015
文物保护管理机构	608117	1507689	746343	8821	224337	9265139	3897601	4627551
博物馆	1082748	2024812	1901121	4856	1087754	33918453	14014861	16754194
文物商店	—	—	—	—	761318	725347	—	—
其他文物机构	5818	178924	57532	—	1412808	13485024	2548477	9762963
按隶属关系分								
中　央	—	584226	45613	1862	176460	2581044	1114264	1358208
省区市	38206	1760689	186907	277	859336	11077398	3325117	6848544
地　市	390570	1548268	497768	1194	1256311	19692801	7037936	11511257
县市区	1269154	1363436	2108297	10344	1322003	27732249	9874036	14111714
按部门分								
文物部门	1155616	4852075	1785845	10180	2981967	53237718	18335543	30848170
其他部门	542314	404544	1052740	3497	632143	7845774	3015810	2981553

	本年支出合计（千元）			
	在支出合计中			
	对个人和家庭补助支出		其他资本性支出	
		抚恤金和生活补助		各种设备、交通工具、图书购置费
总　计	**1095858**	**122003**	**7115557**	**903932**
按单位类型分				
文物科研机构	41037	6740	459582	82852
文物保护管理机构	260164	16489	809426	36324
博物馆	605555	65681	4786382	668060
文物商店	—	—	—	—
其他文物机构	189102	33093	1060167	116696
按隶属关系分				
中　央	69826	4073	153941	86351
省区市	156945	20397	1922599	309772
地　市	516031	39869	2509572	285052
县市区	353056	57664	2529445	222757
按部门分				
文物部门	956957	106805	6338949	799445
其他部门	138901	15198	776608	104487

综合年报（二）

合计（千元）

经营支出	在支出合计中					
	工资福利支出	商品和服务支出				
			差旅费	劳务费	福利费	各种税金支出
1822943	**15002162**	**20739360**	**554807**	**2415747**	**261837**	**256483**
74911	593586	2389403	97453	590569	5496	70788
386971	2784636	2778560	36720	333896	67442	59309
1318499	10015094	11935531	354823	1197823	174232	114819
—	—	—	—	—	—	—
42562	1608846	3635866	65811	293459	14667	11567
580	669696	1419202	30879	139199	4532	16457
106302	2437422	4863134	190855	636279	49941	70637
345660	4919069	6955509	118456	887315	78817	82811
1370401	6975975	7501515	214617	752954	128547	86578
1000338	12838176	18977001	495188	2273503	233172	201454
822605	2163986	1762359	59619	142244	28665	55029

资产总计（千元）		实际使用房屋建筑面积(万平方米)			实际拥有产权面积（万平方米）	增加值（千元）
	固定资产原值		展览用房	文物库房		
190758867	**107386304**	**4839.661**	**1489.844**	**275.339**	**2687.418**	**25074196**
5203362	1678003	85.970	—	11.835	21.422	1544217
21200661	10751727	1629.324	106.074	17.144	323.203	4425797
144764659	87141393	2959.057	1381.759	239.085	2272.111	16073768
2433862	369062	16.141	—	5.662	10.561	353760
17156323	7446119	149.169	2.011	1.614	60.120	2676654
6935116	6390733	61.027	11.091	6.169	49.699	1273862
37760711	19752028	339.576	105.819	54.005	215.814	4725576
59210220	32364772	1279.491	422.097	73.401	651.419	8229089
86852820	48878771	3159.567	950.837	141.764	1770.487	10845669
130534574	79279712	3702.690	1104.622	204.662	2114.000	20992662
60224293	28106592	1136.971	385.222	70.677	573.418	4081534

中国
文物年鉴
2020

全国各地区文物业

机构数（个）	从业人员（人）					安全保卫人员	登记注册志愿者（人）
		专业技术人才					
			正高级职称	副高级职称	中级职称		

	机构数（个）	从业人员（人）	专业技术人才	正高级职称	副高级职称	中级职称	安全保卫人员	登记注册志愿者（人）
总　　计	10562	162285	52717	2652	7460	21149	33944	197321
中央本级	12	3092	1999	207	507	818	528	799
北京市	144	6781	1547	54	214	487	1655	11538
天津市	88	1621	729	29	115	283	242	2558
河北省	475	8451	2315	121	423	874	1845	2314
山西省	411	8906	2292	60	284	864	1661	2778
内蒙古自治区	228	2652	1389	67	243	584	456	2568
辽宁省	144	3554	1391	67	214	754	579	2972
吉林省	170	1919	1031	78	210	375	308	1306
黑龙江省	277	2934	1357	104	288	592	671	4438
上海市	127	3493	1957	60	183	782	468	9739
江苏省	453	9087	2845	168	448	1166	1935	19121
浙江省	557	10652	2895	220	476	1158	1841	18885
安徽省	324	3856	1513	67	195	580	1024	5144
福建省	192	3227	1147	92	161	426	795	4880
江西省	242	4262	1370	69	162	575	982	5376
山东省	727	11981	4203	229	642	1753	2185	11972
河南省	641	12377	3035	162	426	1268	2977	20523
湖北省	336	5544	2402	119	265	1042	1199	8318
湖南省	271	4862	1258	37	132	513	853	5762
广东省	358	6073	2332	71	231	1004	1069	10846
广西壮族自治区	215	2754	1167	57	131	495	632	5864
海南省	61	883	194	1	13	48	240	466
重庆市	186	3443	1145	69	172	395	806	15513
四川省	494	8973	2328	91	216	844	2377	5764
贵州省	204	2297	542	12	54	170	432	999
云南省	386	2813	1637	65	324	750	602	1827
西藏自治区	1397	1559	230	3	21	59	342	—
陕西省	674	15416	3509	172	358	1349	3274	6848
甘肃省	385	4864	1771	52	199	690	932	5231
青海省	108	659	228	6	36	92	102	74
宁夏回族自治区	81	1186	411	21	70	156	320	546
新疆维吾尔自治区	194	2114	548	22	47	203	612	2352

综合情况（一）

文物藏品（件/套）			在藏品数中（件/套）			本年修复藏品数（件/套）		
			本年新增藏品					
一级品	二级品	三级品	本年从有关部门接收文物数	本年藏品征集数		一级品	二级品	三级品
51293830	90551	604796	3209814	877606	81498	358400	90965	424	3022	11266

文物藏品（件/套）			在藏品数中（件/套）			本年修复藏品数（件/套）		
51293830	90551	604796	3209814	877606	81498	358400	90965	424	3022	11266
3338663	14941	282778	780118	4426	1010	2959	2464	32	192	1895
4426246	3459	12816	88980	25675	36	25118	1305	1	6	23
1056414	1050	5435	134980	3175	63	1098	100	7	24	17
564751	1491	13728	46647	13338	4429	7106	1037	10	124	198
1759224	4113	9061	59425	8984	3289	889	4114	157	980	1000
1055315	2700	7986	13166	4420	2912	857	1043	4	509	61
890550	2002	15224	157789	4670	6	3772	308	3	31	155
669961	568	6011	31459	6736	541	4924	686	1	1	—
1016202	2709	5909	47925	10238	341	7349	218	—	7	42
4907843	2648	41108	174127	16546	720	13232	363	10	24	116
2839683	3705	21308	254811	44563	17280	7216	4091	43	82	231
1554476	2375	11043	81953	30584	5732	15339	3067	13	29	213
1086317	2669	6010	60929	10878	663	2966	997	7	20	151
684439	1096	3064	105041	8993	32	8061	385	4	—	24
614660	1645	6023	47219	6249	5	4655	295	—	2	10
4617164	5964	14573	104414	105924	134	18480	8876	14	261	1027
2102575	2888	18032	267456	62053	1171	45994	6162	19	109	1219
2451046	3107	8948	120592	51308	392	48909	11870	3	256	1804
1016508	1911	6861	66655	6582	1049	4001	5054	1	93	551
1561236	1580	16109	69554	75191	29785	19729	2935	7	28	44
388157	331	5395	40300	8627	461	6977	332	—	23	134
150445	193	731	3241	2677	1	1899	5	—	—	—
624807	1146	2534	28770	13029	529	7200	2593	4	13	194
4312962	5505	15278	131259	87163	1762	77882	19903	4	45	1048
153374	158	901	3009	5622	133	4790	134	—	12	3
1668431	1031	2218	19268	107131	923	2237	3338	1	16	542
287755	5758	31781	64285	768	—	684	13	—	2	11
4077113	7176	14758	83923	16790	7235	8217	2759	64	98	316
695668	4757	12471	105937	126135	648	2824	2986	—	7	53
91858	690	1363	2792	2324	—	567	124	—	—	—
367622	367	3848	8772	2289	—	948	468	—	2	128
262365	818	1491	5018	4518	216	1521	2940	15	26	56

全国各地区文物业

	基本陈列（个）	临时展览（个）	参观人次（万人次）		门票销售总额（千元）	本年收入	财政补助收入	基建拨款
				未成年人参观人次				
总　　计	15024	15678	131669.829	31642.524	8911587	62119252	48698331	3134703
中央本级	47	131	2953.316	347.721	841533	2773411	1965250	11752
北京市	249	283	3964.085	597.546	619205	4623408	3052378	218276
天津市	201	257	1486.904	377.035	34076	502077	384598	6110
河北省	347	461	4457.631	1251.929	501923	1819735	1396687	184
山西省	320	214	3502.545	714.062	447245	3396818	2985004	27173
内蒙古自治区	381	240	1602.993	477.216	8449	812730	733137	55952
辽宁省	536	546	2722.441	534.191	184367	948244	852066	6209
吉林省	203	365	1120.738	370.855	45150	514827	474703	16061
黑龙江省	455	489	2223.858	602.512	687	474063	414669	10980
上海市	255	460	2792.066	698.200	441659	2738923	2014014	481242
江苏省	918	1162	10317.989	2398.341	333602	3322360	2681185	43571
浙江省	1096	1463	12006.247	2545.336	658683	5375677	3659439	100760
安徽省	613	530	3269.787	1023.200	25519	1096606	856486	1500
福建省	350	971	4435.128	1240.217	31818	963896	819810	1299
江西省	417	374	4100.851	1372.343	10014	1015634	823216	—
山东省	1772	1221	9147.867	2630.893	720197	2824768	1812011	584
河南省	741	867	7480.587	2231.284	446578	2862908	2214280	530959
湖北省	611	549	4908.605	1419.486	160015	1827359	1189291	93948
湖南省	276	316	7164.481	2139.095	22094	2155967	1935773	40428
广东省	1105	1389	7284.052	1891.532	248935	6259924	5534606	79066
广西壮族自治区	290	324	2213.304	546.063	909	615593	510176	2960
海南省	82	137	663.041	188.570	3750	808593	766059	452755
重庆市	257	398	3823.036	613.851	112914	1008575	808695	8223
四川省	686	570	7970.134	1646.162	644068	2566816	2045204	26254
贵州省	192	115	1917.204	346.250	9081	387918	362717	5195
云南省	604	420	3024.870	717.710	12081	823847	681569	209531
西藏自治区	3	4	428.696	45.480	163624	924279	725161	401890
陕西省	778	524	8982.828	1282.463	1664928	5316306	4134374	52403
甘肃省	911	643	3596.511	932.142	410217	2042855	1810984	137071
青海省	45	21	232.324	49.870	540	345020	274442	200
宁夏回族自治区	128	93	1078.343	218.173	82290	318871	210536	4451
新疆维吾尔自治区	155	141	797.367	192.795	25436	651244	569811	107716

综合情况（二）

合计（千元）						本年支出合计（千元）		
上级补助收入	事业收入	经营收入	附属单位上缴收入	其他收入		基本支出	项目支出	经营支出
1697930	**5256619**	**2838585**	**13677**	**3614110**	**61083492**	**21351353**	**33829723**	**1822943**
—	584226	45613	1862	176460	2581044	1114264	1358208	580
28389	994110	346539	—	201992	4428764	1560650	2403775	274953
1635	35267	23773	210	56594	523581	353398	116524	11865
550	373164	22751	—	26583	1795645	874029	890918	30535
66803	103203	92257	—	149551	3243112	795918	2144522	75116
14672	5083	21182	10	38646	814662	320910	459003	16296
59817	10224	6554	—	19583	906568	513380	349683	598
3979	12972	524	—	22649	485444	210085	242122	6639
36407	1309	4090	—	17588	444078	251482	190620	1971
19855	339986	108860	67	256141	2400644	967980	1200612	66486
54054	93506	164635	53	328927	3373764	1447482	1543025	99107
125758	682461	394635	956	512428	5383384	1870696	2648651	259636
74892	69615	7678	220	87715	1176513	362101	707719	30612
43174	10154	50551	230	39977	967877	330358	584243	36579
96749	13889	38853	50	42877	932597	320224	497357	35967
48743	126909	509585	3500	324020	2759957	953407	1230508	217336
43761	424378	91453	—	89036	2819550	1138005	1455446	63127
100715	181844	89886	5965	259658	1774306	582151	1051398	63632
39176	44859	19299	—	116860	2197539	714424	945023	15732
320562	193623	14397	—	196736	5547552	1444984	3971127	18004
34942	7985	49764	215	12511	725133	215044	440691	6259
2357	3084	5710	—	31383	858198	65772	673382	1807
56241	63370	27686	—	52583	1226173	349233	791155	23793
18271	353939	38357	—	111045	2553366	703087	1768049	28186
13653	9973	7029	—	-5454	348210	145728	162917	4520
9792	95266	5466	—	31754	781503	307189	428935	3411
107354	74885	9794	50	7035	696289	178086	471613	5917
175199	193586	566049	289	246809	6006951	1918075	3332764	355864
27256	136924	2630	—	65061	2051014	961626	954622	43044
43069	10709	—	—	16800	295512	78323	208547	35
9118	229	69965	—	29023	342666	113032	191309	24751
20987	5887	3020	—	51539	641896	190230	415255	585

全国各地区文物业

总　　计	工资福利支出	商品和服务支出				对个人和家庭补助支出	
		差旅费	劳务费	福利费	各种税金支出		抚恤金和生活补助
总　　计	15002162	20739360	554807	2415747	261837	256483	1095858	122003
中央本级	669696	1419202	30879	139199	4532	16457	69826	4073
北京市	1144635	1752300	7262	86779	40228	40306	80183	5921
天津市	213912	173973	2408	4228	2466	1345	9163	710
河北省	599981	757929	10820	107049	7989	7435	73230	4027
山西省	561051	810605	17328	91744	6069	10188	31234	4245
内蒙古自治区	224654	238689	8525	39242	1283	746	8386	2153
辽宁省	361697	374170	7524	71150	1326	934	20854	3229
吉林省	139763	164946	5964	33907	1439	1832	8906	1072
黑龙江省	181233	146885	4623	20578	931	26	16122	1033
上海市	573955	942204	10271	18279	9469	23082	4944	994
江苏省	959748	1298308	24915	148670	7993	15061	69400	7981
浙江省	1459539	1684607	41720	183609	60738	36700	68087	5314
安徽省	260012	378329	10895	42748	4242	1080	26825	7816
福建省	214896	307912	8216	42240	1174	2280	9194	690
江西省	256743	307675	11800	27999	5494	652	18681	2419
山东省	694879	815779	17803	91837	8022	15337	119940	4917
河南省	731773	933088	26451	318600	6419	32895	45579	4844
湖北省	443142	582001	35676	84945	4558	4527	27930	2242
湖南省	538027	982510	74105	82434	13323	10621	31881	4266
广东省	1006907	1675184	22751	94906	25263	2882	171018	17050
广西壮族自治区	203427	228469	17035	17456	7935	787	8048	1197
海南省	56042	135608	4894	32779	231	2481	1000	48
重庆市	274392	422226	28265	84958	2244	2954	10927	3526
四川省	662910	1132194	31290	185834	14144	13887	35355	8361
贵州省	122602	71976	3277	18238	837	704	8387	1639
云南省	229765	201062	11543	35122	2436	860	6387	900
西藏自治区	134730	108015	2291	946	28	—	4333	402
陕西省	1337910	1790598	28469	179820	12900	5454	35986	9633
甘肃省	470417	572686	33913	82367	5608	2751	59330	9747
青海省	64596	65415	3034	7784	1010	657	3829	173
宁夏回族自治区	81104	75399	2596	9324	153	1292	2728	507
新疆维吾尔自治区	128024	189416	8264	30976	1353	270	8165	874

综合情况（三）

合计（千元）		资产总计		实际使用房屋建筑面积			实际拥有产权面积（万平方米）	增加值（千元）
合计中								
其他资本性支出		（千元）	固定资产原值	（万平方米）	展览用房	文物库房		
	各种设备、交通工具、图书购置费							
7115557	**903932**	**190758867**	**107386304**	**4839.661**	**1489.844**	**275.339**	**2687.418**	**25074196**
153941	86351	6935116	6390733	61.027	11.091	6.169	49.699	1273862
217226	52752	10351553	6645988	115.454	42.202	6.687	80.989	1787423
10989	7207	3834300	2508343	33.177	15.965	3.852	59.383	370859
332290	22522	4276720	3230646	96.674	48.190	7.593	79.196	941853
918389	99740	9090947	2861127	119.228	43.977	8.747	136.240	853247
134031	16109	3501820	3292365	83.699	40.470	5.563	42.637	410966
37917	2795	3542167	2898353	67.709	30.219	6.554	116.445	583106
65498	14781	955386	616876	46.968	24.688	4.021	18.345	217997
32679	3847	2581167	2376141	69.895	42.924	5.295	27.898	313204
418302	23197	11553719	6098442	89.606	38.218	8.544	40.052	1018978
447229	51477	15370570	9558160	286.562	128.001	15.857	201.338	1650715
409496	72925	23386422	7697613	224.975	108.837	15.637	105.558	2643138
65015	13302	4943646	4018963	108.748	50.055	7.932	66.255	502065
90936	9853	1999205	1139255	100.152	33.051	5.469	66.839	322954
71104	7947	2216739	1611710	126.914	40.339	6.026	164.371	386940
304545	63763	11871355	8275777	316.055	157.025	29.821	399.793	1464738
630061	47551	7237749	3996021	153.401	73.693	16.561	90.557	1382211
224779	22364	3935805	1873276	297.811	102.190	26.228	93.782	679897
267601	34935	5380452	2004928	78.705	31.513	8.184	66.202	775231
222906	42492	11334304	4462660	171.263	63.345	12.303	162.122	1496713
56531	2119	1755557	1070005	64.029	28.924	5.336	24.341	285192
482436	35533	1837207	364049	18.665	5.744	1.643	14.533	109074
215485	14281	2948703	1484287	76.883	38.863	6.094	37.014	445894
192607	33389	10597967	5921867	172.514	77.503	13.542	153.971	1207147
38015	6211	1292060	596703	39.150	18.150	2.945	23.499	177138
170858	7935	3406152	1279512	82.153	33.067	6.338	50.122	382973
5576	50	1194683	161070	1375.082	1.575	3.739	7.890	165108
436871	23031	13736985	8228324	174.924	69.395	14.233	154.180	1969778
224109	61915	6197138	4586466	106.445	45.146	8.790	111.476	797979
49709	7685	562552	495380	11.707	5.573	0.895	11.187	99510
17573	1827	1375200	946221	28.499	17.571	1.957	15.866	158538
170853	14046	1555521	695043	41.587	22.342	2.785	15.641	199768

中国文物年鉴 2020

图书在版编目（CIP）数据

中国文物年鉴.2020 / 国家文物局编. —— 北京 ：
文物出版社，2021.11
ISBN 978-7-5010-7153-1

Ⅰ．①中… Ⅱ．①国… Ⅲ．①文物工作－中国－
2020－年鉴 Ⅳ．①K87-54

中国版本图书馆CIP数据核字(2021)第124066号

中国文物年鉴·2020

编　　者：国家文物局

责任编辑：王　媛
特约编辑：崔　华　刘　昶
责任印制：张道奇
责任校对：李　薇

出版发行：文物出版社
社　　址：北京市东城区东直门内北小街2号楼
邮　　编：100007
网　　址：http://www.wenwu.com
经　　销：新华书店
制版印刷：文物出版社印刷厂有限公司
开　　本：787mm×1092mm　1／16
印　　张：26.5
版　　次：2021年11月第1版
印　　次：2021年11月第1次印刷
书　　号：ISBN 978-7-5010-7153-1
定　　价：300.00元